行政判例研究 XVIII-2

社團法人 韓國行政判例硏究會 編

2013

博英社

Studies on Public Administration Cases

Korea Public Administration Case Study Association

Vol. XVIII-2

2013

Parkyoung Publishing & Company

간 행 사

우리 행정판례연구회는 2013년 하반기에도 5번에 걸쳐 2012년의 주요 판례를 대상으로 월례발표회를 개최하였습니다. 회원들의 깊이 있는 연구와 열띤 토론이 있었기에 「행정판례연구」 제XVIII집 제2호를 여러분께 선보일 수 있게 되었습니다. 이번 호에는 환경영향평가, 도시 및 주거환경 정비사업, 정보공개, 국가배상, 취소소송 등 행정법 총론, 각론의 다양한 주제에 대한 8편의 논문과 미국, 일본, 독일, 프랑스의 행정판례 동향을 분석한 4편의 논문이 포함되어 있습니다. 「행정판례연구」는 최신 행정판례에 대한 이러한 분석과 비판을 통해 우리 행정법과 행정판례의 흐름을 확인하고 세계 각국의 행정판례 동향과 비교할 수 있는 기회를 독자 여러분에게 제공할 수 있으리라 생각합니다. 특히 행정소송의 본안심리와 관계되는 두 편의 논문("재량과 판단여지에 대한 사법심사", "행정소송에서의 직권심리주의의 의미와 범위")은 그동안 행정법학계에서 비교적 연구가 부족했던 위 분야에 대한 좋은 길잡이가 될 것입니다.

옥고를 보내 주신 필자 여러분, 심사를 맡아 주신 심사위원 여러분, 그리고 「행정판례연구」 제XVIII집 제2호를 간행하기 위하여 수고하여 주신 여러분께 감사를 드립니다. 안철상 간행편집위원장님을 비롯하여 경건, 김용섭, 김의환, 김창조, 김현준, 김희철, 박해식, 이기한,

임영호, 정태용, 하종대 편집위원님, 간행편집위원을 담당하신 출판이사 김종보 교수님과 간행편집의 마무리를 위하여 애쓰신 출판간사 박현정 교수님께 감사드립니다. 끝으로 출판을 맡아주신 조성호 부장님을 비롯한 박영사 관계자 여러분들께도 깊은 감사의 말씀을 드립니다.

2013년 12월 31일
사단법인 한국행정판례연구회 회장
이 홍 훈

차　례

Table of Contents

行政行爲의 概念과 種類

裁量과 判斷餘地에 대한 司法審査 / 崔善雄

裁量과 判斷餘地에 대한 司法審査

崔善雄*

대상판결: 서울고등법원 2013. 6. 20. 선고 2012누16291 판결

Ⅰ. 판례개요

1. 사실관계

원고는 1992. 8. 당시 3학년에 재학 중인 대학생으로서, 소외 1, 2 등과 함께 "전대협 사수 및 태재준 의장 구출과 범청학련 건설 다짐을 위한 1만 2천 청년학도 진군대회"와 관련된 일련의 시위(이하 '이 사건 시위'라 한다)에 참여한 범죄사실로 유죄판결[1)]을 선고받고 1993. 3. 출소하

* 충북대학교 법학전문대학원 교수

1) 원고는 화염병사용 등에 관한 법률, 집회 및 시위에 관한 법률, 일반교통방해죄로 기소되어 1심(제주지방법원 1992. 12. 24. 선고 92고합194 판결)에서 징역 10월을 선고받고(공동피고인으로 기소된 소외 1은 징역 1년 6월, 소외 2는 징역 10월을 각 선고받았다), 2심(광주고등법원 1993. 3. 19. 선고 93노70 판결)에서는

였다.

그 후 2000. 1. 12. 법률 제6123호로 "민주화운동관련자 명예회복 및 보상 등에 관한 법률"(이하 '민주화운동법'이라 한다)이 제정되자, 원고는 2000. 10. 16. 피고 민주화운동관련자명예회복및보상심의위원회(이하 '보상심의위원회'라 한다)에게 원고 자신이 민주화운동법 제2조 제2호 (라)목에서 정한 민주화운동을 이유로 유죄판결을 받은 자(이하 '민주화운동관련자'라 한다)에 해당한다고 주장하면서 명예회복신청을 하였다.

이에 피고 보상심의위원회는 2010. 6. 7. "원고의 행위는 국가의 안위와 직결된 정부의 통일정책에 반대하고 반국가단체인 북한의 통일전선전술에 동조하는 것으로서 그 실질에 있어서 대한민국 헌법의 근본이념인 자유민주주의적 기본질서를 부정하는 것으로서 민주헌정질서 확립에 기여하였다고 볼 수 없어 이를 민주화운동으로 인정할 수 없다."는 이유로 원고의 신청을 기각하였다(이하 '이 사건 처분'이라 한다). 원고는 2010. 7. 27. 이 사건 처분에 대하여 재심의 신청을 하였는데, 피고 보상심의위원회는 2011. 8. 29. 같은 이유로 기각결정을 하였다.

한편 원고와 함께 이 사건 시위에 참여하였다가 유죄판결을 선고받은 소외 1은 2000. 10. 18.경, 소외 2는 2001. 12. 21.경 피고 보상심의위원회에게 자신들이 민주화운동관련자에 해당한다고 주장하면서 명예회복신청을 하였는데, 피고 보상심의위원회는 이 사건 처분과는 달리 2005. 5. 30. 소외 2에 대하여, 2007. 2. 5. 소외 1에 대하여 민주화운동관련자로 인정하는 결정을 하였다.

그리하여 원고는 이 사건 시위는 국민의 기본권을 침해한 정부의 권위주의적 통치에 항거한 민주화운동이므로 이를 이유로 유죄판결을 받은 원고는 민주화운동관련자에 해당하고, 더욱이 원고와 함께 이 사건 시위에 참여하였다가 같은 범죄사실로 유죄판결을 받은 소외 1, 2에

징역 8월에 집행유예 1년의 판결을 선고받아(위 소외 1은 징역 1년 6월에 집행유예 2년을 선고받았다) 출소하였다.

대하여는 이미 피고 보상심의위원회가 민주화운동관련자로 결정하였음에도 불구하고, 원고의 명예회복신청을 기각한 이 사건 처분은 평등원칙에도 위반되므로, 이 사건 처분은 위법하다는 이유로 그 취소를 구하는 취소소송을 서울행정법원에 제기하기에 이르렀다.

2. 소송경과

(1) 1심 법원 – 서울행정법원

1심 법원인 서울행정법원은 서울행법 2012. 3. 29. 선고 2011구합39127 판결에서, 이 사건 시위는 민주화운동이고 이를 이유로 유죄판결을 받은 원고는 민주화운동관련자이고, 더욱이 피고 보상심의위원회가 원고와 함께 이 사건 시위에 참여하였다가 같은 범죄사실로 유죄판결을 받은 소외 1, 2에 대하여는 민주화운동관련자로 결정하였음에도 원고의 명예회복신청만을 기각한 이 사건 처분은 형평에도 반하여 이 사건 처분은 위법하다는 이유로, 피고 보상심의위원회가 원고에 대하여 한 민주화운동 관련자 명예회복신청 기각결정을 취소한다는 판결을 하였다.

(2) 서울고등법원 – 확정

피고 보상심의위원회는 1심 판결인 서울행정법원 2012. 3. 29. 선고 2011구합39127 판결에 대하여, 원고와 동일한 시위 현장에서 같은 구호를 외쳤고 원고보다 무겁게 처벌받은 소외 1, 2에 대하여는 민주화운동관련자로 인정하였음에도 원고를 민주화운동관련자로 인정하지 않은 것은, 유사한 사안에서 이미 민주화운동관련자로 인정하는 선행결정이 있더라도 피고 보상심의위원회는 이에 구속될 필요 없이 위원들 각자 사회적·역사적·정치적 소신에 따라 심의·결정한 것으로서 재량권을 일탈하거나 남용하지 아니하였다는 점 등을 이유로 항소하였으나, 서울고등법원은 서울고법 2013. 6. 20. 선고 2012누16291 판결에서 피고 보상심의위원회의 항소를 기각한다는 판결을 하였다.

이 서울고등법원의 판결은 상고기간의 도과로 확정되었다.

3. 판결요지

(1) 1심 법원 – 서울행정법원

이 사건 시위는 민주화운동의 성격도 포함되어 있다는 점, 소외 1, 2에 대하여 민주화운동관련자로 결정한 선행결정이 위법·부당하지 아니하다는 점, 보상심의위원회의 위원에게 주어진 판단 여지와 같은 재량권에 일정한 한계가 있다는 점, 소외 2가 원고보다 더 적극적으로 이 사건 시위에 가담한 점 등을 종합하면, 명백하게 민주화운동에 해당하지 않는다고 단정할 수 없는 이 사건 시위와 관련하여 특별한 사정변경이 없음에도 피고 보상심의위원회가, 소외 1, 2에 대하여는 민주화운동관련자로 인정한 선행결정에 반하여, 이들과 함께 이 사건 시위에 참여한 원고의 명예회복신청만을 기각한 것은 피고 보상심의위원회에게 부여된 재량권 행사의 한계를 일탈·남용한 것에 해당할 뿐만 아니라, 합리적인 이유 없이 원고를 차별하는 것으로서 평등원칙에도 위배된다는 이유로, 이 사건 처분은 위법하다.

(2) 서울고등법원

1992년 당시 권위주의적 정부에 대항하여 집회·결사의 자유 등을 보장할 것을 요구하거나 행사하였고 이로 인하여 형사처벌을 받은 원고의 행위는 '민주화운동을 이유로 유죄판결을 받은 자'에 해당하고, 불확정개념의 해석·적용과 관련하여서 전문성과 대체불가능성 때문에 법률요건에서의 전제사실을 인정하거나 또는 인정 사실을 포섭하는 법적 평가에 관하여 판단여지가 인정되는 경우가 있고, 이러한 판단에 대하여 법원은 행정기관이 판단의 여지 내에서 내린 결정이라면 수용하여야 한다는 판단여지설에 따라서 행정기관에게 '판단의 여지'가 인정되는 경우에도, 합리적인 이유 없이 본질적으로 동일한 것을 다르게 판단하였다면 평등의 원칙에 위배되고, 원고와 동일한 시위 현장에서 같은 구호를 외쳤고 원고보다 무겁게 처벌받은 소외 1, 2에 대하여는 민주화운동관련자로 인정하면서 원고를 민주화운동관련자로 인정하지 않은 것은, 피고 보상심의위원회가 동일한 행위들에 대하여 차별대우를 한 것으로서, 그러한 처분의 정당성에 대하여 위원들의 사회적·역사적·정치적 소신에 따른 것이라는 주장은 평등원칙에서 요구하는 합리적인 이유라고 할 수 없으므로, 이 사건 처분은 피고 보상심의위원회에게 부여된 "판단의 여지"를 벗어났고 평등원칙을 위반한 점에서 위법하다.

II. 평 석

1. 쟁점정리

이 사건에서 민주화운동법상의 민주화운동관련자로 인정되기 위한 요건과 관련된 "민주화운동관련자", "자유민주적 기본질서", "민주헌정질서" 그리고 "국민의 자유와 권리를 회복·신장시키는 활동" 등의 의미를 직접적으로 밝히는 부분과 관련된 쟁점[2)]을 제외하고, 재량과 판

2) 이에 관한 판결로는, 헌법재판소 2002. 10. 31. 선고 2002헌마213 전원재판부 결정; 대법원 2007. 5. 11. 선고 2006두20228 판결, 2008. 4. 17. 선고 2005두16185 전원합의체 판결 등을 들 수 있다. 이와 관련된 판례평석으로는, 임영호, 민주화운동관련자 명예회복 및 보상 등에 관한 법률 소정의 명예회복신청기각처분의 적부, 대법원판례해설, 제69호 (2008 상반기), 법원도서관, 2008; 임영호, 민주화운동관련자 명예회복 및 보상 등에 관한 법률에 따른 보상금 소송의 형태 – 대법원 2008. 4. 17. 선고 2005두16185 전원합의체 판결 –, 정의로운 사법: 이용훈 대법원장재임기념, 사법발전재단, 2011; 민주화운동관련자 명예회복 및 보상 등에 관한 법률에 따른 보상금 소송의 형태 – 대법원 2008. 4. 17. 선고 2005두

단여지에 대한 법원의 사법심사에 관련된 쟁점만을 정리하면 다음과 같다.

먼저 원·피고의 주장을 정리하면, 피고 보상심의위원회가 같은 사건에서 민주화운동관련자로 인정한다는 선행결정이 있음에도 원고에 대하여는 민주화운동관련자로 인정하지 아니한 것은 평등원칙에도 위반된다는 원고의 주장에 대하여, 피고 보상심의위원회는 민주화운동관련자로 인정하는 선행결정에 구속될 필요 없이 위원들 각자 사회적·역사적·정치적 소신에 따라 원고가 민주화운동관련자에 해당하지 않는다고 한 심의·결정은 재량권을 일탈하거나 남용하지 아니하였다고 주장하였다.

이러한 원·피고의 주장에 대하여, 대상판결 법원은 불확정개념을 해석·적용함에 있어서 전문성과 대체불가능성 때문에 법률요건에서의 전제사실을 인정하거나 또는 인정 사실을 포섭하는 법적 평가에 관하여 행정기관의 판단여지가 인정되는 경우가 있으나, 이러한 판단의 여지가 인정되는 경우에도 사실의 인정의 과오 및 평등원칙 등 법의 일반원칙의 위반은 법원의 심사대상이 된다는 전제하에, 이 사건 처분은 피고 보상심의위원회에게 부여된 '판단의 여지'를 벗어났고 평등원칙을 위반한 점에서 위법하다고 판단하였다.

요컨대 대상판결에 관하여는, 전문가로 구성된 준사법적기관의 성격을 가진 위원회인 보상심의위원회가 민주화관련법상의 요건인 불확정개념에 해당하는 민주화운동관련자에 해당하는지 여부에 대한 결정이 재량인 것인지 아니면 판단여지에 해당하는지 여부와 그에 따른 법원의 사법심사의 방식이 쟁점이 된다고 할 수 있다.

16185 전원합의체 판결 –, 특별법연구 제10권, 전수안대법관 퇴임기념, 제10권, 2012 등이 있다.

2. 관련 판례

재량과 판단여지의 구별과 관련하여 논의[3]되고 있는 판결들을 들면 다음과 같다. 교과서검정사건과 관련된 것으로서, 대법원 1988. 11. 8. 선고 86누618 판결, 1992. 4. 24. 선고 91누6634 판결, 1992. 5. 12. 선고 91누1813 판결 등을 들 수 있다. 각종 시험에 관한 판결들로서, 국가시험의 채점기준에 관한 대법원 1964. 6. 30. 선고 63누194 판결, 감정평가사시험에 관한 대법원 1996. 9. 20. 선고 95누68003 판결, 사법시험에 관한 대법원 2001. 4. 10. 선고 99다33960 판결, 공인중개사시험에 관한 대법원 2006. 12. 22. 선고 2006두12883 판결 등이 있다. 임용이나 학위수여 등에 관하여는, 공무원 임용을 위한 면접전형에 관한 대법원 1997. 11. 28. 선고 97누11911 판결, 2008. 12. 24. 선고 2008두8970 판결, 대학교수의 임용에 관한 대법원 2006. 9. 28. 선고 2004두781 판결, 학위수여에 관한 대법원 1976. 6. 8. 선고 76누63 판결 등이 있다. 그 외에도 건설 내지는 건축에 관련된 판결로서, 건설공사를 계속하기 위한 고분발굴허가에 관한 대법원 2000. 10. 27. 선고 99두264 판결, 건축물용도변경에 관한 대법원 2001. 2. 9. 선고 98두17593 판결, 토지의 형질변경행위를 수반하는 건축허가에 관한 대법원 2005. 7. 14. 선고 2004두6181 판결 등이 있다.

3. 판결의 검토

(1) 재량과 판단여지의 구별문제

1) 독일에서의 논의

독일에서 1955년 이래로 Bachof에 의하여 불확정법개념(unbes-

3) 예컨대 김남진·김연태, 행정법Ⅰ, 법문사, 2013, 224면 이하; 박균성, 행정법론(상), 박영사, 2013, 307면; 홍정선, 행정법원론(상), 박영사, 2013, 325면 이하 참조.

timmter Rechtsbegriff)과 관련된 판단여지(Beurteilungsspielraum)[4]가 전개된 바 있다. Bachof에 따르면, 재량은 "다수의 법적으로 가능한 조치들 간의 선택(Wahl zwischen mehreren rechtlich möglichen Verhaltenweisen)"을 의미하는 데에 반하여, 판단여지는 이와 같은 행정의 선택이 아니라 "다양한 판단가능성(verschiedene Beurteilungsmöglichkeiten)"을 의미하므로,[5] 재량과 판단여지는 구별되어야 한다고 한다.[6] 이러한 Bachof의 선구적인 이론에 이어서 Bachof와 동시대의 Ule의 대체가능성설(Vertretbarkeitslehre)[7]과 Wolff의 행정청의 평가특권(Einschätzungsprärogative) 내지는 규범수권설(normtive Ermächtigungslehre)[8]이 등장하였다.[9]

이와 같이 일찍이 재량과 판단여지가 구별되는 것으로 논해진 이후에도 독일에서는 여전히 불확정법개념은 구성요건(Tatbestand)에 규정되고 재량이라고 하는 것은 법효과 측면(Rechtsfolgenseite)에 규정되는 것이라는 인식[10]하에서, 재량과 판단여지를 일응 구별되어야 하는 것으로 이해하고 있다.[11] 이러한 판단여지가 인정되는 영역으로는, 시험결정, 공무원법상의 평가, 전문가와 위원회의 독자적 결정, 환경법과 경제법상의 예측결정과 리스크 평가, 행정정책적 결정 등이 학설·판례상 인정되고 있다.[12]

---

4) Bachof, Beurteilungsspielraum, Ermessen und unbestimmter Rechtsbegriff im Verwaltungsrecht, JZ 1955, 97-102.

5) Bachof, S. 98.

6) Bachof, S. 102.

7) Ule, Zur Anwendung unbestimmter Rechtsbegriff im Verwaltungsrecht, Gedächtschrift für Walter Jellinek, 1955, S. 309-330.

8) Wolff/Bachof, Verwaltungsrecht, 9. Aufl., C. H. Beck München, 1974, §31 I c 4, S. 191ff.

9) 이 Bachof, Ule, Wolff 등의 이론에 관하여는, 최선웅, "불확정법개념과 판단여지", 행정법연구 제28호, 2010. 12, 95-134면 참조.

10) Maurer, Allgemeines Verwaltungsrecht, 17. Aufl., C. H. Beck München, 2009, §7 Rn. 51, S. 51.

11) Maurer, §7 Rn. 55, S. 157.

12) Maurer, §7 Rn. 35-42, S. 148-151; Kopp/Scenke, VwGO Kommentar, 15. Aufl.,

이 Bachof, Ule, Wolff 등의 이론은 판단여지라고 하는 단일한 개념으로 파악할 수 있다고 하고, 이 세 가지 이론의 의미는, 입법자가 법률을 제정함에 있어서 법률요건에 규정한 불확정법개념을 행정이 구체화하고 개별화하는 것을 행정이 스스로 책임지고 결정하도록 입법으로 수권한 것을 의미한다는 것이고, 이는 결과적으로 행정에 대한 법원의 사법심사를 제한하는 것을 의미한다고 한다.[13)]

요컨대 독일에서는 재량에 관하여는 법적효과에서의 결정재량 내지는 선택재량이라고 하는, 즉 이른바 효과재량설을 취하고 그 결과 요건부분에는 재량을 부정하면서도 불가피하게 요건부분에 관하여 법원의 사법심사를 제한하기 위하여 불확정법개념과 판단여지를 전개한 것이라고 할 수 있다.[14)]

2) 우리나라에서의 논의

위와 같은 이른바 독일식의 판단여지 내지는 판단여지설[15)]이 수입된 이래로 우리나라에서 종래부터 대체적으로 재량과 판단여지를 구별하는 견해[16)]가 우세하다.[17)]

C. H. Beck München, 2007, §30, Rn. 20; Hufen, Verwaltungsprozessrecht, 7. Aufl, C. H. Beck München, 2008, §25, Rn. 36－39.

13) Maurer, §7 Rn. 32, S. 146; Erichen/Ehlers(Hrsg.), Allgemeines Verwaltungsrecht, 14. Aufl., De Gruyter, 2010, §11, Rn. 44.

14) 불확정법개념과 판단여지에 관한 상세한 내용에 관하여는, 최선웅, “불확정법개념과 판단여지”, 행정법연구 제28호, 2010, 95면 이하 참조.

15) “판단여지”, “판단여지‘설’” 등의 용어에 관하여는, 최선웅, “불확정법개념과 판단여지”, 행정법연구 제28호, 2010, 116면 참조.

16) 우리나라에서 재량과 판단여지의 구별에 적극적인 견해로는, 예컨대, 김남진·김연태, 223면; 박균성, 305면; 홍정선, 325면; 홍준형, 행정법, 법문사, 2011, 130면 등을 들 수 있다. 이에 반하여 재량과 판단여지의 구별에 소극적인 견해의 예로는 “불확정개념을 사용한 경우에 있어서의 행정청의 판단여지와 재량행위에 있어서의 재량권은 구별할 실익이 없는 것이다. 이것은 판례의 입장이기도 하다.” (김동희, 행정법 Ⅰ, 2013, 272면)를 들 수 있고, 그 외에도 재량과 판단여지의 구별에 부정적인 견해로는 김철용, 행정법, 고시계사, 2013, 177면; 박윤흔·정형근, 최신행정법강의(상), 박영사, 2009, 301면 등을 들 수 있다.

그런데 우리나라 판례는 현재까지는 이른바 독일식 판단여지설을 수용한다는 점을 명시적으로 표명하지는 아니하고, 대체적으로 재량 이외에 추가적으로 판단여지를 특별히 인정하지 아니하고, 예컨대 교과서 검정행위와 관련된 사건에서와 같이, 교과서 검정행위를 행정청에게 자율적인 판단권한이 주어진 재량행위라고 판시[18]하여 왔다. 즉 판례는 재량과 판단여지를 구분하지 않고 이른바 독일식의 판단여지가 인정될 수 있는 경우에도 시종일관 재량으로 인정하여 왔다고 할 수 있다.[19]

한편 예컨대 판단여지와 근접한 교과서 검정행위와 관련된 사건[20] 등과 관련된 판례의 태도에 관해서는, 재량과 판단여지를 적극적으로 구별하고자 하는 견해들도, 물론 판례의 태도가 판단여지를 인정하고 있다고 단정하여 평가하는 듯한 예외적인 경우[21]도 있지만, 대체로는 일단 우리나라 판례가 재량과 판단여지를 구별하지 아니하고 있는 것으로 평가하고 있는 것이 일반적이다.[22]

---

17) 한편 우리나라와 독일의 상황에 관해서는, "재량과 불확정법개념이 서로 구별되는 것임은 우리나라에서도 대체로 인정되고 있으며, 그것이 또한 독일의 확고한 판례와 통설이다."(홍준형, 129면)라고 하는 경우도 있고, "현재 독일의 통설이며 우리나라의 다수설이다."(고영훈, "재량과 판단여지", 과학기술법연구, 제9집 제2호, 2003, 215면)하는 경우도 있다.

18) "피고가 교과용 도서 및 지도서를 검정함에 있어서는 법령과 심사기준에 따라야 하는 것은 물론이지만 그 판단이 사실적 기초가 없다거나 또는 사회통념상 현저히 부당하다는 등 현저히 재량권의 범위를 일탈한 것으로 보이지 않는 한 그 처분을 위법시 할 수 없다고 할 것이고, 법원이 그 검정에 관한 처분의 위법 여부를 심사함에 있어서는 피고와 동일한 입장에 서서 어떠한 처분을 하여야 할 것인가를 판단하고 그것과 피고의 처분과를 비교하여 그 당부를 논하는 것은 불가하고, 피고가 관계법령과 심사기준에 따라 처분을 한 것이면 그 처분은 유효한 것이고 그 처분이 현저히 부당하다거나 또는 재량권의 남용에 해당한다고 볼 수 밖에 없는 특별한 사정이 있는 때가 아니면 피고의 처분을 취소할 수 없다."(대법원 1988. 11. 8. 선고 86누618 판결, 밑줄은 필자).

19) 이와 같이 판단여지가 인정될 수 있는 경우에도 재량권을 인정하고 있다고 평가받는 판례들로는 앞 2. 관련판례 부분에 예시한 판례들 참조.

20) 대법원 1988. 11. 8. 선고 86누618 판결.

21) 김남진·김연태, 224면.

요컨대 우리나라에 있어서 재량과 판단여지의 구별에 관해서는 학설은 그 구별을 인정하는 것에 우세하고 판례는 그 구별을 부정하고 있다고 할 수 있다.[23)]

(2) 이론상의 구별문제와 실제 법원에서의 심리문제

전술한 바와 같이, 독일의 학설 및 판례와 달리, 우리나라에 있어서 학설은 대체적으로 재량과 판단여지의 이론상의 구별을 긍정함에 반하여, 실제 이를 심리하는 법원은 재량과 판단여지 양자의 구별을 부정한다는 전제하에서 심리한다는 것이 일반적이라고 할 수 있다.

재량과 판단여지는 일차적으로는 행정의 행위 내지는 판단과 직접적인 관련성을 갖고 있다고 할 수는 있다. 그러나 무릇 법적 분쟁은 우선 먼저 법원에서의 사실 확정의 문제와 직결된다.[24)] 재량과 판단여지를 둘러싼 법적 분쟁의 문제 역시 사실확정의 문제와 필수 불가분의 관계에 있다. 그런데 소송에서 사실의 존부는 최종적으로는 소송자료의 수집·제출책임의 분배에 관한 소송원칙에 의하여 확정된다. 재량과 판단여지 역시 사실확정과 밀접한 관련성을 갖는다는 점에서 소송자료에 관한 소송원칙과 밀접한 관련성을 가질 수밖에 없다.[25)]

---

22) 예컨대 "판례는 재량권과 판단여지를 구분하지 않고 판단여지가 인정될 수 있는 경우도 재량권이 있는 것으로 보고 있는데"라고 하는 것에는, 박균성, 307면 참조; "판례는 판단여지 인정설이 판단여지의 적용영역으로 보는 시험평가유사결정, 독립위원회의 결정 등을 재량의 문제로 보고 있다."라고 하는 것에는, 홍정선, 325면 참조.

23) 재량과 판단여지의 구별에 관하여 회의적인 입장을 개진하고 있는 것으로, 예컨대 "불확정개념을 사용한 경우에 있어서의 행정청의 판단여지와 재량행위에 있어서의 재량권은 구별할 실익이 없는 것이다. 이것은 판례의 입장이기도 하다."라고 하는 것에는, 김동희, 행정법 Ⅰ, 2013, 272면 참조.

24) 이는 재량과 판단여지를 구별하는 독일에서도 마찬가지이다. 예컨대 Maurer에 따르면, "법적문제에 대한 판결은 언제나 사실해명을 요구한다."라고 하는 것에서도 알 수 있다. Maurer, §7 Rn. 61, S. 160.

25) 불확정개념의 문제는 판단여지와 재량을 구별할 것인가라는 개념적 차원에만 국

이런 점에서 보면, 우리나라에 있어서 재량과 판단여지의 구별에 관하여 학설과 판례가 혼선을 빚는 등 명확하게 규명되지 아니하는 이론과 실제의 괴리 현상은, 이론상으로 독일뿐만 아니라 우리나라에서도 논하여 온 재량과 판단여지의 이동에 관한 끊임없는 논의의 당부라기보다는, 실제로 특히 이를 심리하는 법원에서의 재량과 판단여지에 대한 실제 심리과정 내지 심리방법상의 차이, 즉 우리나라와 독일의 행정소송에 있어서의 소송자료에 관한 소송원칙 간에 차이가 있다는 점에 관한 인식의 부족이라고 하는 측면에서 오는 것이라고 할 수 있다.[26]

요컨대 재량과 판단여지의 이론상의 구별문제는 실제 이를 심리하는 법원의 심리에서 행하여지는 사실확정 내지는 사실해명에 관한 심리원칙 즉 소송자료의 수집·제출 책임에 관한 소송원칙, 즉 변론주의와 직권탐지주의와 관련하여서 검토하여야 한다.

(3) 행정소송에서의 변론주의와 직권탐지주의의 문제[27]

행정소송에서 소송자료의 수집·제출의 책임을 누구의 부담으로 하는가는 행정소송법 제26조의 해석의 문제[28]이다. 이러한 해석의 문제가 발생하게 되는 계기는 행정소송법 제8조 제2항[29]에 의하여 준용되는 민사소송법 제292조[30]와 행정소송법 제26조가 의미하는 바가 분명하지

한되는 것이 아니라, 실제적으로 법규의 요건부분에 대한 법원의 심사방식과 직결되는 문제라고 하는 견해로는 박정훈, "불확정개념과 판단여지", 행정작용법(중범김동희교수정년기념논문집), 박영사, 2005, 268면 이하 참조.

26) 판단여지와 행정소송에서의 소송자료에 관한 소송원칙에 관하여는, 최선웅, "불확정법개념과 판단여지", 행정법연구 제28호, 2010, 119면 이하 참조.

27) 행정소송에서의 변론주의와 직권탐지주의에 관한 상세한 고찰로는, 최선웅, 행정소송의 원리, 진원사, 2007, 2005면 이하 참조.

28) 행정소송법 제26조의 해석에 관한 상세한 고찰로는, 최선웅, "행정소송법 제26조의 해석에 관한 일 고찰 – 우리나라 행정소송의 독자성을 모색하며 –", 행정법연구 제9호, 2003 참조.

29) 행정소송법 제8조 제2항 행정소송에 관하여 이 법에 특별한 규정이 없는 사항에 대하여는 법원조직법과 민사소송법 및 민사집행법의 규정을 준용한다.

않다는 점이다. 즉 행정소송법 제26조를 최소한으로는 민사소송법 제292조에 규정된 보충적 직권증거조사로, 최대한으로는 독일 행정소송법 제86조 제1항[31]에 규정된 바와 같은 원칙적인 직권탐지주의로 해석할 수 있기 때문이다.

이에 관하여는 행정소송에 있어서 소송자료의 수집·제출 책임의 분배에 관한 심리원칙으로는 사실상 민사소송과 같다는 변론보충설[32], 독일 행정소송법 제86조의 규정과 같은 원칙적 직권탐지주의설[33]도 있다. 그러나 다소 표현상의 차이와 정도의 차이는 있으나 변론주의와 직권탐지주의 양자를 모두 인정하는 절충설[34]이 주류적인 것이라고 할 수 있다. 즉 절충설은 행정소송에 있어서 변론주의가 인정된다는 전제하에서 변론주의를 보충하는 보충적 직권증거조사가 인정된다고 하는 점은 보충적 직권증거조사주의설과 같이 하면서도, 그러나 여기에서 그치는

---

30) 민사소송법 제292조 (직권에 의한 증거조사) "법원은 당사자가 신청한 증거에 의하여 심증을 얻을 수 없거나, 그 밖에 필요하다고 인정한 때에는 직권으로 증거조사를 할 수 있다."

31) §86 Ⅰ VwGO [직권탐지주의]: "법원은 사실관계를 직권으로 조사하여야 한다; 이 경우 관계인을 참여시켜야 한다. 법원은 관계인의 주장과 증거신청에 구속되지 아니한다." 이 규정의 원문은 다음과 같다.

§86 Ⅰ VwGO [Untersuchungsgrundsatz]: Das Gericht erforscht den Sachverhalt von Amts wegen; die Beteiligten sind dabei heranziehen. Es ist an das Vorbringen und an die Beweisanträge der Beteiligten nicht gebunden.

32) 이상규, 신행정법론(상), 법문사, 1993, 867면; 이혁우, "행정소송에서의 직권심리 범위 – 행정소송법 제26조의 해석과 관련하여 –", 특별법연구(제5권), 법문사, 1997, 43면; 변론주의 보충설이 다수설이라고 하는 문헌으로는, 박윤흔·정형근, 844면; "직권탐지주의 가미설"이 학계의 일각에서 주장되기도 하였으나, 대세는 "변론주의보충설"인 것으로 보인다고 하는 것에는, 김남진·김연태, 행정법Ⅰ, 법문사, 2013, 831면 참조.

33) 강영호, "행정소송법 제26조 [직권심리]에 대한 검토", 행정재판실무편람 Ⅲ, 서울행정법원, 2003, 125면을 들 수 있다.

34) 이와 같이 변론주의와 직권탐지주의의 절충적인 입장을 취하는 견해로는, 김철용, 611면; 류지태·박종수, 행정법신론, 박영사, 2010, 686면; 박균성, 1175면; 정하중, 행정법총론, 법문사, 2005, 757면; 홍정선, 1138–1139면; 홍준형, 921–922면 등을 들 수 있다.

것이 아니라 한 걸음 더 나아가서 행정소송법 제26조 후단에 규정된 '당사자가 주장하지 아니한 사실에 대하여도 판단할 수 있다'는 의미에서의 '직권탐지주의'가 절충적으로 인정된다는 것을 의미한다고 할 수 있다.

판례도 마찬가지로 행정소송법 제26조에 관하여 변론주의와 직권탐지주의 간의 절충적인 기본적인 입장을 밝히고 나서 그 구체적인 기준으로 즉 행정소송법 제26조의 직권심리의 범위에 관하여는 '일건 기록에 현출된 사항'[35]이라고 하는 기준을 제시하고 있다.[36]

(4) 우리나라에 있어서 이른바 독일식 판단여지의 의의

재량과 판단여지의 구별의 문제는 재량행위이론, 즉 요건재량설과 효과재량설에 따라서 갈라지는 문제이기는 하다.[37] 그러나 재량이론을 비롯한 이른바 독일식 판단여지이론은 이와 같은 단순한 이론상의 문제라기보다는 행정청의 판단 내지는 재량에 대한 법원에서의 사법심사의

35) 예컨대 행정소송법 제26조에 관하여 판례는, "법원이 아무런 제한 없이 당사자가 주장하지 아니한 사실을 판단할 수 있는 것은 아니고, 일건 기록에 현출되어 있는 사항에 관하여서만 직권으로 증거조사를 하고 이를 기초로 하여 판단할 수 있을 따름이고, 그것도 법원이 필요하다고 인정할 때에 한하여 청구의 범위 내에서 증거조사를 하고 판단할 수 있을 뿐"(대법원 1994. 10. 11. 선고 94누4820 판결)이라고 판단한다는 점에서 그러하다. 이와 같은 취지의 판결로는, 대법원 1985. 2. 13. 선고 84누467 판결, 1997. 10. 28. 선고 96누14425 판결, 1999. 5. 25. 선고 99두1052 판결 등이 있다.

36) 판례의 표현인 '일건 기록에 현출된 사항'에 관한 판례 및 그 의미에 관하여는, 최선웅, "행정소송에서의 처분권주의에 관한 고찰", 행정법연구 제15호, 행정법이론실무학회, 2006, 27면 이하 및 30면 이하; 최선웅, "행정소송법상 직권심리의 범위", 행정판례평선, 행정판례연구회, 박영사, 853면 참조.

37) 재량과 판단여지의 구별은, 직권탐지주의를 원칙으로 하는 독일 행정소송 이외에도, 독일의 재량이론에 있어서 압도적인 효과재량설을 전제한 것이라고 할 수 있다. 이런 독일의 영향을 받아 우리나라에서 효과재량설을 취하는 견해들은 대개 이른바 독일식의 판단여지를 수용한다(앞의 주 16)에 제시된 재량과 판단여지의 구별에 관한 문헌 참조). 그러나 우리나라의 재량이론은 독일과 같은 정도로 효과재량설이 압도적이지 아니하다는 점에서 이른바 독일식의 판단여지의 있는 그대로의 수용은 의문의 여지가 충분히 있다.

강도, 정도, 밀도에 관한 문제이다. 따라서 이러한 사법심사의 문제는 실제로 사법심사가 행해지는 법원에서의 심리절차가 중요한 것이다. 이는 결국 우리나라와 독일의 행정소송에서의 심리절차를 좌우하는 소송자료에 관한 심리원칙 간의 차이 즉 변론주의, 직권탐지주의, 그리고 양자가 절충된 심리원칙 간의 차이에서 오는 문제라고 할 수 있다.

기본적으로 독일에서 논의되어 온 이른바 독일식 판단여지는, 독일 행정소송에서 원칙으로 채택하고 있는, 직권탐지주의하에서 관철되어야만 하는 법률요건에 대한 법원의 완벽한 사법심사[38]를 제한하는 것이 가능한가에 관한 문제의식이다.[39] 이에 반하여 직권탐지주의가 아니라 변론주의를 원칙으로 하는 우리나라 행정소송에 있어서는, 직권탐지주의를 전제로 한 완벽한 사법심사를 제한하여야 하는 위와 같은 독일식의 문제의식은 있을 수 없고, 이른바 독일식 판단여지 역시 변론주의에 의하여 사실주장과 증명책임에 의하여 심리한다[40]는 점에서는 결국 이른바 독일식 판단여지와 재량[41]은 별다른 차이가 없는 것이 아닌가라고 하는 문제의식만이 남는다고 할 수 있다.

전술한 바와 같이, 우리나라 행정소송에서의 소송자료의 수집·제출책임에 관한 소송원칙과 관련하여서는 변론주의와 직권탐지주의의 절

---

38) 독일 행정소송에서의 완벽한 사법심사는 재량에 관한 이론인 효과재량설에 의하여 보다 더 가중된다.

39) 우리나라 헌법 제27조의 의미와 다르게 규정되어 있는 독일에서는, 행정에 대한 전면적인 사법심사를 요구하는 독일 헌법(GG) 제19조 제4항의 취지에 비추어 보면 법원에 의한 사법심사의 제한을 의미하는 판단여지는 인정될 수 없다는 지적이 행하여지고 있다. 예컨대 Maurer, §7, Rn. 34 참조. 이와 관련된 우리나라 헌법 제27조의 의미에 관하여는 아래 주 42) 및 제시된 문헌 참조.

40) 물론 정도의 차이는 있으나 직권탐지주의가 절충되어 있으나 현재 실무상 일단 우리나라 행정소송은 변론주의에 의한 사실확정을 주로 하고 직권탐지는 필요한 경우 예외적으로 행하고 있다고 할 수 있다.

41) 우리나라 재량이론은 독일에서와 같이 효과재량설이 압도적이라고 할 수도 없다. 앞의 주 16)에 소개된 재량과 판단여지의 구별에 소극적 내지는 부정적인 견해들 참조.

충적인 입장을 취하는 것이 일반적이다. 이러한 절충적 입장을 견지하면서 행정소송에서의 직권탐지주의를 원칙으로 하는 독일의 학설·판례에 의하여 전개된 이른바 독일식 판단여지를 있는 그대로 인정하는 것에는 의문의 여지가 있다. 이런 점에서 기존의 우리나라 학계에서는 우리나라와 독일의 행정소송에서의 심리원칙의 차이를 인식하지 못하고, 이론상으로는 도저히 해결이 불가능할 수 있는 단지 재량이론과 판단여지 간의 이동의 문제에만 집착하고 있는 것이 아닌가 한다.[42)]

따라서 우리나라에 있어서 이른바 독일식 판단여지는 재량과 엄격히 구별되는 이질적인 것이라기보다는, 특히 우리나라 법원에서는 이른바 독일식 판단여지가 재량과 마찬가지로 변론주의에 의하여 사실주장과 증명책임에 의하여 심리될 수밖에 없다는 점을 고려한다면, 이른바 독일식 판단여지는 우리나라 행정소송에 있어서는 단지 행정에 대한 사법심사의 곤란성을 의미하는 정도의 제한적인 의미만을 갖는다고 할 수 있다.[43)]

요컨대 이른바 독일식 판단여지론은 독일의 헌법이나 행정소송법 규정, 독일의 재량이론을 전제로 한다는 점에서 우리나라에 있는 그대로 적용할 수 없는 태생적인 한계가 있는 이론에 불과한 것이다.

---

42) "재량과 판단여지의 구별은 독일에서의 논의, 특히 독일의 다수의견과 판례를 직수입한 것이다. 그러나 이 구별은 우리나라와 다른 독일 헌법(우리헌법 제27조는, 주관적 권리구제를 주목적으로 규정되어 있는 독일 헌법 제19조 제4항과 달리, 객관적 적법성 통제도 포함하는 포괄적인 규정의 성격을 갖는다)과 행정소송법(우리 행정소송법 제26조는, 변론주의를 배제하고 단지 직권탐지주의만을 인정하고 있는 독일 행정소송법 제86조의 규정과 달리, 변론주의와 직권탐지주의를 절충적으로 인정하고 있는 규정이다) 등 법규정과 행정소송제도를 전제로 하여 구성된 이론이므로 우리나라에 그대로 적용할 수 없다."(최선웅, "불확정법개념과 판단여지", 행정법연구 제28권, 행정법이론실무학회, 2010, 95면 이하) 이 부분을 인용하고 있는 문헌(김철용, 176면)이 있다.

43) 판단여지의 우리나라 행정법에서의 의의에 관하여는 최선웅, "불확정법개념과 판단여지", 행정법연구 제28권, 행정법이론실무학회, 2010, 127면 이하 참조.

(5) 대상판결의 검토

1) 민주화운동법 제1조 제1호에서 정한 “자유민주적 기본질서”, “민주헌정질서”, “민주화운동”이라는 개념과 관련하여, 같은 법 제2조 제2호에서 정한 “민주화운동관련자”에 해당 여부에 관한 보상심의위원회의 결정에 관해서는, 이를 종래 우리나라 판례의 태도[44]와 마찬가지로 행정에게 재량권이 부여된 것으로 보아 그 일탈·남용 여부를 심사하는 재량행위의 문제로 보거나, 아니면 “민주화운동관련자”라고 하는 불확정법개념[45]과 관련하여 고도의 전문적인 판단을 하는 전문가위원들로 구성된 보상심의위원회가 결정한다는 점에서는 이른바 독일식 판단여지의 문제라고 볼 수도 있을 것이다.

2) 이 점에 관하여 대상판결 법원은, 행정기관이 법률요건상 불확정개념을 해석·적용함에 있어서 전문성과 대체불가능성 때문에 법률요건에서의 전제사실을 인정하거나 또는 인정 사실을 포섭하는 법적 평가에 관하여 판단여지가 인정되는 경우에 법원은 행정기관이 판단의 여지 내에서 내린 결정을 수용하여야 하는 판단여지설을 인정한다고 한다. 즉 대상판결은 종래의 대법원 판례가 채택해 온 재량과 구별되는 이른바 독일식 판단여지를 적극적으로 인정한 것이다. 요컨대 대상판결은 전문가로 구성된 독립위원회인 피고 보상심의위원회가 민주화운동관련자로 인정하는 결정을 재량이 아닌 이른바 독일식 판단여지의 문제로

44) 예컨대 교과서 검정과 관련된 사건에서, “교과서검정이 고도의 학술상, 교육상의 전문적인 판단을 요한다는 특성에 비추어 보면, 피고가 교과용 도서를 검정함에 있어서 법령과 심사기준에 따라서 심사위원회의 심사를 거치고”(대법원 1992. 4. 24. 선고 91누6634 판결)와 유사한 사례라고 할 수 있다.

45) “불확정개념”, “불확정법률개념” 및 “불확정법개념”이라는 용어에 관해서는, 최선웅, “불확정법개념과 판단여지”, 행정법연구 제28권, 행정법이론실무학회, 2010, 114면 이하 참조.

일단 인식하고 있다고 할 수 있다.

3) 그런데 대상판결 법원이 피고 보상심의위원회가 민주화운동관련자로 인정하는 결정을 재량이 아닌 이른바 독일식 판단여지라고 성질결정을 명확히 했음에도 불구하고 실제 그 심리과정을 보면 여전히 재량과 판단여지를 명확하게 구별하고 있다고 할 수 없는 것으로 보인다. 다시 말해서 대상판결 법원이, 하급심으로서 사실심을 담당하는 법원이어서 당연한 것이기도 하겠지만, 당해 결정과 관련된 사실확정에 관한 실체심리를 포함하여 당해 결정의 위법 여부를 판단하는 과정을 자세히 검토해 보면, 대상판결에서는 종래부터 이러한 결정을 재량으로 인식해온 종래의 판례들과 별다른 차이점을 발견하기 어렵다고 할 수 있다.

즉 첫째로 대상판결은, 민주화운동에 해당하는지 여부에 관한 결정과 관련하여, "과거 권위주의적 정부하에서 행하여진 시민들의 통일운동은 그 내용과 방법, 지향하는 이념, 국가의 존립과 자유민주적 기본질서를 위태롭게 한 정도, 정부의 통일운동 억압경위 등을 종합적으로 고려하여 민주화운동 해당 여부를 판단하여야 한다"라고 설시한 것은, 당해 결정은 결국 법에 명확한 기준이 설정되고 이에 엄격히 기속되는 기속행위가 아니라 어느 정도 판단권이 부여되는 전형적인 재량행위라고 성질결정한 것과 유사하다고 볼 수 있다. 둘째로, 피고 보상심의위원회가 민주화운동관련자에 해당하는지 여부를 결정함에 있어서도 그 이유와 논거를 충분히 제시하고 사후에 결정의 적법성을 심사하는 데 충분한 자료를 제시하여야 한다는 전제하에서, 대상판결 법원은 피고 보상심의위원회가 민주화운동관련자 인정과 관련된 내부 심사자료를 원고에게 제시하지 않았다는 사실과 체계적인 논증과정도 거치지 않았다는 사실을 확정하였다. 이것은 대상판결 법원이 사실확정에 있어서, 직권탐지주의하에서는 개념논리상 그 인정이 불가능하고 단지 변론주의에서만 인정될 수밖에 없는, 당사자의 주장책임은 물론이고 증거제출책임까지를 전제하고 사실심리를 실시했다는 것을 알 수 있다. 셋째로 대상판결 법원이, 피고 보상심의위원회의 민주화운동관련자 결정의 신뢰성을 훼손시키는 것 자체만으로는 독자적인 위법사유가 아니고, 평등원칙위반이라는 위법사유를 추가적으로 제시하는 것은, 종래 우리나라 판례에서 행해져 온 바와 같이, 재량행위에 대하여는 부당을 넘어서서 재량권의 일탈·남용만을 위법하다고 판단하는 전형적인 재량통제의 방식으로 볼 수 있다. 넷째로 대상판결 법원이, "불확정개념에 관하여 대법원이 채택한 재량설이나 이 법원이 채택한 판단여지설이나 그 논거를 달리할 뿐, 법원이 민주화운동관련자 결정의 위법성을 심사하는 데 일정 한도로 사법심사가 제한된다는 결론은 같다."라고 한다는 것은, 결국 대상판결 법원이 재량과 이른바 독일식 판단여지의 구별의 실익이 없다는 점을 스스로 인정한 것이라고 할 수 있다.

4) 그뿐만 아니라 대상판결 법원이 이른바 독일식 판단여지가 인정되는 영역들 중 하나인 전문가로 구성된 준사법적 위원회의 특성을 고려하여 설시한 부분을 보면, 피고 보상심의위원회의 위원 임명이나 선출방식이 헌법재판관의 선출방식과 유사하고 위원들은 민주화운동에 대한 경험이나 학식이 풍부한 자 중에서 임명되는 점 등에 비추어 민주적 정당성과 전문성이 보장되고 준사법적기관의 성격을 갖고 있는 피고 보상심의위원회의 민주화운동관련자 결정은 원칙적으로 정당성이 수긍되고 존중되어야 한다고 한다. 그런데 대상판결 법원은 이에 그치지 아니하고 한 걸음 더 나아가 피고 보상심의위원회가 "재량권을 자유롭게 행사할 수 있다고 말할 수는 없다."라고 하면서 "재량권"을 언급한다든지, 또한 "피고는 민주화운동관련자 여부를 결정함에 있어서도 그 이유와 논거를 충분히 제시함으로써, 결정의 정당성을 다시 한번 점검하고 사후에 결정의 적법성을 심사하는 데 충분한 자료를 제시하여야 한다."고 하여 이유와 논거의 충분한 제시 및 자료제출을 명하고 이에 대한 수소

법원의 심사를 설시하고 있다.[46)]

물론 대상판결 법원이 피고 보상심의위원회가 전문가로 구성된 준사법적 기관의 성격을 갖는다는 점에서는 피고 보상심의위원회의 민주화운동관련자에 관한 결정이 이른바 독일식 판단여지가 인정되는 영역이라고 설시한 점은 충분히 이해는 간다. 그럼에도 대상판결 법원은 이른바 독일식 판단여지를 끝까지 관철시키지는 못하고 있다. 즉 대상판결 법원은 스스로 판단여지라고 성질결정한 피고 보상심의위원회의 결정을 또다시 "재량권을 자유롭게 행사할 수 있다고 말할 수는 없다."라는 식으로 판단여지를 "재량권"과 결부시켜 설명할 뿐만 아니라, 또한 피고 보상심의위원회가 자신의 결정의 이유와 논거를 비롯한 "자료를 제시하여야 한다."라고 하는 것은 결국 피고 보상심의위원회가 관련자료를 제시하면 법원이 이에 관해서 사실심리하겠다고 밝히고 있는 점 등은, 도저히 대상판결 법원이 재량과 판단여지를 구별하고 있는 것으

46) 대상판결의 이 부분의 원문은 다음과 같다. "민주화운동법상 위원의 임명은 대통령이 하되 9인의 위원 중 3인은 국회의장이 추천한 자를, 3인은 대법원장이 추천한 자를 임명하도록 하여, 위원의 선출방식이 헌법에서 규정하는 헌법재판관의 선출방식과 유사한 방식을 취하고 있다. 또한 민주화운동법 시행령상 위원은 민주화운동에 대한 경험이나 학식이 풍부한 자 중에서 임명하도록 하고 있다. 이와 같이 민주적 정당성과 전문성이 보장되고 준사법적기관의 성격을 갖고 있는 피고의 민주화운동관련자 결정은 원칙적으로 정당성이 수긍되고 존중되어야 한다. 피고 위원들 각자 정치적·사회적·역사적 소신을 갖고 있을 뿐만 아니라 민주화운동이라는 개념 자체가 법적으로 명확하지 아니하며 일정한 가치판단이 들어갈 수밖에 없으므로, 그 의견이 쉽게 모여지거나 정립할 수 없다는 점은 충분히 이해된다. 그렇다고 하여 피고가 주장하는 바대로, 재량권을 자유롭게 행사할 수 있다고 말할 수는 없다. 왜냐하면 민주화운동관련자 여부를 결정함에 있어서 피고는 앞에서 본 민주화운동법의 입법 취지와 목적을 충분히 반영하고, 침해되었던 항거자의 기본권을 보장하여야 하며, 위원들도 자신의 개인적인 가치관이나 사사로운 선입견을 배제하고 준사법적기관으로서 본질과 기능에 부합하는 객관적 공정성을 유지하여야 한다. 또한 피고는 민주화운동관련자 여부를 결정함에 있어서도 그 이유와 논거를 충분히 제시함으로써, 결정의 정당성을 다시 한번 점검하고 사후에 결정의 적법성을 심사하는 데 충분한 자료를 제시하여야 한다."(밑줄은 필자).

로 보기 어렵다고 할 것이다.

5) 대상판결 법원은 표면적으로는 이 사건 처분인 보상심의위원회의 결정에 대하여 종래 판례상의 용어인 "재량행위" 내지는 "재량권의 일탈·남용"이라는 용어를 의식적으로 사용하지 아니하고 "판단여지" 내지는 "판단여지설"이라는 용어를 주로 사용하는 등 이른바 독일식 판단여지설을 적극 수용하는 입장을 취하려 노력하기는 하였다.

그러나 위와 같은 대상판결 법원의 실제 심리과정을 전체적으로 조망하면, 대상판결 법원은 실제로는 이 사건 처분인 보상심의위원회의 결정이, 종래 판례와 마찬가지로, 재량행위임을 전제로 하여 그에 대한 사실관계의 확정은 물론이고 주장책임 증명책임 등 사실심리의 과정뿐만 아니라 위법판단에 있어서도 부당을 넘어서서 평등원칙 위반이라는 위법사유로 재량권의 일탈·남용이라고 판단한 사례[47]라고 볼 수 있을 것이다.

4. 판례의 의미와 전망

1) 전술한 바와 같이, 대상판결 법원은 이 사건 처분인 보상심의위원회의 결정에 대한 심리에 있어서 의도적으로, 또는 부분적으로 일부 혼용[48]하기도 하였으나, "재량행위", "재량권의 일탈·남용" 대신에, "판

47) 이와 유사한 사례는 주로 교과서검정 등과 관련된 사건인, 대법원 1988. 11. 8. 선고 86누618 판결, 1992. 04. 24. 선고 91누6634 판결, 1992. 05. 12. 선고 91누1813 판결 등이 있고, 그 외에는 앞 Ⅱ. 평석 2. 관련 판례에 소개된 판례들 참조.

48) 이와 같이 "판단여지"가 "재량행위", "재량권"과 혼합되어 쓰여지고 있는 판례가 드물게 있기는 하다. 예컨대 "행정청에 판단여지가 있는 재량행위라고 하더라도 그 재량권의 한계를 넘거나 남용한 때에는 위법성의 문제로서 행정소송의 대상이 되는바(행정소송법 제27조), 법원은 행정청의 재량에 기한 공익판단의 여지를 감안하여 독자의 결론을 도출함이 없이 그 재량권 행사의 기초가 되는 사실인정의 오류, 법령 적용의 잘못 및 비례·평등의 원칙 위배 등을 심사하여 재량

단여지" 내지는 "판단여지설"이라는 용어를 주로 사용하기는 하였다. 그러나 대상판결 법원은 실제로는 이 사건 처분인 보상심의위원회의 결정을 재량행위임을 전제로 한 사실심리에 있어서의 변론주의에 근거를 둔 논증과정을 거치고 이 사건 처분이 평등원칙 위반[49]이라고 한 점에서, 대상판결 법원의 심사는 종래 우리나라 법원이 행하여 온 재량권의 일탈·남용 여부를 심사한 것과 유사한 것으로 볼 수 있다.

요컨대 대상판결 법원은 이른바 독일식 판단여지설을 적극적으로 수용하였으나 실제 심리에 있어서는 재량과 판단여지의 구별의 실익을 부정하는 등으로 양자의 차이를 스스로 부정하였다고 할 수 있다.

2) 물론 대상판결 법원이 스스로 이 사건 처분을 이른바 독일식 판

권의 일탈·남용 여부가 있는지를 판단 대상으로 하는 것"(서울고등법원 2005. 12. 21. 선고 2005누4412 판결, 밑줄은 필자). 그러나 이 판결의 상고심{대법원 2006. 3. 16. 선고 2006두330 전원합의체 판결(공2006상, 634)}에서는 위 1심 판결과 같이 "판단여지"를 "재량행위", "재량권"와 혼합하여 설시하고 있지는 아니하다.

49) 앞의 주 1)에서 보는 바와 같이, 동일한 시위에 함께 참여하여 동일한 범죄사실로 유죄판결을 받은 원고, 소외 1, 2에 대한 형량을 단순 비교만 해 보더라도 원고만을 특별히 "민주화운동관련자"로 인정하지 못할 이유는 없는 것으로 보인다. 또한 이 사건에서 원고에 대한 보상심의위원회의 결정이 소외 1, 2에 비하여 늦었다는 점도 들 수 있다. 즉 이 사건에서 원고는 2000. 10. 피고 보상심의위원회에 명예회복신청을 하였는데, 근 10년이 지난 2010. 6.에 비로소 피고 보상심의위원회가 민주화운동관련자로 인정하지 아니하는 이 사건 처분을 하였다. 이는 민주화운동법 제11조에 규정한 결정기한 90일을 훨씬 경과한 것일 뿐만 아니라, 동일한 행위로 비슷한 시기에 신청하여 민주화운동관련자로 인정받은 소외 1, 2와 비교하더라도 현저히 늦은 것이라고 할 수 있다. 참고로 각각의 신청과 결정시기를 보면, 소외 1은 2000. 10.에 신청하였고 2007. 2. 결정이 있었고, 소외 2는 2001. 12.에 신청하였고, 2005. 5.에 결정된 바가 있는데, 원고의 신청이 2000. 10. 신청하였으므로 신청시기 자체는 소외 1, 2와 비슷하였음에도 결정이 무려 10년 가까이 늦은 2010. 6.에 이루어졌다는 것은 매우 이례적으로 것이라고 할 수 있다. 물론 그 동안 원고를 심사한 피고 보상심의위원회와 소외 1, 2를 심사한 보상심의위원회의 위원들의 인적 구성이 달라졌을 것이고, 그 사이에 정치적인 지형의 변화도 반영되었을 것이라는 추측도 가능할 것이다.

단여지라고 인정했음에도 불구하고 부득이하게 실질적인 심리를 하여 이 사건 처분이 위법하다는 판단을 한 것은, 원고와 소외 1, 2 간의 형평상의 문제가 있다는 점을 인식하고 이를 해결하기 위하여, 즉 구체적 타당성 있는 결론을 도출하기 위하여 부득이했던 점 자체는 선해 못할 바는 아니다.

그런데 본래 이른바 독일식 판단여지는 법원 스스로 행정에 대한 사법심사를 제한하는 것을 의미한다. 문제는 대상판결 법원이 이 사건 처분에 대하여 이른바 독일식 판단여지를 정면으로 수용한다고 했음에도 불구하고 결과적으로 이 사건 처분이 평등원칙 위반이라는 위법판단을 적극적으로 하였다는 점이다.[50] 다시 말해서 대상판결 법원은 이 사건 처분이 판단여지라고 인정하여 스스로 심리를 제한한 것이 아니라, 오히려 대상판결 법원은 이 사건 처분에 대하여 변론주의에 기초한 사실확정을 하였을 뿐만 아니라 나아가 평등원칙 위반이라고 위법판단을 한 것은 결과적으로 종래 법원에서 행하여 온 바와 같이 재량권의 일탈·남용 여부를 심사한 것과 동일하다는 평가를 받을 수밖에 없다고 할 수 있다.

또한 대상판결 법원이 이 사건에서 이른바 독일식 판단여지를 인정하지 않으면 안 될 무슨 특별한 이유나 특단의 사정이 엿보이지도 않는다. 즉 대상판결 법원이 이 사건 처분을 이른바 독일식 판단여지라고 인정하면서도 판단여지의 한계를 인정하거나 위법판단을 한 것이, 과거 판례에서 이 사건 처분과 같은 동종의 처분을 이른바 독일식 판단여지라고 확정하여 법원 스스로 사법심사를 제한한 판단을 뒤집기 위하여

50) 물론 이 사건 처분에 관하여 대상판결이 "행정기관에게 판단의 여지가 인정되는 경우에도, 합리적인 이유 없이 본질적으로 동일한 것을 다르게 판단하였다면 평등의 원칙에 위배된다."라고 하는 것을 판단여지의 한계문제로 볼 수도 있다. 그러나 본래 판단여지의 한계는 재량의 한계를 참고한다는 점에서 재량과 유사하다고 할 수 있다. Steffen Detterbeck, Allgemeines Verwaltungsrecht, 8 Aufl., C. H. Beck München, 2010, §8 Rn. 379.

판단여지의 한계이론을 동원하는 것도 아니고, 원고로서는 판단여지의 주장이 자신에게 불리하므로 그러한 주장을 할 리가 전혀 없겠지만, 특히 피고 보상심의위원회조차도 자신의 결정을 판단여지로 인정하여 달라고 주장한 바가 전혀 없고 단지 피고 자신의 결정이 재량이라는 전제하에서 재량의 일탈·남용이 아니라고 주장하고 있다는 점에서도 더욱 그러하다고 할 것이다.

요컨대 이른바 독일식 판단여지를 인정한다는 것은 법원 스스로가 사법심사를 제한하는 경우에 의미가 있고 자연스러운 것이다.

그러므로 대상판결 법원의 판단과정은 종래 재량행위를 인정하고 그 일탈·남용으로 위법판단을 한 것과 그 구별실익이 없을 뿐만 아니라 이 점에서 대상판결 법원은 종래 재량권의 일탈·남용에 대한 법원의 사법심사방식에서 크게 벗어난 것이라고 할 수 없고 오히려 그 궤를 같이 한다고 할 수 있다.

3) 특히 행정사건에 대한 사실심리에서 변론주의가 지배하고 사실문제 및 법률문제를 모두 심사하는 우리나라 법원의 심리방식[51]하에서는, 설령 수소법원이 재량을 인정하는 대신에 이른바 독일식 판단여지를 적극적으로 인정한다고 하더라도 판단여지에 대한 심리방식이 종래 우리나라 법원에서의 재량권의 일탈·남용 여부라고 하는 심리방식을 크게 벗어날 수는 없을 것으로 예견된다.

4) 이런 점에서 대상판결이 이른바 독일식 판단여지를 수용하기 위

---

51) 허상수, "항고소송의 심리", 행정소송에 관한 제문제(상)(재판자료 제67집), 법원행정처, 1995, 352면. 이런 점에서는 우리나라 행정소송에서의 법원의 심리에 있어서는 법률문제뿐만 아니라 변론주의에 근거한 사실에 관한 심리도 혼합되어 있다는 점에서는 오히려 법률심을 원칙으로 하는 대법원 판결보다는 사실심리를 하는 대상판결과 같은 하급심 판결에 대한 분석이 보다 의미가 있다고도 할 수 있다.

하여 형식적으로는 "재량"이라는 용어를 회피하고 "판단여지"라는 용어를 의도적으로 사용한 것은, 단지 "판단", "여지"라는 일반·추상·보통 명사들을 동원하여 행정 관련 법규정의 요건에 규정된 불확정법개념에 대한 사법심사의 어려움을 표현한 것에 불과한 것이 아닌가 한다.[52)]

요컨대 설령 법원이 판단여지라는 용어를 사용할 수 있을 뿐만 아니라 굳이 사용한다고 하더라도 이는 이른바 독일식 판단여지를 지칭하는 것이 아니라 단지 통상적으로 법률요건상 특히 불확정법개념에 대한 완벽한 사법심사의 어려움을 의미하는 정도에 그치는 것으로 보아야 할 것이다.

5) 그런데 본래 법률규정상의 전문·기술적인 요건심사의 어려움은 모든 나라에서 나타나는 공통적인 현상인 것이다.[53)] 예컨대 대상판결에서와 같이 전문가로 구성된 독립위원회의 결정에 대한 판단의 어려움은 비록 독일뿐만 아니라 모든 나라에서 공통된 현상일 것이다.

그렇다고 해서 이 문제를 반드시 독일에서 전개된 이른바 독일식 판단여지이론을 통해서만 해결하여야 할 논리·필연성은 없다고 할 수 있다.[54)] 설령 이 문제를 타개하기 위하여 독일이 특별하게 고안해 낸

52) 이러한 점에서 보면, 판단여지를 수용한다면서 "판단여지"와 "재량권"을 혼용하는 대상판결 법원과 달리, 1심 판결 법원은 판단여지를 정면으로 인정하지 아니하면서도 "판단 여지"와 "재량권"을 혼용하여 쓰고 있으나 결국 별다른 구별의 실익이 없는 표현상의 차이라고 할 수 있다. "비록 민주화운동의 개념이 매우 추상적·포괄적이고 피고가 위원장 1인을 포함한 9인의 위원으로 구성된 합의제 기관이어서 민주화운동 관련자를 심의·결정함에 있어서도 개개 위원들 각자의 사회적·정치적·역사적 소신에 따라 <u>매우 광범위한 판단 여지가 남겨져 있다고 하더라도 피고의 그와 같은 재량권도 무한정 행사할 수 있는 것이 아니라 일정한 한계가 있는 점</u>"(서울행정법원 2012. 5. 3. 선고 2011구합39127 판결, 밑줄은 필자).

53) 이에 관하여는, 최선웅, "불확정법개념과 판단여지", 행정법연구 제28호, 행정법이론실무학회, 2010, 127면 이하 참조.

54) "독일 행정법에서는 지배적이라 할 수 있는 재량과 판단여지의 구별은 유럽공동

이른바 독일식 판단여지라고 하는 해결책을 우리나라가 참고한다고 하더라도 그것은 어디까지나 우리나라의 현행 법규정과 제도 내에서만 참고해야만 한다고 하는 단지 제한적인 의미만을 가지는 것은 극히 당연한 것이다.

요컨대 이른바 독일식의 판단여지론은, 모든 국가의 과제인 행정에 대한 사법심사의 어려움을 해결하고자 고안되었다는 점에서는 우리가 참고할 만하나, 그러나 이른바 독일식 판단여지론은 태생적으로 독일 법규정과 행정소송제도를 전제로 전개된 이론이라는 점에서는 우리나라에 그대로 적용될 수 없는 제한적인 의미만을 갖는 이론이라고 할 수 있다.55)

특히 직권탐지주의에 의하는 독일의 행정소송과 달리 우리나라 행정소송은 변론주의와 직권탐지주의가 일정 부분 절충되어 있다는 점을 간과해서는 안 될 것이다. 결국 우리나라 행정소송의 심리원칙하에서는 이른바 독일식의 판단여지는 재량과 다른 취급을 받기가 어려울 것이라는 점에서 재량과 판단여지의 구별이 특히 우리나라에서는 두드러지게 나타난다고 할 수 없다고 할 것이다.

6) 독일 학설의 영향을 받은 우리나라 학설이 이 사건과 유사한 사안을 다룬 판례들을 종래의 재량 대신에 이른바 독일식 판단여지에 입각한 것으로 이해하려는 이론적인 노력에 편승하여, 특히 대상판결과 같이 사실심리를 하는 하급심을 비롯한, 일부 법원에서 이른바 독일식의 판단여지를 정면으로 인정하려는 시도들은 추가적으로 있을 것으로 예상된다. 물론 이러한 시도들은 직권탐지주의를 원칙으로 하는 행정소

체에서 일반적으로 받아들여지지는 않고 있는 것으로 보인다."라고 하는 것에는, 홍준형, "유럽통합과 독일행정법의 변화", 행정법연구 제12호, 2004, 232면 참조.

55) 최선웅, "불확정법개념과 판단여지", 행정법연구 제28호, 행정법이론실무학회, 2010, 129면.

송을 전제로 재량과 구별되는 불확정법개념과 판단여지의 이론을 전개해 온 독일과 같은 나라에서라면 충분히 가능할 것이다.

그러나 소송자료의 수집·제출책임에 관한 한 변론주의[56]를 기본적인 원칙으로 계쟁처분에 관한 사실문제를 포함하여 법률문제를 모두 심사하는 우리나라 행정소송에 있어서는 이른바 독일식 판단여지를 그대로 관철하려는 시도는 애시당초 근본적으로 성공하기가 매우 어려울 뿐만 아니라 전세계적인 동향[57]에 비추어 보아서도 시의적절하지 않다고 할 것이다.

7) 우리나라의 행정소송법 제26조상 직권심리에 관하여 변론주의와 직권탐지주의 간의 절충적인 법리와 그 구체적 판단 기준으로서 '일건 기록에 현출된 사항'이라고 하는 기준을 제시하는 판례의 기본적인 태도는, 우리나라 행정소송법이 1951. 8. 24. 법률 제213호로 제정되고 1984. 12. 15. 법률 제3754호로 전문 개정된 이후 현재까지 일관되게 유지되어 왔음은 물론이고 앞으로도 별다른 큰 변화가 없이 유지될 것으로 전망된다.[58]

최근 우리나라 행정소송에서의 심리원칙에 관한 규정인 행정소송법 제26조의 개정논의[59]를 비롯한 특별한 상황변화가 예상되지 아니할

56) 전술한 바와 같이, 우리나라 행정소송에서의 소송원칙이 변론주의의 관철이 아니라 변론주의에, 물론 정도의 차이는 있으나, 일정 부분 직권탐지주의가 절충되어 있다는 것이 일반적이다. 앞 Ⅱ. 3. (3) 행정소송에서의 변론주의와 직권탐지주의의 문제 부분 참조.

57) 앞의 주 54) 참조.

58) 물론 직권심리의 범위를 확정하는 구체적 판단 기준으로서 제시하여 오고 있는 '일건 기록에 현출된 사항'이라고 하는 기준 자체의 당부 여부는 물론이고 그 구체적인 내용을 보다 명확히 하기 위해서 많은 판례의 축적이 기대된다. 최선웅, "행정소송법상 직권심리의 범위", 한국행정판례연구회, 박영사, 2011, 854면.

59) 실무가 일부에서 우리나라 행정소송법 제26조가 독일 행정소송법 제86조 제1항의 규정과 유사한 규정으로서 우리나라 행정소송에 있어서 원칙적인 직권탐지주의를 정면으로 선언하여 인정한 규정이라고 하고, 이와 같이 해석하는 것이 행

뿐만 아니라, 나아가 실무상 종래부터 변론주의를 기초로 하여 행정재량에 대하여는 그 일탈·남용 여부를 심사하는 사법심사 방식에 별다른 큰 문제가 전혀 발견되지 않는다고 한다면, 굳이 이 시점에서 새삼스럽게 행정소송에서의 직권탐지주의를 전제로 하는 이른바 독일식의 판단여지를 받아들이지 않으면 안 될 무슨 필연적인 이유나 특단의 사정은 전혀 없다고 할 것이다.[60]

8) 그렇다고 한다면, 즉 대상판결 법원이 이 사건 처분의 불합리성에 대한 사법심사의 불가피성을 인식한 점에 대해서는 전적으로 수긍하지 못할 바가 아니나, 그러나 대상판결 법원이 그에 대한 사법심사의 방식으로 이 사건 처분을 일단 먼저 판단여지라고 성질결정하고 난 후에 그 한계에 대한 사법심사를 함에 있어서는, 종래의 재량에 대한 사법심사와는 특별히 차별화되는 별다른 대안을 제시함이 전혀 없이, 종래의 재량에 대한 사법심사의 방식을 채택한 것은 일종의 우회라고 할 것이어서 이는 소송경제에도 반한다고 한다면, 대상판결 법원은 이와 같은 우회를 할 필요가 애당초 전혀 없이 곧바로 이 사건 처분에 대하여 재량의 일탈、남용 여부를 심사하였어야 할 것이다.

정소송의 특질과 시대의 조류에 부합하는 것이고, 우리나라 행정소송법을 개정할 경우 독일 행정소송법 제86조 제1항과 같은 규정으로 개정할 것도 제안하기도 한다(강영호, “행정소송법 제26조 [직권심리]에 대한 검토”, 행정재판실무편람 Ⅲ, 서울행정법원, 2003, 125면). 그러나 최근 몇 차례 있었던 행정소송법 개정논의에서 보듯이, 행정소송법 제26조에 관하여는 특별한 개정논의는 없었고 따라서 현 조문 그대로 유지하는 것에 별다른 이견이 없다고 할 수 있다.

60) 재량과 구별되는 판단여지라는 법개념을 도입할 것인가에 관한 신중한 논의가 이루어져야 한다고 하는 견해(조원경, “재량과 판단여지의 구분”, 행정판례평선, 한국행정판례연구회, 박영사, 2011, 215면)도 있다.

참고문헌

1. 국내문헌

김남진·김연태, 행정법Ⅰ, 법문사, 2013.

김동희, 행정법Ⅰ, 박영사, 2013.

김철용, 행정법, 고시계사, 2013.

류지태·박종수, 행정법신론, 박영사, 2010.

박균성, 행정법론(상), 박영사, 2013.

박윤흔·정형근, 최신행정법강의(강), 박영사, 2009.

이상규, 신행정법론(상), 법문사, 1993.

정하중, 행정법총론, 법문사, 2005.

최선웅, 행정소송의 원리[행정법연구 1], 진원사, 2007.

홍정선, 행정법원론(상), 박영사, 2013.

홍준형, 행정법, 법문사, 2011.

강영호, "행정소송법 제26조[직권심리]에 대한 검토", 행정재판실무편람(Ⅲ), 서울행정법원, 2003.

고영훈, "재량과 판단여지", 과학기술연구 제9집 제2호, 한남대학교 과학기술법연구원, 2003. 12.

권오봉, "행정소송에 있어서의 주장·입증책임", 행정소송에 관한 제문제(상)(재판자료 제67집), 법원행정처, 1995.

류지태, "행정심판에서의 직권심리주의", 법제(제499호), 1999.

박정훈, "불확정개념과 판단여지", 행정작용법(김동희교수정년기념논문집), 박영사, 2005.

배영길, "재량이론의 현대적 정리", 공법연구 제26집 제1호, 한국공법학회, 1998.5.

이혁우, "행정소송에서의 직권심리범위 – 행정소송법 제26조의 해석과 관련하여 -", 특별법연구(제5권), 법문사, 1997.

임영호, "민주화운동관련자 명예회복 및 보상 등에 관한 법률 소정의 명예회복신청기각처분의 적부", 대법원판례해설, 제69호 (2008 상반기), 법원도서관, 2008

______, "민주화운동관련자 명예회복 및 보상 등에 관한 법률에 따른 보상금 소송의 형태 - 대법원 2008. 4. 17. 선고 2005두16185 전원합의체판결 -", 정의로운 사법 : 이용훈대법원장재임기념, 사법발전재단, 2011.

______, "민주화운동관련자 명예회복 및 보상 등에 관한 법률에 따른 보상금 소송의 형태 - 대법원 2008. 4. 17. 선고 2005두16185 전원합의체 판결 -, 특별법연구 제10권, 전수안대법관 퇴임기념, 제10권, 2012.

조원경, "재량과 판단여지의 구분" - 대법원 1988. 11. 8. 선고 86누618 판결 -, 행정판례평선, 한국행정판례연구회, 박영사, 2011.

최선웅, "행정소송법상 직권심리의 범위", 행정판례평선, 한국행정판례연구회, 박영사, 2011.

______, "불확정법개념과 판단여지", 행정법연구 제28호, 행정법이론실무학회, 2010.

______, "행정소송에서의 처분권주의에 관한 고찰", 행정법연구 제15호, 행정법이론실무학회, 2006.

______, "행정소송법 제26조의 해석에 관한 일 고찰 - 우리나라 행정소송의 독자성을 모색하며 -", 행정법연구 제10호, 행정법이론실무학회, 2003.

허상수, "항고소송의 심리", 행정소송에 관한 제문제(상)(재판자료 제67집), 법원행정처, 1995.

홍정선, "중학교2종교과서검정처분취소청구사건", 사법행정 제35권 제7호, 한국사법행정학회, 1994. 7.

홍준형, "유럽통합과 독일행정법의 변화", 행정법연구 제12호, 2004.

2. 외국문헌

Bachof, Beurteilungsspielraum, Ermessen und unbestimmter Rechtsbegriff im Verwaltungsrecht, JZ 1955.

Erichen/Ehlers(Hrsg.), Allgemeines Verwaltungsrecht, 14. Aufl., De Gruyter, 2010.

Hufen, Verwaltungsprozessrecht, 7. Aufl., C. H. Beck München, 2008.

Kopp/Scenke, VwGO Kommentar, 15. Aufl., C. H. Beck München, 2007.

Maurer, Allgemeines Verwaltungsrecht, 17. Aufl., C. H. Beck München, 2009.

Steffen Detterbeck, Allgemeines Verwaltungsrecht, 8 Aufl., C. H. Beck München, 2010.

Ule, Zur Anwendung unbestimmter Rechtsbegriff im Verwaltungsrecht, Gedächtschrift für Walter Jellinek, 1955.

Wolff/Bachof, Verwaltungsrecht, 9. Aufl., C. H. Beck München, 1974.

국문초록

이 판례평석은 우리나라 법원이 재량과 판단여지를 명확하게 구별하지 않고 판결하고 있는 상황을 규명하는 것을 목적으로 한다.

일반적으로 독일의 학설과 판례는 재량과 판단여지를 구별하고 있다. 우리나라의 학설도 독일의 영향을 받아서 재량과 판단여지를 구별하는 경향이 우세하다고 할 수 있다. 그럼에도 종래부터 우리나라 법원은, 학설이 판단여지와 관련가능성이 있다고 평가하는 사건들을 재량으로 인식하고 판결하여 왔다. 따라서 재량과 판단여지의 구별문제에 있어서 우리나라 학설과 판례가 서로 반대의 입장을 취하고 있다고 평가할 수 있다.

다른 소송과 마찬가지로 행정소송에 있어서 법적문제는 언제나 사실해명을 필요로 함은 물론이다. 재량과 판단여지도 사실해명을 필요로 하는 것은 당연하다. 사실해명은 소송자료의 수집과 제출에 관한, 당사자와 법원간의 책임분배에 관한 소송원칙과 밀접한 관계가 있다. 따라서 재량과 판단여지의 문제도 이와 같은 사실해명에 관한 소송원칙과 밀접한 맥락하에서 규명되어야 한다.

구성요건상의 불확정법개념에 대한 법원의 완벽한 사법심사의 곤란성은 모든 나라에서 일반적으로 널리 퍼져 있는 현상이다. 판단여지설은, 재량이론에 있어서 효과재량설이 우세하고 특히 직권탐지주의를 원칙적인 소송원칙으로 하는 독일 행정소송에 있어서 불확정법개념에 대한 법원의 사법심사의 어려움을 완화하기 위하여 고안된 이론이다.

그런데 직권탐지주의를 원칙으로 하는 독일 행정소송과는 달리, 우리나라 행정소송에서는 변론주의와 직권탐주의가 혼합되어 있다는 것이 일반적으로 받아들여지는 학설·판례의 입장이다. 또한 실제로 우리나라 법원은 직권탐지주의가 아닌 변론주의라는 소송원칙에 근거한 재판을 주로 하여 왔기 때문에 결국 판단여지를 재량과 유사한 방법으로 재판할 수밖에 없을 것이다.

그러므로 법관이 실제 사례에서 "판단여지"라는 용어를 사용하여 재판한다고 하더라도, 이것은 법원이 법률요건에 규정된 불확정법개념에 대한 심사가 어렵다고 하는 단지 사법심사의 곤란성만을 의미하는 것에 불과하다. 다시 말해서, 법원은 재량과 판단여지를 엄격히 구별하여 사용하지는 아니한다. 이 점에서 독일 행정소송에서의 판단여지는 우리나라 행정소송에서는 단지 매우 제한적인 의미만을 갖는다고 할 수 있다.

결론적으로 우리나라 행정소송에서의 사실확정에 관한 소송원칙이 독일 행정소송과 전혀 다르므로, 실제로 우리나라 법원이 재량과 판단여지를 특별히 구별하지 아니하고 재판하는 것은 적절하고 매우 바람직스러운 것이다.

주제어: 재량, 판단여지, 변론주의, 직권탐지주의, 행정소송

Zusammenfassung

Die verwaltungsgerichtliche Überprüfung über Ermessen und Beurteilungsspielraum

－Seoul High Court Decision 2012Nu16291 delivered on Jun 20, 2013－

Prof. Dr. Choi Sun－Woong*

Die Analysis und Bewertung dieses Präzedenzfalls(Seoul High Court Decision 2012Nu16291 delivered on Jun 20, 2013) hat das Forchungs－ziel, welche Bedeutung das Phänomen, wobei der koreanische Gerichtshof ohne präzise Unterscheidung zwischen Ermessen und Beurteilungsspielraum eine gerichtliche Entscheidung trifft, hat.

Im Allgemeinen unterscheiden die deutsche Literatur und Rechtsprechung das Ermessen vom Beurteilungsspielraum. Auch in Korea ist es auch überwiegend dazu geneigt, das Ermessen vom Beurteilungsspielraum zu unterscheiden, da die koreanische Lehre von der deutschen Lehre beeinflusst ist. Dennoch entscheidet der koreanische Gerichtshof von je her in Anerkennung von Ermessen über die Vorfälle, wobei sich die Lehre auf den Beurteilungsspielraum beziehen kann. Folglich ist einzuschätzen, dass sich die koreanischen Lehre und Rechtsprechung hinsichtlich von Unterscheidungsproblemen mit Ermessen und Beurteilungsspielraum einander widersprechen.

Ebenso wie bei anderen Prozessen, wäre die Aufklärung des Sachverhalts immer wieder notwendig, damit Verwaltungsstreitverfahren

* Professor, Law school, Chungbuk National University.

über die Rechtsprobleme gerichtet werden kann. Es versteht sich von selbst, dass auch das Ermessen und der Beurteilungsspielraum die Aufklärung des Sachverhalts erfordern. Die Aufklärung des Sachverhalts hängt mit den Prozessgrundsätzen über die Verteilung der Veantwortung unter den Parteien und Gericht eng zusammen, welche sich auf die Sammlung und Vorbringung von Prozessstoffen beziehen. Deswegen muss auch dieses Problem zwischen Ermessen und Beurteilungsspielraum im Kontext mit dem Prozessgrundsätzen über die Aufklärung des Sachverhalts geklärt werden.

Der Schwierigkeitsgrad der gerichtlich vollen Überprüfung über den bei den gesetzlichen Voraussetzungen definierten unbestimmten Rechtsbegriff ist ein allgemein weit verbreitetes Phänomen in allen Ländern. Der Beurteilungsspielraum ist eine Lehre im deutschen Verwaltungsprozess, wobei die Lehre vom Ermessen zum Rechts－folgeermessenslehre vorherrscht und besonders Untersuchungsmaxime als grundsätzlicher Prozessgrundsatz genommen wird, welche durch die deutsche Lehre und Rechtsprechung entworfen wird, um die Schwierigkeiten der gerichtlich vollen Überprüfung über den unbestimmten Rechtsbegriff zu erleichtern.

Im Gegensatz zu dem deutschen Verwaltungsprozess, welches die Untersuchungsmaxime als Grundsatz nimmt, ist es ein Standpunkt der allgemein akzeptierten Lehre und Rechtsprechung, dass Verhandlungs－maxime und Untersuchungsmaxime im koreanischen Verwaltungsprozess vermischt sind.

Auch in der Praxis, hätte man keine anderen Möglichkeiten, als den Beurteilungsspielraum schließlich ähnlich wie das Ermessen richten, weil der koreanische Gerichtshof in der Tat statt der Untersuchungsmaxime überwiegend aufgrund der Prozessgrundsätze namens Verhandlungsmaxime gerichtlich verhandelt hat.

Daher bedeutet der Beurteilungsspielraum nur die Schwierigkeit der praktischen richterlichen Prüfung, dass der Gerichtshof den bei den gesetzlichen Voraussetzungen vorgeschrieben unbestimmten Rechtsbegriff schwer beurteilen kann, obwohl der Gerichtshof bei der realen gerichtlichen Entscheidung den Terminus "Beurteilungsspielraum" benutzend verurteilt. Mit anderen Worten, der koreaniche Gerichtshof braucht das Ermessen vom Beurteilungsspielraum nicht streng zu unterscheiden.

In diesem Punkt könnte man sagen, dass der Beurteilungsspielraum im deutschen Verwaltungsstreitverfahren im koreanischen nur eine sehr restriktive Bedeutung beinhaltet.

Schließlich ist es angemessen und eher wünschenswert einzuschätzen, ob der koreanische Gerichtshof ohne die besondere Unterscheidung zwischen dem Ermessen und Beurteilungsspielraum gerichtlich verhandelt, da der Prozessgrundsatz hinsichtlich der Tatsachenfestsetzung in den koreanischen Verwaltungsprozessen ganz anders ist als der von den Deutschen.

Schüsselwörter: Ermessen, Beurteilungsspielraum, Verhand-lungsmaxime, Untersuchungsmaxime, Verwaltungsprozess

투 고 일: 2013. 11. 29
심 사 일: 2013. 12. 15
게재확정일: 2013. 12. 20

行政節次 및 情報公開

情報公開法上 非公開事由인 個人情報의 意味와 範圍
/慶 健

情報公開法上 非公開事由인 個人情報의 意味와 範圍

慶 健[*]

대상판결: 대법원 2012.6.18. 선고 2011두2361 전원합의체 판결

[사실관계 및 판결의 요지]

I. 사실관계

원고는 2010. 1. 22. 피고(서울서부지방검찰청검사장)에게 원고가 고소하였으나 서울서부지방검찰청에서 증거불충분으로 혐의없음처분이 확정된 2건의 피의(사기, 자격모용사문서작성)사건기록의 각 {① 피의자신문조서(대질신문부분 포함), ② 참고인 진술조서, ③ 기록목록, ④ 사건송치서} 중 개인의 인적사항을 제외한 부분에 관하여 정보공개청구를

* 서울시립대학교 법학전문대학원 교수

하였다.

피고는 2010. 1. 28. 원고에 대하여, 공개청구정보 중 ③ 기록목록, ④ 사건송치서 부분은 공개하되, 나머지 부분에 관하여는 검찰보존사무규칙 제20조의2 제3호, 제22조 제1항 제2호에 따라 고소인은 본인의 진술이 기재된 서류와 본인이 제출한 서류에 대하여만 열람·등사를 청구할 수 있고 기록의 공개로 인하여 사건관계인의 명예나 사생활의 비밀 또는 생명·신체의 안전이나 생활의 평온을 현저히 해칠 우려가 있는 경우에 해당한다는 이유로 비공개하기로 결정하였다.

이에 원고는 비공개로 결정된 부분[1]의 취소를 구하는 소송을 제기하였다.

II. 소송의 경과

1. 제1심판결(서울행정법원 2010. 6. 4. 선고 2010구합5455 판결): 청구인용

이 법원이 공개청구정보를 비공개로 열람·심사한 결과에 의하면, … <생략> …. 관련자들의 이름은 수사기록의 공개를 구하는 필요성이나 유용성, 개인의 권리구제라는 관점에서 특별한 사정이 없는 한 원칙

---

1) 구체적으로는 ① 사기 피의사건기록의 피의자신문조서(대질신문부분 포함) 중 피의자의 주민등록번호, 직업, 주거, 본적, 전과 및 검찰 처분, 상훈·연금, 병역, 교육, 경력, 가족, 재산 및 월수입, 종교, 정당·사회단체가입, 건강상태 등과 대질한 참고인의 주민등록번호, 주거, 연락처 등의 인적사항, 참고인에 대한 진술조서 중 참고인의 주민등록번호, 직업, 전화, 주소 등의 인적사항을 각 제외한 부분, ② 자격모용사문서작성 등 피의사건기록의 피의자신문조서 중 피의자의 주민등록번호, 직업, 주거, 연락처, 가족관계, 건강상태 등의 인적사항, 참고인에 대한 진술조서 중 참고인의 주민등록번호, 직업, 주소(주거 또는 직장주소), 연락처 등의 인적사항을 각 제외한 부분이다.

적으로 공개되어야 할 것이나, 나머지는 특별한 사정이 없는 한 원고의 권리구제를 위하여 필요하다고 볼 수 없거나 공개될 경우 악용될 가능성이나 사생활이 침해될 가능성이 높아 비공개됨이 상당하다. 한편 비공개정보 중 개인에 관한 정보를 제외한 부분은 위 정보공개법 조항이 정한 개인에 관한 정보로서 공개될 경우 개인의 사생활의 비밀 또는 자유를 침해할 우려가 있는 정보에 해당한다고 볼 수 없다.

따라서 비공개정보 중 개인에 관한 정보(관련자들의 이름 제외)를 뺀 나머지 부분은 정보공개법 제9조 제1항에 의하여 공개대상이 되고, 위 법 조항에 따라 앞서 본 정보를 공개하는 것이 헌법상 사생활의 비밀과 자유를 침해한다고 볼 수 없다.

2. 제2심판결(서울고등법원 2010. 12. 24. 선고 2010누21954): 항소기각

제1심 판결을 그대로 인용하며, 피고의 항소를 기각하였다.

III. 대상판결의 요지

1. 상고이유의 요지

정보공개법 제9조 제1항 제6호 소정의 사생활의 비밀 또는 자유를 침해할 우려가 있는지 여부의 판단기준은 '공개 여부에 관한 본인의 의사'이지 '개인식별정보인지 여부'가 아니고, 위 조항의 본문 및 단서의 법문의 구조에 비추어 1차적으로 진술자가 비공개를 원하고 있는지 여부를 확인한 다음 진술자가 비공개를 원하는 경우 2차적으로 신청인이 어떠한 권리구제를 위하여 대상정보의 공개를 구하는지를 검토해야 한다.

2. 대상판결(대법원 2012. 6. 18. 선고 2011두2361 전원합의체)의 요지: 상고기각

대법원은 상고를 기각하고 원심을 확정하였다. 다만, 정보공개법 제9조 제1항 제6호 본문의 의미와 범위, 즉 제6호 본문이 특정인을 식별할 수 있는 개인에 관한 정보 외의 정보까지 포함하는지에 관해서는 의견이 나뉘고 있다.

[다수의견](8인) 공공기관의 정보공개에 관한 법률의 개정 연혁, 내용 및 취지 등에 헌법상 보장되는 사생활의 비밀 및 자유의 내용을 보태어 보면, 정보공개법 제9조 제1항 제6호 본문의 규정에 따라 비공개대상이 되는 정보에는 구 공공기관의 정보공개에 관한 법률(2004. 1. 29. 법률 제7127호로 전부 개정되기 전의 것)의 이름·주민등록번호 등 정보 형식이나 유형을 기준으로 비공개대상정보에 해당하는지를 판단하는 '개인식별정보'뿐만 아니라 그 외에 정보의 내용을 구체적으로 살펴 '개인에 관한 사항의 공개로 개인의 내밀한 내용의 비밀 등이 알려지게 되고, 그 결과 인격적·정신적 내면생활에 지장을 초래하거나 자유로운 사생활을 영위할 수 없게 될 위험성이 있는 정보'도 포함된다고 새겨야 한다. 따라서 불기소처분 기록 중 피의자신문조서 등에 기재된 피의자 등의 인적사항 이외의 진술내용 역시 개인의 사생활의 비밀 또는 자유를 침해할 우려가 인정되는 경우 정보공개법 제9조 제1항 제6호 본문 소정의 비공개대상에 해당한다.

[보충의견](1인) 정보공개법 제9조 제1항 제6호 본문의 문언 및 취지 등에 비추어 보면, 정보공개법 제9조 제1항 제6호 본문의 비공개대상정보에는 종래 '개인식별정보'뿐만 아니라 그 외에도 해당 정보만으로는 특정 개인의 동일성을 식별할 수는 없다고 하더라도 그 정보가 공개

될 경우 개인의 사생활의 비밀 또는 자유를 침해할 우려가 있는 정보까지 포함하는 것으로 해석하는 것이 합리적이다.

[별개의견](4인) 정보공개법 제9조 제1항 제6호 본문 소정의 '당해 정보에 포함되어 있는 이름·주민등록번호 등 개인에 관한 사항으로서 공개될 경우 개인의 사생활의 비밀 또는 자유를 침해할 우려가 있다고 인정되는 정보'의 의미와 범위는, 구 공공기관의 정보공개에 관한 법률 제7조 제1항 제6호 본문 소정의 '당해 정보에 포함되어 있는 이름·주민등록번호 등에 의하여 특정인을 식별할 수 있는 개인에 관한 정보'와 다르지 않다고 새기는 것이 정보공개법의 문언뿐 아니라 개정 경위 및 취지, 종래 대법원판례가 취한 견해, 관련 법령과의 조화로운 해석에 두루 부합하면서 국민의 알권리를 두텁게 보호하는 합리적인 해석이다.

[참조조문]

1999년 정보공개법	2004년 정보공개법	현행 정보공개법
제7조(비공개대상정보) ① 공공기관은 다음 각 호의 1에 해당하는 정보에 대하여는 이를 공개하지 아니할 수 있다.	제9조(비공개대상정보) ① 공공기관이 보유·관리하는 정보는 공개대상이 된다. 다만, 다음 각 호의 1에 해당하는 정보에 대하여는 이를 공개하지 아니할 수 있다.	<좌동>
1. 다른 법률 또는 법률에 의한 명령에 의하여 비밀로 유지되거나 비공개사항으로 규정된 정보	1. 다른 법률 또는 법률이 위임한 명령(국회규칙·대법원규칙·헌법재판소규칙·중앙선거관리위원회규칙·대통령령 및 조례에 한한다)에 의하여 비밀 또는 비공개 사항으로 규정된 정보	<좌동>
3. 공개될 경우 국민의 생명·신체 및 재산의 보호 기타 공공의 안전과 이익을 현저히 해할 우려가 있다고 인정되는 정보	3. 공개될 경우 국민의 생명·신체 및 재산의 보호에 현저한 지장을 초래할 우려가 있다고 인정되는 정보	<좌동>
4. 진행중인 재판에 관련된 정보와 범죄의 예방, 수사, 공소의 제기 및 유지, 형의 집행, 교정, 보안처분에 관한 사항으로서 공개될 경우 그 직무수행을 현저히 곤란하게 하거나 형사피고인의 공정한 재판을 받을 권리를 침해한다고 인정할만한 상당한 이유가 있는 정보	<좌동>	<좌동>
6. 당해 정보에 포함되어 있는 이름·주민등록번호 등에 의하여 특정인을 식별할 수 있는 개인에 관한 정보. 다만, 다음에	6. 당해 정보에 포함되어 있는 이름·주민등록번호 등 개인에 관한 사항으로서 공개될 경우 개인의 사생활의 비밀 또는 자	<좌동>

열거한 개인에 관한 정보를 제외한다.	유를 침해할 우려가 있다고 인정되는 정보. 다만, 다음에 열거한 개인에 관한 정보는 제외한다.	
가. 법령등이 정하는 바에 의하여 열람할 수 있는 정보 나. 공공기관이 작성하거나 취득한 정보로서 공표를 목적으로 하는 정보	가. 법령이 정하는 바에 따라 열람할 수 있는 정보 나. 공공기관이 공표를 목적으로 작성하거나 취득한 정보로서 개인의 사생활의 비밀과 자유를 부당하게 침해하지 않는 정보	
다. 공공기관이 작성하거나 취득한 정보로서 공개하는 것이 공익 또는 개인의 권리구제를 위하여 필요하다고 인정되는 정보	다. 공공기관이 작성하거나 취득한 정보로서 공개하는 것이 공익 또는 개인의 권리구제를 위하여 필요하다고 인정되는 정보 라. 직무를 수행한 공무원의 성명·직위 마. 공개하는 것이 공익을 위하여 필요한 경우로써 법령에 의하여 국가 또는 지방자치단체가 업무의 일부를 위탁 또는 위촉한 개인의 성명·직업	

[판례연구]

I. 문제의 제기

정보공개의 거부사유, 즉 비공개사유로 정보공개법 제9조 제1항 단서는 8가지 유형의 정보를 규정하고 있다. 그 가운데 공공기관에 의하여 가장 빈번하게 원용되는 비공개사유가 제6호에 규정된 '개인에 관한 정보'[2]이다. 정보공개제도 총괄기관인 안전행정부는 매년 정보공개 연차보고서를 발간하고 있는데, 공공기관이 비공개결정을 하면서 제시해 놓은 이유를 분석해 보면, 가장 많은 것이 법령상 비밀·비공개(제1호)를 이유로 한 경우[3]이고, 그 다음이 개인의 사생활 보호(제6호)를 이유로 한 경우[4]이다.[5] 법령상 비밀·비공개정보(제1호)가 비공개사유의 개별법에 의한 확장이고, 하나의 공통된 성질을 지니는 여러 정보를 총칭하는 것이라고 보기는 어렵다고 하면, 개인정보가 실질적으로 가장

---

2) 정보공개법이 실제로 채택하고 있는 표현은 '개인에 관한 사항' 또는 '개인에 관한 정보'라고 할 것이나, 그 보다는 '개인정보', '프라이버시', '사생활의 비밀(과 자유)' 등의 표현이 더 일반적으로 사용되고 있는 듯하다. 이하에서는 '개인정보'라는 표현을 사용하고자 한다.

3) 2011년의 경우 전체 비공개결정 31,136건의 17%인 5,221건이다. 2011년 정보공개 연차보고서, 27쪽 참조.

4) 2011년의 경우 전체 비공개결정 31,136건의 14%인 4,510건이다. 2011년 정보공개 연차보고서, 27쪽 참조. 지방자치단체의 경우에는 법령상 비밀·비공개를 이유로 하는 경우보다 개인의 사생활 보호를 이유로 비공개하는 경우가 많은 것으로 나타났다. 2011년 정보공개 연차보고서, 28쪽.

5) 비공개사유 중 가장 큰 비중(2011년의 경우 전체 비공개결정 31,136건의 47%인 14,533건)을 차지하는 것은 정보 부존재, 즉 청구된 정보 자체를 공공기관이 보유·관리하고 있지 않은 경우이다. 종래 정보 부존재의 경우의 처리에 대한 명확한 규정이 없는 상태에서 '비공개'결정으로 처리하여 왔으나, 2011년 정보공개법 시행령을 개정하여, 정보 부존재에 대한 처리규정을 신설하였다. 이에 따라, 공공기관이 보유·관리하지 아니하는 정보를 청구하는 경우, 일반 민원으로 처리하고, 부존재사유(보존기간의 경과로 인한 폐기, 해당기관이 작성·취득하지 아니하였음 등)를 청구인에게 구체적으로 설명하는 방식으로 처리하게 되었다.

큰 비중을 차지하는 비공개사유라고 할 수 있다. 개인정보가 포함되지 아니한 공공정보라는 것이 과연 존재할 수 있을 것인지 생각해 보면, 개인정보를 이유로 한 비공개가 얼마나 일반적일지 추측하는 것은 어렵지 않다.

대법원은 1998년 정보공개법이 시행된 직후부터, 개인정보를 이유로 한 비공개결정의 옳고 그름을 판단하거나 개인정보의 공개범위를 결정하는 과정에서 의미있는 여러 판결[6]을 선고해 왔으나, 아쉽게도 비공개사유로서의 개인정보의 의미 그 자체에 대하여 직접적으로 판단한 것은 없었다. 평석의 대상이 된 본건 전원합의체 판결[7]은 불기소사건의

---

6) 예컨대, 각각의 개인식별정보의 성격에 따라 공개·비공개 여부를 개별적으로 판단한 대법원 2003. 12. 26. 선고 2002두1342 판결 등. "법 제7조 제1항 제6호는 비공개대상정보의 하나로 '당해 정보에 포함되어 있는 이름·주민등록번호 등에 의하여 특정인을 식별할 수 있는 개인에 관한 정보'를 규정하면서, 같은 호 단서 (다)목으로 '공공기관이 작성하거나 취득한 정보로서 공개하는 것이 공익 또는 개인의 권리구제를 위하여 필요하다고 인정되는 정보'는 제외된다고 규정하고 있는데, 여기에서 '공개하는 것이 개인의 권리구제를 위하여 필요하다고 인정되는 정보'에 해당하는지 여부는 비공개에 의하여 보호되는 개인의 사생활의 비밀 등의 이익과 공개에 의하여 보호되는 개인의 권리구제 등의 이익을 비교·교량하여 구체적 사안에 따라 개별적으로 판단하여야 할 것인바, 이 사건 정보와 같은 수사기록에 들어 있는 특정인을 식별할 있는 개인에 관한 정보로는 통상 관련자들의 이름, 주민등록번호, 주소(주거 또는 근무처 등)·연락처(전화번호 등), 그 외 직업·나이 등이 있을 것인데, 그 중 관련자들의 이름은 수사기록의 공개를 구하는 필요성이나 유용성, 즉 개인의 권리구제라는 관점에서 특별한 사정이 없는 한 원칙적으로 공개되어야 할 것이고, 관련자들의 주민등록번호는 동명이인의 경우와 같이 동일성이 문제되는 등의 특별한 사정이 있는 경우를 제외하고는 개인의 권리구제를 위하여 필요하다고 볼 수는 없으므로 원칙적으로 비공개하여야 할 것이며, 관련자들의 주소·연락처는 공개될 경우 악용될 가능성이나 사생활이 침해될 가능성이 높은 반면, 증거의 확보 등 개인의 권리구제라는 관점에서는 그 공개가 필요하다고 볼 수 있는 경우도 있을 것이므로 개인식별정보는 비공개라는 원칙을 염두에 두고서 구체적 사안에 따라 개인의 권리구제의 필요성과 비교·교량하여 개별적으로 공개 여부를 판단하여야 할 것이고, 그 외 직업, 나이 등의 인적사항은 특별한 경우를 제외하고는 개인의 권리구제를 위하여 필요하다고 볼 수는 없다고 할 것이다."

7) 본건 전원합의체 판결을 대상으로 한 평석으로는 김용섭, "검사의 불기소사건기

수사기록인 피의자신문조서 및 참고인진술조서 등에 기재된 피의자 및 참고인의 진술내용이 개인정보로서 비공개대상이 되는지 라는 구체적 질문에 대한 답변이기도 하지만, 정보공개법 제9조 제1항 제6호 본문이 규정하고 있는 비공개사유의 의미와 범위에 대한 대법원의 해석을 직접적으로 표명한 것이라는 데에 큰 의미가 있다.

이하에서는 첫째로, 2004년 정보공개법(현행 정보공개법이기도 하다) 제9조 제1항 제6호에 규정된 비공개사유로서의 개인정보의 의미에 대하여 살펴보고, 둘째로, 본건 공개청구의 대상이 된 불기소사건의 수사기록에 기재된 관련자의 진술내용이 과연 개인정보로서 비공개대상이 되는지, 개인의 권리이익의 보호를 위하여 자신과 관계있는 정보에 대하여 공개를 청구하는 개별적 정보공개청구의 경우, 일반적 정보공개청구의 경우에 비해 공개의 범위를 넓힐 필요는 없는지에 대하여 순차적으로 검토해 보고자 한다.

II. 정보공개법상 비공개사유로서의 개인정보의 의미

1. 개인정보 관련 정보공개법규정의 변천과정

1996년 12월 31일 제정되어 1998년 1월 1일부터 시행된 1998년 정보공개법은 2004년 1월 29일 전부개정(2004년 7월 30일 시행)되어 현재와 같은 모습을 지니게 되었다. 2004년의 전부개정은 그동안 정보공개제도의 운영상 나타난 일부 미비점을 개선·보완하려는 것을 개정이유로 삼고 있었는데, 주된 개정내용의 하나가 비공개사유의 정비에 관한 것이다. 1998년 정보공개법은 제7조에서, 그리고 2004년 정보공개법은 제9

록에 대한 정보공개를 둘러싼 법적 쟁점", 행정법연구 제35호, 2013. 4. 1-28쪽이 있다.

조에서 비공개대상정보를 규정하고 있는데, 2004년 정보공개법은 1998년 정보공개법의 비공개사유 가운데 제1호(이른바 법령비정보)와 제6호(이른바 개인정보)를 개정하였다.

구체적으로 살펴보면, 1998년 정보공개법 제6호 본문이 "당해 정보에 포함되어 있는 이름·주민등록번호 등에 의하여 특정인을 식별할 수 있는 개인에 관한 정보"라고 규정하고 있던 것을, 2004년 정보공개법 제6호 본문은 "당해 정보에 포함되어 있는 이름·주민등록번호 등 개인에 관한 사항으로서 공개될 경우 개인의 사생활의 비밀 또는 자유를 침해할 우려가 있다고 인정되는 정보"로 바꾸어 규정하고 있다.

당시의 개정이유서에 따르면, "종전 비공개대상 정보인 특정인을 식별할 수 있는 개인에 관한 정보를 개인의 사생활의 비밀 또는 자유를 침해할 우려가 있는 정보로 축소하는 등 비공개대상 정보의 요건을 강화"하는 것이 개정의 방향이자 내용이다.

(1) 1998년 정보공개법의 개인정보 규정방식

1998년 정보공개법 제7조 제1항 제6호 본문의 개인정보 규정은 이른바 개인식별형 개인정보로서, 1998년 정보공개법 제정 당시 시행되고 있던 공공기관의 개인정보보호에 관한 법률(공공기관개인정보보호법)상의 개인정보 정의규정(동법 제2조 제2호)을 모델로 한 것으로 보인다. 1998년 정보공개법은 개인식별형 개인정보의 개념을 채택함으로써, 기본적으로 공공기관개인정보보호법과 보호대상 및 적용범위를 일치시키려 했던 것으로 보인다. 다만, 공공기관개인정보보호법과는 달리, 다른 정보와의 결합을 필요로 하지 않고 독자적으로 특정 개인을 식별할 수 있는 정보로 대상을 한정[8]함으로써 비공개범위를 최소화하려는 것이 입법자

8) 개인정보보호법은 기본적으로 수집 및 처리를 제한함으로써 개인정보를 보호하려는 취지이므로 개인정보를 넓게 규정할 필요가 있으나, 정보공개법에서의 개인정보는 공공정보의 원칙적 공개에 대한 예외로서의 비공개대상정보이므로 가

의 의도였던 것으로 보인다.

공공부문에서의 개인정보보호에 관한 공공기관개인정보보호법, 민간부문에서의 개인정보보호에 관한 정보통신망 이용촉진 등에 관한 법률 및 그를 이어받는 현행 정보통신망 이용촉진 및 정보보호 등에 관한 법률, 그리고 공공부문과 민간부문을 통합하여 2011년 제정·시행되고 있는 현행 개인정보보호법에 이르기까지 개인정보와 관련해서는, 일부 표현을 다듬었을 뿐 기본적으로 개인식별형 개인정보의 정의를 이어오고 있다. 개인식별형 개인정보 개념을 채택해 온 개인정보보호법제의 이러한 태도는 근본적으로 OECD 및 EU 등 국제기구가 채택한 개인정보의 정의방식을 받아들인 것이다.[9)]

주요 법률상 개인정보의 정의 또는 범위

공공기관의 개인정보보호에 관한 법률(1994) 제2조 제2호	생존하는 개인에 관한 정보로서 당해 정보에 포함되어 있는 성명·주민등록번호등의 사항에 의하여 당해 개인을 식별할 수 있는 정보(당해 정보만으로는 특정개인을 식별할 수 없더라도 다른 정보와 용이하게 결합하여 식별할 수 있는 것을 포함한다)
정보통신망 이용촉진 등에 관한 법률(1999) 제2조 제6호	생존하는 개인에 관한 정보로서 당해정보에 포함되어 있는 성명·주민등록번호등의 사항에 의하여 당해개인을 식별할 수 있는 정보(당해정보만으로는 특정 개인을 식별할 수 없더라도 다른 정보와 용이하게 결합하여 식별할 수 있는 것을 포함한다)

급적 제한적으로 규정할 필요가 있다.

9) OECD 이사회가 채택한 1980년 「프라이버시보호 및 개인정보의 국가간 유통에 관한 가이드라인에 관한 이사회권고」(Guidelines on the protection of privacy and transborder flow of personal data, Annex to the recommendation of the council of 23rd September 1980)에서는 개인정보를 "식별된 또는 식별될 수 있는 개인에 관한 모든 정보"(any information relating to identified or identifiable individual)라고 정의하고 있다. 또한, EU의 1995년 「개인정보처리에 있어서 개인정보의 보호 및 정보의 자유로운 이동에 관한 유럽의회 및 이사회의 지침」에서는 개인정보를 "자연인을 식별하거나 식별할 수 있는 모든 정보"라고 정의하고 있다.

정보통신망 이용촉진 및 정보보호 등에 관한 법률(2013) 제2조 제6호	생존하는 개인에 관한 정보로서 성명·주민등록번호 등에 의하여 특정한 개인을 알아볼 수 있는 부호·문자·음성·음향 및 영상 등의 정보(해당 정보만으로는 특정 개인을 알아볼 수 없어도 다른 정보와 쉽게 결합하여 알아볼 수 있는 경우에는 그 정보를 포함한다)
개인정보보호법 (2011) 제2조 제1호	살아 있는 개인에 관한 정보로서 성명, 주민등록번호 및 영상 등을 통하여 개인을 알아볼 수 있는 정보(해당 정보만으로는 특정 개인을 알아볼 수 없더라도 다른 정보와 쉽게 결합하여 알아볼 수 있는 것을 포함한다)
1998년 정보공개법 제7조 제1항 제6호	당해 정보에 포함되어 있는 이름·주민등록번호 등에 의하여 특정인을 식별할 수 있는 개인에 관한 정보
2004년 정보공개법 제9조 제1항 제6호	당해 정보에 포함되어 있는 이름·주민등록번호 등 개인에 관한 사항으로서 공개될 경우 개인의 사생활의 비밀 또는 자유를 침해할 우려가 있다고 인정되는 정보

1998년 정보공개법상 개인정보의 핵심을 이루는 것은 개인식별정보(personally identifiable information)라는 개념이다. 개인을 직접 식별하거나 유추하여 알 수 있게 하는 모든 정보[10]가 개인식별정보이기는 하지만, 구체적으로 어떠한 정보가 개인식별정보인지 그다지 명확한 것은 아니다.[11] 주로 이름, 주소, 이메일주소, 신용카드번호, 주민등록번호,

10) IT용어사전, 한국정보통신기술협회.

11) 현행 개인정보보호법제는 개인식별성뿐만 아니라 결합용이성이라는 기준을 통해 개인정보인지 여부를 결정하고 있는데, 특히 결합용이성 개념의 불명확함으로 인해 개인정보의 범위가 지나치게 넓어질 수 있다는 비판이 많다. 정의조항의 괄호부분을 삭제하여 특정 개인을 식별할 수 있는 정보로 제한하거나, 개인식별성이 높은 식별자를 예시적으로 열거하는 방식으로 개인정보의 범위를 제한하자는 주장이 계속되고 있다. "'개인정보보호법 지나치게 엄격해' 법조계 개선 요구 높아", 디지털데일리 2013. 9. 13. by 이민형(kiku@ddaily.co.kr).

인터넷주소 등이 그에 해당하는 것으로 보는 것이 일반적이다.[12]

(2) 2004년 정보공개법의 개인정보 규정방식

1998년 정보공개법 제7조 제1항 제6호 본문은 그 규정방식, 즉 개인식별형 개인정보 그 자체를 비공개대상정보로 규정함으로써 특정인을 식별할 수 있는 개인정보가 포함된 공공정보라면 모두 공개를 거부할 수 있는 것처럼 오해를 낳았고, 그 결과 공공기관들은 정보공개의 필요성에도 불구하고 개인정보의 보호라는 명분으로 공개를 거부할 수 있는 법적 빌미를 제공해 주었다.[13]

1998년 정보공개법 제7조 제1항 제6호 본문은 비공개대상정보의 하나로 '특정인을 식별할 수 있는 개인에 관한 정보'라고 규정하고 있었으나, 2004년 정보공개법 제9조 제1항 제6호 본문은 '특정인을 식별할 수 있는'이라는 문언을 삭제하고 '개인에 관한 사항으로서 공개될 경우 개인의 사생활의 비밀 또는 자유를 침해할 우려가 있는 정보'라고 문언을 변경함으로써 그 구조를 달리하고 있다. 이와 같은 정보공개법의 개정 내용을 보면, 종래 개인식별성을 기준으로 비공개해야 할 개인정보인지를 판단하는 방식에서 개인의 사생활의 비밀 또는 자유를 침해할 우려라고 하는 정보의 실질적인 내용에 따른 정성적(定性的) 요소를 기준으로 공개 여부를 판단하는 방식으로 비공개대상정보의 판단기준이 변경된 것이다.

---

12) 본 사건에서는 '피의자의 이름, 주민등록번호, 직업, 주거, 본적, 전과 및 검찰 처분, 상훈·연금, 병역, 교육, 경력, 가족, 재산 및 월수입, 종교, 정당·사회단체가입, 건강상태 등과 대질한 참고인의 이름, 주민등록번호, 주거, 연락처, 직업, 전화, 주소 등'의 정보가 개인식별성이 있는 정보에 해당한다고 보았다.

13) 헌법재판소 2010. 12. 28. 선고 2009헌바258 결정이 2004년 정보공개법 제9조 제1항 제6호의 입법연혁과 관련하여 언급한 내용이다.

2. 외국 정보공개법상 비공개사유로서의 개인정보

(1) 미국

미국의 1966년 정보공개법[14]은 5 U.S.C. §552(b)에서 비공개사항(Exemption)으로 9가지 사항(국가기밀, 행정기관의 내부규칙, 법률제외정보, 영업정보, 행정기관 내부의 메모, 프라이버시, 법집행기록, 금융정보, 유정정보)을 들고 있다.

가. 프라이버시

5 U.S.C. §552(b)(6)은 "공개하면 개인의 프라이버시에 대한 명백하게 부당한 침해(clearly unwarranted invasion of personal privacy)가 되는 인사 및 의료에 관한 파일 기타 이에 유사한 파일(personnel and medical files and similar files)"을 비공개로 하고 있다. 무엇이 "기타 이에 유사한 파일"에 해당하는가에 대하여, 하급심에서는 인사 및 의료에 관한 파일과 동등한정도의 고도로 개인적이거나 내밀한 내용을 포함하고 있어야 한다는 견해가 지배적이나, 대법원은 훨씬 완화된 입장을 가지고 있다고 한다.

대부분의 사례에서 실제로 문제되는 것은 공개하면 개인의 프라이버시에 대한 '명백하게 부당한 침해가 되는지' 여부이다. 이것은 개인의 프라이버시와 공중의 이익과의 형량을 요구하는 것인데, 정보공개법은 명백히 정보공개에 중점을 두고 있으므로 5 U.S.C. §552(b)(6)을 근거로 비공개할 수 있는 것은, 실질적인 프라이버시의 이익이 있고 공개하는 것이 그 프라이버시의 이익에 실질적인 침해가 되는 경우뿐이라는 것이

---

14) 정보자유법(Freedom of Information Act; FOIA)으로 더 잘 알려져 있으며, 정식명칭은 '공적 정보, 행정기관의 규칙, 의견, 명령, 기록 및 절차'(Public information; agency rules, opinions, orders, records, and proceedings)이다. 합중국법전 제5권 제552조(5 U.S.C. §552)에 편입되어 있다. 1996년의 이른바 전자정보자유법(EFOIA)의 제정으로 이어진다.

일반적 인식이다.

나. 법집행기록에 포함된 개인정보

미국 정보공개법제에서 주목할 것은, 법집행과 관련하여 수집된 문서의 프라이버시정보는 법집행기록으로서도 보호되고 있다는 점이다. 5 U.S.C. §552(b)(7)은 "법집행목적을 위하여 수집된 기록 또는 정보(records or information compiled for law enforcement purposes). 다만, 이것은 다음의 경우에 한정된다. 법집행기록 또는 정보의 제공이 … <생략> … (C) 개인의 프라이버시에 대한 부당한 침해가 될 것이 합리적으로 예측될 수 있는 경우 … <생략> …"라고 규정하고 있다.[15)]

형사법집행절차와 관련해서는, 법집행과의 합리적 관련성이 개별·구체적으로 증명되어야 한다고 보는 판결도 있고, 연방수사국의 기록은 "법집행목적을 위하여 수집된" 것에 당연히 해당한다고 본 판결도 있다.

법집행기관의 기록에 포함되어 있는, 특정 개인이 법위반을 이유로 수사를 받았다는 정보는, 비공개사항에 해당할 가능성이 있다. 또, 수사에 관여한 연방수사국 직원의 성명이나 정보제공자 등에 대해서도 이 비공개사항을 적용할 수 있다고 본 판결도 있다.

---

15) 참고로, 5 U.S.C. §552(b)(7)은, 법집행기록 또는 정보의 제공이 (A) 집행절차를 방해할 것으로 합리적으로 예측될 수 있는 경우, (B) 개인의 공정한 재판 또는 공평한 재결을 받을 권리를 박탈하는 경우, (D) 비밀로 정보를 제공한 주, 지방자치단체 또는 외국의 행정기관 또는 관공서 또는 민간기구 등의 비밀정보원이 공개될 것으로 합리적으로 예측될 수 있는 경우, 그리고 형사법집행당국이 형사상의 수사과정에서 수집한 기록이나 정보 또는 법률에 기하여 국가안전보장에 관한 조사활동을 행하는 행정기관이 수집한 기록이나 정보의 경우에는, 비밀정보원에 의해 제공된 정보가 공개될 것으로 합리적으로 예측될 수 있는 경우, (E) 법집행을 위한 수사 또는 소추의 기술 및 절차를 공개하게 되는 경우 또는 법집행을 위한 수사 또는 소추의 지침을 공개하게 되는 경우로서 그 공개가 법의 잠탈을 초래할 것으로 합리적으로 예측될 수 있는 경우, (F) 개인의 생명 또는 신체의 안전을 위험에 빠뜨릴 것으로 합리적으로 예측될 수 있는 경우에도 비공개할 수 있도록 하고 있다. 우리 정보공개법 제9조 제1항 제4호의 해석에 참조가 될 수 있을 것이다.

(2) 독일

독일의 2005년 정보공개법[16]은 제5조에서 개인관련정보의 보호에 대해 규정하고 있다.[17] '개인관련정보'(personenbezogene Daten)의 의미가 무엇인지에 대해서는 스스로 규정하고 있지 않으며, 따라서 개인관련정보의 의미는 연방개인정보보호법이 규정하는 바에 따르게 된다. 연방개인정보보호법은 정보에 대한 자기결정권의 보호를 목적으로 하며, 개인관련정보를 "특정의 또는 특정할 수 있는[18] 자연인의 인적 또는 물적 상황에 관한 개별적 기재사항"으로 정의하고 있다. 따라서 독일 정보공개

---

16) 정식명칭은 「연방정보에의 접근에 관한 법률」(Gesetz zur Regelung des Zugangs zu Informationen des Bundes)(Informationsfreiheitsgesetz-IFG)이다.

17) 제5조 개인관련정보의 보호

(1) 청구인의 정보에 대한 이익이 정보접근의 배제에 대한 제3자의 보호할 가치 있는 이익에 우월하거나 제3자가 그에 동의한 경우에만 개인관련정보에의 접근은 허용될 수 있다. 연방개인정보보호법(Bundesdatenschutzgesetz) 제3조 제9항 소정의 특별 개인관련정보는, 제3자가 명시적으로 동의한 경우에만 제공될 수 있다.

(2) 근무·직무관계 또는 제3자의 위탁과 관련되어 있는 기록상의 정보의 경우 및 직업·직무상 비밀에 해당하는 정보의 경우에는 청구인의 정보에 대한 이익은 우월하지 않다.

(3) 정보의 내용이 이름, 직위, 학위, 직업 및 역할의 표시, 사무실의 주소와 전화번호에 한정되고, 그 제3자가 鑑定人 내지 전문가로서 또는 이에 준하는 방식으로 어떠한 절차에서 의견을 표명한 경우에는, 청구인의 정보에 대한 이익은 통상적으로 정보접근의 배제에 대한 제3자의 보호할 가치 있는 이익에 우월하다.

(4) 담당자의 이름, 직위, 학위, 직업 및 역할의 표시, 사무실의 주소와 전화번호는, 그것이 직무활동의 표시 및 결과이고 예외사유에 해당하지 않는 한, 정보공개에서 배제되지 아니한다.

18) 1995년 10월 24일 성립한 「개인데이타의 처리에 관계되는 개인의 보호 및 자유로운 데이타유통에 관한 유럽의회 및 EC이사회지침」(EU−Richtlinie zum Schutz natürlicher Personen bei der Verarbeitung personenbezogener Daten und zum freien Datenverkehr; Richtlinie 95/46/EG des Europäischen Parlaments und Rates vom 24. 10. 95) 제2조 a항에 따르면 '특정할 수 있다'고 하는 것은, 직접적 또는 간접적으로 개인을 식별할 수 있는 것, 특히 식별번호 혹은 육체적·생리적·정신적·경제적·문화적 및 사회적인 동일성(Identität)을 보이는 1개의 혹은 복수의 고유한 요소로 분류하는 것으로 개인식별이 가능한 것을 말한다.

법은 기본적으로 개인식별형 개인정보를 비공개로 보호하는 방식을 취하고 있다고 볼 수 있다. 다만, (사항적 요소로서) 개인식별정보가 그 자체로 모두 보호되는 것은 아니고, '보호할 가치 있는 이익'(schutzwürdige Interesse)이라는 추상적 이익형량요청[19]에 의해 제한되어 있는 것이 특징이다.

(3) 일본

일본의 1999년 정보공개법[20]은 제5조에서 모두 6가지의 비공개정보를 열거하고 있는데, 개인정보의 보호와 관련해서는 제1호에서 규정하고 있다.[21] 일본 정보공개법은 개인식별형 정보를 제1호 본문에서 원

---

19) 이는 결국 개별사안마다 행정청에게 이익형량을 맡기는 것이라 할 수 있으며, 결국 요건의 명확성을 결하고 있다는 비판이 있다.

20) 정식명칭은 「行政機關の保有する情報の公開に關する法律」이다.

21) 5조(행정문서의 공개의무) 행정기관의 장은, 공개청구가 있는 때에는, 공개청구된 행정문서에 다음 각호의 정보(이하 '비공개정보'라 한다.)의 어느 하나가 기록되어 있는 경우를 제외하고는, 공개청구인에 대해, 당해 행정문서를 공개하여야 한다.

1. 개인에 관한 정보(사업을 경영하는 개인의 당해 사업에 관한 정보를 제외한다.)로서, 당해 정보에 포함된 이름, 생년월일 기타의 기술 등에 의해 특정한 개인을 식별할 수 있는 것(다른 정보와 결합함으로써, 특정한 개인을 식별할 수 있게 되는 경우를 포함한다.) 또는(又は) 특정한 개인을 식별할 수는 없지만, 공개함으로써, 개인의 권리이익을 침해할 우려가 있는 것. 다만, 다음에 열거한 정보를 제외한다.

가. 법령의 규정에 따라 또는 관행으로 공개되거나 또는 공개될 것이 예정되어 있는 정보

나. 사람의 생명, 건강, 생활 또는 재산을 보호하기 위해, 공개하는 것이 필요하다고 인정되는 정보

다. 당해 개인이 공무원 등(국가공무원법 제2조 제2항에 규정된 국가공무원(독립행정법인통칙법 제2조 제2항에 규정된 특정독립행정법인의 임원 및 직원을 제외한다.), 독립행정법인 등(독립행정법인등이 보유하는 정보의 공개에 관한 법률 제2조 제1항에 규정된 독립행정법인등을 말한다. 이하 같다.)의 임원 및 직원, 지방공무원법 제2조에 규정된 지방공무원 및 지방독립행정법인(지방독립행정법인법 제2조 제1항에 규정된 지방독립행정법인을 말한다. 이하 같다.)의 임원 및 직원을

칙적인 비공개대상으로 한 다음, 개인의 권리이익을 침해하지 않아 비공개로 할 필요가 없는 것(가목) 및 개인의 권리이익을 침해하더라도 공개의 공익이 우월하기 때문에 공개해야 할 것(나목 및 다목)을 단서에서 예외적인 공개사항으로 열거하는 방식을 채택하고 있다. 일본 정보공개법에서 주목할 것은, 개인식별형 정보뿐만 아니라,[22] '특정한 개인을 식별할 수는 없지만, 공개함으로써, 개인의 권리이익을 해할 우려가 있는 것'도 비공개대상으로 하고 있다는 점이다. 이는, 설령 개인이 식별되지 않는 정보이더라도, 그것을 공개하는 것이 개인의 권리이익을 해칠 수 있다는 전제에서, 이러한 정보의 공개를 금하는 취지이다.

3. 현행 정보공개법 제9조 제6호의 의미에 대한 전원합의체 판결 각 견해의 입장

우선, 2004년 정보공개법 제9조 제1항 제6호 본문, 즉 "당해 정보에 포함되어 있는 이름·주민등록번호 등 개인에 관한 사항으로서 공개될 경우 개인의 사생활의 비밀 또는 자유를 침해할 우려가 있다고 인정되는 정보"의 의미와 범위에 대한 대상판결 각 견해의 차이를 살펴본다.

(1) 다수의견의 해석

다수의견은, 2004년 정보공개법 제9조 제1항 제6호 본문의 규정에 따라 비공개대상이 되는 정보에는 1998년 정보공개법상 이름·주민등록번호 등 정보의 형식이나 유형을 기준으로 비공개대상정보에 해당하는지 여부를 판단하는 '개인식별정보'뿐만 아니라 그 외에 정보의 내용을

말한다.)인 경우로서, 당해 정보가 그 직무의 수행에 관한 정보인 때에는, 당해 정보 가운데, 당해 공무원 등의 직책 및 당해 직무수행의 내용에 관한 부분

22) 又は'(또는)를 의역한 것이다. 평석대상 판결의 다수의견과 보충의견이 혹시 일본 정보공개법 제5조 제1호와 우리 2004년 정보공개법 제9조 제1항 제6호의 규정 사이의 차이를 간과한 것은 아닌지 의문스럽다.

구체적으로 살펴 '개인에 관한 사항의 공개로 인하여 개인의 내밀한 내용의 비밀 등이 알려지게 되고, 그 결과 인격적 · 정신적 내면생활에 지장을 초래하거나 자유로운 사생활을 영위할 수 없게 될 위험성이 있는 정보'도 포함된다고 판단하고 있다. 즉, 개인식별형 정보와 프라이버시(또는 사생활의 비밀)형 정보 모두를 포함하는 것이라고 보고 있다.

(2) 보충의견의 해석

보충의견은, 2004년 정보공개법 제9조 제1항 제6호 본문의 비공개대상정보에는 종래 '개인식별정보'뿐만 아니라 그 외에도 해당 정보만으로는 특정 개인의 동일성을 식별할 수는 없다고 하더라도 그 정보가 공개될 경우 개인의 사생활의 비밀 또는 자유를 침해할 우려가 있는 정보까지 포함하는 것으로 해석하고 있다. 프라이버시형 정보를 어떻게 기술할 것인지에서 약간의 차이가 있을 뿐, 기본적으로 다수의견과 마찬가지로, 개인식별형 정보와 프라이버시형 정보 모두가 정보공개법상의 비공개사유에 해당한다고 보고 있다.

(3) 별개의견의 해석

별개의견은, 1998년 정보공개법이 2004년 전부개정되면서 비공개대상정보의 하나인 제7조 제1항 제6호 본문의 '이름 · 주민등록번호 등에 의하여 특정인을 식별할 수 있는 개인에 관한 정보'가 2004년 정보공개법 제9조 제1항 제6호 본문의 '이름 · 주민등록번호 등 개인에 관한 사항'으로 변경되기는 하였으나, 2004년 정보공개법 제9조 제1항 제6호 본문이 여전히 이름·주민등록번호 등과 같이 특정인을 식별할 수 있는 정보를 '개인에 관한 사항'의 예시로 들고 있음에 비추어, 1998년 정보공개법상의 '특정인을 식별할 수 있는 개인에 관한 정보'와 2004년 정보공개법상의 '개인에 관한 사항'은 그 표현만을 달리할 뿐 그 내용은 실질적으로 같다고 해석하고 있다. 즉, 1998년 정보공개법과 마찬가지로

2004년 정보공개법도 개인식별형 정보만을 비공개사유로 정하고 있다는 것이다.

4. 정보공개법상 개인정보의 의미

(1) 정보공개법상 비공개사유의 규정방식

공공기관이 보유·관리하는 정보는 공개함이 원칙이지만, 사인의 권리이익의 보호나 공익의 보호를 위해 공개하지 아니하는 것이 필요한 경우도 있다. 1998년 정보공개법 제7조 제1항 및 2004년 정보공개법 제9조 제1항은 비공개대상정보로 제1호에서 제8호까지 8가지의 사항을 규정하고 있으며, 그 어느 하나에 해당하는 정보에 대해서는 이를 공개하지 아니할 수 있도록 하고 있다.

비공개대상정보를 어떻게 규정할 것인가라는 문제는 정보공개법을 제정하는 과정에서 가장 논란이 많았던 부분이다. 필요 이상으로 비공개정보의 범위가 넓어서도 안 되겠지만, 비공개해야 할 정보가 공개되어서도 안 되기 때문에, 가능한 한 명확하게 비공개대상정보의 범위를 규정할 필요가 있다. 비공개대상정보를 규정할 때 그 구체적인 내용표현은, 기본적으로는, 사무의 종류 또는 정보의 유형에 따른 사항적 요소(예컨대, '의사결정과정 또는 내부검토과정에 있는 사항' 또는 '형의 집행에 관한 사항' 등)와 공개에 의한 장애 또는 법익침해 여부를 개별·구체적으로 판단하기 위한 정성적 요소(예컨대, '법인 등의 정당한 이익을 현저히 해할 우려' 또는 '국민의 생명·신체 및 재산의 보호 기타 공공의 안전과 이익을 현저히 해할 우려' 등)를 조합하는 방식을 취하고 있다. 사항적 요소의 경우, 그 단위를 포괄적으로 하면, 필요 이상으로 비공개의 범위가 확대될 우려가 있으며, 반대로 세분화하면, 열거해야 할 개개 사항이 지나치게 방대해져, 망라적으로 열거하기 곤란하다. 한편, 정성적 요소만으로는, 비공개정보의 범위를 긋는 기준으로는 지나치게 추상적이어서 명확성을 결하고 적용상의 어려움을 초래하게 된다. 따라서, 사항적 요소와 정성적 요소를 적절히 결합하는 것이 바람직하다.

(2) 비공개사유로서의 개인정보의 규정방식

개인정보를 비공개하는 목적은 개인의 정당한 권리이익의 보호에 있고, 보호의 대상인 개인의 정당한 권리이익의 핵심은 프라이버시 내지 사생활의 비밀이다. 그런 이유로, 개인정보의 비공개범위는 통상 프라이버시라는 개념으로 획정하는 경우가 많으며, 미국[23]이나 뉴질랜드의 정보공개법이 이러한 입장을 채택하고 있다. 이러한 방식은, 개인정보와 관련해, 비공개의 범위가 지나치게 확대되는 것을 방지하기 위한 적절한 태도라고 말할 수도 있다. 그러나, 프라이버시의 개념이 반드시 명확한 것도 아니고, 또 개인의 가치관에 따라 그 범위가 달라질 수도 있기 때문에, 프라이버시형 개인정보 규정방식을 채택할 경우, 정보공개제도의 안정적 운용에는 어려움이 따를 수도 있다. 따라서, 개인식별형 정보를 일반적으로 비공개로 한 다음, 개인의 권리이익을 침해할 우려가 없어 비공개의 필요성이 없거나 개인의 권리이익을 침해함에도 공개가 가져올 공익이 우월하여 공개의 필요성이 있는 정보를 예외적으로 공개하게 하는 방식이 많이 채택되고 있다.[24] 캐나다와 일본의 정보공개법이 이러한 유형을 취하고 있다.

우리나라의 상황을 보면, 1998년 정보공개법은 기본적으로 개인정보보호법제에서 보호의 대상으로 삼고 있는 개인식별형 개인정보를 비

23) 미국의 정보공개법은 기록의 물리적 성격(인사·의료파일인지 여부)이나 형식보다는, 개인의 프라이버시에 미칠 영향에 초점을 맞추고 있다(이한성, "미국의 행정정보공개제도", 행정법연구 제2호, 1998, 34-35쪽 참조).

24) 프라이버시형 개인정보 보호방식이 보다 타당하다는 입장에서는, 개인식별형 개인정보 규정방식을 채택하고 있던 1998년 정보공개법 아래에서도, 개인식별정보라는 이유만으로 공개가 거부되어서는 안 되고, 공개의 이익과 형량하여 공개여부가 결정되어야 한다고 해석·운용함으로써, 프라이버시형 개인정보 보호방식에 접근해야 한다고 제안하였다.

공개로 하는 방식[25]을 취하고 있었으나(사항적 요소만으로 규정), 2004년 정보공개법은 사항적 요소(이름·주민등록번호 등 개인에 관한 사항)와 정성적 요소(개인의 사생활의 비밀 또는 자유의 보호)를 결합한 형태로 개인정보를 비공개로 보호하고 있다.

5. 소결(사견)

법해석의 기본은, 입법취지 및 입법연혁 등도 아울러 고려하면서, 법조문의 통상적 의미를 충실하게 해석하는 것이다.[26] 1998년 정보공개법이 2004년 전부개정된 배경, 2004년 정보공개법의 개정이유서, 1998년 법조문과 2004년 법조문의 변화부분의 비교, 그리고 무엇보다 2004

---

25) 1998년 정보공개법에서의 '개인에 관한 정보'와 개인정보보호법제에서의 '개인정보'가 그 개념정의에 있어, 완전히 일치하는 것은 아니지만, 정보공개법의 제정경위를 살펴보면, 1994. 7. 행정정보공개법안(총무처 최초 시안)의 제7조 제3호, 1994. 10. 정보공개법시안의 제7조 제1항 제8호, 1995. 7. 정보공개법안(입법예고안) 제7조 제1항 제8호 등이 모두 "공공기관의개인정보보호에관한법률 제2조에서 규정한 개인정보"를 비공개대상정보로 규정하고 있었다(김중양, 정보공개법, 법문사, 2000, 140－167쪽 참조).

26) "법은 원칙적으로 불특정 다수인에 대하여 동일한 구속력을 갖는 사회의 보편타당한 규범이므로 이를 해석함에 있어서는 법의 표준적 의미를 밝혀 객관적 타당성이 있도록 하여야 하고, 가급적 모든 사람이 수긍할 수 있는 일관성을 유지함으로써 법적 안정성이 손상되지 않도록 하여야 한다. 한편 실정법은 보편적이고 전형적인 사안을 염두에 두고 규정되기 마련이므로 사회현실에서 일어나는 다양한 사안에서 그 법을 적용함에 있어서는 구체적 사안에 맞는 가장 타당한 해결이 될 수 있도록 해석할 것도 또한 요구된다. 요컨대 법해석의 목표는 어디까지나 법적 안정성을 저해하지 않는 범위 내에서 구체적 타당성을 찾는 데 두어야 한다. 나아가 그러기 위해서는 가능한 한 법률에 사용된 문언의 통상적인 의미에 충실하게 해석하는 것을 원칙으로 하면서, 법률의 입법 취지와 목적, 그 제·개정 연혁, 법질서 전체와의 조화, 다른 법령과의 관계 등을 고려하는 체계적·논리적 해석방법을 추가적으로 동원함으로써, 위와 같은 법해석의 요청에 부응하는 타당한 해석을 하여야 한다."(대법원 2013. 1. 17. 선고 2011다83431 전원합의체 판결)

년 법조문의 문언적 해석을 통해 2004년 정보공개법 제9조 제1항 제6호 본문의 의미와 범위는 명확해 질 수 있을 것이다.

먼저, 2004년 정보공개법의 개정경과 및 개정취지를 보겠다. 1998년 정보공개법 제7조 제1항 제6호 본문은 개인식별형 정보를 비공개대상정보로 규정함으로써 특정인을 식별할 수 있는 개인정보가 포함된 공공정보라면 모두 공개를 거부할 수 있는 것처럼 오해를 낳았고 그 결과 공공기관들이 정보공개의 필요성에도 불구하고 개인정보보호라는 명분으로 공개를 거부할 수 있는 법적 빌미를 제공해 주었다는 것이 일반적 평가이다. 결국 2004년 전부개정 정보공개법 제9조 제1항 제6호는 종전의 비공개대상정보인 '특정인을 식별할 수 있는 개인에 관한 정보'를 '개인의 사생활의 비밀 또는 자유를 침해할 우려가 있는 정보'로 축소하였고 비공개대상정보의 예외 항목에 기존의 가, 나, 다목 외에 라, 마목을 추가로 규정함으로써 비공개대상정보의 요건을 강화하였다.[27] 즉, 2004년 당시 입법자는 1998년 정보공개법이 채택하고 있던 개인식별형 개인정보 규정방식이 지니는, 개인정보의 과도한 비공개의 명분이 되는 문제점을 인식하였던 것이고, 비공개되는 개인정보의 범위를 축소하고 개인정보를 비공개할 수 있는 요건을 강화하려 하였던 것이다. 이러한 점은 "종전 비공개대상 정보인 특정인을 식별할 수 있는 개인에 관한 정보를 개인의 사생활의 비밀 또는 자유를 침해할 우려가 있는 정보로 축소하는 등 비공개대상 정보의 요건을 강화함"이라는 개정이유서에서도 확인되고 있다. 그렇다면, 법조문의 변경에도 불구하고, 정보공개법에 의해 비공개할 수 있는 개인정보의 의미는 실질적으로 같다[28]고 보는

27) 헌법재판소 2010. 12. 28. 선고 2009헌바258 결정.

28) 개인정보보호법 제2조 제2호의 '생존하는 개인에 관한 정보로서 당해 정보에 포함되어 있는 성명·주민등록번호 및 화상 등의 사항에 의하여 당해 개인을 식별할 수 있는 정보', 즉 개인식별형 정보와 정보공개법 제9조 제1항 제6호의 '당해 정보에 포함되어 있는 이름·주민등록번호 등 개인에 관한 사항'이란 규정은 표현은 다르나 실질적 내용은 크게 다르지 않다고 보는 견해도 있기는 하다. 양석

별개의견[29]이나, 2004년 정보공개법은 1998년 정보공개법이 비공개대상으로 삼고 있던 개인식별형 정보뿐만 아니라 프라이버시형 정보까지 비공개대상으로 삼고 있다고 하여, 비공개대상이 되는 개인정보의 범위를 축소하고자 한 입법취지와는 정반대로, 오히려 전부개정을 통해 비공개대상이 되는 개인정보의 범위가 확대되었다고 이해하는 다수의견 및 보충의견은 모두 수긍하기 어렵다.

다음으로 2004년 정보공개법 제9조 제1항 제6호 본문은 "… 이름·주민등록번호 등 개인에 관한 사항으로서 공개될 경우 … 우려가 있다고 인정되는 정보"라고 규정하여, '이름·주민등록번호 등 개인에 관한 사항'인 것만으로는 비공개할 수 없고, 그것이 동시에 '공개될 경우 … 우려가 있다고 인정되는 정보'이어야 비로소 비공개할 수 있다. 즉, '이름·주민등록번호 등 개인에 관한 사항'일 것과 '공개될 경우 … 우려가 있다고 인정되는 정보'일 것이 함께 충족되어야 하는 것이다. 대상판결의 다수의견 및 보충의견은 앞 부분('이름·주민등록번호 등 개인에 관한 사항')을 개인식별형 개인정보 규정방식을 채택한 것이라고 이해한 연장선상에서, 개인식별형 정보'뿐만 아니라 그 외에도' 해당 정보만으로는 특정 개인의 동일성을 식별할 수는 없다고 하더라도 그 정보가 공개될 경우 개인의 사생활의 비밀 또는 자유를 침해할 우려가 있는 정보도 포함된다고 해석하고 있는데, 이는 일본 정보공개법의 "개인에 관한 정보로서, 당해 정보에 포함된 이름, 생년월일 기타의 기술 등에 의해 특정한 개인을 식별할 수 있는 것 또는(又は) 특정한 개인을 식별할 수는 없지만, 공개함

진, "정보공개법과 개인정보보호법의 법체계 정합성 고찰", 법학연구 제33집, 2009. 2. 448쪽 참조. 필자가 생각하는 '법체계 정합성'이 무엇인지 묻고 싶다.

29) "입법자가 법문에서 서로 다른 표현을 사용하여 개정하였음에도 '개인에 관한 사항'의 의미를 종전과 동일하게 '개인식별정보'에 한정하는 것으로 해석하는 별개의견은 … 문리해석과 체계정합적 해석의 관점에서 설득력이 다소 떨어진다"는 평가(김용섭, "검사의 불기소사건기록에 대한 정보공개를 둘러싼 법적 쟁점", 행정법연구 제35호, 2013. 4. 11쪽)도 필자와 같은 입장인 것으로 판단된다.

으로써, 개인의 권리이익을 침해할 우려가 있는 것"처럼 명시적으로 "또는(又は)"이라고 되어 있는 경우에 가능한 해석이다.

2004년 정보공개법의 개정과정 및 개정이유를 보거나, 1998년 법조문과 2004년 법조문을 대비하여 보거나, 2004년 정보공개법은, 식별가능성을 기준으로 한 개인식별형 개인정보 보호방침[30]을 명시적으로 폐기하고, 개인정보(개인에 관한 정보) 일반[31]에 대하여, 프라이버시형 개인정보 보호정책을 채택한 것으로 이해해야 한다. 즉, 개인식별형 정보일지라도 그 공개로 인한 사생활의 비밀의 침해의 우려가 없다면 비공개할 수 없으며, 공개로 인한 사생활의 비밀의 침해의 우려가 있다면 특정한 개인을 식별할 수 있는지를 묻지 않고 비공개할 수 있는 것이다.

---

30) 1998년 정보공개법 제7조 제1항 제6호는 헌법이 보장하는 사생활의 비밀과 자유를 보호하기 위한 제도로는 불완전한 것이다. 우리 헌법이 보장하는 사생활의 비밀과 자유가 개인식별성에 의해 완전하게 보호될 수 있는 것이 아닌 이상, 개인식별성이 없는 사생활의 비밀 내지 프라이버시가 정보공개에 의해 제3자에게 유통될 가능성은 남아 있다.

31) 2004년 전부개정하면서 '특정인을 식별할 수 있는'이 삭제된 점을 고려하면, 2004년 정보공개법 제9조 제1항 제6호 본문의 '개인에 관한 사항'은 말 그대로 개인에 관한 일체의 정보를 의미한다고 해석해야 하며, 개인식별형 정보에 한정해서는 안 된다고 생각한다. 또한, '개인에 관한 사항' 앞에 놓인 '이름·주민등록번호 등' 역시 '개인에 관한 사항'의 단순한 예시이지, 그것이 종래 표징하던 개인식별형 정보를 의미하는 것으로 한정해서 이해해서는 안 된다. 사견으로는, 2004년 정보공개법 제9조 제1항 제6호 본문의 '당해 정보에 포함되어 있는 이름·주민등록번호 등'의 부분은 오히려 혼란과 오해만을 초래한다는 점에서 삭제하는 것이 바람직하다고 본다.

III. 수사기록 중 관련자 진술내용의 비공개대상정보 해당 여부

1. 전원합의체 판결 각 견해의 입장

제1심판결 및 원심판결은 비공개정보 중 개인의 인적사항[32)]은 비공개하되, 그 외의 부분, 즉 피의자신문조서(대질신문부분 포함) 중 피의자 및 대질한 참고인의 진술내용 그리고 참고인진술조서 중 참고인의 진술내용은 정보공개법 제9조 제1항 제6호 소정의 비공개대상정보가 아니라고 하였으며, 대상판결 역시 상고를 기각함으로써 수사기록 중 관련자 진술내용이 정보공개법상 비공개대상정보에 해당하지 않는다는 것을 재확인하였다. 흥미로운 것은, 2004년 정보공개법 제9조 제1항 제6호 본문에서 규정한 비공개할 수 있는 개인정보의 의미에 대해서는 다수의견과 별개의견 사이에 견해차이가 뚜렷함에도 불구하고, 양 의견 모두 일치하여, 수사기록 중 관련자 진술내용이 제6호 본문에서 규정한 비공개할 수 있는 개인정보의 범위에 속하지 않는다고 보았다는 점이다.

(1) 별개의견의 입장

별개의견은 정보공개법 제9조 제1항 제6호 본문에서 규정한 비공개할 수 있는 개인정보는 개인식별형 정보만을 의미하는 것으로 보고 있으므로, 개인식별형 정보라고 볼 수 없는 수사기록 중 관련자의 진술내용이 비공개대상인 개인정보에 속하지 않는다고 판단한 것은 당연하다고 할 것이다.

---

32) 다만, 관련자(피의자, 참고인 등)의 이름은 수사기록의 공개를 구하는 필요성이나 유용성, 개인의 권리구제라는 관점에서 특별한 사정이 없는 한 원칙적으로 공개되어야 한다고 판단했다.

(2) 다수의견 및 보충의견의 입장

다수의견과 보충의견도, 별개의견과 마찬가지로, 수사기록 중 관련자의 진술내용이 개인식별형 정보라고 보고 있지는 않다. 남은 것은, 프라이버시형 정보에 해당할 가능성인데, 다수의견은, "불기소처분 기록 중 피의자신문조서 등에 기재된 피의자 등의 진술내용 역시 개인의 사생활의 비밀 또는 자유를 침해할 우려가 인정되는 경우 정보공개법 제9조 제1항 제6호 본문 소정의 비공개대상에 해당한다"고 하면서도, 결론적으로는 비공개대상정보가 아니라고 함으로써, 수사기록 중 관련자의 진술내용이 공개되더라도 그로 인해 관련자의 사생활의 비밀 또는 자유가 침해될 우려는 없다고 보아, 사생활의 비밀 또는 자유를 매우 엄격하고 좁게 이해한 것으로 보인다.

더욱 의외인 것은, 보충의견인데, 보충의견은 "피의자 등의 진술내용에는 피의사실 자체에 대한 진술뿐만 아니라 사건의 실체적 진실을 규명하기 위해 범죄의 동기와 배경, 은밀한 사생활의 내막, 타인에 대한 사적 원한과 감정, 자신만의 비밀로 간직해 온 인생역정 등이 포함되어 있어 개인의 프라이버시 보호에 직접적으로 관계된다"고 하여, 수사기록 중 관련자의 진술내용이 사생활의 비밀 또는 자유의 영역에 해당할 것이라고 하면서도, 결론에 이르러서는 다수의견과 마찬가지로 정보공개법 제9조 제1항 제6호 소정의 비공개대상정보는 아니라고 하고 있다.

2. 수사기록 중 관련자 진술내용의 개인정보 해당 여부

수사기록 중 관련자의 진술내용이 정보공개법 제9조 제1항 제6호 본문 소정의 개인정보에 해당하는지 여부의 판단에 앞서, 정보공개법 제9조 제1항 제6호 본문의 의미를 다시 한번 되새길 필요가 있다고 생각한다.

(1) 개인에 관한 정보의 의미

별개의견이 지적하고 있는 바와 같이, 정보공개법이 말하는 '개인에 관한 사항' 또는 개인에 관한 정보는 그 범위가 매우 모호한 것은 사실이다. 개인과 관련된 모든 사상(事象)이 전부 '개인에 관한 사항'이라고 볼 여지도 있기 때문이다.

개인에 관한 사항 또는 개인에 관한 정보를 적극적으로 획정할 수는 없더라도, 몇 가지 유형의 것으로 구분하는 시도는 가능할 것으로 생각한다.

우선, 개인에 관한 정보에는 개인을 다른 개인과 구별지을 수 있는 인자들, 개인의 특성 내지 속성을 기술하는 요소가 있을 것이다. 이러한 정보를 속성(屬性)정보라고 부를 수 있을지 모르겠다. 그 가운데에는 바로 특정 개인을 식별하게 해 주는 정보도 있을 것이고, 그 자체로는 특정 개인을 식별하게 할 수 없으나, 다른 개인과 구별지음으로써 소극적으로 개인을 특정하는 기능을 하는 정보도 있을 것이다.[33] 이러한 속성

---

33) 공공부문에 적용되는 개인정보보호법인 캐나다의 1983년 프라이버시법(Privacy Act) 제3조는 동법의 적용대상인 개인정보를 "그 형태가 어떤가를 불문하고 식별가능한 개인에 관한 정보"(information about an identifiable individual)라고 정의하면서, 뒤이어 식별가능한 개인에 관한 정보를 나열하고 있는데, 다음과 같은 매우 광범하고 포괄적인 목록을 제시하고 있다. ① 개인의 인종, 출생 국적 또는 민족, 피부색, 종교, 연령 또는 혼인상태에 관한 정보, ② 개인의 교육·의료·범죄·고용이력이나 본인이 관련된 금융거래에 관한 정보, ③ 개인에게 부여된 식별번호(identifying number)·기호(symbol) 또는 기타 특정한 것(other particular), ④ 개인의 주소, 지문, 혈액형, ⑤ 법규정으로 정한 국가기관 혹은 그 부서가 어떤 개인에게 보조금, 포상을 수여하도록 제안하는 것에 대한 개인의 의견 및 견해, ⑥ 개인이 국가기관에게 보낸 묵시적·명시적인 사적이거나 비밀스러운 통신문 및 원통신문의 내용을 드러낼 수 있는 국가기관의 답신, ⑦ 개인에 대한 타인의 견해 및 의견, ⑧ 법규정으로 정한 국가기관 혹은 그 부서가 개인에게 보조금이나 포상을 수여하도록 하기 위한 제안에 관한 타인의 견해 및 의견(다만, 타인의 의견이나 견해에 드러나 있는 타인의 이름은 제외), ⑨ 개인과 관련되어 있는 타인의 개인정보와 함께 드러날 수 있거나, 이름 자체의 공개가 그 개인에 관한

정보들은 대개의 경우 - 그 자체만으로 특정 개인을 식별할 수 있을지, 아니면 다른 정보와 결합함으로써 특정 개인을 식별할 수 있을지 정도의 차이는 있겠지만 – 개인식별정보로 볼 수 있을 것이다.[34)]

다음으로, 개인의 경험이나 행동, 나아가 사고(思考) 등도 그것이 외부에서 인식할 수 있는 형태로 표현되어 있다면, 개인을 설명한다는 점에서 개인에 관한 사항 또는 개인에 관한 정보라고 볼 수 있을 것이다. 이러한 정보는 행태(行態)정보라고 부를 수 있을 듯하다. 이러한 행태정보는 그 주체인 개인을 식별할 수 없는 상태로 분리되어 존재하는 경우에는 그 자체로 위험하거나 주체인 개인의 인격을 위태롭게 한다고 볼 수 없지만, 그를 통해 개인의 외부적·사회적 印象(이미지)이 형성될 수 있다는 점에서, 프라이버시 내지 사생활 비밀의 측면에서 보호할 필요가 큰 경우도 있을 것으로 본다.

사견으로는, 정보공개법 제9조 제1항 제6호에 규정된 '개인에 관한 사항'을 굳이 특정한 유형의 정보로 제한할 필요는 없다고 본다. 적극적으로 확정할 수는 없겠지만, 어떠한 정보가 '개인에 관한 사항'인지 아닌지 판단하는 것이 가능하다면, 구분개념으로서는 의미가 있다고 하겠다.

(2) 사생활의 비밀과 자유

정보공개법 제9조 제1항 제6호의 입법목적은 "개인정보가 누구에게나 노출되어 개인의 사생활의 비밀과 자유가 침해되는 것을 방지하고

정보를 공개하게 될 수도 있는 개인의 이름 등. 김명식, "캐나다의 개인정보 보호체계에 관한 연구", 미국헌법연구 제23권 제3호, 2012. 12. 7-8쪽 참조.

34) 제1심판결에서 서울행정법원이 공개청구정보를 비공개로 열람·심사한 결과, "피의자신문조서에는 피의자의 이름, 주민등록번호, 직업, 주거, 본적, 전과 및 검찰처분, 상훈·연금, 병역, 교육, 경력, 가족, 재산 및 월수입, 종교, 정당·사회단체 가입, 건강상태 등과 대질한 참고인의 이름, 주민등록번호, 주거, 연락처 등, 참고인진술조서에는 참고인의 이름, 주민등록번호, 직업, 전화, 주소 등의 각 개인에 관한 정보"가 포함되어 있다고 하였는데, 이들 정보가 개인의 속성정보이자 개인식별정보에 해당한다고 볼 수 있을 것이다.

자 하는"[35] 데 있으므로, 개인의 사생활의 비밀과 자유의 의미를 그 헌법적 요청과 관련하여 이해하고 해석할 필요가 있다.

사생활의 비밀과 자유의 개념 역시 추상적이기는 하지만, 헌법재판소 결정 등을 통해 어느 정도 구체적인 해석기준은 제시되어 있다고 볼 수 있다. 이를테면, "사생활의 자유란, 사회공동체의 일반적인 생활규범의 범위 내에서 사생활을 자유롭게 형성해 나가고 그 설계 및 내용에 대해서 외부로부터의 간섭을 받지 아니할 권리로서, 사생활과 관련된 사사로운 자신만의 영역이 본인의 의사에 반해서 타인에게 알려지지 않도록 할 수 있는 권리인 사생활의 비밀과 함께 헌법상 보장되고 있다."[36]거나, "사생활의 비밀은 국가가 사생활영역을 들여다보는 것에 대한 보호를 제공하는 기본권이며, 사생활의 자유는 국가가 사생활의 자유로운 형성을 방해하거나 금지하는 것에 대한 보호를 의미한다."[37] 특히 후자의 헌법재판소 결정은, "구체적으로 사생활의 비밀과 자유가 보호하는 것은 개인의 내밀한 내용의 비밀을 유지할 권리, 개인이 자신의 사생활의 불가침을 보장받을 수 있는 권리, 개인의 양심영역이나 성적 영역과 같은 내밀한 영역에 대한 보호, 인격적인 감정세계의 존중의 권리와 정신적인 내면생활이 침해받지 아니할 권리 등"이라고 하여, 정보공개법 제9조 제1항 제6호를 적용하여 비공개로 보호해야 할 개인정보의 구체적 영역을 어느 정도 제시해 주고 있다.[38]

---

35) 헌법재판소 2010. 12. 28. 선고 2009헌바258 결정.

36) 헌법재판소 2002. 3. 28. 선고 2000헌마53 결정, 헌법재판소 2001. 8. 30. 선고 99헌바92 결정 등 참조.

37) 헌법재판소 2003. 10. 30. 선고 2002헌마518 결정 참조.

38) 한편, 우리 헌법재판소는 개인정보자기결정권의 보호대상이 되는 개인정보와 관련해서는 사생활의 비밀과 자유와는 다른 적용범위 내지 해석기준을 제시하고 있는 듯하다. "개인정보자기결정권의 보호대상이 되는 개인정보는 개인의 신체, 신념, 사회적 지위, 신분 등과 같이 개인의 인격주체성을 특징짓는 사항으로서 그 개인의 동일성을 식별할 수 있게 하는 일체의 정보라고 할 수 있고, 반드시 개인의 내밀한 영역이나 사사(私事)의 영역에 속하는 정보에 국한되지 않고 공적 생활에서 형성되었거나 이미 공개된 개인정보까지 포함한다."(헌법재판소

(3) 수사기록 중 관련자 진술내용의 개인정보 해당 여부

정보공개법 제9조 제1항 제6호 소정의 '개인에 관한 사항'을 제한적으로 이해할 필요가 없다고 보는 한, 개인의 경험이나 스스로의 판단 등이 기록된 피의자신문조서 및 참고인진술조서 중 피의자 및 참고인의 진술내용은 특정인의 고유한 경험과 판단을 담고 있는 '개인에 관한 사항'에 해당한다고 볼 수 있다. 그렇다면, 제6호 본문 소정의 비공개대상정보인 개인정보에 해당할 것인지는, 정성적 요소인 사생활의 비밀과 자유를 어떻게 이해할 것인지에 따라 달라질 것인데, 대상판결의 보충의견이 말하고 있는 것처럼, 피의자 등의 진술내용에는 피의사실 자체에 대한 관련자의 경험 등 객관적 진술 외에도 극히 주관적일 수밖에 없는 개인적 판단 등도 포함되어 있을 수 있으므로, 적어도 해당부분은 제6호 본문 소정의 비공개대상정보인 개인정보에 해당할 것으로 본다.

3. 고소인에 대한 수사기록 중 진술내용 공개의 필요성

이제까지는 누가 공개를 청구하였는지를 묻지 않고, 공개청구의 대상이 된 정보만을 가지고 비공개대상정보인 개인정보에 해당하는지를 보았다면, 이하에서는 청구인이 청구대상이 된 정보와 일정한 이해관계를 가지고 있다는 것이 공개 여부 및 공개의 범위에 영향을 줄 수 있을 것인지의 관점에서 검토해 보고자 한다. 왜냐하면, 정보공개법 제9조 제1항 제6호는 단서 다목에서 "공공기관이 작성하거나 취득한 정보로서 공개하는 것이 개인의 권리구제를 위하여 필요하다고 인정되는 정보"는 설사 그것이 개인에 관한 사항으로서 공개될 경우 개인의 사생활의 비밀 또는 자유를 침해할 우려가 있다고 인정되는 정보일지라도, 공개하

2005. 5. 26. 선고 99헌마513,2004헌마190(병합) 결정 참조)

여야 한다고 규정하고 있기 때문이다.

(1) 개인의 권리이익의 보호를 위한 정보공개제도의 활용

정보공개법은 정보공개제도의 목적으로 '국민의 알 권리 보장', '국정에 대한 국민의 참여와 국정운영의 투명성 확보'를 들고 있어, 제도의 취지가 주로 공적 목적의 실현에 있는 공익추구형 정보공개제도를 이념형으로 하고 있음을 알 수 있다.

2004년 정보공개법이 전부개정되기 전까지 시행된 초기 정보공개법은 정보공개의 청구방법과 관련해, 정보공개청구서에 '공개를 청구하는 정보의 사용목적'을 기재하도록 요구하고 있었다(1998년 정보공개법 제8조 제1항 제2호).[39] 1998년부터 (2004년 정보공개법에 의해 정보공개청구서에 정보사용목적을 기재하도록 요구하던 근거조항이 삭제된) 2003년까지 정보공개청구에서의 사용목적을 보면 매우 흥미로운 점을 발견할 수 있다. 즉, 순수한 공익추구형 정보공개인 행정감시 목적의 정보공개청구는 5~9% 정도로 매우 적으며, 어느 정도 공적 성격이 강한 학술관련 목적의 청구와 합치더라도 전체의 20%를 넘는 경우가 드문 반면,[40] 재산이나 사업·쟁송관련 목적의 사익추구형 정보공개청구는 공익추구형 정보공개청구의 3배 정도에 이르고 있다.[41]

---

39) 사용목적 여하에 따라 공개 여부가 결정되는 것은 아니므로, 사용목적을 기재하도록 한 것은 수수료감면사유에의 해당 여부를 판단하기 위한 것이거나 통계처리를 위한 것이었다. 그럼에도 불구하고, 실무상으로는 청구서에 기재한 사용목적을 기초로 하여, 청구인이 당해 정보에 아무런 관련이 없다거나 청구목적이 의심스럽다는 이유로 공개청구를 거부하는 사례가 적지 않았다. 근본적으로 정보공개법에 대한 공공기관의 몰이해에 기인한 것이기는 하지만, 혼란을 피하기 위해서, 사용목적을 기재하도록 하고 있는 법규정은 개정할 필요가 있었고 결국 2004년 전부개정시 삭제되었다.

40) 2004년 정보공개 연차보고서, 572쪽 참조.

41) 가장 많은 것은 재산관련 목적의 공개청구로 15~54%에 이르고, 그 다음으로 쟁송관련 목적(9~21%), 사업관련 목적(7~16%)의 공개청구가 많았다. 2004년 정보공개 연차보고서, 572쪽 참조.

(2) 개별적 정보공개청구와 일반적 정보공개청구

정보공개청구권은 자기에 관한 정보 또는 자기의 권익보호와 직접 관련이 있는 정보의 공개를 청구하는 개별적 정보공개청구권과, 국민의 한사람으로서 일반적인 정보의 공개를 청구하는 일반적 정보공개청구권으로 나누어 볼 수 있다.[42] 특히, 개인이 스스로에 관한 정보의 공개를 요구하는 경우에는 개별적 정보공개청구권의 형태, 즉 공공기관이 보유하는 자기와 관련한 기록의 열람을 청구할 수 있는 청구권이 문제되는데, 헌법상의 알 권리에 이러한 개별적 공개청구권이 포함된다고 보는 것이 일반적이다.[43] 실제로 정보공개법 제정 이전 상황에서, 공개청구와 관련하여 헌법재판소가 결정했던 사안들은, 객관적 정보공개제도의 확립이나 이에 따른 일반적 정보공개청구권에 관한 것이 아니라, 국가기관이 보유하고 있는 개인관련정보의 공개청구에 관한 것[44]이었다.

공공기관이 보유하는 자기와 관련한 정보의 공개를 청구하는 개별

---

42) 헌법재판소 1991. 5. 13. 선고 90헌마133 결정에서의 최광률 재판관의 소수의견 참조. 일반적으로 정보공개청구권이라 할 때에는, 일반적 정보공개청구권의 뜻으로 사용된다.

43) 자신의 권익보호와 직접 관련이 있는 정보의 공개를 청구하는 권리로서의 개별적 정보공개청구권은 — 헌법 제21조 등으로부터 도출되는 알 권리에 그 본질적 내포로서 포함되어 있다는 일반적 이해와는 달리 — 헌법 제17조(사생활의 비밀)에서 도출되는 정보자기결정권의 한 내용이라고 보는 견해가 있는데(김일환, "정보자기결정권의 헌법상 근거와 보호에 관한 연구", 공법연구 제29집 제3호, 2001, 109쪽 참조), 이러한 입장에 따르더라도 개인에 관한 정보의 정보주체 본인에 의한 공개청구는 정보자기결정권의 구체화로서 당연히 허용되게 된다.

44) 헌법재판소에 대한 헌법소원에서 공개청구권이 인정된 사안은 모두 이해관계인에 의한 복사신청이었다. 즉, 공권력에 의한 재산권침해에 대한 헌법소원(헌법재판소 1989. 9. 4. 선고 88헌마22 결정: 청구인이 부동산소유권의 회복을 위한 입증자료로 사용하고자 관할군수에게 임야조사서 또는 토지조사부의 열람·복사를 신청한 사건)과 기록등사신청에 대한 헌법소원(헌법재판소 1991. 5. 13. 선고 90헌마133 결정: 청구인이 서울지방검찰청 의정부지청장에게 무고죄로 재판을 받은 자신의 형사확정소송기록의 복사를 신청한 사건)이 그것이다.

적 정보공개청구권은 헌법상 알 권리의 한 내용으로 당연히 인정된다는 사정은, 일반적 정보공개청구를 주된 구성요소로 하는 정보공개법이 제정·시행된 이후에도 변함이 없으며, 정보공개법 안에 부분적으로 도입되어 있기도 하다. 그것이 바로 2004년 정보공개법 제9조 제1항 제6호(1998년 정보공개법 제7조 제1항 제6호)의 다목이다.

(3) 수사기록 중 관련자 진술내용의 공개가 고소인의 권리구제를 위하여 필요한지 여부

보충의견은 수사기록 중 관련자의 진술내용의 공개가 정보공개청구권자(고소인)의 권리구제수단으로서의 의미가 있는지에 대해서도 검토하고 있다.

그에 따르면, "정보공개청구권자는 피의자신문조서 등에 대한 공개가 아니더라도, 피의자 등의 진술내용과 관련하여 필요한 경우 자신이 제기하는 민사사건 등 관련 소송절차에서 피의자 등에 대한 증인신문이나 당사자신문을 통하여 얼마든지 그 진술내용을 확인할 수 있다고 할 것이다. 또한 검사가 불기소처분을 하는 경우 고소인 등에게 통지하여 주는 불기소이유의 고지에 의하여 그 내용을 충분히 알 수 있으므로, 굳이 피의자신문조서 등에 대한 정보공개가 아니더라도 불기소처분에 대한 항고·재항고, 재정신청 등의 불복절차를 통하여 그 권리구제가 가능하다."

공개될 경우 개인의 사생활의 비밀 또는 자유를 침해할 우려가 있다고 인정되는 정보(제6호 본문에 해당하는 정보)임에도 공개하는 것이니만큼, 공개로 인해 침해될 개인의 사생활의 비밀 또는 자유와의 형량은 필요[45]하겠지만, 제6호 단서 다목에서 말하는 '개인의 권리구제

45) "'공개하는 것이 개인의 권리구제를 위하여 필요하다고 인정되는 정보'에 해당하는지 여부는 비공개에 의하여 보호되는 개인의 사생활의 비밀 등의 이익과 공개에 의하여 보호되는 개인의 권리구제 등의 이익을 비교·교량하여 구체적 사안

를 위하여 필요'하다는 것이 정보공개를 통한 당해 정보의 확보가 개인의 권리구제를 위한 유일한 절대적 수단[46]일 것을 요구하는 것은 아니라고 본다.

참고로, 종래 사기죄 등으로 유죄확정판결을 받은 원고가 재심사유 여부를 확인하기 위해 당해 수사 및 재판기록의 열람·등사를 청구한 사건,[47] 소외인을 사기죄로 고소하였다가 무고죄로 기소된 원고가 위 사기죄 고소사건의 참고인 진술조서의 공개를 구한 사건[48] 등에서, 각 정보를 개인의 권리구제를 위하여 공개가 필요하다고 인정되는 정보라고 판시한 바 있다.

본 사안과 관련해서도, "불기소처분 후에 피해자가 재정신청을 할 경우 그 비용을 고소인이 부담해야 하는데, 그 위험부담을 줄이기 위해서는 기록 내용을 명확히 아는 게 중요하다", "피의자 쪽에서 무고 등으로 고소를 하는 경우 피해자(고소인)도 방어를 해야 할 필요성도 있다"고 하며, 관련자 진술내용의 공개가 고소인 개인의 권리구제를 위하여 필요하다는 의견이 있다.[49]

에 따라 개별적으로 판단하여야 한다."(대법원 2003. 12. 26. 선고 2002두1342 판결 등 참조)

46) 현행 형사소송법 제59조의2(재판확정기록의 열람·등사)는 재판이 확정된 사건의 소송기록에 대하여, 그리고 제59조의3(확정 판결서등의 열람·복사)은 판결이 확정된 사건의 판결서 또는 그 등본, 증거목록 또는 그 등본, 그 밖에 검사나 피고인 또는 변호인이 법원에 제출한 서류·물건의 명칭·목록 또는 이에 해당하는 정보에 대하여 열람 등을 제도화하고 있는 반면, 본건처럼 재판 자체가 진행되지 않은 경우에는 수사기록을 열람할 방법이 없음을 고려해야 한다.

47) 서울행정법원 2000. 12. 28. 선고, 2000구2609 판결 참조.

48) 서울행정법원 2000. 8. 18. 선고, 99구27527 판결 참조.

49) 서울대 신동운 교수의 의견이다. "'피의자 진술조서 공개 범위 축소' … 재야·학계서 논란", 법률신문 2012. 6. 20. by 좌영길(jyg97@lawtimes.co.kr) 참조.

4. 개인정보 이외의 비공개대상정보 해당 여부

본 사건에서 실제로 다투어지지는 않았지만, 관련자의 진술내용이 정보공개법 제9조 제1항 제4호("수사에 관한 사항으로서 공개될 경우 그 직무수행을 현저히 곤란하게 한다고 인정할 만한 상당한 이유가 있는 정보")에 해당할 여지는 없는지 검토해 보겠다.

관련자의 진술내용은 수사기록의 일부라는 점에서 수사에 관한 사항이며, 추후 공개청구가 있게 되면 진술내용이 고소인 등에게 공개될 수 있고, 수사과정에서 진술한 내용이 사후에 공개될 수 있다는 것이 일반적으로 인식되면, 향후 관련자의 자발적 진술 등 수사에의 원활한 협조를 기대하기 어려워지고 결국 범죄수사가 현저히 곤란해진다는 주장이 제기될 수 있다.

그러나, 대법원은 정보공개법 제9조 제1항 제4호의 취지를 "수사의 방법 및 절차 등이 공개되어 수사기관의 직무수행에 현저한 곤란을 초래할 위험을 막고자 하는 것"[50]으로 보고, "수사기록 중 의견서, 보고문서, 메모, 법률검토, 내사자료 등"은 제4호의 '수사에 관한 사항'에 해당한다[51]고 하면서도, 공개청구대상인 정보가 의견서 등에 해당한다고 하여 곧바로 정보공개법 제9조 제1항 제4호에 규정된 비공개대상정보라고 볼 것은 아니고, 의견서 등의 실질적인 내용을 구체적으로 살펴 수사의 방법 및 절차 등이 공개됨으로써 수사기관의 직무수행을 현저히 곤란하게 한다고 인정할 만한 상당한 이유가 있어야만 위 비공개대상정보에 해당한다고 봄이 타당하다[52]고 판단하고 있다.

---

50) 헌법재판소도 1998년 정보공개법 제7조 제1항 제4호는 '증거인멸, 증인협박, 수사의 현저한 지장, 재판의 불공정 등의 위험'을 방지하기 위한 것으로, 고소장이나 피의자신문조서의 열람은 제4호 소정의 비공개대상정보에 해당하지 아니한다고 판단한 바 있다. 헌법재판소 2003. 3. 27. 선고 2000헌마474 결정 참조.

51) 헌법재판소 1997. 11. 27. 선고 94헌마60 결정, 대법원 2003. 12. 26. 선고 2002두1342 판결 등 참조.

IV. 평석대상 판결에 대한 종합적 평가

본건 대상판결은 '특정인을 식별할 수 있는 개인에 관한 정보' 즉 개인식별형 정보는 2004년 정보공개법 제9조 제1항 제6호 본문이 규정한 비공개대상정보에 당연히 포함되며, 그 외에 프라이버시형 정보까지 포함하는지에 관하여 그를 긍정하는 다수의견 및 보충의견과 그를 부정하는 별개의견이 나뉜 사안이다.

개정과정이나 개정취지, 개정 전후 조문의 비교, 그리고 무엇보다 2004년 정보공개법 제9조 제1항 제6호 본문의 문언적 해석에 의하면, 2004년 개정은 1998년 정보공개법 제7조 제1항 제6호 본문이 개인식별형 개인정보 규정방식을 채택함으로써 발생했던 문제점(개인식별정보라는 이유만으로 사생활 비밀 및 자유를 침해하지 아니하는 개인정보를 비공개하는 것)과 한계(개인식별성이 없음에도 공개로 인해 사생활 비밀 및 자유가 침해될 우려가 있는 정보를 보호하지 못함)를 인식하고 비공개대상인 개인정보의 범위를 축소하고자 한 것인 점, 2004년 개정조문에서 개인식별성은 명시적으로 제거된 점, 2004년 개정조문은 개인에 관한 사항일 뿐 아니라 공개될 경우 사생활의 비밀 및 자유가 침해될 우려를 함께 요구하고 있는 점 등에 비추어 볼 때, 대상판결의 다수의견 및 보충의견과 별개의견

---

52) 대법원 2012. 7. 12. 선고 2010두7048 판결 참조. 관련사건의 고소인이 자신의 권리구제를 위하여 경찰의 송치의견서의 공개를 구한 사건인데, 개인의 인적사항을 제외한 나머지 부분은 제4호의 비공개대상정보에 해당하지 아니한다고 판단하였다. "범죄사실, 적용법조, 증거관계, 고소인 및 피고소인의 진술, 수사결과 및 의견 등은 비록 그것이 수사기록 중의 의견서, 법률검토 등에 해당하여 수사에 관한 사항에 포함되는 것이기는 하나, 원고는 관련사건의 고소인으로서 그 권리구제를 위하여 경찰의 송치의견서의 내용을 알 필요성이 큰 반면 그 정보의 내용, 수집경로 등이 노출되어 향후 범죄의 예방이나 정보수집, 수사활동 등에 영향을 미치는 경우로 보기 어려운 점 등에 비추어 보면, 위 정보가 공개될 경우 피고의 직무수행을 현저히 곤란하게 하거나 피의자의 인권 및 공익 목적을 해하는 결과를 야기한다고 인정하기 어렵다."

모두, 개인식별형 정보를 비공개대상인 개인정보로 보았다는 점에서 타당하지 않다.

또한, 수사기록 중 관련자의 진술내용이 개인정보로서 비공개되어야 할 것인지와 관련해서는, 관련자의 진술내용이 '개인에 관한 사항'에 해당하는지, 그리고 '공개될 경우 관련자 개인의 사생활의 비밀 또는 자유를 침해할 우려가 있는지', 그럼에도 불구하고 '공개청구인 개인의 권리구제를 위하여 공개가 필요한 것은 아닌지' 순차적으로 검토되어야 한다고 생각한다. 그러한 방식에 따르면, 본건 관련자의 진술내용은 포괄적으로 '개인에 관한 사항'으로 볼 수 있으며, 진술내용 중 개인적 판단 등 주관적 사항은 관련자의 사생활 영역에 속하는 것으로서 해당 부분까지 공개될 경우 관련자의 사생활의 비밀 또는 자유를 침해할 우려가 있다고 생각한다. 따라서, 고소사건과 무관한 일반인이 공개를 청구한 경우라면 비공개대상정보에 해당한다고 보아야 할 것이다(제6호 본문의 개인정보를 개인식별형 정보로 이해하고 있는 별개의견은, 일반인이 공개를 청구한 경우에도 – 개인식별정보가 아니라는 이유로 – 관련자의 진술내용을 모두 공개해야 한다고 판단했을 것인지 궁금하다). 그러나 본건에서처럼, 고소인이 불기소처분의 당·부당에 대한 평가 그리고 향후의 대처방향 등을 결정하기 위한 자료로서 공개를 청구한 경우에는, 그 공개가 고소인의 권리구제를 위하여 필요하다고 볼 여지가 많다고 생각한다.

참고문헌

김중양, 정보공개법, 법문사, 2000.
김명식, "캐나다의 개인정보 보호체계에 관한 연구", 미국헌법연구 제23권 제3호, 2012. 12.
김용섭, "검사의 불기소사건기록에 대한 정보공개를 둘러싼 법적 쟁점", 행정법연구 제35호, 2013. 4.
김일환, "정보자기결정권의 헌법상 근거와 보호에 관한 연구", 공법연구 제29집 제3호, 2001.
양석진, "정보공개법과 개인정보보호법의 법체계 정합성 고찰", 법학연구 제33집, 2009. 2.
이한성, "미국의 행정정보공개제도", 행정법연구 제2호, 1998.

2004년 정보공개 연차보고서, 행정자치부, 2005.
2011년 정보공개 연차보고서, 행정안전부, 2012.
IT용어사전, 한국정보통신기술협회, 2013.

"'개인정보보호법 지나치게 엄격해' 법조계 개선 요구 높아", 디지털데일리 2013. 9. 13. by 이민형(kiku@ddaily.co.kr).
"'피의자 진술조서 공개 범위 축소' … 재야·학계서 논란", 법률신문 2012. 6. 20. by 좌영길(jyg97@lawtimes.co.kr).

국문초록

평석의 대상이 된 대법원 2012. 6. 18. 선고 2011두2361 전원합의체 판결은 불기소사건의 수사기록인 피의자신문조서 및 참고인진술조서 등에 기재된 피의자 및 참고인의 진술내용이 개인정보로서 비공개대상이 되는지 라는 구체적 질문에 대한 답변인 동시에, 정보공개법 제9조 제1항 제6호 본문이 규정하고 있는 비공개사유로서의 개인정보의 의미와 범위에 대한 대법원의 해석을 직접적으로 표명한 것이라는 데에 큰 의미가 있다.

전원합의체 판결의 다수의견 및 보충의견은 정보공개법 제9조 제1항 제6호 본문이 특정인을 식별할 수 있는 개인에 관한 정보 즉, 개인식별정보 외에 공개될 경우 개인의 사생활의 비밀 또는 자유를 침해할 우려가 있는 정보 즉, 프라이버시(사생활비밀)정보까지 포함한다고 판시하고 있다. 반면, 별개의견은 현행법이 개정전 법 즉, 1998년 정보공개법과 마찬가지로 개인 식별정보만을 비공개사유로 규정하고 있다고 보았다.

이 글에서는 첫째로, 2004년 정보공개법 제9조 제1항 제6호에 규정된 비공개사유로서의 개인정보의 의미에 대하여 살펴보고, 둘째로, 불기소사건의 수사기록에 기재된 관련자의 진술내용이 과연 개인정보로서 비공개대상이 되는지, 개인의 권리이익의 보호를 위하여 자신과 관계있는 정보에 대하여 공개를 청구하는 개별적 정보공개청구의 경우, 일반적 정보공개청구의 경우에 비해 공개의 범위를 넓힐 필요는 없는지에 대하여 검토해 보았으며, 부수적으로 외국 정보공개법상 비공개사유로서의 개인정보에 대해서도 필요한 범위에서 살펴보았다.

1998년 정보공개법이 2004년 전부개정된 배경, 2004년 정보공개법의 개정이유서에 나타난 개정취지, 개정 전후 법조문의 비교, 그리고 2004년 정보공개법 제9조 제1항 제6호 본문의 문언적 해석에 의하면, 2004년 개정은 개정전 법이 취하던 개인식별형 개인정보 보호방침을 명시적으로 폐기하고, 개인정보 일반에 대하여, 프라이버시(사생활비밀)형 개인정보 보호정책을 채택한 것으로 이해해야 한다. 그런 점에서, 법조문의 변경에도 불구하고, 개정 전후 정보공개법상 개인정보의 의미가 동일하다고 보는 별개의견이나, 비공개대상이 되는 개인정보의 범위를 축소하고자 한 입법취지와는 정반대로, 1998년 정보공개법상 비공개대상인 개인식별형 정보뿐만 아니라 프라이버시형 정보까지 비공개대상으로 삼고 있다고 보아, 전부개정을 통해 비공개대상인 개인정보의 범위가 확대되었다고 이해하는 다수의견 및 보충의견은 모두 수긍하기 어렵다.

또한, 수사기록 중 관련자의 진술내용이 개인정보로서 비공개되어야 할 것인지와 관련해서는, 관련자의 진술내용이 '개인에 관한 사항'에 해당하는지, 그리고 '공개될 경우 관련자 개인의 사생활의 비밀 또는 자유를 침해할 우려가 있는지', 그럼에도 불구하고 '공개청구인 개인의 권리구제를 위하여 공개가 필요한 것은 아닌지' 등을 순차적으로 검토하여야 한다. 그러한 검토방식에 따르면, 관련자의 진술내용은 개인에 관한 사항이며, 진술내용 중 개인적 판단 등 주관적 사항은 관련자의 사생활 영역에 속하는 것으로 공개될 경우 관련자의 사생활의 비밀 또는 자유를 침해할 우려가 있다고 판단한다. 다만, 본건에서처럼, 고소인이 불기소처분의 당·부당에 대한 평가 그리고 향후의 대처방향 등을 결정하기 위한 자료로서 공개를 청구한 경우에는, 그 공개가 고소인의 권리구제를 위하여 필요하다고 볼 여지가 많다고 생각한다.

주제어: 정보공개법, 개인정보, 개인식별정보, 프라이버시정보, 사생활의 비밀과 자유

Abstract

Information of Non-Disclosure on the Official Information Disclosure Act: the Meaning and Scope of Personal Information

KYOUNG Keon*

Under Article 7(1)6 of the former Official Information Disclosure Act of 1998, the public agencies may decide not to disclose "personal information which could specify a particular individual by the use of the name, resident registration number, etc. included in such information." On the other hand, under Article 9(1)6 of the Official Information Disclosure Act wholly amended of 2004, the public agencies may decide not to disclose "information pertaining to matters such as name and resident registration number, etc. of individual, which if disclosed, may infringe on privacy or freedom of private life" to the public.

Supreme Court en banc Decision 2011Du2361 decided June 18, 2012 [Revocation of Rejection of Petition for Information Disclosure] states the meaning and scope of "personal items such as name and resident registration number, etc. contained in the pertinent information which are feared to infringe on individual's privacy or freedom of private life if disclosed" under Article 9(1)6 of the Disclosure Act.

* University of Seoul Law School.

Majority Opinion of 8 Justices states that under Article 9(1)6 of the Disclosure Act, non-disclosable information includes not only the former Disclosure Act's "personal information specifying a particular individual" but also "information with risk that from privacy disclosure, individual's intimate secret becomes known; personal and mental life is obstructed; and freedom of private life cannot be continued."

On the other hand, according to Separate Opinion of 4 Justices the meaning and scope of information such as "personal items such as name and resident registration number, etc. contained in the pertinent information which are feared to infringe on individual's privacy or freedom of private life if disclosed" under Article 9(1)6 of the Disclosure Act shall be interpreted as the same with "individual information to specify a person such as name and resident registration number, etc." under Article 7(1)6 of the former Disclosure Act.

I disagree with the above Majority Opinion as well as Separate Opinion of Supreme Court en banc Decision for the following

In light of the Disclosure Act's amendment history, contents, purport, and constitutionally guaranteed individual's privacy and freedom of private life's content, and most of all, the aspect of harmonious interpretation between right to know and right to privacy, non-disclosable information under Article 9(1)6 of the Disclosure Act shall not include "personal information which could specify a particular individual" based on the form or type such as name and resident registration number under the former Disclosure Act. But, it means only information with risk that from privacy disclosure, individual's intimate secret becomes known; personal and mental life is obstructed; and freedom of private life cannot be continued.

And, thus, statements in the suspect interrogation protocol of non-indictment disposition records, which belong to suspect's personal information, are subject to non-disclosure if it is feared to infringe on individual's privacy or freedom of private life under Article 9(1)6 of the Disclosure Act. But, the disclosure of statements in the suspect interrogation protocol might be deemed necessary to remedy individual's rights of a complainant who has filed accusation, which has been non-indicted later.

Keywords: The Official Information Disclosure Act, Personal Information, Personally Identifiable Information, Privacy, Secret or Rights to Privacy

투 고 일: 2013. 11. 28
심 사 일: 2013. 12. 15
게재확정일: 2013. 12. 20

取消訴訟의 對象

里長에 대한 免職處分의 法的 性格 / 金裕煥

里長에 대한 免職處分의 法的 性格*

金裕煥**

대상판결: 대법원 2012.10.25 선고 2010두18963 판결

[사건의 개요]

1. 원고는 2008. 3. 5. 피고(전북 완주군 삼례읍장)에 의해 전북 완주군 삼례읍 석전리 청등마을 이장으로 임명되어 일하던 중, 2008. 9. 4. 사문서위조 및 위조사문서행사의 범죄사실에 대하여 전주지방법원 2008고약8767호로 벌금 500,000원에 약식기소되었다.

2. 피고는 2008. 9. 18. 완주군수에게 "약식기소된 원고를 기소일인

* 이 논문은 2013년 10월 18일 행정판례연구회 월례발표회에서 발표한 원고를 토론을 반영하여 수정한 것임.

** 이화여자대학교 법학전문대학원 교수.

2008. 9. 4.자로 직권면직할 수 있는지 여부"를 질의하였고, 완주군수는 2008. 9. 26. 피고에게 "완주군 리의 하부조직 운영에 관한 조례(이하 '이 사건 조례'라 한다) 제4조(이장의 임명), 완주군 분리의 이장 임명에 관한 규칙(이하 '이 사건 규칙'이라 한다) 제4조(이장의 면직)에 따라 형사사건으로 기소된 원고를 면직할 수 있다."고 회신하였다.

3. 피고는 2008. 9. 29. 원고에게 "원고를 이 사건 규칙 제4조, 이 사건 조례 제10조(이장의 교체)에 따라 이장직에서 직권면직한다."고 통보하였다.

4. 원고는 "읍·면장은 이장이 재직 중 형사사건으로 기소된 경우 직권으로 교체 또는 면직할 수 있다."고 규정한 이 사건 조례 제10조 제2호 및 이 사건 규칙 제4조 제1항 제2호는 헌법상 보장된 행복추구권, 무죄추정의 원칙, 평등의 원칙 등에 반하여 위헌·무효이므로 무효인 위 규정에 터잡아 이루어진 피고의 이 사건 처분은 위법하다고 주장하면서 직권면직처분취소소송을 제기하였고 제1심인 전주지방법원 행정부는 원고의 청구를 인용하여 피고가 한 직권면직처분을 취소하였다.[1)]

5.이에 피고 삼례읍장은 직권면직행위가 항고소송의 대상이 되는 처분이 아니라는 것을 이유로 항소하였고 원심법원은 항소인인 피고의 주장을 받아들여 제1심 판결을 취소하고 이 사건 소를 각하하였다. 한편 원고는 제1심에서의 주장에 덧붙여 이 사건 면직처분은 규칙 제4조 제1항에서 면직처분을 할 때에는 그 취지를 해당마을 주민에게 충분히 설명한 후 의견을 들어 최종 결정하여야 한다고 규정하고 있음에도 마을 주민들의 의견을 수렴하는 위 절차를 거치지 않았을 뿐만 아니라, 원고에게 원고의 형사사건에 대한 법원의 판결이 나올 때까지 이 사건 직권면직 행위를 유보하기로 약속하였음에도 원고가 단순히 형사사건으로 기소되었다는 사실만으로 이 사건 직권면직행위를 한 것이 재량권을 일

1) 전주지방법원 2010.1.19. 선고 2008구합2283 판결.

탈 · 남용한 것으로 위법하여 취소되어야 한다고 주장하였다.

6. 대법원은 원심법원의 각하의견을 지지하였다.

[판결의 요지]

1. 원심판결(광주고등법원 2010.8.13 선고 (전주)2010누127 판결)

관련 규정에 의하면, 이장은 원래 지방자치단체가 수행하여야 할 사항 중에 주민들의 협조를 필요로 하는 비권력적 사실행위를 원활하게 달성하기 위한 방편으로 직업공무원이 아닌 주민이 위촉되는 점, 이장은 리 구역 안에서의 읍·면장 임무 중 그 일부를 담당하는 점, 이장의 임명권자가 읍·면장인 점, 이장은 지방자치단체로부터 업무수행에 소요되는 실비로 예산의 범위 안에서 월정수당을 읍·면 공무원 보수 지급일에 지급받고, 또한 예산의 범위 안에서 상여금을 지급받을 수 있는 점, 이장은 일정한 교체(면직)사유가 있는 경우에만 교체(면직)되는 점 등에서는 이장의 지위가 지방공무원과 유사한 면이 있으나, 한편 이장의 기능이 최일선 행정조직인 읍·면 행정의 보조적 역할 내지 행정기관과 주민의 가교적 역할을 하는 것으로, 이장은 리의 발전을 위한 자주적·자율적인 봉사업무를 수행하는 자라고 볼 수 있는 점, 이장의 신분은 1963. 11. 1. 제정 지방공무원법에서는 별정직 공무원으로 규정되었으나, 1981. 4. 20. 개정된 지방공무원법에서 별정직 공무원에서 제외된 이후 현재에 이르기까지 공무원으로 규정된 적이 없는 점, 이장이 지방공무원법상 공무원에 해당하지 않아 지방공무원법 기타 관계 법령상의 지방공무원의 자격, 임용, 복무, 신분보장, 권익의 보장, 징계 기타 불이익처분에 대한 행정심판 등의 불복절차에 관한 규정이 준용되지도 아니하는 점 등을 종합하여 보면, 이장의 임명 및 면직은 일반공무원에 대한 것과 그 성질을 달리하는 것으로서 피고가 행정청으로서 공권력을 행사하여 행하는 행정처분이 아니라 서로 대등한 지위에서 행해지는 공법상 계약 및 그 계약을 해지하는 의사표시로 봄이 상당하다.

따라서 이 사건 직권면직 행위는 항고소송의 대상이 되는 처분이 아니라 할 것이므로, 이 사건 직권면직 행위가 처분임을 전제로 이 사건 직권면직 행위의 취소를 구하는 원고의 이 사건 소는 부적법하다.

2. 대법원판결

행정청이 자신과 상대방 사이의 근로관계를 일방적인 의사표시에 의하여 종료시켰다고 하더라도 곧바로 그 의사표시가 행정청으로서 공권력을 행사하여 행하는 행정처분이라고 단정할 수는 없고, 관계 법령이 상대방의 근무관계에 관하여 구체적으로 어떻게 규정하고 있는지에 따라 그 의사표시가 항고소송의 대상이 되는 행정처분에 해당하는 것인지, 아니면 공법상 계약관계의 일방 당사자로서 대등한 지위에서 행하는 의사표시인지 여부를 개별적으로 판단하여야 한다(대법원 1996. 5. 31. 선고 95누10617 판결 참조).…<중략>…

관계규정들에 의하면, 이장은 읍·면장에 의하여 임명되고 공적인 임무를 수행하는 지위에 있기는 하나, ① 지방공무원법이 1981. 4. 20. 법률 제3448호로 개정되면서 그 신분이 별정직 공무원에서 제외된 이래 현재까지 공무원으로 규정된 바 없는 점, ② 읍 · 면장은 이장을 임명함에 있어 주민의 의사에 따라야 하고 직권으로 면직함에 있어서도 주민들의 의견을 들어야 하는 점, ③ 이장이 공무원으로서의 지위를 갖는 것은 아니나 지방계약직 공무원과 그 지위에서 유사할 뿐만 아니라 이장의 면직사유에 관한 규정은 지방계약직 공무원에 대한 채용계약 해지사유를 정한 지방계약직공무원규정과 유사한 점 등을 종합하면, 읍 · 면장의 이장에 대한 직권면직행위는 행정청으로서 공권력을 행사하여 행하는 행정처분이 아니라 서로 대등한 지위에서 이루어진 공법상 계약에 따라 그 계약을 해지하는 의사표시로 봄이 상당하다.

같은 취지에서 원심이 이 사건 면직행위가 행정처분임을 전제로 그 취소를 구하는 원고의 이 사건 소가 부적법하다고 판단한 것은 정당하고, 거기에 항고소송의 대상이 되는 행정처분에 관한 법리를 오해한 잘못이 없다.

[관련대법원 판례]

1. 대법원 1996. 5. 31. 선고 95누10617 판결[공중보건의사전문직공무원채용계약해지처분취소등]

전문직공무원인 공중보건의사의 채용계약의 해지가 관할 도지사의 일방적인 의사표시에 의하여 그 신분을 박탈하는 불이익처분이라고 하여 곧바로 그 의사표시가 관할 도지사가 행정청으로서 공권력을 행사하여 행하는 행정처분이라고 단정할 수는 없고, 공무원 및 공중보건의사에 관한 현행 실정법이 공중보건의사의 근무관계에 관하여 구체적으로 어떻게 규정하고 있는가에 따라 그 의사표시가 항고소송의 대상이 되는 처분 등에 해당하는 것인지의 여부를 개별적으로 판단하여야 할 것인바, 농어촌등보건의료를위한특별조치법 제2조, 제3조, 제5조, 제9조, 제26조와 같은법시행령 제3조, 제17조, 전문직공무원규정 제5조 제1항, 제7조 및 국가공무원법 제2조 제3항 제3호, 제4항 등 관계 법령의 규정내용에 미루어 보면 현행 실정법이 전문직공무원인 공중보건의사의 채용계약 해지의 의사표시는 일반공무원에 대한 징계처분과는 달라서 항고소송의 대상이 되는 처분 등의 성격을 가진 것으로 인정되지 아니하고, 일정한 사유가 있을 때에 관할 도지사가 채용계약 관계의 한쪽 당사자로서 대등한 지위에서 행하는 의사표시로 취급하고 있는 것으로 이해되므로, 공중보건의사 채용계약 해지의 의사표시에 대하여는 대등한 당사자간의 소송형식인 공법상의 당사자소송으로 그 의사표시의 무효확인을 청구할 수 있는 것이지, 이를 항고소송의 대상이 되는 행정처분이라는 전제하에서 그 취소를 구하는 항고소송을 제기할 수는 없다.

2. 대법원 1993.7.13. 선고 92다47564 판결[파면처분취소]

국가나 지방자치단체에 근무하는 청원경찰은 국가공무원법이나 지방공무원법상의 공무원은 아니지만, 다른 청원경찰과는 달리 그 임용권자가 행정기관의 장이고, 국가나 지방자치단체로부터 보수를 받으며, 산업재해보상보험법이나 근로기준법이 아닌 공무원연금법에 따른 재해보상과 퇴직급여를 지급받고, 직무상의 불법행위에 대하여도 민법이 아닌 국가배상법이 적용되는 등의 특질이 있으며 그외 임용자격, 직무, 복무의무 내용 등을 종합하여 볼때, 그 근무관계를 사법상의 고용계약관계로 보기는 어려우므로 그에 대한 징계처분의 시정을 구하는 소는 행정소송의 대상이지 민사소송의 대상이 아니다[2].

3. 대법원 1991.5.10. 선고 90다10766 판결[해임처분무효확인등]

교육부장관(당시 문교부장관)의 권한을 재위임 받은 공립교육기관의 장에 의하여 공립유치원의 임용기간을 정한 전임강사로 임용되어 지방자치단체로부터 보수를 지급받으면서 공무원복무규정을 적용받고 사실상 유치원 교사의 업무를 담당하여 온 유치원 교사의 자격이 있는 자는

2) 이 판결의 전후 맥락에 비추어 행정소송의 대상이 된다고 하는 취지는 행정소송 중 항고소송의 대상이 된다는 취지로 이해된다.

교육공무원에 준하여 신분보장을 받는 정원 외의 임시직 공무원으로 봄이 상당하므로 그에 대한 해임처분의 시정 및 수령지체된 보수의 지급을 구하는 소송은 행정소송의 대상이지 민사소송의 대상이 아니다.

4. 대법원 2008.6.12. 선고 2006두16328 판결[전임계약직공무원(나급)재계약거부처분및감봉처분취소]

(1) 근로기준법 등의 입법 취지, 지방공무원법과 지방공무원징계및소청규정의 여러 규정에 비추어 볼 때, 채용계약상 특별한 약정이 없는 한, 지방계약직공무원에 대하여 지방공무원법, 지방공무원징계및소청규정에 정한 징계절차에 의하지 않고서는 보수를 삭감할 수 없다고 봄이 상당하다.

(2) 지방계약직공무원규정의 시행에 필요한 사항을 규정하기 위한 '서울특별시 지방계약직공무원 인사관리규칙' 제8조 제3항은 근무실적 평가 결과 근무실적이 불량한 사람에 대하여 봉급을 삭감할 수 있도록 규정하고 있는바, 보수의 삭감은 이를 당하는 공무원의 입장에서는 징계처분의 일종인 감봉과 다를 바 없음에도 징계처분에 있어서와 같이 자기에게 이익이 되는 사실을 진술하거나 증거를 제출할 수 있는 등(지방공무원징계및소청규정 제5조)의 절차적 권리가 보장되지 않고 소청(지방공무원징계및소청규정 제16조) 등의 구제수단도 인정되지 아니한 채 이를 감수하도록 하는 위 규정은, 그 자체 부당할 뿐만 아니라 지방공무원법이나 지방계약직공무원규정에 아무런 위임의 근거도 없는 것이거나 위임의 범위를 벗어난 것으로서 무효이다.

(3) 지방공무원법 제73조의3과 지방공무원징계및소청규정 제13조 제4항에 의하여 지방계약직공무원에게도 지방공무원법 제69조 제1항 각 호의 징계사유가 있는 때에는 징계처분을 할 수 있다.

5. 대법원 2001. 12. 11. 선고 2001두7794 판결[합창단재위촉거부처분취소]

지방자치법 제9조 제2항 제5호 (라)목 및 (마)목 등의 규정에 의하면, 광주광역시립합창단의 활동은 지방문화 및 예술을 진흥시키고자 하는 광주광역시의 공공적 업무수행의 일환으로 이루어진다고 해석될 뿐 아니라, 그 단원으로 위촉되기 위하여는 공개전형을 거쳐야 하고 지방공무원법 제31조의 규정에 해당하는 자는 단원의 직에서 해촉될 수 있는 등 단원은 일정한 능력요건과 자격요건을 갖추어야 하며, 상임단원은 일반공무원에 준하여 매일 상근하고 단원의 복무규율이 정하여져 있으며, 일정한 해촉사유가 있는 경우에만 해촉되고, 단원의 보수에 대하여 지방공무원의 보수에 관한 규정을 준용하는 점 등에서는 단원의 지위가 지방공무원과 유사한 면이 있으나, 한편 단원의 위촉기간이 정하여져 있고 재위촉이 보장되지 아니하며, 단원에 대하여는 지방공무원의 보수에 관한 규정을 준용하는 이외에는 지방공무원법 기타 관계 법령상의 지방공무원의 자격, 임용, 복무, 신분보장, 권익의 보장, 징계 기타 불이익처분에 대한 행정심판 등의 불복절차에 관한 규정이 준용되지도 아니하는 점 등을 종합하여 보면, 광주광역시문화예술회관장의 단원 위촉은 광주광역시문화예술회관장이 행정청으로서 공권력을 행사하여 행하는 행정처분이 아니라 공법상의 근무관계의 설정을 목적으로 하여 광주광역시와 단원이 되고자 하는 자 사이에 대등한 지위에서 의사가 합치되어 성립하는 공법상 근로계약에 해당한다고 보아야 할 것이므로, 광주광역시립합창단원으로서 위촉기간이 만료되는 자들의 재위촉 신청에 대하여 광주광역시문화예술회관장이 실기와 근무성적에 대한 평정을 실시하여 재위촉을 하지 아니한 것을 항고소송의 대상이 되는 불합격처분이라고 할 수는 없다.

[평석]

Ⅰ. 문제의 제기

대상판결인 대법원 2012.10.25 선고 2010두 18963 판결에서 대법원은 원고의 두 가지 주장을 하나의 논리로 배척하고 있다. 즉, 이장에 대한 면직처분은 공법상계약에 따라 그 계약을 해지하는 의사표시이지 항고소송의 대상이 되는 행정처분이 아니라는 것이다. 이 점은 원심법원의 입장도 동일하다. 그러나 대법원의 이러한 논리는 다음의 몇 가지 측면에서 재검토가 필요하다고 본다.

첫째로, 대법원과 원심법원은 모두 이장의 임용계약이 유효하게 성립하고 있다는 전제에 서 있으나 임용계약이 유효하게 성립하였는지에 대해 심각한 의문이 있다. 대법원과 원심법원은 이 점에 대한 검토를 하지 않고 당연히 공법상계약의 유효한 성립을 전제하는 듯하나 실제로는 당사자 간의 의사합치가 있다고 볼 사정이 드러나지 않는 상황이어서 무엇 때문에 이러한 전제가 가능하였는지에 대한 심도 있는 검토가 필요하다고 본다. 당사자간의 의사합치가 분명하게 나타나지 않는데도 공법상 계약의 존재를 의제할 수 있다는 것은 일종의 예외적인 사실인정이라고 할 수 있다. 기존의 대법원 판례에서 이러한 예외적인 판단이 전혀 없지는 않다. 즉, 공법상계약의 기본 법률관계에서 행정청이 행하는 행위가운데 어떤 행위는 이를 단독행위로 보아 그 처분성을 인정할 수 있다는 대법원 판례가 다수 존재한다.[3] 그러나 대상판결에서의 예외성은 공법상계약 상의 법률관계의 어느 행위를 처분으로 인정하는 것과는 비교하기 어려울 정도로 파격적이다. 왜냐하면 단독행위의

3) 예컨대, 대법원 2008.6.12. 선고 2006두16328 판결; 대법원 2010.9.28 선고 2009누32439 판결; 대법원 1993.7.13 선고 92다47564 판결; 1991.5.10 선고 90다10766 판결 등

의사표시는 행정청이 홀로 할 수 있으므로 행정청이 어떠한 의사표시 행위를 하든 단독행위인 행정처분이 존재하는 것으로 하는 데에는 아무런 어려움이 없지만, 당사자 의사합치가 요구되는 공법상계약에서 실제의 의사합치로서의 계약행위 자체의 존재가 불분명한 가운데, 그에 기한 행위가 계약상의 행위라고[4] 주장하는 것은 논리적으로 쉽지 않은 일이기 때문이다.

그리고, 대상판결이 선례로 인용하는 대법원 1996.5.31 선고 95누10617 판결은 계약의 성립이나 존재에 대해서는 의심이 없는 경우이다. 따라서 위 판결이 전제한 사건에서 선례로 인용하는 것이 가능한 것인지 검토해 보아야 할 것이다.

둘째로, 공권력행사 행위로 보이는 이장의 면직처분을 공법상계약으로 보아야 할 실질적인 이유가 존재하지 않는다. 의사합치가 요구되는 계약에 있어서는 단독행위에 비해 일정부분 당사자자치의 영역이 인정된다. 따라서 공법상계약과 행정처분의 법적 취급은 다를 수밖에 없고 이 점에서 계약관계에서의 행위를 단독행위인 행정처분으로 인정하거나 역으로 단독행위를 계약행위로 인정하려는 경우 분명한 정당화논리가 뒤따라야 할 것이다. 그런데, 이장에 대한 면직처분을 공법상 계약의 해지로 볼 경우에 어떠한 법적 가치도 만족시키지 못한다. 물론 행정의 편의성에는 일조할 것으로 보인다. 그러나 법적인 측면에서 보면 이장에 대한 실체법적, 절차법적 보호를 모두 무력화시킴으로써 법치행정의 원칙에 오히려 역행하는 결과를 가져올 뿐이다.

셋째로, 무엇보다도 이장에 대한 면직행위는 전형적인 행정행위의 요소를 다 갖추고 있다. 그러므로 이장에 대한 면직행위는 전형적인 처분의 형식으로 이루어졌다고 생각된다.

마지막으로, 기존의 대법원판례와의 정합성의 측면에서도 재고의

4) 대상판결의 경우에는 그 계약의 해소가 공법상계약에 근거한 것이라고 주장함.

여지가 있다. 대법원 2008.6.12. 선고 2006두 16328 판결 등에서 보듯이 우리 대법원은 권익보호를 위해 공법상계약의 법률관계의 경우에도 징계적 성격이 있는 조치는 이를 행정처분으로 인정하는 경향이 있다. 대상판결이 과연 이러한 그동안의 대법원판례의 흐름에 맞는 것인지 재검토되어야 할 것이다.

이상의 문제의식을 바탕으로 이하에서는 대상판결의 문제점과 의미에 대해 구체적으로 검토해 보고자 한다.

Ⅱ. 행정처분과 공법상계약의 구분표지와 법적 취급의 차이

1. 행정처분과 공법상계약의 구분표지

(1) 단독행위 vs. 계약

행정처분과 공법상계약은 전자가 단독행위이고 후자가 계약이라는 점에서 결정적인 차이가 있다. 행정처분 가운데에는 상대방의 동의를 요하는 경우가 있지만 이 경우의 상대방의 동의나 협력(신청) 등은 상대방이 원하지 않는 행정처분을 방지하기 위한 행정처분의 효력발생요건 내지 적법요건이지 행정처분의 성립요건이 아니다.[5] 다시 말하면 공법상계약도 계약인 만큼 일정부분의 당사자자치의 영역이 존재하며 그러한 당사자 자치의 범위 안에서 당사자의사의 합치가 그 성립요건이 되지만 행정처분은 그것이 상대방의 동의나 협력을 요하는 것이라 할지라도 상대방에게 당사자자치의 영역은 존재하지 않으며 행정청의 일방적 의사표시에 동의하거나 협력하는 것만이 남아있을 뿐이다. 요컨대, 의사

5) *Hartmut Maurer*, Allgemeines Verwaltungsrecht, 18Aufl. Verlag.C.H. Beck,(2011), SS.389-390; 백윤기, “시립무용단원 위촉의 법적 성질”, 「행정판례평선」, 박영사, (2011), 322쪽.

합치가 없으면 공법상계약의 법률관계는 존재하지 않는다[6].

(2) 공법상계약에서의 당사자자치의 의의와 범위

공법상계약도 계약이므로 당사자자치가 일정부분 적용된다. 행정처분은 법치주의 원칙에 따라 법규의 근거에 따라 이루어지지만 공법상계약은 법규의 근거가 없이도 그 체결이 가능하다. 따라서 법규가 존재하지 않은 범위 안에서 법규에 위반되지 않는 한 당사자자치가 허용된다고 할 것이다. 그러나 명문의 규정이 없더라도 공법상계약에 대해서는 계약의 해지와 변경 등에 있어서 행정주체에 대해 특별한 권한 내지 권리가 인정이 되기 때문에 그 범위 안에서 당사자자치는 제약이 된다고 보아야 한다.

이처럼 공법상계약에서 당사자자치가 제약이 되지만 당사자자치의 여지를 전혀 인정하지 않는 행정청의 행위가 있다면 그것은 공법상계약이 아니라 행정처분으로 취급되어야 할 것이다.

(3) 행위의 주체

행정처분의 행위주체는 두말할 것 없이 행정청이라고 하여야 한다. 그러나 공법상계약은 행정청이 아닌 행정주체가 한쪽 당사자가 된다. 예컨대, 이 사건의 경우 행정처분이라면 삼례읍장과 원고 간의 문제이지만 공법상계약이라면 전북완주군과 원고 사이의 문제가 되는 것이다.[7]

---

6) *Hartmut Maurer*, a.a.O. SS.377-378. 따라서 공법상계약에 대한 법적 검토에서 제일 먼저 다루어져야 할 것이 과연 양 계약당사자간의 합의가 존재하는가 이다. *Hartmut Maurer*, a.a.O. S.418.

7) 물론 법적인 의미에서 계약체결의 주체가 권리주체라는 의미이지 실제로 계약체결의 관행에서는 기관장 명의의 계약체결이 이루어진다. 그렇다고 하여 계약체결의 주체가 달라지는 것은 아니라고 할 것이다. 권리의무의 주체가 없는 자는 계약의 당사자가 될 수 없기 때문이다.

(4) 공권력작용과 비권력작용

행정행위 또는 행정처분은 고권적 작용 곧 공권력적 행정작용인데 반하여 공법상계약은 공권력적 작용이라고 말할 수는 없다. 학설은 이를 단순고권행정으로 지칭하기도 한다.[8)]

2. 행정처분과 공법상계약의 법적 취급의 차이

(1) 법률유보의 원칙의 적용

행정처분은 법률유보의 원칙이 적용되고 중요사항일 경우 법적 근거하에서만 가능하다. 그러나 공법상계약은 반드시 그러하지 아니하다. 특히 비권력행정의 영역에서는 법률의 근거 없이도 공법상 계약이 자유롭게 성립할 수 있다[9)]. 다만 권력관계의 경우에는 법률적 근거가 필요하다는 견해[10)]와 제한적으로 인정된다는 견해,[11)] 법률의 규정, 의미 목적에 반하지 않는다는 의미에서 법률의 우위 원칙의 제한 하에 인정된다는 견해[12)]그리고 근거가 필요하지 않다는 견해[13)] 등으로 의견이 나누어진다.

---

8) 홍정선, 「행정법원론」 (상)」, 박영사, (2013), 502면

9) 김철용, 「행정법」, 전면개정 제2판, 고시계사, (2013). 266면

10) 최세영, "공법상계약에 관한 소고－직업능력개발훈련 위탁계약과 훈련과정 승인 여부의 법적 성질과 관련하여, 「법조」, 2006.11, 28면. 이 문헌의 해석에 따라서는 비권력관계에서도 공법상계약을 체결하기 위해 법적 근거가 필요하다고 하는 듯 하다.

11) 김성수, 「일반행정법」, 법문사, (2004), 384면.

12) 김동희, 「행정법 I」, 박영사, (2013), 225－226면.

13) 김철용, 앞의 책, 266－267면; 정하중, 「행정법개론」, 법문사, (2013), 345면; 박균성, 「행정법론 (상)」, 박영사, (2013), 444면.

(2) 하자의 효과

행정처분의 경우 중대명백한 하자를 가진 처분은 무효가 되고 그렇지 않은 단순위법의 하자를 가진 처분은 취소할 수 있음에 그친다. 공법상계약의 경우, 의사표시의 하자에 관한 것이 아닌 한 법규 위반은 무효이다[14]. 그러나 독일행정절차법의 예를 따라 경미한 사유는 무효사유도 취소사유도 아닌 것으로 보아야 한다는 견해도 있다.[15]

(3) 행정절차법의 적용

행정처분에 대해서는 행정절차법이 적용되므로 불이익처분의 경우 의견청취절차가 있어야 한다. 그러나 공법상계약의 경우 행정절차법이 적용되지 아니한다. 현재 행정절차법상의 처분 개념은 행정쟁송법상의 처분 개념을 그대로 차용하여 "처분이란 행정청이 행하는 구체적 사실에 관한 법 집행으로서의 공권력의 행사 또는 그 거부와 그 밖에 이에 준하는 행정작용(行政作用)을 말한다"라고 규정하고 있다.[16]

(4) 손실보상의 대상여부

손실보상은 공권력작용에 대해서만 인정되므로 권력행정의 영역에 속한다고 할 수 없는 공법상계약행위에 의한 침해는 손실보상의 대상이 되지 아니한다.

(5) 소송상 구제

소송상 구제와 관련하여 행정처분은 항고소송의 대상이 되나 공법

14) 의사표시의 하자에 관한 한, 민법의 규정이 적용되는 것으로 보아야 한다는 견해; 류지태·박종수, 「행정법신론」, 박영사,(2010), 327면.

15) 홍정선, 앞의 책, 501면.

16) 행정절차법 제2조 제2호.

상계약은 당사자소송의 대상이 된다. 따라서 행정처분의 피고는 행정청이 되나 공법상계약의 경우 행정주체가 당사자적격을 가진다.

Ⅲ. 공법상계약의 법률관계에 있어서 처분성의 인정

이상과 같이 공법상계약과 행정처분은 서로 성격을 달리하는 행위임에도 불구하고 우리 대법원 판례는 일정한 경우 공법상계약의 법률관계를 기반으로 하여 행정청이 행한 행위를 행정처분으로 인정한다. 공법상계약의 체결여부나 계약상대방의 결정은 처분성을 가지는 것으로 인정하는 판례가 상당수 있으며, 이론상 공법상계약과 분리될 수 있는 경우 항고소송의 대상이 되는 처분으로 볼 수 있다.[17] 판례는, 사회기반시설에 대한 민간투자법 제13조 제3항 상의 실시협약은 공법상계약이고 그 이전에 행해지는 동법 제13조 제2항 상의 행정청의 우선협상대상자 지정행위는 행정행위의 성질을 갖는 것으로 보아야 한다[18]고 하고, 재활용자원화시설의 민간위탁대상자 선정행위를 처분으로 보고[19] 민간투자사업자지정을 처분으로 본다.[20]

대상판결과 보다 유사한 경우에 대한 판례로서는, 국가나 지방자치단체에 근무하는 청원경찰의 징계처분의 처분성을 인정한 사례[21], 교육부장관(당시 문교부장관)의 권한을 재위임 받은 공립교육기관의 장에 의하여 공립유치원의 임용기간을 정한 전임강사로 임용된 자에 대한 해임처분의 처분성을 인정한 사례[22] 등이 있으며, 또한 지방계약직공무원의

17) 강지은, 「프랑스행정법상 분리가능행위에 관한 연구－월권소송에 의한 행정계약 통제를 중심으로－」, 서울대학교 대학원 박사학위 논문, (2011), 208면 이하 참조.
18) 서울고등법원 2004.6.24 선고 2003누6438 판결
19) 대법원 2007.9.21 선고 2006누 7973 판결
20) 대법원 2009.4.23 선고 2007두13159 판결
21) 대법원 1993.7.13. 선고 92다47564 판결
22) 대법원 1991.5.10. 선고 90다10766 판결

감봉처분을 일종의 징계처분으로서 행정처분으로 본 경우도 있다.[23)]

그러나 판례는 징계처분이 아니라고 볼 수 있는 계약직 공무원[24)] 등의 채용계약해지는 이를 대등한 지위에서 행하는 의사표시로 보고 그 처분성을 인정하지 않는다. 그리하여 지방전문직공무원의 채용계약해지[25)], 공중보건의사의 채용계약해지,[26)] 그리고 광주광역시 문화예술회관장의 단원 재위촉거부[27)] 등은 모두 처분이 아니라고 판시하였다.

이상 살펴본 것처럼, 일정한 경우, 대법원이 공법상계약관계에 있는 상대방에 대한 행정청의 행위의 처분성을 인정하는 것은 그러한 행위가 비록 공법상계약의 기본관계에 근거한 것이기는 하나 단독행위로서의 실질을 갖추고 있고 법률유보원칙이나 행정절차법의 적용 등의 적법성 통제를 통하여 특별히 상대방을 보호할 필요가 있다고 판단하였기 때문이라고 본다.

Ⅳ. 명시적으로 당사자 합의 없는 행위를 계약으로 인정할 가능성과 필요성

이상과 같이 판례는 공법상계약의 법률관계에서 이루어진 일정한 행위에 대해 적법성통제와 상대방의 권리보호를 위하여 처분성을 인정

---

23) 대법원 2008.6.12. 선고 2006두16328 판결.

24) 2013.12.12. 부터 시행되는 국가공무원법 및 지방공무원법은 계약직 공무원을 "근무기간을 정하여 임용하는 공무원"(임기제공무원)이라는 개념으로 전환하여 사무관, 주무관 등 일반직과 동일한 직급 명칭을 사용하고 임기 동안 법에서 정한 사유에 해당되지 않으면 면직이 불가능하도록 하는 등 신분보장을 강화하였다. 국가공무원법(법률 제11530호) 제26조의 5, 지방공무원법(법률 제11531호) 제25조의 5 등 참조.

25) 대법원 1993.9.14 선고 92누4611 판결.

26) 대법원 1996.5.31 선고 95누10617 판결.

27) 대법원 2001.12.11 선고 2001두7794 판결.

하는 경향을 보이고 있고 이에 대해서는 학설도 반대의견을 찾아보기 어렵다.

그런데 우리 대법원은 명시적으로는 당사자 합의가 존재하는지 의심스러운, 다시 말해 계약서의 작성이 전제되지 아니한 경우에도 일정한 경우에는 이를 공법상계약으로 인정하는 때가 있다. 서울시립무용단원의 해촉과 관련된 사건[28]에서나 광주광역시립합창단재위촉거부사건[29]과 위 대상판결은 공히 명시적인 계약행위가 존재하지 않은 경우를 공법상계약관계로 보아 그 처분성을 부인하고 있다. 서울시립무용단원 해촉 사건의 경우에는 쟁점 자체가 공법상계약인가 사법상계약인가 하는 점이었으나 광주광역시립합창단재위촉거부사건의 경우 처분성에 대한 판단을 하면서 대법원은 당사자 의사의 합치의 존재여부에 대해서는 검토하지 아니하고 그 법률관계가 공무원관계에 준하는가 그렇지 않은가 하는 점에만 초점을 맞추어 공무원관계와는 다른 점이 많으므로 그 위촉관계를 공법상계약 관계로 보아야 한다고 판시하고 있다. 이러한 태도는 대상판결에 대한 판시에서도 그대로 유지되어 대상판결의 대상인 직권면직행위의 처분성 인정여부의 판단에서도 이장의 지위가 공무원에 유사하냐 아니면 지방계약직공무원에 유사하냐가 판단의 중심요소였다고 사료되고 결국 이장의 경우 지방계약직공무원과의 유사성이 돋보이기 때문에 그를 규율하는 법률관계도 공법상계약관계라고 결론을 내고 있는 것이다.

그러나 공법상계약이냐 행정처분이냐를 구분하는 표지를 당사자 의사의 합치의 존재 여부에서 구하지 않고 이처럼 실질적인 법률관계의 성격이 일반공무원관계에 가까우냐 그렇지 않느냐에 따라 판단하는 것은 당사자의사의 합치가 존재하느냐의 여부에 따라 행정처분과 공법상계약을 구별하는 기본개념에 비추어 재검토될 필요가 있다고 본다.

---

28) 대법원 1995.12.22 선고 95누4636 판결.

29) 대법원 2001. 12. 11. 선고 2001두7794 판결.

그리고 설사 위의 경우에 당사자의사의 명시적 합치는 없었으나 묵시적인 합치가 있다고 볼 수 있는 특단의 사정이 있다 하더라도[30] 그렇게까지 할 필요성이 무엇인지에 대한 해명이 필요하다. 공법상계약관계의 일부행위를 처분으로 인정할 필요성은 적법성통제와 권리보호를 위한다는 뚜렷한 명분이 있으나, 명시적인 의사합치가 없는 행위를 마치 의사합치가 있는 것으로 만들어 행정처분이 아니라 공법상계약으로 보는 데는 법치주의나 기본권보호와 관련된 어떠한 유익이나 필요성이 있는 것일까? 오히려, 행정처분으로 보지 않고 공법상계약으로 보는 것은 적법성 통제를 완화하고 기본권보호에 충실하지 못할 염려가 있다. 물론 그만큼 행정청으로서는 편의와 융통성을 누릴 수 있는 것은 사실이다. 그러나 이처럼 공무에 종사하는 사람이 법적 지위를 잃는 상황에서 좀더 존중되어야 할 것이 행정청의 편의와 융통성이어야 하는지 아니면 법치주의와 적법성의 통제여야 하는지에 대해서는 깊이 생각해 보아야 할 것이다.

V. 이장에 대한 면직조치의 법적 성격

1. 공법상계약인가?

대상판결에서 문제되는 이장의 임명 그리고 그에 대한 면직조치가 공법상계약에 의한 행위이기 위해서는 첫째, 당사자 사이의 계약 성립에 대한 합의가 있었는가 둘째, 계약주체인 완주군에 의한 의사결정과 표시가 있었는가? 하는 점에 대한 해명이 이루어져야 한다고 본다.

30) 판례는 이 부분에 대해 침묵하고 있다.

(1) 당사자 사이에 계약성립에 대한 합의가 있었는가?

당사자 사이에 명시적인 계약서 같은 것이 존재하지 않는 것은 분명하나 당사자 사이에 묵시적인 계약 성립에 대한 합의가 있었는지에 대해 검토해 볼 필요가 있다. 원심법원과 대법원 모두 이 부분에 대해 침묵하고 있으나 계약관계의 성립이 당사자의 합의에 의하여야 한다는 사실은 설명이 필요 없을 정도로 분명한 일이다.

아마 피고인 삼례읍장의 입장에서는 사법에서도 약관에 의한 계약이 이루어지고 있음에 비추어 관련 조례 등이 마치 약관의 의미를 가지는 것이고 삼례읍장과 원고 사이에 계약성립에 대한 합의가 있었다고 주장할 수 있을 것 같다. 그러나 아무리 약관에 의한 계약이라 하더라도 계약당사자 사이에서 그 내용에 대한 설명과 그에 대한 가장 기본적인 인지 자체는 존재하여야 할 것이다. 기본적으로 약관에 대한 동의가 반드시 명시적이 아니라 하더라도 묵시적으로라도 존재하여야 할 것이다. 그러나 실상은 이장에 취임하는 자가 당사자 의사자치의 입장에서 여러 법령과 조례에 흩어져 있는 약관에 해당한다고 할 수 있는 내용에 대해 묵시적으로라도 동의하였다고 보기는 어렵다. 사실은 피고 자신도 계약내용을 정확히 파악하지는 못했을 것이다. 이처럼 원고가 계약의 구체적 내용에 대한 일별조차 있다고 보기 어려운 상황에서 당사자자치를 행사하여 계약의 성립에 동의하였다고 의제하는 것은 지나친 것이라고 할 수 밖에 없다. 계약내용을 파악조차 못한 원고에게 당사자자치의 여지는 처음부터 부인되어 있었다고 할 것이다.

(2) 계약주체로서의 완주군이 청약 또는 승낙의 의사표시를 하였다고 볼 수 있는가?

계약은 청약과 승낙에 의해 성립되는 것인데 완주군을 청약자로 보든 승낙자로 보든 완주군에서 그러한 의사결정과 표시의 과정이 있었는지 불분명하다. 대상판결의 사건에서 삼례읍장은 완주군수에게 일정사유로 직권면직이 가능한지 여부를 질의한 바가 있는데 이것은 의사결정권이 삼례읍장에게 있고 완주군에 있지 않다는 것을 반증하는 것이다. 만약 면직결정권이 완주군에 있었다면 질의가 아니라 결재를 받았어야 할 사항이라고 본다. 물론 삼례읍장이 구두로 청약 또는 승낙의사를 전달하는 것은 가능하다고 본다. 그렇다 하더라도 권리주체이며 계약당사자인 완주군이 사실상 계약의 의사합치에 대해서는 읍장에게 권한을 위임한다는 규정이 있어야 한다고 본다. 단순히 임명권이 읍장에게 있다라는 규정은 그 임명행위가 처분이라는 것을 반증하는 것뿐이며 계약을 위한 당사자자치권의 행사에 대한 권한을 위임한 규정으로 보는 것은 오히려 어색한 의제라고 할 수밖에 없다. 왜냐하면 이장의 임명과 면직에 대한 사항이 모두 법령과 조례에 규정되어 있고 이장 임명에 있어 다른 합의사항도 존재하지 않기 때문이다. 만약 이장의 임명과 면직조치가 당사자자치가 전혀 필요 없는 행위이고 법률의 규정에 따라서만 이루어지는 것이라면 그야 말로 그것은 처분이지 계약일 수는 없다.

2. 처분 또는 행정행위인가?

우리 행정쟁송법상의 처분은 "행정청이 행하는 구체적 사실에 관한 법 집행으로서의 공권력의 행사 또는 그 거부와 그 밖에 이에 준하는 행정작용"으로 정의되어 있다.[31] 이것이 무엇을 의미하는가에 대해서는 학설이 반드시 일치하지는 않지만 적어도 강학상의 행정행위가 처분에 해당된다는 사실에 대해서는 아무도 이의를 제기하지 않는다. 그러므로 이장에 대한 면직처분이 행정행위라고 할 수 있다면 당연히 이것은 처분성이 있다.

31) 행정심판법 제2조 제1호, 행정소송법 제2조 제1항 1호.

그런데 행정법학이 발전시켜온 행정행위에 대한 이론체계(Dogmatik)를 아무리 면밀히 검토해 보아도 이장에 대한 면직조치는 행정행위의 범주에 속하는 것이라고 결론내리지 않을 수 없다. 이하 행정행위의 개념요소별 판단기준에 따라 살펴본다.[32]

(1) 행정청의 행위

삼례읍장은 분명한 행정청이니 이장에 대한 면직조치는 행정청의 행위이다.

(2) 구체적 사실에 관한 법집행행위

이장의 면직은 개별사안에 대한 것이고 직접효과성을 인정할 수 있으니 구체적 사실에 관한 법집행행위라고 할 수 있다. 이 모든 사항에 의심의 여지가 없다.

(3) 권력적 단독행위인 공법행위

이장에 대한 면직조치가 공법적 효과를 가져온다는 점은 대법원판결이나 원심판결도 인정하고 있으며, 면직조치가 행정기관의 내부행위가 아니라는 점은 명백하다. 다만 공권력적 단독행위인가의 여부에 대해 대법원판결이나 원심판결의 입장이 이를 부인한다고 할 수 있다. 그러나 앞에서 살펴본 바처럼 양자의 계약을 위한 청약과 승낙의 의사합치의 실체를 확인할 수 없는 상태에서 이를 계약이라고 할 수 없으므로 면직처분은 단독행위로 이루어졌다고 보아야 할 것이다. 이렇게 보면 이장에 대한 면직조치는 권력적 단독행위인 공법행위라고 할 수 있다.

---

32) 독일행정법학에서 행정행위의 개념요소 또는 개념징표로서 언급하는 것은 규율성(Regelung), 고권성(Hoheitlich), 개별규율성(Einzelfallregelung), 행정청(Behörde), 외부적 직접효(Unmittelbare Rechtswirkung nach außen) 등이다. Hartmut Maurer, a.a.O. SS.200−214. 이하에 언급한 행정행위의 개념요소는 이러한 독일행정법학에서의 논의에서 비롯된 것이다.

요컨대 이장에 대한 면직조치는 행정법학이 오랫동안 발전시켜 온 행정법학의 이론체계에 비추어 볼 때, 행정행위임이 분명하고 이장의 지위와 신분이 일반공무원의 그것과 다르다는 이유로 그에 따른 면직처분이 행정행위임을 부인하는 것은 타당하지 않다고 생각한다.

Ⅵ. 결론

대법원은 행정청이 자신과 상대방 사이의 근로관계를 일방적인 의사표시에 의하여 종료시켰다고 하더라도 곧바로 그 의사표시가 행정청으로서 공권력을 행사하여 행하는 행정처분이라고 단정할 수는 없고, 여러 측면에서 검토를 통해 개별적으로 판단하여야 한다고 하고 있다. 대법원의 이러한 기본입장은 충분히 수긍할 만하다. 그러나 대상판결에 대한 대법원의 그러한 소위 '개별적 판단'의 과정을 살펴보면 수긍하기 어려운 점이 다수 있다.

먼저, 대상판결에서 대법원은 이장에 대한 면직조치가 공법상계약에 기한 것이라는 점을 논증하면서, 그 이유로서

① 이장의 신분이 공무원으로 규정된 바 없는 점,

② 읍·면장은 이장을 임명함에 있어 주민의 의사에 따라야 하고 직권으로 면직함에 있어서도 주민들의 의견을 들어야 하는 점,

③ 이장의 법적 지위가 지방계약직 공무원과 유사하다는 점 등을 들고 있다.

그러나 ①과 ③의 이유는 이장이 일반적인 공무원이 아니라 그 지위가 지방계약직공무원과 비슷하다는 점을 말한 것으로서 면직행위의 법적 성격을 면직당하는 사람의 법적 지위와 관련시키는 것은 반드시 적절하지는 않다고 생각된다. 일반 국민에 대한 공권력적 행위도 처분성이 인정될 수 있기 때문이다. 그러므로 면직행위의 법적 성격은 오히

려 면직행위 자체의 공권력성이나 단독행위성 등의 성격을 따져보아 판단할 일이라고 생각한다.

또한 ②에서 이장을 면직함에 있어 주민의 의견을 들어야 하는 점은 면직처분의 공법상계약의 성격을 규정하는 지표가 되기에는 매우 부적절하며, 오히려 동 면직처분이 행정행위라는 점을 말해주고 있다고 본다. 왜냐하면 계약이라고 하면 계약상의 사유로 해지가 가능하지 굳이 주민의 의견을 들을 필요가 없는 것이다. 주민의 의견 청취는 이장과 면직권자인 삼례읍장 모두의 의사에 영향을 주는 것이 아니라 면직권자의 의사에만 영향을 주는 것이라고 보아야 하기 때문이다.

그리고 이러한 대법원 판례의 입장은 기존의 대법원 판례의 태도와의 정합성에 있어서도 반드시 긍정적인 평가를 내리기 어렵다고 생각한다. 대상판결이 인용하고 있는 대법원 1996. 5. 31. 선고 95누10617 판결은 채용계약 자체의 성립이나 존재에 대해서는 의심이 없는 사례에 대한 것이어서 대상판결의 선례로 인정하기 곤란하다. 그리고 앞에서 살펴본 바와 같이[33] 공법상의 고용계약에 관한 대법원 판례의 주류는 피고용인의 권익보호를 위해 필요할 때에는 오히려 처분성을 인정하고 있다. 특히 징계적 성격을 가지는 행위는 그것이 공법상계약이라는 기본적인 법률관계에 기한 것이라 하더라도 그 처분성을 인정하고 있다. 앞에서 검토한 것처럼,[34] 대법원 판례가 경우에 따라서 당사자 합의가 없는 행위를 공법상계약으로 의제하는 듯한 경우가 없지 않지만 그것은 공법상계약에 대한 대법원 판례의 주류적 흐름에 비추어 보면 그렇게 확고한 선례를 이루고 있는 것인지는 분명하지 않다. 왜냐하면 그러한 판단에서 대법원은 핵심적인 고려사항인 당사자 사이의 청약과 승낙이 있었는가에 대해 면밀한 검토를 하지 않아 왔기 때문이다.

요컨대, 어떤 공법상의 행위가 처분 또는 행정행위인지 아니면 공

---

33) *Supra.* Ⅲ.
34) *Supra.* Ⅳ.

법상계약인지에 대해서 판단하기 위해서는 행정법학이 오랫동안 발전시켜온 이론체계를 기준으로 삼아야 한다고 본다. 따라서 어떤 행위가 행정행위의 개념요소를 갖추고 있는지 그리고 혹은 당사자자치에 근거한 청약과 승낙의 의사표시를 갖추고 있는지가 이러한 판단의 근간을 이루어야 할 것이다. 대상판결의 대상이 되는 이장에 대한 면직조치는 앞에서 검토한 것처럼, 행정행위의 개념요소는 모두 갖추고 있는 반면, 공법상계약의 기본요소인 당사자 사이의 의사합치는 전혀 그 존재에 대한 해명이 이루어지지 않고 있는 가운데, 대법원이 그것을 묵시적으로 의제하고 있을 뿐이라고 사료된다.

물론 계약관계에서도 행위의 처분성을 인정하는 경우가 있듯이, 대법원이 국민의 권익보호와 행정의 적법성 통제를 위해 일정한 정당화사유가 있다면 예외적인 판단을 할 가능성을 전혀 배제할 수 없다. 그러나 대상판결의 경우 이장의 면직처분을 굳이 공법상계약으로 볼 사유가 발견되지 않는다. 대법원과 원심법원의 결론은, 결국 행정청이 이장에 대해 면직처분을 하면서 관계법령이나 조례의 규정이나 행정절차법의 적용 등의 적법성 통제를 피하도록 하는 편의를 제공하는 것 이외에 어떠한 의미가 있는지 질문해 보고 싶다. 실제로 원심법원은 이 사건 소를 각하하고 대법원은 상고를 기각함으로써 원고가 제기한 면직처분의 적법성에 대한 심사를 하지 않았고 결국 피고의 처분이 적법성 통제의 대상이 아니거나 그러한 적법성 통제를 하기 매우 어려운 행위로 만들었다.

[관련규정]

지방자치법 시행령 제81조(이장의 임명)

① 법 제4조 제5항에 따른 읍·면의 행정리에는 이장을 둔다.

② 제1항에 따른 이장은 주민의 신망이 두터운 자 중에서 해당 지방자치단체의 규칙으로 정하는 바에 따라 읍장·면장이 임명한다.

완주군 리의 하부조직 운영에 관한 조례

제4조(이장의 임명)

이장의 임명사항은 규칙으로 정한다.

제6조(이장의 임무)

① 이장은 리 구역 안에서의 읍·면장 임무 중 그 일부를 담당한다.

② 이장은 리를 대표하며, 다음 각 호의 임무를 수행한다.

1. 지역주민의 의견을 수렴하여 행정기관에 전달 반영
2. 리의 발전을 위한 자주적·자율적 업무 처리
3. 지역주민 간 화합단결과 이해의 조정에 관한 사항
4. 기타 지역주민의 편익증진과 봉사

제7조(복무)

① 이장은 법규를 준수하고 임무에 성실하여야 하며, 주민의 참된 봉사자로서 리의 발전을 선도하여야 한다.

② 이장은 제6조의 임무를 수행함에 있어 직무상의 명령에 복종하여야 하고, 이를 위하여 지득한 비밀을 준수하여야 한다.

제8조(실비보상)

① 이장에게는 업무수행에 소요되는 실비로 예산의 범위 안에서

월정수당을 지급하고 월정수당은 읍·면 공무원 보수지급일에 지급함을 원칙으로 한다.

② 이장에게는 예산의 범위 안에서 상여금을 지급할 수 있다.

제10조(이장의 교체)

이장이 다음 각 호의 1에 해당될 때에는 직권으로 교체할 수 있다. 이 경우 읍·면장은 그 취지를 해당리에 통보하여 의견을 들어야 한다.

2. 형사사건으로 기소된 때

3. 이장의 업무를 현저하게 태만히 한 때

완주군 분리의 이장 임명에 관한 규칙

제2조(이장의 자격)

이장의 자격은 다음 각 호의 하나에 해당하는 자로 한다.

1. 당해 분리 주민의 신망이 두터운 자

제3조(이장의 선출 및 임명)

① 개발위원장은 이장 임기 만료 10일 전에 주민들을 소집한 후 비밀투표에 의거 이장을 선출하여야 한다.

② 주민총회시 이장을 선출하기 위해 추천된 인원이 1인인 경우에는 비밀투표 없이 주민동의를 얻어 이장을 선출할 수 있다.

③ 이장 선출시에는 세대별 주민 과반수 참석과 참석인원 과반수로 결정한다. 다만, 가부동수인 경우 개발위원장이 다른 날로 정하여 전 주민이 참석토록 종용한 후 재투표를 실시하여야 한다.

④ 개발위원장은 이장으로 선출된 자를 전임자의 임기만료 전에 읍·면장에게 추천하여야 하고, 읍·면장은 추천된 자가 절차상의 하자가 없다고 인정될 경우 반드시 임명하여야 한다.

제4조(이장의 면직)

① 읍·면장은 이장으로 재직 중이거나 선출된 자가 다음 각 호에 해당될 때에는 직권으로 면직할 수 있다. 다만 이 경우 그 취지를 해당 마을 주민에게 충분히 설명한 후 의견을 들어 최종결정하여야 한다.

2. 형사사건으로 기소된 때

4. 이장의 직무를 현저하게 태만히 할 때. 끝.

참고문헌

김철용, 「행정법」, 고시계사, 2013.
김남진·김연태, 「행정법 Ⅰ,Ⅱ」, 법문사, 2013, 2011.
김동희, 「행정법 Ⅰ,Ⅱ」, 박영사, 2013, 2011.
홍정선, 「행정법원론 (상),(하)」, 박영사, 2013, 2011.
정하중, 「행정법개론」, 법문사, 2013.
박균성, 「행정법론 (상),(하)」, 박영사, 2013, 2011.
류지태·박종수, 「행정법신론」, 박영사, 2010.
김성수, 「일반행정법」, 법문사, 2004.
김중권, 「행정법기본연구」, Ⅰ, Ⅱ, Ⅲ, 2008, 2009, 2010.
김대인, 「행정계약법의 이해」, 경인문화사, 2007.

백윤기, "시립무용단원 위촉의 법적 성질", 「행정판례평선」, 박영사, 2011.
______, "전문직공무원 채용해지에 대한 쟁송", 「재판의 한 길: 김용준 헌법재판소장 화갑기념논문집」, 박영사, 1998.
최세영, "공법상계약에 관한 소고－직업능력개발훈련 위탁계약과 훈련과정 승인여부의 법적 성질과 관련하여, 「법조」, 2006.11

Hartmut Maurer, Allgemeines Verwaltungsrecht, 18Aufl, Verlag C.H. Beck, 2011.
Hans J. Wolff/Otto Bachof/Rolf Stober, Verwaltungsrecht Ⅰ, 10Aufl. Verlag C.H. Beck, 1994.

국문초록

대법원 2012.10 25 선고 2010두 18963 판결은 읍, 면장의 이장에 대한 면직처분의 법적 성격에 대하여 이를 "행정청으로서 공권력을 행사하여 행하는 행정처분이 아니라 서로 대등한 지위에서 이루어진 공법상계약에 따라 그 계약을 해지하는 의사표시로 봄이 상당하다"고 판시하였다. 이러한 판결은 그동안 우리 대법원이 국가공무원법 또는 지방공무원법의 적용을 받는 직업공무원이 아닌 공무종사자들의 법적 지위를 계약직 공무원에 유사한 것으로 보고 그 임명 또는 면직행위 역시 공법상계약에 기한 것으로 파악해 온 것과 깊은 관련이 있다고 사료된다.

그러나 이장에 대한 면직행위를 공법상계약의 법률관계에 기한 계약해지행위로 보려고 하면, 먼저 지방자치단체와 원고인 이장 사이에서 공법상 계약이라고 할 만한 의사의 합치가 존재하여야 한다. 그러나 (1) 관련 법규와 행정관행 등을 검토해 볼 때, 이장으로 임명된 자에게 있어서 단독행위에 있어서의 당사자의 동의 정도가 아닌 계약에서의 당사자자치에 따른 의사표시라는 것이 있었다고 확인하기 어렵고 (2) 행정처분의 행위주체는 행정청이나 공법상계약의 행위주체는 행정주체가 되어야 한다는 점에서 이장 임명에서 전북완주군과 원고 사이에서 어떠한 법적 행위가 있거나 실제로 면직행위를 행한 완주군과 삼례읍장 사이에서 계약체결과 관련된 어떠한 의견교환이나 위임 등의 행위가 존재하지 않았으므로 계약성립을 인정할 청약과 승낙의 의사표시가 존재하였다고 말하기 어렵다.

또한 이장의 면직행위는 공권력행사로서의 행정행위의 개념요소를 모두 갖추고 있어서 계약상의 행위라기보다는 행정행위 또는 처분으로 보는 것이 자연스러우며 이렇게 볼 때, 법률유보의 원칙, 행정절차법 등이 적용되고, 하자있는 면직행위에 대한 통제가 가능하게 된다. 이장의 면직행위를 공법상계약으로 보게 되면 법률유보의 원칙, 절차법적 규제 등 행정행위에 적용되는 여러 가지 법적 통제장치 또는 보호장치가 작동하지 못하여 법률에 의한 행정의 원리에 부합하지 못하게 된다.

더구나 그동안 판례는 비록 계약직공무원과 관련된 것이라 할지라도 징계적 성격이 있는 행위에 대해서는 처분성을 인정하여 왔다. 그것은 설사 계약직공무원이라 하더라도 징계와 같은 불이익처분에서는 권익보호가 우선이라는 관념이 작용한 것으로 생각한다. 대상판결의 경우, 이장의 면직행위는 사실상 징계적 성질을 가지는 것이었으므로 종전의 대법원 판례의 흐름에 비추어 보아도 본건의 면직행위를 공법상 계약에 근거한 계약해지의 의사표시로 보는 것은 타당하지 않다고 생각한다.

마지막으로 명시적으로 당사자 합의가 없는 행위를 공법상계약으로 보기 위해서는 그에 따라 기본권의 보호라든지 공익의 증진이라든지 하는 실익 내지는 필요성이 인정되어야 하는데 본건의 경우 그러한 사정을 발견할 수 없다. 오히려 공법상 계약 상의 의사표시로 봄으로써 법치주의의 후퇴를 가져오는 부작용만이 발견될 뿐이다. 행정청으로서야 이러한 법치주의의 적용이 면제되는 것이 편의적인 측면이 있겠지만 그것이 법질서가 추구하는 궁극적인 가치가 아닌 것은 명확하다.

요컨대, 이장에 대한 면직처분을 공법상계약에 기한 계약 해지의 의사표시라고 본 대상판결은, 먼저 기본관계를 발생시킨 이장임명행위에서부터 그 계약 성립의 전제가 되는 완주군과 원고 사이의 청약과 승낙의 의사표시의 존재를 확인할 수 없고, 오히려 이장의 면직처분이 공권력행사로서의 행정행위의 개념요소를 갖추고 있는 점, 그리고 이를 처분이 아닌 공법상 계약에 기한 계약해지의 의사표시라고 볼 때, 행정의 편의성 이외에 만족시킬 만한 공법상의 가치가 없으며 오히려 법치행정의 원리에 역행한다는 점, 마지막으로 그동안의 대법원 판례의 입장에서도 징계적 성격의 행위는 설사 공법상계약을 기본관계로 하는 경우에도 처분성을 인정하였던 점 등에 비추어 비판의 여지가 있다고 생각한다.

주제어: 처분, 행정행위, 면직처분, 이장, 공법상계약

Abstract

Legal Nature of Dismissing the Head of a Ri* from Office

(The Supreme Court 2012.10.25. 2010 du 18963)

Yoo Hwan Kim**

The Korean Supreme Court decision '2010 du 18963' has ruled that dismissing the head of a Ri from office by the administrative agency should be interpreted as expressing will of dismissal in the contractual relationship. This ruling seems to follow Supreme Court's precedents with regard to interpreting legal nature of employment relationship of non-career public officials.

However, 2010 du 18963 decision has some theoretical defects on its reasoning.

First of all, even though the Supreme Court supposed that there was a contractual agreement, no agreement could be found in fact.

Secondly, dismissing action has not key elements of a government contract but all conceptual elements of an administrative action and administrative disposition.

Thirdly, the Supreme Court decided many times that disciplinary actions against contractual public officials should be considered as administrative actions or administrative dispositions. In the light of

* Ri is a unit of administrative organization of local governments. The meaning of Ri in Korean language is 'village'.

** Professor, Law School, Ewha Womans University.

these rulings, a dismissing action of the head of Ri should be regarded as an administrative action or an administrative disposition, because dismissing the head of a Ri in this case means a kind of disciplinary action in reality.

Fourthly, even if the Supreme Court ruling in this case had no theoretical defect, its reasoning would have no valuable effect on Rule of Law. On the contrary, it is somehow harmful to Rule of Law, as some legal control mechanisms are to be lost in the context of contractual relationship.

Key Words: administrative action, administrative disposition, dismissal from office, the head of Ri, governmental contract

투 고 일: 2013. 11. 29
심 사 일: 2013. 12. 15
게재확정일: 2013. 12. 20

行政訴訟의 審理

行政訴訟에서의 職權審理主義의 意味와 範圍 / 徐泰煥

行政訴訟에서의 職權審理主義의 意味와 範圍

徐泰煥*

대상판결: 대법원 2010.2.11. 선고 2009두18035 판결

[사안의 개요]

– 원고들은 2005. 6. 23. 피고 양평군수로부터 다음과 같은 내용의 산지전용허가를 받았다(이하 '이 사건 산지전용허가'라고 함).

수허가자	산지소재지	허가면적	산지전용목적	전용기간
원고 1	양평군 양서면 ㅇㅇ리 (이하지번 1 생략)	1,402㎡	창고부지조성	2005. 6. 23.~ 2006. 4. 30.
원고 2	같은 리(이하지번 2 생략)	1,322㎡	창고부지조성	2005. 6. 23.~ 2006. 5. 30.
원고 3	같은 리(이하지번 3 생략)	1,218㎡	창고부지조성	2005. 6. 23.~ 2006. 5. 30.

* 서울北部地方法院 首席部長判事

– 원고들은 위 기간 내에 창고부지조성공사를 완료하지 못하자, 2006. 5.경 위 산지전용목적은 그대로 '창고부지조성'으로 하고, 산지전용기간을 (2007. 5. 30.까지로) 연장해 줄 것을 구하는 산지전용기간 연장허가를 신청하였다.

– 이에 피고는 2006. 6. 28. 원고들에게 산지전용목적을 당초 허가나 원고들의 신청내용과는 달리 '창고조성'으로 하여 기간연장허가를 해 주었다.

– 원고들은 2007. 5. 30. 위 각 대상지에 대한 창고부지조성공사를 완료한 후 복구설계승인신청을 하였으나, 피고는 2007. 6. 7. 복구설계승인을 받으려면 산지전용의 목적사업이 완료되어야 하나 위 대상지의 경우에는 목적사업이 완료되지 않았다는 이유로 위 신청을 불승인하였다(이하 '이 사건 처분'이라고 함).

– 원고들은, 이 사건 산지전용허가의 목적사업은 창고부지조성이지 창고건물건축이 아니고, 창고부지조성공사는 이미 완공되었으므로, 이 사건 산지전용허가의 목적사업이 완료되지 않았다는 이유로 복구설계승인신청을 불승인한 이 사건 처분은 위법하다고 주장하였다.

– 이에 대하여 피고는 이 사건 산지전용허가 당시 유의사항에 산지전용허가의 목적사업이 건축물 건축이고, 이를 이행하지 아니할 경우 그 허가가 취소될 수 있다는 취지의 유의사항(허가조건)을 부가하였으며, 기간연장 허가시에는 산지전용목적이 창고조성임을 그 허가증에 명시한 점 등에 비추어 보면, 이 사건 산지전용허가의 목적사업은 단순한 창고부지조성이 아니라 창고건물의 건축이라고 할 것이므로 원고들이 창고부지만을 조성하였을 뿐 창고건물을 건축하지 아니한 상태에서 한 복구설계승인 신청을 불승인한 것에 잘못이 없다고 주장하였다.

[원심의 판단]

산지전용허가증 중 산지전용목적란의 "창고부지조성"의 기재에도 불구하고 피고는 "창고조성"을 목적사업으로 하여 산지전용을 허가하였고 원고들도 이를 분명하게 인식하고 있었다고 할 것이어서 이 사건 산지전용허가의 목적사업은 창고조성으로 봄이 상당하고, 따라서 산지전용 목적사업이 완료되지 않았다는 이유로 원고들의 복구설계승인신청을 불승인한 이 사건 처분은 적법하다.

나아가, 피고가 원고들에게 이 사건 산지전용허가를 하면서 산지전용의 목적사업인 건축물 건축을 이행하지 아니할 경우 그 허가가 취소될 수 있다는 취지의 허가조건을 부가하였으므로, 피고는 산지전용허가를 받은 자가 산지전용허가조건을 위반한 경우 산지전용허가를 취소할 수 있다는 취지를 규정한 산지관리법 제20조에 의하여 원고들의 이 사건 산지전용허가 자체를 취소할 권한이 있고, 그와 같은 권한 행사에 앞서 허가조건의 이행을 촉구하는 취지에서 원고들의 위 복구설계승인신청을 당연히 거부할 수 있으며, 이 사건 처분사유에는 위와 같은 취지도 포함되어 있다.

[대법원의 판단]

1. 이 사건에서, 원고들에 대한 이 사건 산지전용허가에 있어 그 허가증의 산지전용목적란에는 그 목적이 '창고부지조성'으로 기재되어 있으나 그 허가증에 기재된 허가조건에는 산지전용의 목적사업인 '건축물 건축'이 이행되지 아니할 경우 산지전용허가가 취소될 수 있다고 되어 있고, 그 허가증의 교부통지서에는 산지전용허가의 목적이 '창고'로 기재되어 있는 등 이 사건 산지전용허가의 처분서라고 할 수 있는 산지전용허가증과 그 교부통지서의 문언만으로는 산지전용의 목적사업이 '창

고부지조성'인지 '창고건축'인지 분명하지 아니한 점, 원고들은 이 사건 산지전용허가의 신청 단계에서 피고의 보완요구에 따라 제출한 창고활용계획서의 내용에 창고의 건축 및 사용에 관한 사업계획을 포함시켰던 점, 원고들은 공사기간 부족을 사유로 이 사건 산지전용허가의 산지전용기간 연장허가를 신청하면서 그 연장을 구하는 산지전용기간 내에 창고의 건축공사를 완료하겠다는 내용의 사업추진계획서를 제출하였고, 이에 대하여 피고는 산지전용의 목적을 '창고조성'으로 기재한 산지전용기간연장허가증을 발급하였던 점 등에 비추어 보면, 이 사건 산지전용허가의 목적사업을 창고부지조성이 아니라 창고건축으로 본 원심의 판단은 수긍이 간다.

2. 산지전용허가를 받은 자는 산지전용의 목적사업이 완료되거나 또는 산지전용기간이 만료된 때에 관할관청으로부터 복구설계승인을 받아 산지를 복구하여야 하므로, 이 사건 산지전용허가의 산지전용기간이 만료된 이상 그 목적사업이 완료되지 않았다 하더라도 원고들에게는 산지복구의무가 발생하고, 따라서 그 의무 이행을 위한 원고들의 복구설계승인신청을 그 목적사업이 완료되지 않았다는 이유로 불승인한 피고의 이 사건 처분은 위법하다.

이 사건 산지전용허가에 그 목적사업인 창고건축이 이행되지 아니할 경우 산지전용허가를 취소할 수 있다는 허가조건이 부가되어 있다 하더라도, 산지전용기간의 만료만으로 원고들에게 산지복구의무가 발생하는 이상, 피고로서는 위 허가조건의 이행, 즉 목적사업의 완료를 촉구하기 위하여 원고들의 복구설계승인신청을 불승인할 수는 없으며, 피고가 위 허가조건의 위반을 이유로 이 사건 산지전용허가를 취소할 수 있다 하더라도 그러한 사정만으로 달리 보기는 어렵다.

그런데도 원심은, 피고가 이 사건 산지전용허가의 목적사업이 완료되지 않았다는 이유에서 뿐만 아니라 위 허가조건의 위반을 이유로 이 사건 산지전용허가를 취소하기에 앞서 위 허가조건의 이행을 촉구하는 취지에서도 원고들의 복구설계승인신청을 거부할 수 있다고 보아 이 사건 처분의 적법성을 인정하였다.

한편, 행정소송에서 기록상 자료가 나타나 있다면 당사자가 주장하지 않았더라도 판단할 수 있고, 당사자가 제출한 소송자료에 의하여 법원이 처분의 적법 여부에 관한 합리적인 의심을 품을 수 있음에도 단지 구체적 사실에 관한 주장을 하지 아니하였다는 이유만으로 당사자에게 석명을 하거나 직권으로 심리·판단하지 아니함으로써 구체적 타당성이 없는 판결을 하는 것은 행정소송법 제26조의 규정과 행정소송의 특수성에 반하므로 허용될 수 없다. 따라서, 원심이 기록에 나타난 자료에 의하여 위와 같이 산지전용기간의 만료와 함께 원고들이 복구설계승인을 신청한 사실을 인정하고서도 산지전용기간의 만료로 복구설계승인의 요건을 갖추게 되었는지 여부에 대하여 심리·판단을 하지 아니한 결과 이 사건 처분을 적법하다고 본 데에는 필요한 직권심리를 다하지 아니함으로써 판결에 영향을 미친 잘못이 있다.

[평석]

1. 서설

대상 판결에 대한 쟁점으로는 크게 두 가지를 들 수 있다. 하나는 행정절차법상 처분 내용을 해석함에 있어 처분서의 기재만을 근거로 판단하느냐 다른 처분 경위 등을 반영하여 살펴보아야 하느냐 하는 문제이고, 두 번째는 행정소송에서의 직권심리주의의 범위와 한계에 관한 문제이다. 이 밖에도 부관에 관한 문제도 있으나 주요 쟁점은 아니다. 이 중 필자가 대상 판결에 대하여 집중 검토하고자 하는 부분은 직권심리의 범위와 한계에 관한 문제이다. 따라서 처분내용을 해석하는 문제에 관하여는 이 사건의 이해를 돕는 범위 내에서만 간단히 검토하기로 하고, 부관에 관한 부분에 대해서는 평석대상에서 아예 제외하려고 한다. 직권심리주의의 범위와 한계를 검토하기 위해서는 이 사건에서 문제가 되는 산지관리법상의 산지전용과 복구의무의 범위에 관하여 먼저 살펴볼 필요가 있다.

2. 산지관리법상의 산지전용과 복구

가. 산지관리법과 산지

국토의 효율적이고 균형 있는 이용·개발과 보전을 위한 헌법적 요청에 따라(헌법 제120조, 제122조) 산림의 보전과 이용에 관한 법률이 필요하게 되었다. 이와 같은 산림 및 산지 규제와 임업진흥에 관하여는 과거 산림법의 단일법으로 규제되다가[1] 2001. 5. 24. 법률 제6477호로 산림 및 산지 규제와 임업 및 산촌 진흥에 관한 기본법으로서 산림기본법이 제정되었고, 다시 2002. 12. 30. 법률 제6841호로 산지 규제에 관하여 산지관리법이 제정되었으며, 2005. 8. 4. 법률 제7678호로 산림(자원) 규제에 관하여 '산림자원의 조성 및 관리에 관한 법률'이 제정되면서 산림법은 폐지되었다. 산림법은 모든 산림 업무를 통합규정하고 있어서 그 체계가 복잡하고 산지관련 사항을 명확히 규정하기 어려우므로 산림법 중 산지관련 사항만 별도로 규정하기 위하여 산지관리법을 제정한 것이다. 산림기본법은,[2] 산지의 자연친화적 이용을 위한 산지전용기준의 방향을 설정하고(제14조), 산지관리법에서는 산지의 보전·이용이 조

1) 1980. 1. 4. 법률 제3232호로 전문개정된 산림법에서 종전의 '임산물단속에관한법률'과 '산림개발법'을 폐지하고 산림법에 통합규정함으로써 산림행정체제를 정비하였다.

2) 산림기본법은 "산림에 대한 다양한 국민적 수요에 부응하기 위하여 산림의 보전과 이용이 조화를 이루도록 산림을 경영하고 임업의 발전을 도모함에 필요한 산림정책의 기본적인 방향을 설정함으로써 산림관련 모든 법제와 정책의 기본이 되도록 하려는" 목적으로 제정되었다.

화되고 경제적·환경적 수요가 충족될 수 있도록 산지구분제도, 산지전용허가, 토석채취허가, 산지전용 및 토석채취의 제한, 재해방지와 복구 등에 관하여 규정하고 있다.

산지(山地)[3]란 산림자원의 조성 및 관리에 관한 법률 제2조 제1호의 산림(토지와 그 위에 생육하는 입목·죽을 포함한다)에서 입목·죽을 제외한 토지를 말한다. 산지에는 보전에 중점을 두는 보전산지(保全山地)와 이용에 중점을 두는 준보전산지(準保全山地)가 있다.[4] 보전산지는 그 특성에 따라 다시 임업용산지(林業用山地)와 공익용산지(公益用山地)로 나누어진다. 임업용산지는 산림자원의 조성과 임업경영기반의 구축 등 임업생산 기능의 증진을 위하여 필요한 산지로서 산림청장이 지정하는 산지(산지관리법 제4조 제1항 제1호 가목)를 말하고, 공익용산지는 임업생산과 함께 재해 방지, 수원(水源) 보호, 자연생태계 보전, 자연경관 보전, 국민보건휴양 증진 등의 공익 기능을 위하여 필요한 산지로서 산림청장이 지정하는 산지(산지관리법 제4조 제1항 제1호 나목)를 말한다. 전체 산지면적 643만ha 중 보전산지가 77%, 준보전산지가 23%이며, 보전산지 면적 중 임업용산지는 보전산지의 66%, 공익용산지는 보전산지의 34%이다.[5] 산지전용허가를 받거나 산지전용신고를 하고 산지를 다른 용지로 변경한 경우에는 보전산지의 지정을 해제할 수 있다. 여기서 '산지를 다른 용지로 변경한 이후'란 산지를 형질변경하여 다른 용도로 사용할 수 있는 형태의 토지가 되고 이를 위한 제반 법적 절차(준공검사 등)가 이루어진 이후를 말한다.[6]

산지관리법 또는 산림법의 적용 대상인 산지 혹은 산림에 해당하는

---

3) 종전의 산림법에서는 관리대상을 '임지(林地)'라고 하였다.

4) 산지의 구분제도는 1980년 전문개정된 산림법에서 처음으로 보전임지(保全林地)와 준보전임지(準保全林地)로 구분하였고, 보전임지는 다시 산림경영에 적합한 생산임지와 공익기능의 증진을 위한 공익임지로 구분하였다.

5) 허경태, 「산지관리법해설」, 법문사, 2012., 125쪽.

6) 허경태, 앞의 책(주 5), 144-145쪽.

지 여부는 공부상 지목 여하에 불구하고 당해 토지의 사실상의 현상에 따라 가려져야 한다. 따라서, 토지대장상 지목이 임야로 되어 있다고 하여도 산지로서의 현상을 상실하고 그 상실한 상태가 일시적이라고 볼 수 없으며 인근 주변의 현상에 비추어 산지 안에 있는 암석지 등이라고 인정할 수도 없다면, 그 토지는 산지관리법 등에서 말하는 산지 등에 해당하지 않는다.[7] 이와 반대로 지목이 임야가 아니라도 오랫동안 계속하여 입목·죽이 집단적으로 자라고 있으면 산지에 해당된다.[8] 산지관리법 소정의 산지가 현실적으로 다른 용도로 이용되고 있다고 하더라도 그 토지가 적법한 절차에 의하지 아니한 채 형질변경되거나 전용된 것이어서 어차피 복구되어야 할 상태이고 그 형태와 주변토지의 이용상황 등에 비추어 산지로 회복하는 것이 불가능한 상태가 아니라 산지로서의 성격을 일시적으로 상실한 데 불과한 경우라면 그 변경 상태가 일시적인 것에 불과하다고 보아야 한다.[9]

나. 산지전용과 산지일시사용

1) 산지전용

산지전용이란 산지를 산지 외의 다른 용도로 사용하거나 다른 용도로 사용하기 위하여 형질변경하는 것을 말한다.[10][11] '다른 용도'란 산지를 조림(나무심기) · 숲가꾸기 · 벌채(伐採), 토석 등 임산물의 채취, 산지일

7) 대법원 1988. 12. 13. 선고 88도668 판결, 2009. 6. 11. 선고 2009다11556 판결, 2010. 3. 25. 선고 2008두20383 판결 등 참조.

8) 허경태, 앞의 책(주 5), 89쪽.

9) 대법원 2007. 5. 31. 선고 2006두8235 판결.

10) 허경태, 앞의 책(주 5), 102쪽.

11) 1980. 1. 4. 전문개정된 산림법에서는 "산림훼손, 보전임지전용"의 2가지 용어를 사용하였으나, 산림훼손의 부정적 의미를 보완하기 위하여 1994. 12. 30. 개정된 산림법에서 "산림훼손" 용어를 "산림형질변경"으로 변경하였고, 산지관리법은 "산림형질변경과 보전임지전용"을 하나로 합쳐 "산지전용"이라고 하였으며, 2010. 5. 31. 개정법에서는 "산지전용과 산지일시사용"으로 분리하여 규정하였다.

시사용 외의 용도로 사용하는 것을 말한다(산지관리법 제2조 제2호). 산지의 형질변경이라 함은 절토, 성토, 정지 등으로 산지의 형상을 변경함으로써 산지의 형질을 외형적으로 사실상 변경시키고 또 그 변경으로 말미암아 원상회복이 어려운 상태로 만드는 것을 뜻한다.[12)]

산지전용을 하려는 자는 그 용도를 정하여 산림청장의 허가를 받거나 산지전용신고를 하여야 한다(산지관리법 제14조, 제15조). 이 경우 산지전용신고는 법령에 대상사업이 명시되어 있으나(산지관리법 제15조 제1항)[13)] 산지전용허가는 대상사업의 범위가 따로 규정되어 있지 않으므로, 전용신고 대상사업이 아닌 경우에는 산지전용허가를 받아야 한다. 산지관리법 제정으로 종전 산림법상의 보전임지 전용허가와 산림형질변경허가로 이원화되어 있는 산지전용 인·허가체계가 산지전용허가로 일원화되었다.[14)] 종전의 산림법 제90조의 규정에 의한 산림의 형질변경허가 등을 받은 자는 산지관리법 제14조 등의 규정에 의한 산지전용허가 등을 받은 자로 보게 된다. 한편, 산림 안에서 입목의 벌채, 임산물(산지관리법에 따른 석재 및 토사는 제외)의 굴취·채취를 하려면 산림 자원의 조성 및 관리에 관한 법률 제36조에 따라 허가를 받거나 신고하고 할 수 있다.

산지전용허가 신청시에는 사업계획서(산지전용의 목적, 사업기간, 전용하려는 산지의 이용계획, 토사처리계획 및 피해방지계획 등이 포함되어야 한다)를 첨부하여 제출해야 한다(산지관리법 시행규칙 제10조 제2항). 산지전용의 목적사업에 시설물 설치가 포함되어 있으면 "산지의 이용계획"에 시설물 배치계획을 포함시켜야 한다. 그러나 세부적인 건축설계도면은 포함시킬 필요가 없다. 산지전용의 목적사업에 진입로 설치계획이 포함되

12) 대법원 2002. 4. 23. 선고 2002도21 판결 등 참조.
13) 산림경영, 산촌개발, 임업시험연구 및 수목원 등 조성을 위한 시설, 농림어업인의 주택시설, 농림수산물의 창고 등 시설의 설치 등.
14) 종전에는 보전임지는 보전임지 전용허가를(산림법 제18조), 준보전임지는 산림형질변경허가를 받도록 하였다.

어 있거나 이용 가능한 진입로가 있다면 사업계획서에 진입로 현황을 명시해야 한다.[15] 아울러 복구대상 산지의 종단도 및 횡단도와 복구공종·복구공법 및 견취도(見取圖)[16]가 포함된 복구계획서(복구해야 할 산지가 있는 경우에 한한다)를 첨부하여 제출해야 한다.[17]

산지관리법은 '산지를 합리적으로 보전하고 이용하여 임업의 발전과 산림의 다양한 공익기능의 증진을 도모함으로써 국민경제의 건전한 발전과 국토환경의 보전에 이바지함'을 목적으로 하고, '산지는 임업의 생산성을 높이고 재해 방지, 수원 보호, 자연생태계 보전, 자연경관 보전, 국민보건휴양 증진 등 산림의 공익 기능을 높이는 방향으로 관리되어야 하며 산지전용은 자연친화적인 방법으로 하여야 함'을 산지관리의 기본원칙으로 하고 있다. 이에 따라, 산지전용은 일반적으로 이를 금지하되 다만 산지관리의 목적에 위배되지 아니하는 일정한 경우에 한하여 예외적으로 허가에 의하여 산지전용을 할 수 있도록 하고 있다. 즉, 산지전용은 국토 및 자연의 유지와 수질 등 환경의 보전에 직접적으로 영향을 미치는 행위이므로, 법령이 규정하는 산지전용 제한 지역에 해당하는 경우는 물론 제한 지역에 해당하지 않더라도 허가관청은 산지전용 허가신청 대상토지의 현상과 위치 및 주위의 상황 등을 고려하여 국토 및 자연의 유지와 환경의 보전 등 중대한 공익상 필요가 있다고 인정될 때에는 허가를 거부할 수 있고, 그 경우 법규에 명문의 근거가 없더라도 거부처분을 할 수 있다는 것이 판례이다.[18]

산지를 다른 용도로 전용하려면 산지전용허가를 받거나 산지전용 신고를 하고 사업계획에 따라 형질변경한 후 (경)사면을 복구해야 한다. 복구준공검사를 마치면 지목을 변경할 수 있으며, 지목이 변경된 후에

15) 허경태, 앞의 책(주 5), 258쪽.

16) 건물 따위의 모양이나 배치를 알기 쉽게 그린 그림으로서 '겨냥도'라고도 한다.

17) 허경태, 앞의 책(주 5), 263쪽.

18) 대법원 1995. 9. 15. 선고 95누6113 판결, 1997. 9. 12. 선고 97누1228 판결, 2000. 7. 7. 선고 99두66 판결, 2003. 3. 28. 선고 2002두12113 판결 등.

는 산지관리법이 적용되지 않는다. 여기서의 '복구(復舊)'란 다시 산림상태로 돌려놓는 것이 아니라 (경)사면(斜面)의 토사유출·무너짐 방지를 위한 (경)사면안정 작업과 경관유지를 위한 녹화·이식 작업을 말한다.[19] 산지전용은 산지를 형질변경하여 다른 용도로 사용하는 것이 전제되므로 사업계획 부지 중 실제로 형질변경하는 면적에 대하여(형질변경하지 않는 면적은 제외하고) 산지전용허가를 받거나 산지전용신고를 해야 한다.

2) 산지일시사용

산지를 형질변경한 후 다시 산지로 환원하거나 계속 산지의 용도로 사용하는 경우 등 지목변경이 수반되지 않는 경우에는 지목변경이 수반되는 산지전용과 구분하여 간단한 절차에 의하여 산지를 활용할 수 있도록 제도개선이 필요하였다. 이에 따라 2010. 5. 31. 법률 제10331호로 산지관리법을 개정하면서, 산지를 형질변경할 때 산지의 상태로 복구할 것을 조건으로 다른 용도로 일정기간 사용하기 위하여 형질을 변경하거나, 산지의 용도로 계속 사용하기 위하여 형질을 변경하는 경우에는 지목변경을 전제로 하는 산지전용과 구분하기 위하여 산지일시사용제도를 도입하였다.[20]

'산지일시사용'이란 산지를 복구할 것을 조건으로 조림, 숲가꾸기, 벌채, 토석 등 임산물의 채취, 산지전용 외의 용도로 일정 기간 동안 사용하거나 이를 위하여 산지를 형질변경하는 것을 말한다. 산지를 임도, 작업로, 임산물운반로, 등산로, 탐방로 또는 이와 유사한 산길로 사용하기 위하여 형질변경하는 것도 산지일시사용에 해당된다(산지관리법 제2조 제3호).

산지를 일시사용하거나 일시사용하기 위하여 형질변경하려면 산지

19) 허경태, 앞의 책(주 5), 103쪽.
20) 법제처 제공 '산지관리법 개정이유' 참조. 종전에는 산지를 타용도로 사용하는 것과 다시 산지로 복구하는 것을 모두 산지전용으로 정의하였다.

일시사용허가를 받거나 산지일시사용신고를 해야 한다. 허가받거나 신고한 사업계획에 따라 일정기간동안 사용하거나 형질변경한 후 사업이 종료(또는 허가 신고기간이 만료)되면 다시 산림상태로 복구해야 하므로 산지일시사용을 한 경우에는 지목을 변경할 수 없다. 여기서의 '복구(復舊)'는 (경)사면을 포함하여 형질변경된 면적 전체에 대하여 토사유출, 무너짐 방지를 위한 안정 작업, 경관유지 및 파종, 조림, 수목이식 등 산림회복 작업을 하여 다시 산림 상태로 돌려놓는 것을 말한다.[21] 그러나 임도, 작업로, 임산물 운반로, 등산로, 탐방로 등의 산길은 조성한 후 계속 산지의 용도로 이용하기 때문에 형질변경한 면적 전체를 복구하지 않고, 사면부분의 토사유출·무너짐 방지를 위한 사면안정작업과 경관유지를 위한 녹화·이식작업을 하면 복구가 완료된다.[22]

[산지전용에서의 복구와 산지일시사용에서의 복구의 차이점]

• 산지전용은 산지를 형질변경한 후 지목을 변경하고 다른 용도로 사용하는 것이므로 전용한 후에는 산지관리법이 적용되지 아니한다. 따라서 산지전용에 따른 복구는 일종의 사면안정과 경관유지 작업의 성격을 가진다.

• 그러나 산지일시사용은 산지를 형질변경한 후 다시 산지로 환원시키는 것을 전제로 하므로 일시사용한 후에도 계속 산지관리법이 적용된다. 따라서 산지일시사용에 따른 복구는 형질변경된 산지에 파종·조림·수목이식 등 산림회복을 위한 작업을 하여 다시 산지상태

21) 여기서의 복구는 (경)사면뿐만 아니라 형질변경된 산지 전체를 다시 산림상태로 돌려놓는 것인데, 산림상태로 돌려놓는다는 것은 토지의 고저까지 모두 본래의 모양 그대로 돌려놓는 형태적 원상회복이 아니라, 나무심고, 풀씨 파종하고, 단을 쌓고, 수로를 내고 하는 등 산림이 갖는 기능을 할 수 있도록 푸른 산림의 형태로 돌려놓는 일종의 기능적 원상회복의 개념이다.

22) 허경태, 앞의 책(주 5), 105쪽.

로 환원시키는 작업이다. 이러한 점에서 산지전용에 따른 복구와는 다르다.

• 이와 같이 그 성격과 법률적용이 다른 두 가지 사업을 모두 '복구'라는 동일한 용어로 부르면서 동일한 기준을 적용하고 있어 혼란이 발생하고 있다.[23)]

다. 산지전용기간의 만료와 복구

1) 산지전용기간

가) 산지전용기간의 의미

산지전용기간은 10년의 범위에서 전용하려는 면적별로 다음의 기준에 따라 산림청장(산림청 소관 국유림이 아닌 경우에는 시장 · 군수 · 자치구청장)이 허가하는 기간 또는 신고하는 기간으로 한다(산지관리법 시행규칙 제16조 관련 별표 2). 다른 법률에서 목적사업의 시행에 필요한 기간을 규정한 경우에는 그 기간을 산지전용기간으로 할 수 있다. 그러나 다른 법령에서 목적사업의 시행에 필요한 기간을 규정하지 않은 경우에는 위 산지전용기간 기준을 적용한다.

– 전용할 산지면적이 1만㎡ 미만인 경우: 3년 이내
– 전용할 산지면적이 1만㎡ 이상 2만㎡ 미만인 경우: 4년 이내
– 전용할 산지면적이 2만㎡ 이상 3만㎡ 미만인 경우: 5년 이내
– 전용할 산지면적이 3만㎡ 이상인 경우: 10년 이내

산지전용허가를 받은 자가 산지전용기간 이내에 전용을 하고자 하는 목적사업을 완료하지 못하고 기간 연장허가신청을 하지 않고 연장허가도 받지 아니한 채 산지전용기간을 만료된 경우에는 법률상 당연히 그 때부터 산지전용허가는 효력이 소멸되고 그 효력을 소멸시키기 위한

---

23) 허경태, 앞의 책(주 5), 105쪽에서는, 산림상태로 돌려놓지 않고 사면안정과 경관유지를 위하여 하는 작업은 '사면복구'라 하고, 다시 산림상태로 돌려놓기 위하여 하는 작업은 '산림복구'로 표현하는 것이 좋다고 한다.

취소 등 별도 행정처분을 요하지 않는다.[24] 일반적으로 행정처분에 효력기간이 정하여져 있는 경우에는 그 허가기간이 경과하여 종기(終期)가 도래하면 기간을 연장하는 등 특별한 사정이 없는 한 그 행정처분의 효력은 상실됨이 원칙이기 때문이다.[25] 다만, 판례는 허가에 붙은 기한이 사업의 성질상 부당하게 짧은 경우 그 기한은 허가의 존속기간이 아니라 허가에 붙인 조건의 존속기간, 즉 허가조건의 갱신을 위한 갱신기간이라고 보고 있다.[26] 따라서, 산지전용허가에 붙은 종기의 기한이 허가의 존속기간이라면, 그 기한의 도래로 허가의 효력은 상실되고 무허가 상태가 되는 반면, 허가의 존속기간이라면, 그 기한이 도래되었다고 하여 허가의 효력이 상실되는 것은 아니므로 계속 허가가 있는 상태로 유지되면서 다만, 허가관청이 허가조건을 갱신할 수 있을 뿐이고 기간연장을 불허가할 수 없을 것이다.[27]

나) 산지전용기간 종료후의 처리

산지전용기간이 종료되어 산지전용허가처분의 효력이 상실된 경우 형질변경된 산지를 복구할 의무를 부담한다. 산지전용기간 이내에 전용하려는 목적사업을 완료하지 못한 상태에서 그 산지전용기간이 만료된 경우 이미 낸 대체산림자원조성비의 전부 또는 일부를 환급받게 된다(산지관리법 제19조의2).

산지를 형질변경하지 않은 채 산지전용기간이 종료되었다면, 산지

24) 서울고등법원 2011. 11. 9. 선고 2011누16409 판결(이에 따라, 산지전용허가 효력소멸통지는 허가기간 만료에 의하여 법률상 당연히 발생하는 산지전용허가 효력소멸을 확인하여 주는 단순히 관념의 통지에 불과하다고 한 사례).

25) 대법원 2007. 10. 11. 선고 2005두12404 판결(원고는 1995. 11. 23. 피고 용인시장으로부터 전용목적사업을 근로자 복지주택 건설, 사업기간을 1995. 11. 23.부터 1996. 11. 22.까지로 정하여 보전임지전용허가를 받았는데, 그 후 위 사업기간이 경과하도록 보전임지전용허가에 대한 기한연장신청을 하지 아니하였으므로 위 보전임지전용허가는 위 사업기간이 만료됨으로써 그 효력이 소멸되었다고 한 사례).

26) 대법원 1962. 2. 22. 선고 4293행상42 판결, 1995. 11. 10. 선고 94누11866 판결 등.

27) 이태섭, "행정처분에 붙은 기한의 성격과 기간연장", 대법원판례해설 50호, 법원도서관, 20쪽.

전용기간이 종료되어 산지전용허가·신고의 효력이 소멸되었으며 형질변경을 할 수 없음을 알린다. 이 경우 복구할 산지가 없으므로 예치한 복구비는 반환한다. 산지의 일부만 형질변경한 상태에서 산지전용기간이 종료된 경우, 산지전용기간이 종료되어 산지전용허가·신고의 효력이 소멸되었으며 더 이상 형질변경을 할 수 없음을 통보하면서 형질변경한 산지의 복구설계서를 제출하고 승인 받아 복구해야 함을 알리게 된다. 다른 법률에서 산지전용허가·신고가 의제되는 행정처분을 받아 전용하는 경우에도 산지전용기간이 종료된 후에는 목적사업을 위한 형질변경을 중단해야 한다. 이 경우 그 목적사업을 위한 형질변경을 계속하려면 새로 산지전용허가를 받거나 신고를 해야 한다.[28)]

2) 복구

복구란 자연적·인위적으로 훼손된 산지에 2차재해가 발생하지 않게 하고 경관이 유지되도록 하는 작업을 말한다. 복구는 훼손되기 이전의 모습으로 돌려놓는 것을 말하지만, 일단 훼손된 산지를 원래의 모습으로 돌려놓기는 사실상 어려우므로, 재해방지와 경관유지에 중점을 두고 실행된다.[29)]

산지전용허가 등을 하려면 재해의 방지와 경관 유지에 필요한 조치 또는 복구에 필요한 비용인 복구비가 미리 예치되어야 한다(산지관리법 제38조 제1항).[30)] 산지복구비 예치는 산지전용이나 채광·토석채취 등이 완료된 경우에 비탈면에 소단(小段)을 만들어 식재 등을 하도록 하고, 목적사업의 시행을 위하여 산지전용되는 산지가 아닌 비탈면을 사방공법으로 복구하며, 비탈면의 붕괴를 방지하기 위하여 비탈면의 기울기를

28) 허경태, 앞의 책(주 5), 323-324쪽.
29) 허경태, 앞의 책(주 5), 618쪽.
30) 다른 법률에 따라 산지전용허가 또는 그 신고를 받은 것으로 의제되는 행정처분, 예를 들어 택지개발사업실시계획을 승인받아 산지의 형질변경이 수반되는 택지개발사업을 시행하고 있는 자에게도 산지의 복구비용을 예치할 의무가 있다(대법원 2007. 7. 26. 선고 2005두9279 판결 참조).

일정하게 하도록 하는 등(시행규칙 별표 6)의 산지복구 이행을 담보하기 위한 것이다.31)

산지전용허가를 받았거나 신고 등을 한 자는 '산지전용의 목적사업을 완료하였거나 산지전용기간이 만료된 경우'에는 산지를 복구해야 한다(산지관리법 제39조 제1항 제1호). 복구의무자는 법 제40조에 따라 복구설계서의 승인을 받으면 승인받은 내용대로 복구공사를 해야 하는데, 복구의무자가 복구설계서를 제출하지 않거나 승인받은 복구설계서대로 복구하지 않는 경우 등에는 허가권자가 예치된 복구비로 대행복구할 수 있다.32) 허가권자는 산지전용기간이 만료되기 전이라도 그 기간이 3년 이상인 경우이거나 경관보호가 필요한 경우 등에는 목적사업이 완료된 부분에 대한 구체적인 조치내용과 기간 등을 정하여 중간복구를 명할 수 있다(산지관리법 시행령 제46조의2). 산지전용한 산지를 복구할 때는 토석으로 성토한 후 표면은 수목의 생육에 적합하도록 흙으로 덮어야 한다.33) 지목변경을 목적으로 산지전용한 지역 중 복구할 대상지가 없는 경우 등에는 복구의무가 면제될 수 있다(산지관리법 시행령 제47조).

산지전용기간이 만료되었으나 아직 목적사업을 완료하지 못하여 건축이 진행중인 토지 및 형질이 변경된 토지도 산리관리법 제39조 제1항 제1호에 따라 복구해야 한다. 이는 산지전용기간이 만료되면 아직 목적사업을 완료하지 못했어도 복구의무가 발생하기 때문이다.34) 또한 복구하지 않고 그냥 방치해둔다면, 산지는 재해방지, 자연생태계 보전,

31) 허경태, 앞의 책(주 5), 630쪽[법제처 07-0301(2008. 2. 15.) 해석례].

32) 이와 같이 복구의무는 타인이 대신하여 행할 수 있는 의무이므로, 산림을 무단 형질변경한 자가 사망한 경우 당해 토지의 소유권 또는 점유권을 승계한 상속인은 그 복구의무를 부담한다(대법원 2005. 8. 19. 선고 2003두9817,9824 판결).

33) 허경태, 앞의 책(주 5), 636-637쪽.

34) 대법원 2007. 5. 31. 선고 2005두16949 판결(산지전용기간이 만료된 때에는 그 목적사업이 완료되기 전이라고 하더라도 산지복구의무가 발생하는 것이므로, 원고의 산지전용기간이 만료된 이상 그 목적사업이 완료되지 않았음을 이유로 한 피고의 복구준공검사신청 반려처분은 위법하다).

자연경관 보전 등 산림의 공익 기능을 높이는 방향으로 관리되어야 한다는 산지관리의 기본원칙에 반하게 되기 때문이다.[35] 산지전용신고자의 산지 복구의무는 행정관청의 복구명령 여부에 상관없이 그 신고기간의 만료와 동시에 산지관리법상 당연히 발생한다고 보아야 한다.[36] 또한 산지관리법 제17조 제2항 및 동법 시행령 제19조 제1항 단서에 따르면 산지전용기간이 만료된 후에는 산지전용기간의 연장허가를 받거나 변경신고가 수리될 때까지는 목적사업대로 산지전용을 할 수 없을 뿐만 아니라, 산지전용기간 만료로 해당 토지는 더 이상 같은 법 제14조에 따라 산지전용허가를 받거나 산지전용신고를 한 경우에 해당하지 않게 되므로 같은 법 제21조의2에 따라 임야 외의 지목으로 변경할 수 있는 경우에 해당하지 않는다.[37]

산지전용허가의 허가기간이 만료된 경우의 복구의무의 범위에 관하여 실무상 다소 혼선이 있다.[38]

산지전용허가를 받아 목적사업이 종료된 경우에는 형질변경된 산지에 대하여 지목변경이 이루어지고 (경)사면복구의무가 발생하지만, 목

35) 허경태, 앞의 책(주 5), 634쪽.

36) 대법원 2010. 7. 22. 선고 2010두4575 판결, 서울고등법원 2010. 1. 29. 선고 2008누30658 판결 참조. 이에 따라, 산지전용기간을 정하여 산지전용신고를 하고 산지전용행위를 하였으나 그 기간이 만료됨에 따라 산지로 복구할 의무가 발생하였음에도 그 원상복구의무를 이행하지 아니한 토지는 '불법 형질변경된 토지'에 해당한다.

37) 허경태, 앞의 책(주 5), 436쪽[법제처 11－0183(2011. 6. 16. 해석례)].

38) 필자가 허경태 동부산림청장에게 문의한 바에 의하면, 실무상, 목적사업이 완료되지 아니한 채 산지전용허가기간이 만료된 경우 수허가자는 흉물스러운 건축물은 그대로 방치한 채 형질변경된 주변의 토지에만 나무심고 풀씨뿌려서 복구한다고 설계서를 작성해오는 것이 일반적인데, 이러한 경우 건축물처리에 대하여 여러 가지 문제가 발생하게 된다고 한다(대부분 목적사업인 건축등 허가관청과 산지전용허가관청이 다른 경우에 더욱 문제가 발생함). 그리하여 이 사건의 경우와 같이 허가관청에서는 건축이 중단된 건축물은 그대로 방치하고 주변만 복구한다고 제출한 복구설계서를 승인하지 않고 건축을 그대로 진행하는 것이 낫다고 판단하여 이 사건 처분과 같은 행정행위를 한다고 한다.

적사업이 종료되지 아니한 상태에서 산지전용허가기간이 만료된 경우에는 복구준공검사를 하기 전에 새로운 인·허가에 따라 산지외의 다른 용도로 사용이 확정된 면적이 아니라면 전용허가대상 산지에 대하여 원상회복의 의미에서의 복구의무가 발생한다고 보는 것이 논리적이다. 산지전용허가의 허가기간이 만료된 경우에는 산지전용허가의 효력이 소멸되므로 목적사업이 종료하지 못하였더라도 산지복구의무가 발생하고, 다만 복구준공검사를 하기 전에 새로운 인·허가에 따라 산지외의 다른 용도로 사용이 확정된 면적이 있다면 그 부분에 한하여 복구의무가 면제(산지관리법 시행령 제47조)되는 것이기 때문이다. 그러나, 하급심 판례는, "산지전용기간이 만료된 경우에는 허가를 받은 자가 산지관리법 제39조[39] 내지 제42조의 각 규정에 따라 허가대상 토지에 대한 복구설계승인을 받아 복구설계서에 따라 산지복구의무를 이행하고 복구준공검사를 받도록 하되, 이미 산지전용허가에 따라 다른 용도의 용지로 조성된 토지 등을 그 용도로 사용할 수 있도록 하고 있는 반면에, 허가를 받은 자가 산지전용허가 자체가 취소되는 경우 등에 해당하면 행정청은 산지관리법 제44조 제1항 제3호[40]에 따라 허가를 받은 자에게 시설물의 철거

---

39) 제39조(산지전용지 등의 복구) ① 제37조제1항 각 호의 어느 하나에 해당하는 허가 등의 처분을 받거나 신고 등을 한 자는 다음 각 호의 어느 하나에 해당하는 경우에 산지를 복구하여야 한다.
1. 제14조제1항에 따른 산지전용허가를 받았거나 또는 제15조제1항에 따른 산지전용신고를 한 자가 산지전용의 목적사업을 완료하였거나 그 산지전용기간 등이 만료된 경우
③ 허가권자는 제1항과 제2항에 따라 산지를 복구하여야 하는 면적 중 제42조제1항에 따른 복구준공검사 전에 이 법 또는 다른 법률에 따라 산지 외의 다른 용도로 사용이 확정된 면적이 있는 경우와 그 밖에 대통령령으로 정하는 경우에는 제1항 및 제2항에 따른 복구의무의 전부 또는 일부를 면제할 수 있다.

40) 제44조(불법산지전용지의 복구 등) ① 허가권자는 다음 각 호의 어느 하나에 해당하는 경우에는 그 행위를 한 자에게 시설물을 철거하거나 형질변경한 산지를 복구하도록 명령할 수 있다.
3. 제37조제1항 각 호의 어느 하나에 해당하는 허가나 매각계약 등이 제20조·제31조 또는 제36조제1항에 따라 취소되거나 해제된 경우

또는 형질변경된 산지를 복구하도록 명령할 수 있게 되는데, 이 때 '형질변경된 산지를 복구'한다는 것은 위와 같이 산지전용기간의 만료에 따른 복구설계승인절차와는 달리 허가대상 토지를 허가 이전의 산지상태 그대로 원상회복하는 것을 의미한다"고 하여 달리 해석하고 있다.[41] 복구의 개념 구분이 명확하지 않고 산지전용기간이 만료된 경우의 복구의무의 범위를 분명하게 규정하지 아니한 산리관리법의 해석상 위와 같은 하급심의 견해가 부당하다고 볼 수 없으나, 일선 산림행정실무상으로는 다소 혼란이 초래되고 있으므로[42] 복구의 개념과 복구의무의 범위에 대한 보다 명확한 규정이 필요해 보인다.

복구의무자는 복구설계서승인신청서에 산지복구기간 등이 포함된 복구설계서를 첨부하여 관할청에 제출해야 한다. 관할청은 복구설계서 승인신청을 받은 때에는 해당 복구설계서가 시행규칙 제42조 제3항 관련 별표 6에 따른 복구설계서 승인기준에 적합한 경우 이를 승인한다. 만약 복구설계서가 제대로 작성되지 않았으면 보완토록 지시하고, 복구설계서가 계속 부실하게 작성되어 승인이 지체되고 복구기간 안에 복구가 어려울 것으로 판단되는 경우에는 대행 또는 대집행 복구[43]절차를

41) 의정부지방법원 2010. 1. 19. 선고 2009구합2332 판결, 서울고등법원 2011. 1. 13. 선고 2009누24261 판결.

42) 수허가자가 목적사업을 진행하다가 부도 등으로 목적사업이 완료되지 아니하고 방치한 채 산지전용허가기간이 만료된 경우, 허가관청으로서는 건축물을 방치할 수 없으므로 원상으로 복구하도록 하는 의미에서 '허가기간 만료에 따른 효력상실'을 이유로 허가를 취소하고 원상 복구를 명하는 예도 있다.

43) 복구비가 예치되어 있는 경우에는 '대행 복구'라 하고, 복구비가 예치되지 않았을 경우에 행정대집행법에 따라 대집행하는 것을 '대집행 복구'라 한다[허경태, 앞의 책(주 5), 656-657쪽]. 복구비가 예치되어 있는 경우에는 행정청이 대행자를 지정하여 복구를 대행하게 하고 그 비용은 예치된 복구비로 충당하도록 규정되어 있을 뿐 그 대집행 절차에 관하여 계고를 한 후 대집행영장을 발부하도록 하는 아무런 규정이 없으므로, 행정청이 복구대집행 통지를 하였다고 하더라도 그 통지는 행정대집행에 따른 것이 아니고, 산지관리법 제41조 제1호에 따른 대집행을 실시하기 전에 행한 사실상의 통지에 불과하다(대전고등법원 2009. 5. 14. 선고 2008누2925 판결).

밟을 수 있다. 복구설계서의 승인을 얻은 자가 복구공사를 시행하는 도중에 설계변경이 필요한 경우에는 관할청에 변경설계서를 제출하여 승인을 얻어야 한다. 복구설계서는 산지복구에 적합한 사방공법 등을 적용하여 시공에 착오가 없도록 상세하게 설계해야 하며, 복구설계서에는 지형도, 복구대상지의 전경사진, 공사예정 공정표, 설계적용기준, 시방서, 공사표준도, 복구해야 하는 산지의 지번·지목·면적 등이 표시된 산지내역서, 공사비 총괄표 및 공사원가계산서, 설계도 등이 포함되어야 한다.[44] 이에 따라, 목적사업이 이루어지지 아니한 채로 산지전용허가기간이 만료되어 수허가자가 복구설계승인신청을 한 경우, 만일 원상회복의 의미에서 복구해야 한다면 허가관청으로서는 목적사업 대상 건축물까지 한꺼번에 처리하도록 하는 내용으로 복구설계서가 작성되었는지를 심사하여 부실하면 보완을 명하고 제대로 된 복구설계서가 아니라면 불승인할 수 있다고 봄이 상당할 것이고, 그렇지 않고 이 경우 복구의무의 범위가 사면복구로 충분하다면 허가관청이 (목적사업이 완료되지 아니하였다는 이유로) 불승인한 것은 그 자체로 위법하게 된다.

복구의무자가 복구를 완료하거나 대행 또는 대집행에 의하여 복구가 완료되면 복구준공검사를 한다. 복구준공검사를 받고자 하는 자는 복구준공검사 후에 발생하는 하자를 보수하도록 하기 위하여 하자보수보증금을 미리 예치하여야 한다(산지관리법 제42조). 지목전환을 목적으로 하는 산지전용의 경우에는 복구준공이 되어야 지목전환이 가능하다. 복구준공검사를 받으려는 자는 복구준공검사신청서를 허가권자에게 제출해야 하며, 허가권자는 승인한 복구설계서에 따라 적합하게 복구되었는지 여부를 검사하고 그 결과를 신청인에게 알려야 한다.[45]

44) 허경태, 앞의 책(주 5), 641-644쪽.
45) 허경태, 앞의 책(주 5), 661쪽.

3. 처분내용의 확정에 관하여

가. 처분내용의 파악

처분이 적법하게 성립하고 효력을 발생하기 위하여는 주체, 절차, 형식, 내용 등에 관한 요건을 갖추어야 한다. 처분이 이와 같은 요건을 갖춘 경우에 비로소 그 처분은 적법한 것이 된다. 여러 가지 처분내용을 하나의 처분서에 담아 처분을 하였을 때 처분내용을 해석하는 문제가 종종 발생한다. 점점 복잡해지는 행정작용에 있어서 행정관청이 다양한 처분을 한꺼번에 발하는 경우가 늘어나기 때문이다. 이러한 경우에는 처분이 어떠한 내용으로 이루어졌고 당사자로서는 어떤 방법으로 그 처분을 다투어야 하는지 혼란스럽게 된다. 따라서 행정절차법은 처분은 처분서로써 해야 함을 규정하고 있다(제24조 제1항).

행정행위는 특별한 형식을 요하지 않는 경우가 보통이지만(불요식행위), 행정행위의 내용을 객관적으로 분명하게 하고 그에 관한 증거를 보전하기 위해서는 요식행위로 하는 경우도 적지 않다. 요식행위에 관한 예로서는 납세고지서 발부(국세징수법 제9조), 향토예비군 소집의 통지 등이 있다.[46] 행정행위는 문서로써 당사자 등에 통지함을 원칙으로 한다. 특히 신속을 요하거나 사안이 경미한 경우에는 구술, 기타 방법으로 할 수 있으나, 이러한 경우도 당사자 등의 요청이 있을 때에는 지체 없이 관계문서를 교부하여야 한다(행정절차법 제24조). 그리고 행정절차법(제17조 제1항, 제24조)에 의하면 행정청에 대한 처분의 신청과 행정청의 처분은 법령 등에 특별한 정함이 있는 경우가 아니면 문서의 형식으로 하도록 하고 있다(서면주의). 통상의 경우 처분서는 문서로 하고 그 문서를 바탕으로 처분내용을 파악하게 되나, 실무상 국외 거주 국민에 대한 여권발급 거부처분의 경우와 같이 구두로 한 예도 적지 않아 간혹 처분

46) 한견우, "행정행위의 성립", 월간 자치행정 220호(2006. 7.), 76쪽.

의 내용이나 사유가 무엇인지가 문제되는 경우가 있다.

이와 같이, 행정절차법 제24조 제1항이 행정청이 처분을 하는 때에는 다른 법령 등에 특별한 규정이 있는 경우를 제외하고는 문서로 하도록 규정한 것은 처분내용의 명확성을 확보하고 처분의 존부에 관한 다툼을 방지하기 위한 것이라 할 것이다. 따라서, 행정청이 문서에 의하여 처분을 한 경우 그 처분서의 문언이 불분명하다는 등의 특별한 사정이 없는 한, 그 문언에 따라 어떤 처분을 하였는지 여부를 확정하여야 할 것이고, 처분서의 문언만으로도 행정청이 어떤 처분을 하였는지가 분명함에도 불구하고 처분경위나 처분 이후의 상대방의 태도 등 다른 사정을 고려하여 처분서의 문언과는 달리 다른 처분까지 포함되어 있는 것으로 확대해석하여서는 아니 된다는 것이 판례이다.[47)]

나. 처분사유와 처분의 이유제시

처분의 내용을 알 수 있는 것에는 처분이유와 처분사유에 관한 개념이 있다. 처분이유는 행정절차법 제23조 소정의 이유제시의무의 대상이 되는 것으로서 형식적·절차법적인 개념인 데 반하여, 처분사유는 처분의 적법성을 뒷받침하는 근거라는 의미로 실질적·소송법적인 개념이라고 구분될 수 있다.[48)]

처분의 이유제시제도의 기능으로는, ① 행정기관은 이유제시를 통하여 신중하게 행정작용을 하게 됨으로써 행정작용의 공정성을 보장하는 기능(행정의 자기통제기능), ② 당해 처분의 당사자로 하여금 제시된 이유를 검토하여 당해 처분의 위법성 여부를 판단하고 이를 근거로 처분에 대한 행정쟁송의 제기여부를 결정하는 데 도움을 받게 되는 기능(권리구제기능), ③ 당해 행위의 내용을 명확하게 하여 이해관계인으로

---

47) 대법원 2005. 7. 28. 선고 2003두469 판결.

48) 박정훈, "처분사유의 추가변경과 행정행위의 전환 -제재철회와 공익상 철회-", 행정판례연구 VII, 206쪽 참조.

하여금 행정처분의 근거가 된 법률상·사실상의 중요한 관점들을 평가할 수 있게 함으로써 처분을 정당한 것으로 받아들여 그들을 승복시키는 기능(당사자만족기능), ④ 당해 행정결정을 명확하게 하는 기능(명확성 확보기능) 등을 들 수 있다.[49)]

다. 이 사건의 경우

이 사건에서 산지전용허가의 목적사업이 어떤 것인지에 관하여 다툼이 발생하였다. 이 사건 산지전용허가의 경우, 산지전용허가증의 산지전용목적란에는 '창고부지조성'이라고 기재되었으나, 그 이면의 허가조건 제11항[50)]에는 산지전용허가 목적사업인 '건축물 건축'이라고 기재되어 있다. 그리고 산지전용허가증 교부통지서의 허가내역에는 그 목적이 '창고'라고만 기재되어 있는 등 그 처분서에 기재된 문언만으로는 산지전용허가의 목적이 창고부지조성 뿐인지 아니면 창고건축까지 포함하는 것인지 불분명하였다. 이에 따라 산지전용허가의 목적을 확정하기 어렵게 되었다.

대상판결은, 이러한 경우 이 사건 산지전용허가의 목적은 그 처분서의 기재 내용뿐 아니라 처분의 경위나 처분 이후 상대방의 태도 등 다른 사정도 고려한 해석에 의하여 확정할 필요가 있다고 하였다. 산지전용의 목적사업과 관련한 산지관리법의 여러 규정 내용에 비추어 보면, 산지관리법 제2조 제2호의 정의에 따른 산지전용행위 자체가 건물부지의 조성행위일 경우 그 목적사업을 반드시 '건물부지조성'으로 하

49) 하명호, "처분의 이유제시제도와 이유제시의 정도", 행정소송(Ⅱ), 한국사법행정학회, 2008., 93쪽.

50) 허가조건 제11항 "산지관리법 제37조(재해의 방지 등) 및 동법 제39조(산지전용지 등의 복구)에 의거 산지전용허가 후 산림토목 준공은 목적사업 완료 후 가능하며, 산림토목은 완료하고 산지전용허가 목적사업인 건축물 건축 미이행시 산지전용허가가 취소될 수 있으니 자연경관저해 방지 및 훼손면적의 최소화를 위해 산림토목공사는 반드시 건축물 건축과 동시에 착수하여야 합니다."

여야 한다거나 '건물건축'으로 하여야 한다고 볼 근거는 없다. 예를 들어, 산지전용을 하고자 하는 자가 건물부지를 조성한 다음 그 부지만 분양하는 사업을 하려는 경우라면 그 목적사업은 '건물건축'이 될 수 없고 '건물부지조성'이 되어야 하지만,[51] 건물부지조성과 함께 건물까지 건축하여 이를 자신의 사업에 사용하거나 임대·분양하는 사업을 하려는 경우라면 그 목적사업은 '건물건축'이 되어야 하기 때문에, 산지전용행위가 건물부지의 조성행위라 하더라도 그 목적사업을 일률적으로 볼 수는 없다.

산지전용의 목적사업은 산지전용허가신청서에 기재된 전용목적과 그 신청서에 첨부·제출된 사업계획서(산지전용의 목적, 사업기간, 산지전용을 하고자 하는 산지의 이용계획 등 포함)에 의하여 나타나고, 이를 고려한 산지전용허가의 전용목적 기재에 의하여 확인된다. 따라서 산지전용허가의 처분서 기재 문언만으로 그 목적의 확정이 곤란한 사정이 있으면, 그 허가신청(사업계획 포함)의 내용 등 처분의 경위나 처분 이후의 사정 등을 고려한 해석이 필요하게 된다.

이 사건의 경우, 원고들은 산지전용허가신청서에 전용목적을 '창고부지조성'으로 기재하고 그 첨부한 사업계획서에도 사업 내용을 '창고부지조성'으로만 기재하였으나, 피고가 그 창고를 어떻게 사용하겠다는 것인지 구체적인 창고사용계획서를 보완·제출하도록 요구하자, 원고들은 창고의 건축 및 사용에 관한 사업계획을 포함한 창고활용계획서를 제출

---

51) 산지관리법 제16조 제1항은 "… 산지전용허가 … 의 효력은 … 목적사업의 시행을 위하여 다른 법률에 의한 인가·허가·승인 등의 행정처분이 필요한 경우에는 그 행정처분을 받을 때까지 발생하지 아니한다."고 규정하고 있는데, 그 취지는 건축허가 등을 받지 않은 채 먼저 산지전용허가만을 받아 형질변경을 한 후 대지로 분양하는 것이 이른바 난개발의 원인이 되고, 나중에 건축허가 등을 받지 못하는 경우 산지만 훼손된 채 장기간 방치되는 현상이 있자 다른 법률에 의한 인·허가를 산지전용허가의 효력발생요건으로 한 것이므로(서울고등법원 2006. 4. 26. 선고 2005누19025 판결 참조), '부지조성행위' 자체가 목적사업이 아니라고 볼 수는 없다.

하였다고 한다. 따라서 원고들은 산지전용허가의 신청 단계에서 그 목적사업이 창고부지조성을 넘어 창고건축에 있다는 사업계획을 밝힌 것이고, 그에 따라 피고 역시 산지전용허가에서 그 목적사업이 창고건축임을 전제로 창고건축과 관련한 허가조건들을 포함시켰다고 볼 수 있다. 이상과 같은 이 사건 산지전용허가의 처분 경위나 처분 이후 당사자의 태도 등을 그 처분서의 문언과 종합해 보면, 이 사건 산지전용허가는 그 목적사업을 창고건축으로 한 처분이라고 해석함이 상당하다.

앞서 본 2003두469 판결이 처분서의 문언과는 달리 다른 처분까지 포함되어 있는 것으로 확대해석하면 안 된다고 한 것에 비추어 보면, 대상판결은 이 사건의 경우 처분서의 문언이 불분명하다는 특별한 사정을 전제로 당해 처분내용을 명확히 하고자 처분의 경위나 전후의 사정 등을 고려한 해석을 한 것으로서 종전의 판례에 반하거나 행정절차법의 취지를 벗어난 것이 아니다.

4. 직권심리주의에 관하여

가. 문제의 소재

원고들은 이 사건에서, 이 사건 산지전용의 목적사업이 완료되지 않았다 하더라도 그 전용기간이 만료되었기 때문에 이 사건 처분이 위법하다는 주장을 개진한 바 없다.[52] 대상판결은, 원심이 기록에 나타난 자료에 의하여 원고들이 이 사건 산지전용허가의 전용기간 만료와 함께 복구설계승인을 신청한 사실을 인정하고서도 그 전용기간의 만료로 복구설계승인의 요건을 갖추게 되었는지 여부에 대하여 심리·판단을 하

52) 원고들의 위와 같은 주장이 없었음에도, 제1심판결은 직권으로 "이 사건 신청은 산지전용기간이 만료되어 원고들에게 복구의무가 발생한 이후에 이루어진 것이므로, 그 목적사업이 완료되지 않았다는 이유로 이 사건 신청을 불승인할 수도 없다"고 부가적인 판단을 하였다.

지 않았다는 이유로 원심을 파기하였다. 대상판결은 행정소송에 있어 법원은 필요하다고 인정할 때에는 당사자가 주장하지 아니한 사실에 대하여도 심리·판단할 수 있다는 행정소송법 제26조(직권심리)를 근거로 원고들이 위와 같은 주장을 하지 아니하였다 하더라도 기록에 나타난 자료에 의하여 이를 직권으로 심리·판단할 수 있다고 한 것이다.

이에 따라, 행정소송법 제26조[53]의 성질과 적용범위 등이 문제가 된다. 위 규정의 해석과 관련하여 ① 행정소송법이 행정소송사건에 있어서는 민사소송에서의 원칙인 변론주의를 포기하고 직권탐지주의를 채택한 것인가, ② 변론주의를 유지하고 있다면 제26조는 어떤 의미로 해석하여야 할 것인가, ③ 제26조의 규정에 의하여 인정되는 직권증거조사와 당사자가 주장하지 아니한 사실에 관하여 법원이 판단할 수 있는 범위는 어떤 것인가 등의 의문이 제기된다.[54] 행정소송의 심리도 원칙적으로 민사소송법의 여러 규정이 준용되어 변론 및 준비절차, 증거조사 등에 있어 민사소송의 경우와 크게 다르지 않다. 그러나 행정소송은 그 목적이 단지 당사자의 분쟁을 해결하는 데 있는 것이 아니라 행정권에 대한 국민의 기본권 보호와 행정의 객관적 적법성 보장을 달성하려는데 있으므로, 민사소송의 고유한 목적이나 기능에 관련되는 규정은 그대로 적용될 수는 없다. 따라서, 행정소송은 당사자주의가 기본적인 소송원칙으로 적용되고 공익성 등에 비추어 직권주의가 민사소송에 비하여 보다 널리 적용되고 있다. 직권주의는 직권탐지주의(또는 직권심리주의) 또는 직권증거조사주의 등을 그 내용으로 한다. 직권심리주의는 소송의 심리에 있어서 법원이 당사자의 사실상의 주장에 근거하지 않거나 그 주장에 구속되지 않고 적극적으로 직권으로 필요한 사실상의

---

53) 구 행정소송법(1984. 12. 15. 법률 제3754호로 전문 개정되기 전의 것) 제9조도 같은 내용이다.

54) 이혁우, "행정소송에서의 직권심리 범위- 행정소송법 제26조의 해석과 관련하여-", 특별법연구 제5권(1997), 35쪽.

탐지 또는 증거조사를 행하는 소송원칙을 말하는데, 사실의 탐지의 면을 강조할 때 직권탐지주의라고도 한다. 직권증거조사주의라 함은 법원이 필요하다고 인정할 때 직권으로 증거조사를 행할 수 있는 소송원칙을 말한다.[55)]

나. 외국의 예

1) 독일

독일 행정소송법 제86조 제1항은 "법원은 직권에 의하여 사실관계를 조사하고, 이 경우에 당사자를 참여시켜야 한다. 법원은 당사자의 주장과 증거신청에 구속받지 아니 한다"고 규정하고 있다. 위 규정과 관련하여 독일에서는 이 규정이 직권탐지주의를 취하고 있다는 점에는 이론의 여지가 별로 없고, 다만 순수한 직권탐지주의라는 설과 제한적 직권탐지주의라는 설이 대립하고 있다. 직권탐지주의하에서 사실관계의 규명은 법원의 책임이므로 법원은 당사자의 행동에 구애되지 않고 직권으로 모든 가능한 주요사실들을 수집하고 증거방법들을 탐색하여야 한다.[56)] 당사자의 변론은 법원의 직권탐지를 보완하는 데에 그치며 당사자가 주장하지 않은 사실도 법원이 직권으로 수집하여 판결의 기초로 삼아야 한다.[57)]

직권탐지주의가 채택되는 이유에 관해서 보면, 계약자유의 원칙과 사유재산원칙이 기초가 되는 사법영역에 대응하는 것이 변론주의라고 하고, 공익의 실현을 다루는 모든 절차에는 직권탐지주의가 지배한다고 하거나 민사소송과 달리 행정소송에서는 판결이 객관적으로 정확하다는 것에 대한 공익이 있고, 독일 헌법 제19조 제4항 상의 효과적인 권리구

---

55) 박균성, 「행정법론(상) 제9판」, 박영사, 2010, 1124쪽.

56) 호문혁, "민사소송에 있어서의 이념과 변론주의에 관한 연구", 서울대 법학 제30권 3·4호(1989. 12.), 221쪽.

57) 최선웅, "행정소송법 제26조의 해석에 관한 일 고찰", 행정법연구 10호(2003. 10.), 행정법이론실무학회, 219쪽.

제는 당사자와 관계없이 정확하게 사실관계를 결정하는 것 등 한마디로 공익과의 관련성이라고 할 수 있다.[58]

2) 일본

일본 행정사건소송법 제24조(직권증거조사)는 "법원은 필요하다고 인정할 때 직권으로 증거조사를 할 수 있다. 다만 그 증거조사의 결과에 대하여 당사자의 의견을 들어야 한다"고 규정하고 있다.[59] 위 규정의 해석과 관련하여, 일본 행정소송의 심리원칙에 관하여는 일본의 현행 행정사건소송법 제7조에 의하여 민사소송과 같다고 하므로, 일본 행정소송의 심리는 변론주의를 원칙으로 하는 것이 통설적 견해[60]이고, 이론상 직권탐지주의가 인정될 수 있는 여지가 있어도 통상 민사소송과 같이 심리하므로 현행제도로 직권주의를 도입하는 데는 실제상 한계가 있고 법적으로도 근거가 없다고 보고 있다.[61] 일본 행정사건소송법 제24조는 우리 행정소송법 제26조의 전단에 해당하는 내용만을 규정하고 있고 이는 우리 민사소송법 제292조[62]에 해당하는 내용과 유사하다. 그리하여 대부분은 이 경우 직권탐지주의가 아니라 당사자가 제출한 증거로 심증을 형성하기 어려운 경우에 보충적으로 행사하는 것이라고 하고 이는 법원의 재량이라고 한다.[63] 따라서 우리 행정소송법 제26조 후단은 일본법 보다는 좀 더 직권주의로 나아간 것이라고 할 수 있다.[64] 한

58) 최선웅, 앞의 논문(주 57), 218-219쪽.

59) 일본의 구 행정사건소송특례법 제9조는 "법원은 공공의 복지를 유지하기 위하여 필요가 있다고 인정할 때에는 직권으로 증거조사를 할 수 있다. 다만 그 증거조사의 결과에 대하여 당사자의 의견을 들어야 한다"고 규정하였는데, 그 후 그 조항의 '공공의 복지를 유지하기 위하여'를 삭제한 채 현행 행정사건소송법 제24조에 계승되었다.

60) 南 博方 編, 「條解 行政事件訴訟法」, 弘文堂, 1992., 593쪽 이하 참조.

61) 鹽野 宏, 「行政法 II」, 有斐閣, 1994, 115쪽; 최선웅, 앞의 논문(주 57), 214-215쪽.

62) 민사소송법 제292조(직권에 의한 증거조사) 법원은 당사자가 신청한 증거에 의하여 심증을 얻을 수 없거나 그 밖에 필요하다고 인정한 때에는 직권으로 증거조사를 할 수 있다.

63) 최선웅, 앞의 논문(주 57), 215쪽.

편, 일본 민사소송법에는 우리 민사소송법 제292조와 같은 규정이 과거에 있었다가 1948년 개정법에서 당사자주의를 철저하게 한다는 취지에서 삭제하였다.

다. 행정소송법 제26조의 의미

1) 학설

가) 직권탐지주의설

행정소송법 제26조는 일본 행정사건소송법 제24조와 달리 그 후단에서 "당사자가 주장하지 아니한 사실에 대하여도 판단할 수 있다"고 규정하고 있으므로 일본의 경우와 똑같이 해석할 수는 없고 이는 직권탐지주의를 규정한 것으로 해석해야 한다는 견해이다. 또한, 행정법관계에서는 민사법과는 달리 사적자치의 원칙은 타당하지 아니하고 그 규정은 거의가 강행법규인 성질을 가지고 있으며 그 내용 또한 당사자간의 이른바 내부적 이해의 충돌을 조정한다기보다 행정권과 국민과의 외부적 일반적 관계를 규율하는 것이므로, 행정소송의 목적도 단순한 분쟁의 해결뿐만 아니라 분쟁의 해결을 통한 국민의 권리보호와 행정작용의 적정성을 보장하는 데 있으며, 따라서 소송의 결과도 곧바로 국가 또는 공공단체와 일반국민의 이해에 관계되어 공공의 복리에 영향을 미친다. 처분 등을 취소하는 확정판결은 당사자뿐만 아니라 제3자에 대하여도 그 효력이 미치는 것이므로(행정소송법 제29조 제1항), 변론주의에 의하여 판결내용을 당사자의 처분에 맡기는 경우에는 그 소송에 관여할 기회가 없는 제3자의 이익을 해칠 우려도 있게 된다. 그리하여 법원은 민사소송에서처럼 당사자에게만 소송의 운명을 맡길 것이 아니라, 적극적으로 소송에 개입하여 재판의 적정·타당을 기하여야 한다는 것이다.[65)]

---

64) 김남진, "한국의 행정소송제도의 회고와 향방", 제1회 한국법학자대회 논문집 I, 한국법학교수회, 1998., 252쪽은, "우리의 행정소송법 제26조가 일본의 행정사건소송법과는 달리 규정하고 있음에도 불구하고 우리나라의 학설이나 판례가 그 점을 간과하고 있다"고 한다.

나) 변론주의 보충설

행정소송 절차 역시 변론주의를 원칙으로 하면서 다만 행정소송의 특수성에 따라 직권주의가 가미 내지는 보충된 것에 불과하다는 견해이다. 변론주의 보충설은 ① 변론주의를 원칙으로 하면서도 당사자가 주장하는 사실에 대한 당사자의 입증활동이 불충분하여 심증을 얻기 어려운 경우에 당사자의 증거신청에 의하지 아니하고 직권으로 증거조사를 할 수 있다는 설[66]과, ② 변론주의가 인정된다는 전제하에 보충적 직권증거조사를 넘어선다는 의미에서 행정소송법 제26조 후단에서 '당사자가 주장하지 아니한 사실에 대하여도 판단할 수 있다는 의미'에서의 직권탐지주의가 보충 내지 가미된다는 설[67]이 있다. 비록 행정처분에 공익에 관한 면이 있다고 할지라도 행정소송도 처분으로 인하여 권리를 침해받은 원고 또는 제3자의 입장에서 보면 사익에 관한 것이므로 원고로서는 자신의 이익을 확보하기 위하여 모든 가능한 소송자료를 제출할 것임은 민사소송에서와 같다. 또한 행정청의 입장에서도 공익을 위하여 처분의 적법성을 뒷받침할 자료를 적극적으로 제출할 것이므로 사익이 아니라는 이유로 소송자료 수집이 충분하지 않을 염려는 거의 없다고 보아야 한다. 현대국가는 행정국가라고 할 수 있을 정도로 행정의 역할이 증대되고 행정의 전문성·복잡성이 날로 확대되고 있으므로 일반법관이 이에 따른 주장과 자료를 수집한다는 것은 민사소송에서보다 더욱

65) 강영호, "행정소송법 제26조에 대한 검토", 행정재판실무편람Ⅲ, 서울행정법원, 2003., 125쪽; 윤일영, "행정소송과 직권주의", 대한변호사협회보 10호(1975. 1.), 37-40쪽. 다만, 윤일영, 앞의 논문, 37쪽은 '행정소송제도에 있어서는 민사소송과는 달리 어느 정도의 직권주의를 채택하는 것이 통례인데, 이는 행정법 및 행정소송의 사법이나 민사소송과는 다른 특질에서 유래한다'고 하여 행정소송에서도 기본적으로는 변론주의 원칙에 바탕을 두고 있음을 전제로 하고 있다.

66) 이상규, 「행정쟁송법 제5판」, 법문사, 2000, 459쪽.

67) 김남진·김연태, 「행정법(Ⅰ)」, 법문사, 2009., 729쪽; 박균성, 「행정법론(상) 제9판」, 박영사, 2010, 1132쪽; 홍정선, 「행정법원론(상)」, 박영사, 2011, 983쪽; 이혁우, 앞의 논문(주 54), 43쪽 등.

불가능한 것이다. 바로 이러한 이유 때문에 행정사건을 특별법원의 관할에 두는 나라에서는 직권탐지주의를 채택하는 것이고 일반법원이 관할하는 법제에서는 변론주의를 원칙으로 하고 있는 것이다.

2) 판례의 입장

대법원의 주류적인 입장은 변론주의 보충설로 보여진다. 대법원은 "법 제26조가 법원은 필요하다고 인정할 때에는 직권으로 증거조사를 할 수 있고 당사자가 주장하지 아니한 사실에 대하여도 판단할 수 있다고 규정되어 있다고 하여 법원이 아무런 제한 없이 당사자가 주장하지도 않은 사실을 판단할 수 있는 것은 아니고 일건 기록상 현출되어 있는 사항에 관하여서만 이를 직권으로 심리조사하고 이를 기초로 판단할 수 있을 따름이다"고 일관되게 판시하고 있다.[68] 특히 대법원 1987. 2. 10. 선고 85누42 판결은 "행정소송에 있어서 법 제26조의 직권탐지주의란 법원이 아무런 제한 없이 당사자가 주장하지도 않은 사실을 판단할 수 있다는 뜻이 아니라 원고의 청구범위를 유지하면서 공익상 필요한 경우에 그 범위 내에서 청구 이외의 사실 즉 일건 기록에 나타난 사실에 관하여서만 직권으로 조사를 하고 그를 기초로 하여 판단할 수 있다는 것이다"고 판시하고 있다. 대법원은 행정소송법 제26조가 행정소송의 특수성에 연유하는 당사자주의, 변론주의에 대한 일부 예외규정이므로[69] '당사자가 주장하지 아니한 사실'도 판단할 수 있다고 규정하고 있지만 아무런 제한 없이 당사자가 주장하지 아니한 사실을 판단할 수 있는 것은 아니라고 한다. 대법원이 행정소송법 제26조의 규정에 의하여 행정소송에 있어서는 당사자가 주장하지 아니한 사실도 판단할 수 있다고 하면서도 기록상 그 자료가 현출된 경우에 한하는 것으로 제한 해석하는 이유는 행정소송의 심리에도 원칙적으로 변론주의가 근간이고 직권심리주의는 예외적인 보완책이라는 점을 고려하여 당사자에게 불의타

68) 대법원 1987. 11. 10. 선고 86누491 판결, 1989. 8. 8. 선고 88누3604 판결 등.
69) 대법원 1994. 10. 11. 선고 94누4820 판결 등.

를 가하지 아니하고 재판에 대한 신뢰를 확보하려는 배려라 생각된다.70)

그동안의 대법원의 입장을 요약해보면, 우리 행정소송법이 ① 직권탐지주의를 채용하고 있는 것이 아니고, ② 공익과 관련 없는 사항은 변론주의의 원칙을 그대로 적용하며, ③ 공익에 관한 사항이라도 기록에 나타나지 않은 사항은 조사할 필요도 권한도 없으나, ④ 일단 기록에 나타난 공익적 사항은 강학상의 직권조사사항의 조사원칙보다 더욱 강한 직권조사를 할 수 있고 또 하여야 한다는 해석을 하고 있다고 볼 수 있다.71)

3) 검토

행정소송의 심리원칙이 어떤 것인가와 관련하여 다소 혼란스럽지만, 학설은 대체로 변론주의의 기본을 유지하면서도 직권주의를 인정한다는 점에서는 본질에 있어서는 큰 차이가 없고, 다만, 행정소송법 제26조 해석과 관련하여 직권탐지주의를 채용하는 폭에 있어서 차이가 있는 것으로 보인다.72)

변론주의와 직권탐지주의는 소송자료의 수집·제출에 있어서의 책임이 당사자에게 있는가 아니면 법원에 있는가에 따라서 구별되어 대립되는 개념이나 실제 소송에서 어느 한 주의를 철저히 관철시키는 것은 현실적으로 불가능하고 바람직하지도 아니하다.73) 이에 따라 어떠한 소송에서든지 어느 정도 변론주의와 직권탐지주의의 양 원칙간의 절충적인 형태를 취하는 것이 일반적이고, 다만 소송의 목적이나 성질에 따라 그 절충의 형태에 차이가 있게 된다.

우리 행정소송은 기본적으로 변론주의를 원칙으로 하면서도 직권

70) 이혁우, 앞의 논문(주 54), 44-45쪽.

71) 서정우, "행정소송에 있어서의 변론주의의 제한", 김도창박사 고희기념 한국공법의 이론(1993.), 509쪽.

72) 주석 행정소송법(2004), 박영사, 720쪽(김치중 집필부분).

73) 최선웅, 앞의 논문(주 57), 219-220쪽.

탐지주의를 가미한 것으로 보는 것이 타당하다. 직권탐지주의는 소송자료의 수집과 제출을 당사자가 아니라 법원이 책임지는 것으로서 변론주의에 대응되는 개념이다. 행정소송의 심리원칙이 직권탐지주의라는 것은 타당하지 않다. 독일 행정소송법 규정체계는 '우리 행정소송법 제8조 제2항이나 일본 행정사건소송법 제7조와 같이 포괄적으로 변론주의에 의하는 민사소송을 준용하는 방식'을 취하고 있지 아니한다는 점에서 비교적 자체 완결적이라고 할 수 있다.[74] 이에 비해 우리 행정소송법은 행정소송에 대한 일반법이기는 하나 자기완결적인 법률은 아니고 그 법에는 행정소송에 특수한 부분만을 규정하고 나머지는 민사소송을 준용하기 때문에, 행정소송의 심리방식도 민사소송의 원칙과 행정소송법의 규정에 의하여 규율되는 것이다.[75] 또한, 행정소송법이 제8조 제2항에서 민사소송법 제292조의 규정을 준용하고 있음에도 불구하고 별도로 제26조의 규정을 두고 있는 점에 비추어 보면, 직권조사 혹은 직권탐지주의가 지배하는 정도가 민사소송에서보다는 행정소송에서 더 강할 것을 염두에 둔 것이라 할 것이다.[76]

결국, 심리원칙을 단계적으로 볼 때 우리 민사소송법과 행정소송법은 ① 변론주의(민사소송법) ⇒ ② 보충적 직권증거조사[77](민사소송법 제292조) ⇒ ③ 직권증거조사(행정소송법 제26조 전단)[78] + 직권탐지(행정소

74) 최선웅, 앞의 논문(주 57), 212쪽.

75) 즉, 행정소송 심리방식의 기준이 되는 법규정은 민사소송법령(행정소송의 목적이나 성질에 반하지 않고 행정소송법에 규정되어 있지 아니한 부분) + 행정소송법 규정이 된다.

76) 주석 행정소송법(2004), 박영사, 727쪽(김치중 집필부분).

77) 보충적 직권증거조사라 함은 법원이 당사자가 신청한 증거를 조사하여도 심증을 얻을 수 없거나 기타 필요하다고 인정할 때에는 보충적으로 직권으로 증거조사를 할 수 있는 것을 말한다. 민사소송법 제136조(석명권과 석명의무)와 함께 민사소송에서 실체적 진실과 당사자간의 실질적 평등이라는 관점에서 변론주의의 폐해를 시정하기 위하여 인정되는 제도이다.

78) 위 조항은 법원이 직권으로 증거조사를 할 수 있는 권능을 인정한 것이지 법원에 대하여 직권으로 증거조사를 하여야 한다고 명한 것은 아니고 어떤 분야에 대한

송법 제26조 후단)의 세 가지 스펙트럼을 가지고 있는 것이고, 민사소송에서는 ①②[79]가, 행정소송에서는 ①②③이 심리원칙 및 범위가 된다고 볼 수 있다. 즉, 행정소송에서도 공익과 비교적 관련이 없는 사익의 측면이 강한 부분에 대하여는 ①의 변론주의만 적용될 수 있고, 그것만으로는 심증이 형성되지 않거나 기타 필요한 경우에는 ① + ②가 될 것이다. 보충적 직권증거조사는 특별히 행정소송에서의 공익을 내세우지 않고도 심증을 얻을 수 없거나 기타 필요한 경우에 가능하므로 행정소송에만 특유한 것이 아니다. 행정소송법 제26조 전·후단에 적용되는 '필요하다고 인정할 때'라 함은 민사소송에서의 변론주의를 보충하는 직권증거조사의 요건에 해당하는 '심증을 얻을 수 없거나 기타 필요한 경우' 보다는 넓은 범위의 것을 의미하고, 그것은 "행정소송의 목적이나 특수성에 비추어 필요하다고 인정하는 경우"를 포함한다고 봄이 상당하다.[80] 과거의 판례 중에는 '법원이 공공의 복지를 위하여 필요하다고 인정하는 때에는 당사자의 입증여하에 불구하고 직권으로 증거조사를 한다'고 판시하기도 하였는데,[81] 이러한 점을 의미하는 것이라 할 것이다.[82] 따라서, 공익과 관련이 깊고 제3자에게도 영향을 미치는 사안의 경우에는 행정소송의 목적이나 특수성에 비추어 이러한 경우에도 ①②

사실탐지의 의무를 법원에 지운 것도 아니다. 주석 신민사소송법(V)(2004), 156-157쪽.

79) 민사소송에서는 변론주의가 원칙이고 변론주의의 폐해를 시정하는 의미에서 예외적으로 보충적 직권증거조사가 인정된다.

80) 주석 행정소송법(2004), 박영사, 727쪽(김치중 집필부분)도, 제26조의 입법취지가 행정소송의 경우가 민사소송에 비하여 공공성에 부합되는 사건해결을 도모할 필요성이 더 크다는 데에 있음을 고려하면 제26조의 '필요하다고 인정할 때'라 함은 '공공복리를 위하여 필요한 때'라고 봄이 상당하다고 한다.

81) 대법원 1961. 11. 2. 선고 4294행상23 판결. 이혁우, 앞의 논문(주 54), 45-46쪽도 행정소송법 제26조의 "필요하다고 인정할 때"라 함은 '공공복리를 유지하기 위하여 필요한 때'라고 봄이 상당하다고 하였다.

82) 윤일영, "행정소송과 직권주의", 대한변호사협회보 10호, 38-39쪽은 여기에서의 '공공의 복지를 위하여'라는 의미를 '적정한 재판을 위하여'로 해석하였다.

에 맡겨두면 곤란하기 때문에, 이때는 법원이 더 나아가 직권으로 증거조사를 하고 당사자가 주장하지 아니한 부분을 심리 판단할 수 있도록 한 것이다(① + ② + ③). 즉, 법원이 ③에 나아가 심리 판단하는 것은 공익상 필요하다고 인정할 때에 직권으로 조사하고 당사자가 주장하지 아니한 사실에 대하여도 판단할 수 있다는 의미이다.[83] 이에 따라 공익상 필요하다고 인정되지 아니한 부분에 대하여는 법원이 당사자가 주장하지 아니한 사실에 대하여 판단할 수 없고 또 판단하지 않았다고 하여 위법하다고 볼 수 없게 된다. 법원이 직권탐지하는 것은 원칙상 재량에 속하는 것이지만[84] 적정한 재판을 위하여 직권탐지가 크게 요청되는 공익상 중대한 필요가 있는 경우에 비로소 직권탐지의무가 있다고 볼 것이다.[85]

이러한 견지에서 보면, "법원이 아무런 제한 없이 당사자가 주장하지도 않은 사실을 판단할 수 있다는 뜻이 아니라 원고의 청구범위를 유지하면서 공익상 필요한 경우에 그 범위 내에서 청구 이외의 사실, 즉 일건 기록에 나타난 사실에 관하여서만 직권으로 조사를 하고 그를 기초로 하여 판단할 수 있다"는 요지의 대법원 판시는 행정소송법 제26조의 의미와 심리범위를 축소시킨 측면이 없지 않다고 생각한다.[86] 대법

83) 한견우, "행정소송의 심리절차에 있어서의 입증", 법조 396호, 78쪽도 같은 취지에서, '행정사건이 공공의 이익성과 밀접한 관련이 있으므로 보다 객관적인 진실의 발견을 위하여 법관의 적극적인 개입이 필요하기 때문에, 행정소송법 제26조의 규정은 민사소송의 보충적 직권조사와 달리 직권탐지까지 인정한 것으로 해석하여야 한다'고 하였다.

84) 행정소송법 제26조가 "… 할 수 있고, … 할 수 있다"고 한 것은 법원에게 그러한 판단을 할 수 있는 권한이 있다는 것을 의미한다(대법원 1975. 5. 27. 선고 74누233 판결 및 이시윤, "행정소송에 있어서 직권탐지의 한계", 법학 4호, 서울대학교 법학연구소, 1976, 186쪽 참조).

85) 박균성, 앞의 책(주 55), 1132쪽.

86) 한견우 교수는, "민사소송법 제292조에 규정된 보충적 직권증거조사제도와 같이 운용됨으로써 소송실무가 사실상 변론주의에 의하여 민사소송의 심리절차와 같이 운영된다는 것은 행정소송의 독자성을 제대로 자리매김하지 않았기 때문이

원은 행정소송도 기본적으로 변론주의를 기본으로 한다는 면을 강조한 나머지 그 변론주의의 큰 틀에서 벗어나지 않는 범위 내에서 행정소송법 제26조를 해석하려는 의도에서 위와 같은 판시를 낸 것이 아닌가 생각된다. 그러나, 행정소송법이 변론주의의 예외로서 제26조를 규정함과 아울러 원고의 청구가 인용되어야 하는 경우에도 행정소송에서 사정판결을 할 수 있는 조문까지 둔 행정소송법의 입법취지와 목적에 비추어 보면, 행정소송의 특성에 비추어 중대한 공익상의 필요가 있는 경우에도 판례와 같이 제한적인 의미에서만 당사자가 주장하지 아니한 사실에 대하여도 판단할 수 있다고 한 것은 행정소송법의 취지를 축소시킨 것이라고 생각한다. 행정소송법은 보다 넓은 직권탐지주의까지를 예정하고 있다는 것이 필자의 생각이다.

그러나, 그렇다고 하여 현행 행정소송법 제26조의 규정을 들어 행정소송에서 직권탐지주의가 '원칙'이라는 주장은 타당하지 않다. 직권탐지주의설은 행정소송법 제26조 후단의 규정의 의미를 지나치게 강조한 나머지 위 규정에 의한 심리방식이 행정소송의 원칙이라고 한 것이다. 행정소송의 유형은 매우 다양하기 때문에 (비록 그런 경우가 많다고 할지라도) 항상 공공복리와 관계가 있고 제3자에게 효력을 미치는 것만을 의미하지는 않는다.[87] 행정의 전문성, 복잡성이 날로 확대되고 있으므로 행정소송에서 법관에게 원칙적으로 직권탐지하도록 하는 것은 바람직하지도 않다. 판례가 그동안 기록에 나타난 자료에 의하여 판단이 가능한 경우에 한정하는 것도 이러한 점과 무관하지 않다. 또한, 변론주의를 원칙

다"고 하면서, "오늘날 새롭게 등장한 국책사업과 관련된 행정소송의 경우 공익과 밀접한 관련이 있고 사건의 해결에 있어서 공익의 발견과 형량이 중요하기 때문에 행정소송법상 심리원칙의 재발견이 필요하다"고 한다(한견우, "국책사업 관련 행정사건에 있어서 심리의 절차와 방법", 미공간된 행정실무연구회 발표자료, 2011., 서울행정법원, 13쪽).

87) 비교적 민사소송의 성질에 가까운 유족급여 등 부지급처분 취소소송과 공익성이 매우 강한 대형 국책사업관련 사업시행계획 승인 취소소송을 비교하여 보면 행정소송의 유형이 다양함을 알 수 있다.

으로 하면서도 당사자가 주장하는 사실에 대한 당사자의 입증활동이 불충분하여 심증을 얻기 어려운 경우에 당사자의 증거신청에 의하지 아니하고 직권으로 증거조사를 할 수 있다는 설은, 위 심리방식 중 ①②만을 드는 것인데, 이는 직권심리 내지 직권탐지에 관한 행정소송법 제26조, 특히 후단을 무의미한 규정으로 만들고 공익과 사익의 조정을 본질로 하는 행정소송절차의 특수성을 적극적으로 반영하지 못하는 결과를 가져오는 것으로 타당하지 않다.

결국, 행정소송법에서 규정하고 있는 심리방식은 행정소송의 특성이나 성질에 반하지 않는 부분에 대해서는 민사소송의 심리방식을 기본으로 한 가운데에서 행정소송의 목적이나 공익성이 강한 부분에 대하여는 행정소송법 제26조 전·후단을 통하여 법원으로 하여금 직권으로 심리 판단하도록 전체 구도를 설정하고 있다고 봄이 상당하다.

4) 직권판단의 범위

문제는 앞서 본 ③의 직권탐지주의가 적용되는 정도인데 법원이 어떠한 경우에 직권으로 조사하고 당사자가 주장하지 아니한 사실을 판단할 수 있고 나아가 판단할 책무가 있는지에 있다. 대상 판결은 행정소송에 있어 법원은 필요하다고 인정할 때에는 당사자가 주장하지 아니한 사실에 대하여도 심리·판단할 수 있다는 행정소송법 제26조(직권심리)를 근거로 원고들이 위와 같은 주장을 하지 아니하였다 하더라도 기록에 나타난 자료에 의하여 이를 직권으로 심리·판단할 수 있다고 하면서 그렇게 판단하지 아니한 원심판결을 파기하였다.

행정소송법 제26조의 직권탐지주의의 범위를 생각함에 있어서는 '직권조사사항'에 관한 그동안의 판례나 논의를 살펴보면 더욱더 명확해진다.

직권조사라 함은 당사자의 신청 또는 이의에 의하여 지적되지 아니하더라도 법원이 반드시 직권으로 조사하여 적당한 조치를 취하는 것을 말하고 그 대상인 사항을 직권조사사항[88]이라 한다. 이러한 직권조사는 청구나 소송물에 관한 것보다는 주로 공익과 관련된 소송요건에 관한 사항이므로 행정소송[89]은 물론이고 변론주의를 채택한 민사소송에서도 인정되고 있다. 그런데 직권조사는 당사자가 제출한 사실, 증거에 한해서만 조사한다는 점에서 변론주의와 공통하지만 당사자 간에 자백이 성립하더라도 법원은 당사자의 의사와 관계없이 반드시 조사해야 한다는 점에서 직권탐지주의와 공통한다. 그러나 직권조사는 직권으로 문제 삼아 판단한다는 것을 의미하고 그 판단의 기초가 되는 사실과 증거를 직권으로 수집하는 것이 아니라는 점에서는 직권탐지주의를 의미하는 것은 아니다.[90]

직권조사에 대하여, 소송요건에는 임의관할, 확인의 이익등과 같이 공익적 요소가 아주 희박한 것에서부터 재판권과 같이 고도의 공익요소가 있는 것까지 다양한데 이를 직권조사라는 한 가지 심리방식에 의한다는 것은 문제이므로 공익성의 정도에 따라 직권탐지형, 변론주의형 및 직권조사형으로 구분하는 것이 타당하다는 견해가 있다.[91] 행정소송법 제26조는 행정소송이 공익적 요소가 있음을 감안하여 그 공익성의 정도 및 필요에 따라 직권으로 조사하고 심리 판단할 수 있도록 법원에게 권한을 부여하고 중대한 공익적 요소가 있는 부분에 대하여는 그 책무까지 인정한 것으로 보아야 한다. 대법원도 직권조사의 범위와 관련하여 "공익성이 극히 강한 재판권의 존재 등을 제외하고는 사실과 증거의 직권탐지는 필요하지 않으며 법원은 입증책임이 있는 당사자에게 대

88) 직권조사사항에는 일반적 소송요건의 존부, 신의칙 등이 있으며, 다만 소송요건 중 공익적 요구가 강한 것, 예컨대 재판권의 유무, 소송능력 등은 직권조사사항인 동시에 필요한 증거를 직권으로 탐지할 수 있는 직권탐지사항이기도 하다. 김홍규, 「민사소송법」, 삼영사, 2002, 510쪽.

89) 행정소송에 있어서 특유한 것으로는 쟁송의 대상이 되는 행정처분의 존부(대법원 1990. 10. 10. 선고 89누4673 판결) 등이 있다.

90) 최선웅, 앞의 논문(주 57), 228쪽.

91) 강현중, 「민사소송법」, 박영사, 2002, 300쪽.

하여 입증촉구를 함으로써 족하다"는 태도를 취하고 있어 공익성이 극히 강한 것에는 직권탐지의 가능성을 열어놓고 있는 것으로 보인다.[92]

직권판단의 범위에 관하여 대법원은, '당사자가 주장하지도 아니하였고 기록상 그러한 자료가 나타나 있지 아니한 사실에 대하여는 법원이 심리·판단할 의무가 없다'는 것이 기본적인 입장이다.[93] 반면, 기록상 자료가 나타나 있는 경우 법원에게 그 점에 관하여 반드시 판단할 의무가 있는가에 관하여는 판례의 태도가 명확하지 않았다.[94] 그런데, 대상판결은 "당사자가 제출한 소송자료에 의하여 법원이 처분의 적법여부에 관한 합리적인 의심을 품을 수 있음에도 단지 구체적 사실에 관한 주장을 하지 아니하였다는 이유만으로 당사자에게 석명을 하거나 직권으로 심리·판단하지 아니함으로써 구체적 타당성이 없는 판결을 하는 것은 행정소송법 제26조의 규정과 행정소송의 특수성에 반하여 허용될 수 없다"고 하였다. 이는 행정소송의 목적이나 특수성에 비추어 공익이 관련되어 있는 경우 법원에게 어느 정도의 범위에서는 직권탐지의 책무를 기존의 판례보다는 넓게 인정한 것이라는 점에서 의의가 있다 할 것이다. 대상 판결은 법원이 당사자가 제출한 소송자료를 기초로 함은 기존 판례와 같으나 그것에서 더 나아가 그 자료에 비추어 합리적인 의심을 품을 여지가 있는데도 직권 심리·판단하지 아니한 것은 위법하다고 하여 공익상 필요가 있으면 직권으로 심리·판단할 책무가 있다는 것을 강조하였다는 점에서 기존의 판례의 입장보다 행정소송의 특수성에 비추어 행정소송법 제26조의 직권탐지주의의 범위를 좀 더 넓힌 것이다.

5) 복구의무와 직권판단의 문제

이 사건에서, 피고는 원고들의 복구설계승인 신청에 대하여 그 목적사업이 완료되지 않았다는 이유로 불승인하는 이 사건 처분을 하였

92) 주석 행정소송법, 박영사, 2004., 735쪽(김치중 집필부분).
93) 대법원 1975. 5. 27. 선고 74누233 판결 등 참조.
94) 주석 행정소송법, 박영사, 2004., 736-737쪽(김치중 집필부분).

다.[95] 그런데, 산지관리법 제39조 제1항, 제40조 제1항에 의하면, 산지관리법 제14조의 규정에 의한 산지전용허가를 받은 자는 산지전용의 목적사업이 완료되거나 또는 산지전용기간이 만료된 때에 관할관청으로부터 복구설계승인을 받아 산지를 복구하여야 하므로, 이 사건 산지전용허가의 산지전용기간이 만료된 이상 그 목적사업이 완료되지 않았다 하더라도 원고들에게는 위 규정에 의한 산지복구의무가 발생한다. 따라서 그 의무 이행을 위한 원고들의 복구설계승인신청을 그 목적사업이 완료되지 않았다는 이유로 불승인한 피고의 이 사건 처분은 위법하므로, 이 점에 관한 판시에는 의문이 있을 수 없다.

그런데, 앞서 본 바와 같이 산지전용의 목적사업을 완료한 경우와 산지전용기간이 만료된 경우에 복구의무가 발생하는 것은 맞지만 복구의무의 범위가 달라질 수 있는데도,[96] 대법원이 원고들이 주장하지 아니한 부분에 대하여 법원으로 하여금 판단할 책무를 부담시킨 것이 타당한 것인가 함에 있다. 원고들은 목적사업이 완료되었다고 주장하면서 원상복구가 아닌 (경)사면 복구를 위한 복구설계승인신청을 했는데 불승인한 경우, 원고들로서는 목적사업이 어떤 것인가에 따라 복구의무의 범위가 달라지는 이해관계가 있고 또한 처분의 동일성이 달라지는 것[97]이라고 볼 수 있는데도, 법원이 그와는 관계없이 어차피 산지전용기간이 만료되었으므로 복구설계승인을 거부해서는 아니 된다고 하여, 문제

95) 실무상, 목적사업이 완료되지 아니한 채 산지전용허가기간이 만료된 경우 수허가자는 흉물스러운 건축물은 그대로 방치한 채 형질변경된 주변의 토지에만 나무심고 풀씨뿌려서 복구한다고 설계서를 작성해오는 것이 일반적인데, 이러한 경우 건축물처리에 대하여 여러 가지 문제가 발생하게 되는 점은 앞서 본 바와 같다. 그리하여 이 사건에서도 허가관청에서는 건축이 중단된 건축물은 그대로 방치하고 주변만 복구한다고 제출한 복구설계서를 승인하지 않고 건축을 그대로 진행하는 것이 낫다고 판단하여 이 사건 처분을 한 것이 아닌가 생각된다.

96) 복구의무의 범위에 관하여 다소 논란이 있음은 앞서 본 바와 같다.

97) 직권심리의 범위는 처분이 동일한 범위 내에서 가능하다고 할 수 있다(대법원 1992. 3. 10. 서노 91누6030 판결 등 참조).

의 소지가 있다.

대상판결이 산지전용기간이 만료된 경우와 목적사업이 완료된 경우의 복구의무의 범위에 차이가 없다는 것을 당연한 전제로 하고 있는지는 명확하지 않다. 다만 복구의무의 범위에 차이가 있다고 보더라도 대상판결은 다음과 같은 의미로 해석하면 결론에 있어 무리는 없어 보인다. 원고들이 목적사업을 완료하였다고 주장하면서 복구설계승인신청을 하였고 피고가 목적사업이 완료되지 않았으므로 이 사건 처분을 하였지만, 이 사건에서는 목적사업 완료와 관계없이 산지전용기간이 만료되었으면 그런 경우 어찌되었든 원고들에게는 복구의무가 발생하게 되었다. 따라서, 이러한 경우 피고 행정청으로서는 복구설계승인신청을 불승인할 것이 아니라 목적사업이 완료되지 않았을 뿐만 아니라 산지전용기간이 만료되어 어차피 산지를 (원상으로) 복구해야 한다는 의미로 복구설계승인신청서를 보완하도록 해야지 이를 불승인한 것은 결과적으로 위법한 것이 된다. 그러므로 대상판결은 원심으로 하여금 이 부분을 심리 판단하도록 파기한 것으로 이해할 수 있다 할 것이다.[98)]

5. 글을 마치며

대상판결은 행정소송법상의 직권심리주의와 관련하여 종래보다 직권심리의 범위를 행정소송의 특수성에 비추어 확대할 수 있음을 보여준 점에 의의가 있다 할 것이다. 특히 대상판결에서는 법원으로 하여금 직권 심리·판단의 책무를 일정한 요건하에 부담시킨 점에 특징이 있다. 다만, 대상판결은 여전히 일건 기록에 현출된 자료를 바탕으로 직권 심리·판단의 범위를 제한한 점은 유지하였는데, 여기서 '당사자가 제출한 소송자료에 의하여 법원이 처분의 적법여부에 관한 합리적인 의심을 품

---

98) 다만, 환송후 원심에서는 이런 점에 대하여 추가적인 심리 판단 없이 곧바로 피고의 항소가 기각되었다(서울고등법원 2010. 5. 26. 선고 2010누6566 판결).

을 수 있음에도'라고 판시한 점에서 얼마든지 직권탐지의 책무의 범위가 확장될 수 있는 여지를 남긴 점도 주목할 필요가 있다. 일건 기록에 현출된 사소한 자료이더라도 그 자료를 바탕으로 합리적 의심을 품을 수 있다면 직권 심리·판단의 책무가 부여될 수도 있기 때문이다. 마지막으로, 실무상 목적사업이 종료되지 아니한 채 산지전용기간이 만료된 경우 복구의무의 범위를 둘러싸고 혼란이 초래되고 있는데도 대상판결은 산지관리법상의 산지전용과 관련한 복구의무의 범위를 명쾌히 정리하지 않은 점은 아쉬움으로 남는다.

참고문헌

강영호, "행정소송법 제26조에 대한 검토", 행정재판실무편람Ⅲ, 서울행정법원, 2003.

김남진, "한국의 행정소송제도의 회고와 향방", 제1회 한국법학자대회 논문집Ⅰ, 한국법학교수회, 1998.

박정훈, "처분사유의 추가·변경과 행정행위의 전환 – 제재철회와 공익상 철회 –", 행정판례연구 Ⅶ.

서정우, "행정소송에 있어서의 변론주의의 제한", 김도창박사 고희기념 한국공법의 이론(1993).

윤일영, "행정소송과 직권주의", 대한변호사협회보 10호(1975. 1).

이태섭, "행정처분에 붙은 기한의 성격과 기간연장", 대법원판례해설 50호, 법원도서관.

이혁우, "행정소송에서의 직권심리 범위 – 행정소송법 제26조의 해석과 관련하여 –", 특별법연구 제5권(1997).

최선웅, "행정소송법 제26조의 해석에 관한 일 고찰", 행정법연구 10호(2003. 10.), 행정법이론실무학회.

하명호, "처분의 이유제시제도와 이유제시의 정도", 행정소송(Ⅱ), 한국사법행정학회, 2008.

한견우, "행정행위의 성립", 월간 자치행정 220호(2006. 7).

______, "행정소송의 심리절차에 있어서의 입증", 법조 396호.

______, "국책사업 관련 행정사건에 있어서 심리의 절차와 방법", 미공간된 행정실무연구회 발표자료, 2011., 서울행정법원.

호문혁, "민사소송에 있어서의 이념과 변론주의에 관한 연구", 서울대 법학 제30권 3·4호(1989. 12).

강현중, 「민사소송법」, 박영사, 2002.

김남진·김연태, 「행정법(Ⅰ)」, 법문사, 2009.

김홍규, 「민사소송법」, 삼영사, 2002.
박균성, 「행정법론(상) 제9판」, 박영사, 2010.
이상규, 「행정쟁송법 제5판」, 법문사, 2000.
주석 행정소송법(2004), 박영사.
허경태, 「산지관리법해설」, 법문사, 2012.
홍정선, 「행정법원론(상)」, 박영사, 2011.
南 博方 編, 「條解 行政事件訴訟法」, 弘文堂, 1992.
鹽野 宏, 「行政法Ⅱ」, 有斐閣, 1994.

국문초록

행정소송법 제26조와 관련하여 “법원이 아무런 제한 없이 당사자가 주장하지도 않은 사실을 판단할 수 있다는 뜻이 아니라 원고의 청구범위를 유지하면서 공익상 필요한 경우에 그 범위 내에서 청구 이외의 사실, 즉 일건 기록에 나타난 사실에 관하여서만 직권으로 조사를 하고 그를 기초로 하여 판단할 수 있다”는 요지의 대법원 판시는 위 조항의 의미와 심리범위를 축소시킨 측면이 없지 않다. 행정소송법이 변론주의의 예외로서 제26조를 규정함과 아울러 원고의 청구가 인용되어야 하는 경우에도 행정소송에서 사정판결을 할 수 있는 조문까지 둔 행정소송법의 입법취지와 목적에 비추어 보면, 행정소송의 특성에 비추어 중대한 공익상의 필요가 있는 경우에도 판례와 같이 제한적인 의미에서만 당사자가 주장하지 아니한 사실에 대하여도 판단할 수 있다고 한 것은 행정소송법의 취지를 지나치게 축소시킨 것이다.

행정소송법에서 규정하고 있는 심리방식은 행정소송의 특성이나 성질에 반하지 않는 부분에 대해서는 민사소송의 심리방식을 기본으로 한 가운데에서 행정소송의 목적이나 공익성이 강한 부분에 대하여는 행정소송법 제26조 전·후단을 통하여 법원으로 하여금 직권으로 심리 판단하도록 전체 구도를 설정하고 있다고 봄이 상당하다. 대상 판결은 법원이 당사자가 제출한 소송자료를 기초로 함은 기존 판례와 같으나 그것에서 더 나아가 그 자료에 비추어 합리적인 의심을 품을 여지가 있는데도 직권 심리·판단하지 아니한 것은 위법하다고 하여 공익상 필요가 있으면 직권으로 심리·판단할 책무가 있다는 것을 강조하였다는 점에서 기존의 판례의 입장보다 행정소송의 특수성에 비추어 행정소송법 제26조의 직권탐지주의의 범위를 좀 더 넓힌 것이다. 특히 대상판결에서는 법원으로 하여금 직권 심리·판단의 책무를 일정한 요건하에 부담시킨 점에 특징이 있다. 다만, 대상판결은 여전히 일건 기록에 현출된 자료를 바탕으로 직권 심리·판단의 범위를 제한한 점은 유지하였는데, 여기서 '당사자가 제출한 소송자료에 의하여 법원이 처분의 적법여부에 관한 합리적인 의심을 품을 수 있음에도'라고 판시한 점에서 얼마든지 직권탐지의 책무의 범위가 확장될 수 있는 여지를 남긴 점도 주목할 필요가 있다.

주제어: 산지관리법, 산지, 복구, 산지전용과 산지일시사용, 산지전용기간, 처분사유와 처분의 이유제시, 행정소송법 제26조, 직권심리주의, 직권심리의 범위, 직권조사, 직권탐지

Abstract

The meaning and scope of examining the case ex officio in administrative litigations

Seo Tae Hwan*

The Supreme Court ruled in regard to the Article 26 of Administrative Litigations Act(hereinafter “the Act”) that “it does not mean that the court has unlimited authority to find the facts parties, plaintiff or defendant, have not claimed, but it means that the court can examine and decide on the case ex officio based on the facts not claimed by parties but presented in the case within the scope of the plaintiff's claims and only when required for the sake of the public interest.” It would be safe to say that the ruling downscales, in a sense, the meaning of the Article 26 and the scope of the court's examination. The Act, as an exception of Verhandlungsmaxime, stipulates the Article 26 and the Article 28 providing that the court can dismiss the case taking the circumstances into account even when it finds the case is in favor of the plaintiff. Given that, it can be said that the aforementioned ruling way over downscales the spirit of the Act by saying the court has limited authority to examine ex officio the facts not claimed by parties even when it is required, in light of the nature of an administrative litigation, for the public interest.

It sounds more reasonable to regard the Act as embodying a structure that an administrative litigation case is tried basically in the

* Seoul Northern District Court, Presiding Judge

same way a civil case is as long as it does not counter to the nature of the Act, while allowing the court the authority to examine the case ex officio through the Article 26 when the purpose of the case calls for it or the public interest weighs greater. The Supreme Court's ruling that will be reviewed in this paper is basically in line with its precedents in that it says the court finds facts based on what has been presented by parties, but it goes one step further by saying it is unlawful that the court did not examine and decide on the case ex officio when there is a reasonable doubt in light of what had been presented, and thereby reinforces the fact that the court is obligated to examine and decide on the case ex officio when needed for the public interest. In that sense, the ruling widens the scope of Unter-suchungsgrundsatz in light of the nature of administrative litigations than its precedents. The ruling outstands, in particular, in that it imposes the obligation on the court to examine and decide on the case ex officio under a certain set of conditions. It should be noted that while it still keeps the cap on the scope of ex officio examination to what has been presented in the case, it, by saying "when the court can have a reasonable doubt on the legality of a disposition based on facts and evidences presented by parties," gives the room for extending the scope of the obligation of Untersuchungsgrundsatz in any degree.

Keywords: Mountainous Area Management Act, mountainous area, restoration, diverted use and temporary use of mountainous area, period allowed for diverted use of mountainous area, reasons for disposition and informing of the reasons, Article 26 of Administrative Litigations Act, examining the case ex officio, scope of examining the case ex officio, Untersuchungsgrundsatz(detecting facts ex officio)

투 고 일: 2013. 11. 28
심 사 일: 2013. 12. 15
게재확정일: 2013. 12. 20

損害塡補

國家賠償請求權의 消滅時效 / 裵柄皓

國家賠償請求權의 消滅時效

裵柄皓*

대상판결: 대법원 2012.4.13. 선고 2009다33754 판결

Ⅰ. 사실관계

1. 원고 등의 지위

소외 갑(1940.1.31.생)은 1975.4.1.경 경남 진해 소재 육군 수송기지창(현 육군 제3정비창) 소속 군무원으로 임용되어 항공기 정비사로 근무하였고, 이 사건의 원고 1인 처와 아들인 원고 2와 딸인 원고 3, 4를 둔 가장이었다.

* 성균관대학교 법학전문대학원 교수.

2. 소외 갑의 피랍 경위와 원고들의 고초

가. 소외 갑의 피랍 경위

소외 갑은 1977.10.12. 07:35경 출근하여 기체공장장의 지시를 받고 위 부대 R-813 활주로에서 항공기검사관 소외 을과 함께 0-1A비행기를 점검하게 되었다. 그런데 당시 소외 을은 소속부대 군무원의 처와 간통하여 자신의 처와 상간자의 남편으로부터 고소를 당할 처지에 이르자 비행기를 몰고 월북할 결심을 한 다음, 위 같은 날 09:30경 연료주입사병에게 책임자가 발행한 확인전표를 제시하지 않은 채 출고대기하는 비행기여서 시급하다고 속여 위 항공기에 연료 7갤런을 주입하도록 하고 소외 갑을 태운 상태에서 시운전하는 양 가장하다가 같은 날 09:54경 허가 없이 불시에 이륙하였다. 소외 을은 이 사건 비행기를 조종하여 수원, 오산 지역 상공을 거쳐 751 전방 관측소를 통과한 다음 같은 날 12:05경 군사분계선 이북지역(이하 '북한'이라 한다)으로 넘어가 월북하였다.

위 부대를 관할하는 제1005보안부대장은 같은 해 10.17. 보안사령관에게, 소외 갑은 이 사건 비행기 점검 차 탑승하였다가 소외 을의 돌발적인 이륙을 저지하지 못하여 대동 월북된 것으로 판단된다고 보고하였다.

나. 원고들의 고초

그 후 1981.10.4.경 '월북자의 행복'이라는 제목으로 소외 을의 사진이 실려 있는 북한 선전전단이, 1982.7.19.경 소외 을과 소외 갑이 북한 당국으로부터 종신특혜금을 받았다는 내용의 북한 선전전단이 경기 파주군 일대에서 각 습득되었다. 이에 육군 제39사단은 소외 갑과 소외 을에 대하여 구 반공법위반, 구 국가보안법위반, 군형법위반 등의 죄명으로 수사를 개시한 다음 1984.11.3.경 원고 1을 군 월북자의 연고자로

내사하는 등의 절차를 거쳐 같은 해 12.4. 소외 갑에 대하여, 그가 소외 을의 월북 기도를 알지 못하고 이 사건 비행기에 탑승하였다가 이륙 후에 그의 비행을 저지하지 못하자 동조하여 함께 월북하였다는 피의사실로 기소중지처분을 하였다. 관계 보안부대는 그 후 1984.12.경부터 1985.9.경까지 사이에 소외 갑의 동생인 소외 병의 동향을 세 차례 조사, 보고하는 등 그 가족 및 친인척에 대해 감시활동을 지속적으로 펴왔다.

한편, 원고들은 이 사건 사고 이후 가장을 잃고 월 임료 15,000원에 방 1칸을 빌려 거주하는 등 경제적인 어려움을 겪어 왔는데, 주변에 월북자의 가족으로 알려지면서 원고 1은 정규직을 얻지 못한 채 허드렛일로 생계를 꾸려나갔고, 원고 2는 1993년경 단기하사관에 지원하였으나 서류심사에서 신원문제로 탈락하고 사병으로 입대한 뒤에도 보급병에서 운전병으로 보직이 변경되는 등 신분상 불이익을 받아 왔다.

1999년경에는 '통일연구원이 발간한 「99북한인권백서」에 따르면 소외 갑은 1998년 현재 월북자로서 북한 정치범수용소에 수감되어 있는 사실이 확인되었다'는 내용을 담은 기사가 언론에 보도되기도 하였다. (갑제9호증)

3. 원고들의 실종신고 신청 등과 이 사건 제소

가. 소외 갑에 대한 실종신고 신청과 확정

원고들은 소외 갑에 대하여 실종신고를 하여 2005.8.23. 창원지방법원은 실종기간 만료일을 1983.4.20.로 하는 실종선고심판(2005느단31)을 하였고, 위 심판은 같은 날 확정되었다.

나. 납북자 인정신청

원고들은 그 후 국민고충처리위원회에 소외 갑이 자진월북자가 아닌 납북자임을 증명해 달라는 민원을 제기하여 2007. 6. 7. 그가 의사에 반하여 납북된 것으로 추정된다는 회신을 받았고, 그 무렵 통일부에 '납북자 인정절차 및 통계관리 지침'에 따라 납북자 인정신청을 하여 같은 해 7. 25. 같은 이유로 그 신청이 받아들여졌다.

다. 국가배상청구와 납북피해자 보상금 신청

원고들은 2007.11.22. 대한민국을 상대로 이 사건 소를 제기하는 한편, 군사정전에 관한 협정체결 이후 납북피해자의 보상 및 지원에 관한 법률(2007.4.27. 법률 제8393호로 제정, 이하 '납북피해자보상법'이라 한다)에 따라 '납북피해자보상 및 지원심의위원회'에 보상신청을 하여 2008.6.30. 납북자인 소외 갑에 대한 피해위로금 26,199,610원(원고들에게 각 6,549,900원)의 지급결정을 받았다.

라. 원고들의 국가배상청구 원인

소외 갑은 정비사로서 상급자의 지시에 따라 항공기를 정비하다가 피고 소속 군무원인 소외 을의 돌발적인 이륙행위에 따라 동반하여 북한으로 넘어가게 된 점, 소외 을이 이 사건 비행기로 이륙한 때로부터 월북하기까지 2시간 이상 비행하였는데도 피고 측은 이러한 경우에 대한 사전 대비가 없었을 뿐만 아니라 적절한 대책을 세우지 못해 이를 저지하지 못한 점, 소외 을은 위와 같은 비행거리를 고려하여 연료를 채우려 하였는데, 연료주입사병은 책임자의 확인전표가 없는데도 그의 말만 믿고 연료를 주입해 준 점 등에 비추어 소외 갑은 피고 소속 공무원인 소외 을 등 관계 공무원의 직무상 고의 또는 과실로 인해 그의 의사에 반하여 납북되었으므로, 피고는 국가배상법 제2조 제1항에 따라 이 사건 사고로 인해 소외 갑 및 그 가족인 원고들이 입은 손해를 배상할 의무가 있다.

Ⅱ. 제1심 및 원심 판결의 요지

1. 제1심판결(창원지방법원 2008.9.18. 선고 2007가합 8358 판결)의 요지

원고들은 피고에 대하여 소극적 손해와 위자료의 지급을 구하였고, 제1심은 그 중 소극적 손해에 대한 청구를 기각하고, 위자료 청구를 일부 인용하였다.

가. 소외 갑의 일실손해에 대하여

소외 갑이 이미 사망하였음을 전제로 그의 정년 이후인 1995.7.1.부터 60세가 되는 2000. 1.30.까지 도시일용노임에 따른 일실손해에 대하여, 실종선고는 생사가 분명하지 아니한 자에 대해 이해관계인 등이 상속관계 등 법률관계를 확정하기 위한 목적으로 청구하여 이루어지는 것일 뿐이므로 실종선고가 있었다는 사정만으로 실종기간 만료 후 곧바로 사망을 원인으로 일실수입의 손해를 입게 된다고 단정할 수 없는 점, 소외 갑이 납북되었다 하더라도 그것만으로 자신의 노동능력을 상실하게 된다고 볼 수도 없는 점, 소외 갑이 1998년경 북한 정치범수용소에 수감되어 생존해 있다고 보도되어 당시까지도 살아있었던 사실을 알 수 있는 점 등을 고려하면 소외 갑이 이 사건 사고로 인해 일실수입의 손해를 입었다고 볼 수 없고, 달리 볼 만한 증거가 없다는 이유로 배척하였다.

나. 위자료와 상속

소외 갑이 의사에 반한 납북으로 가족과 생이별을 하고 북한에서 종국에는 정치범수용소에 수감된 점, 원고들은 가장을 잃고 경제적인 고초를 겪었을 뿐만 아니라 월북자의 가족이라는 이유로 감시대상이 되어 취업 등 신분상 크나큰 불이익을 당해온 점 등과 원고들이 관계 법령에 따른 피해위로금 조로 2,600여 만 원을 지급받은 점 등 모든 사정을 고려하면, 위자료로 소외 갑에게 5,000만 원, 원고 1에게 2,500만 원, 원고 2에게 700만 원, 원고 3, 4에게 각 500만 원을 지급함이 상당하다고 판시하였다. 소외 갑의 손해배상금 5,000만 원은 그에 대한 실종선고로 인해 원고 1이 16,666,667원(= 5,000만 원 × 3/9, 원 미만 올림), 나머지 원고들이 각 11,111,111원(= 5,000만 원 × 2/9, 원 미만 버림)을 상속하였다.

다. 피고의 이중배상, 소멸시효 주장에 대하여

(1) 국가배상법 제2조제1항 단서의 이중배상주장에 대하여

납북피해자보상법에 따라 보상금 등을 지급받은 원고들의 이 사건 청구는 국가배상법 제2조 제1항 단서가 금지한 이중배상에 해당한다는 피고의 주장에 대하여, 1심법원은 아래와 같은 이유로 배척하였다.

우선, 납북피해자보상법의 제정목적인 제1조[1]와 납북피해자에 대해 피해위로금을 지급하도록 하는 제9조 등을 종합하여 보면, 위 법은 납북과 관련하여 국가 측의 잘못과는 무관하게 피해자에게 위로금 등을 지급함으로써 생활을 보장하려는 정책적 차원에서 마련된 것으로 볼 것이어서, 납북과 관련하여 피고 측 공무원의 고의 또는 과실에 의한 불법행위가 있었던 경우에도 피고가 책임을 면하게 된다든가 피해자가 그 불법행위를 원인으로 피고에게 손해배상을 구할 수 없게 된다고 볼 수 없다.

또한, 국가배상법 제2조 제1항 단서가, '군무원 등이 전투·훈련 등

1) 이 법은 군사정전에 관한 협정 체결 이후 납북과 관련하여 피해를 입은 자 또는 그 유족에 대하여 국가가 보상 및 지원을 하고, 귀환한 납북자가 대한민국에 재정착하는 데에 필요한 지원을 함으로써 이들의 생활안정을 도모하고 남북분단에 따른 아픔을 치유하며 나아가 국민화합에 이바지함을 목적으로 한다.

직무집행과 관련하여 전사·순직 또는 공상을 입은 경우에 본인 또는 그 유족이 다른 법령의 규정에 의하여 재해보상금·유족연금·상이연금 등의 보상을 지급받을 수 있을 때'에는 손해배상을 청구할 수 없도록 규정하고 있으나, 피고 측 공무원의 불법행위로 인해 납북된 경우도 위와 같은 요건에 해당한다고 볼 수 없을 뿐더러 위에서 살핀 제정목적 등에 비추어 납북피해자보상법에 따라 지급되는 피해위로금이 위와 같은 제한대상에 포함된다고 볼 수도 없다.

(2) 국가배상청구권의 소멸시효의 완성 여부에 대하여

제1심법원은 피고의 소멸시효 주장이 신의성실의 원칙에 반하는 권리남용에 해당하므로 허용될 수 없다는 이유로 배척하였다. 소외 갑이 소외 을에 의하여 강제로 납북되었고 그러한 사실을 피고 측 수사기관이 수사과정을 통해 확인하였는데도 이를 원고들에게 알리지 않음은 물론, 소외 갑의 북한에서의 행적을 내세워 자진월북한 혐의로 기소중지처분을 하는 한편 원고들에 대해 그 연고자라 하여 지속적으로 동향을 감시하고 취업 등에 불이익을 가하였으므로 원고들이 국가권력을 내세워 불이익한 처우를 하는 피고 측에 대해, 자진월북이 아닌 강제 납북된 것으로 알았다 하더라도 시효완성 전에 피고 측 잘못을 이유로 손해배상을 청구하거나 시효중단을 위한 조치를 취하는 것은 사실상 불가능하였다 할 것이므로 원고들이 그러한 행위에 나서지 못한 것은 전적으로 피고 측의 행위 등에 비롯된 것이라 할 것이어서 피고가 새삼스레 소멸시효의 완성을 주장하는 것은 신의성실의 원칙에 반하는 권리남용에 해당하여 허용될 수 없다(원고들이 소외 갑에 대해 납북자로 인정받은 2007.7.경에는 위와 같은 장애사유가 소멸되었다고 볼 것이나 그때부터 기산한다면 소멸시효가 완성되지 않았음이 명백하다).

2. 원심판결(부산고등법원 2009.4.22.선고 2008나15216판결)의 요지

제1심판결에 대한 피고의 항소와 원고들의 위자료부분에 대한 부대항소[2]에 대하여 원심은 제1심판결의 피고패소부분을 취소하고, 그 취소부분에 해당하는 원고들의 청구를 각 기각하고, 원고들의 부대항소를 모두 기각하였다.

원심은 원고들 주장의 손해배상채권을 원고들 고유의 손해배상채권(고유채권)과 원고들이 상속한 소외 갑의 피고에 대한 손해배상채권(상속채권)으로 구분한 후, 모두 금전의 급부를 목적으로 하는 국가에 대한 권리로서 구 예산회계법(1989.3.31. 법률 제4102호로 전문 개정되기 전의 것) 제71조 제2항, 제1항의 불법행위를 한 날로부터 5년간의 장기시효소멸과, 국가배상법 제8조의 규정에 의한 민법 제766조 제1항 소정의 피해자나 그 법정대리인이 그 손해 및 가해자를 안 날로부터 3년간의 단기시효소멸에 해당되므로 2007.11.22. 제기된 원고들의 손해배상청구권이 시효소멸되었다는 피고의 주장을 받아들였다.

나. 원고들의 소멸시효 기산일 관련 주장과 권리남용 주장의 배척

(1) 소멸시효 기산일 관련 주장에 대하여

원고들이 2007.7.25.경 통일부장관으로부터 소외 갑을 납북자로 인정하는 내용의 통보를 받기 전까지는 소외 갑과 원고들이 피고를 상대로 권리를 행사할 수 없는 사실상 장애상태가 있었으므로, 소멸시효기간은 2007.7.25.경부터 기산되어야 한다는 원고의 주장에 대하여, 원심법원은 소외 갑은 납북된 피해자 본인으로서 이 사건 불법행위가 발생

---

2) 원고들은 소외 갑의 일실수입부분에 대한 패소에 대하여 항소하지 않았다.

한 때인 1977.10.12. 그 손해 및 가해자를 알았다고 할 것이므로, 소외 갑 본인의 이 사건 국가배상청구권은 그 시효기산일인 1977.10.12. 이후로서 피고 주장에 따른 1977.10.14.부터 3년이 경과한 1980.10. 14.에 단기소멸시효가 완성되었다고 보아야 할 것이지만, 다만 납북된 소외 갑이 피고를 상대로 손해배상청구를 하는 등 시효중단 조치를 취하기는 사실상 불가능하였다고 할 것이므로 이러한 경우에는 천재 기타 사변으로 인한 시효정지를 규정한 민법 제182조를 적용 또는 유추적용하여 소외 갑 본인이나 그 상속인들이 시효중단조치를 취하는 것이 가능하게 된 때부터 1개월 내에는 소멸시효가 완성되지 않고 또한 민법 제181조에 의하여 상속인의 확정 등이 있는 때부터 6개월 내에는 소멸시효가 완성되지 않는다고 전제한 다음, 소외 갑에 대한 실종선고심판의 확정으로 상속인인 원고들이 상속채권을 행사할 수 있게 된 2005.8.23.부터 1개월 및 실종선고심판 확정일부터 3개월의 숙려기간이 지난 후 6개월을 경과한 때에 소멸시효가 완성되었다고 판단하였다. 소멸시효는 객관적으로 권리가 발생하여 그 권리를 행사할 수 있는 때로부터 진행하고 그 권리를 행사할 수 없는 동안은 진행하지 않지만, 여기서 '권리를 행사할 수 없는' 경우라 함은 법률상의 장애사유, 예컨대 기간의 미도래나 조건불성취 등이 있는 경우를 말하는 것이고, 단순한 사실상 장애사유(예컨대, 권리자의 개인적 사정이나 법률지식의 부족, 권리 존재의 부지 또는 채무자의 부재 등)는 해당하지 않는다고 판단하였다.

(2) 권리남용 주장에 대하여

(가) 원고들의 권리남용 주장 요지

소외 갑이 소외 을에 의하여 강제로 납북된 후 피고 소속 수사기관은 소외 갑의 월북 혐의에 관하여 조사하면서 원고 1을 수십 차례에 걸쳐 강압적 방법으로 조사하는 외에 소외 갑의 형제들을 고문하기까지 하였고, 그 조사과정을 거쳐 소외 갑의 납북사실을 확인하였음에도 이를 원고들에게 알리지 않았음은 물론, 소외 갑의 북한에서의 행적을 내세워 자진 월북한 혐의를 그대로 둔 채 기소중지처분을 하는 한편 원고들에 대해 그 연고자라 하여 지속적으로 동향을 감시하고 단기하사관을 지원한 원고 2를 신원문제로 탈락시키고 그 후 사병으로 입대하여 복무중에 있던 원고 2의 보직까지 변경하는 등 원고들을 차별적으로 처우하였으며, 그와 같은 차별을 겪은 원고 2는 전역 후에도 대한민국 국민이면 누구나 응시할 수 있는 공무원 채용시험에 응시 자체를 포기할 수밖에 없었으므로(연좌제가 폐지되었다고는 하나 실질적인 차별이 없어진 것은 아니다), 원고들로서는 그와 같이 국가권력을 내세워 불이익한 처우를 하는 피고에 대해, 시효완성 전에 피고를 상대로 손해배상을 청구하거나 시효중단조치를 취하는 것은 사실상 불가능하였고 이는 피고 측의 행위 등에서 비롯된 것이라 할 것이어서 피고가 새삼스레 소멸시효의 완성을 주장하는 것은 신의성실의 원칙에 반하는 권리남용에 해당하여 허용될 수 없다.

(나) 원심의 권리남용 주장 배척

원심은 국가에게 국민을 보호할 의무가 있다는 사유만으로 국가가 소멸시효의 완성을 주장하는 것 자체가 신의성실의 원칙에 반하여 권리남용에 해당한다고 할 수는 없으므로, 국가의 소멸시효 완성 주장이 신의칙에 반하고 권리남용에 해당한다고 하려면 특별한 사정이 인정되어야 하고, 또한 위와 같은 일반적 원칙을 적용하여 법이 두고 있는 구체적인 제도의 운용을 배제하는 것은 법해석에 있어 또 하나의 대원칙인 법적 안정성을 해할 위험이 있으므로 그 적용에는 신중을 기하여야 한다고 하면서 종래의 대법원의 판단기준을 근거로 권리남용에 해당하는 예외사유에 해당하지 않는다고 판단하였다.

즉 대법원이 확립한 채무자의 소멸시효 항변권이 신의성실의 원칙과 권리남용금지의 원칙에 위배되는 것으로 유형화한 ① 채무자가 시효완성 전에 채권자의 권리행사나 시효중단을 불가능 또는 현저히 곤란하게 하였거나, 그러한 조치가 불필요하다고 믿게 하는 행동을 하였거나

(이하 제1 사정이라 한다), ② 객관적으로 채권자가 권리를 행사할 수 없는 장애사유가 있었거나(이하 제2 사정이라 한다), ③ 또는 일단 시효완성 후에 채무자가 시효를 원용하지 아니할 것 같은 태도를 보여 권리자로 하여금 그와 같이 신뢰하게 하였거나(이하 제3 사정이라 한다), ④ 채권자보호의 필요성이 크고, 같은 조건의 다른 채권자가 채무의 변제를 수령하는 등의 사정이 있어 채무이행의 거절을 인정함이 현저히 부당하거나 불공평하게 되는 것(이하 제4 사정이라 한다)에 모두 해당하지 않는다고 하였다.

우선, 제1 사정과 관련하여 ① 위 각 사실에 의하더라도, 단지 피고가 이 사건 사고 발생 후에 이루어진 조사결과 소외 갑이 자진월북한 것이 아니라 소외 을에 의해 납북된 것으로 판단하였다가 그 후 북한 당국에 의해 소외 갑이 월북자로 취급되어 대남선전에 이용되자 다시 수사한 끝에 소외 을의 월북을 저지하지 못하고 동조 월북하였다는 혐의를 유지한 채 기소중지 처분을 하였다는 정도만 알 수 있을 뿐으로, 피고가 적극적으로 사실을 조작하거나 소외 갑의 납북사실을 확인하고도 이를 은폐하였다는 등의 사정이 나타나지는 않는 이상, 이를 들어 피고가 원고들의 손해배상청구권의 행사를 막거나 곤란하게 하는 행위를 하였다고 볼 수는 없고, ② 피고가 원고들에 대하여 동향을 감시하고 단기하사관을 지원한 원고 2를 신원문제로 탈락시키고 사병으로 입대하여 근무하던 원고 2의 보직을 변경한 것도, 남북대치상황에 따른 국가안보 차원에서 또는 이를 빙자하여 이루어진 과도한 공권력의 행사나 남용으로 볼 수는 있어도, 그 자체로 직접 원고들의 손해배상청구권의 행사를 막거나 곤란하게 하는 행위는 아니며, ③ 원고들이 주장하는 수사과정에서의 고문이나 강압적 조사 등도 그와 같은 사실이 있었다면 이는 별개의 불법행위로서 손해배상청구의 대상이 된다고 할 것이나 그 행위가 이 사건에 있어서 원고들이 구하고 있는 납북으로 인한 손해배상청구권의 행사를 막거나 곤란하게 하는 행위라고 볼 수는 없다 할 것이고, 달리 채무자인 피고가 시효완성 전에 채권자인 소외 갑이나 원고들의 권리행사나 시효중단을 불가능 또는 현저히 곤란하게 하였거나, 그러한 조치가 불필요하다고 믿게 하는 행동을 하였다고 볼 수는 없다.

다음으로, 제2 사정과 관련하여, 원고들이 피고로부터 동향감시를 당하고, 원고 2의 경우에는 신원문제로 단기하사관으로의 입대가 거부되고 사병으로 입대하여 근무하던 중에는 보직이 변경되는 등으로 불이익 처우를 받아 오던 상황에서 피고를 상대로 손해배상청구소송을 제기할 경우 받게 될 추가적인 불이익 등을 우려하여 원고들이 피고에 대한 손해배상청구권을 행사하지 않았다고 하더라도, 그러한 원고들의 주관적인 우려만을 근거로 곧바로 "객관적으로 채권자가 권리를 행사할 수 없는 장애사유"가 있었다고 할 수는 없고, 그와 같은 장애사유가 있다고 하려면 위와 같은 원고들의 우려가 합리적 근거가 있어 원고들 이외의 제3자가 원고들의 입장에 선다 해도 권리를 행사하는 것이 사실상 불가능하다고 인정할 만한 사정이 인정되어야 할 것인데, 원고들은 소멸시효 완성 전까지 소외 갑의 납북사실을 확인받거나 또는 납북에 따른 보상이나 배상을 받기 위하여 어떠한 조치를 취하였는지, 그에 대하여 피고가 어떻게 대응하였는지에 관한 별다른 자료를 제출하지 않고 있고, 단지 2007년에 이르러서야 피고 산하 국민고충처리위원회에 납북사실을 증명해 달라는 민원을 제기하였고, 이에 대하여 국민고충처리위원회는 소외 갑이 그 의사에 반하여 납북된 것으로 추정된다는 회신을 하였고, 그 무렵 통일부도 '납북자 인정절차 및 통계관리 지침'에 따라 소외 갑을 납북자로 인정하여 달라는 원고들의 신청을 받아들였다는 점만 알 수 있어, 위와 같은 장애사유가 있었다고 인정하기는 어렵다 할 것이다.

뿐만 아니라 원고들의 주장에 의하더라도, ① 상속채권의 경우 원고들이 소외 갑의 상속인으로서 권리를 행사할 수 있게 된 2005.8.23.부터 그 소멸시효가 완성된 2006.5.23.까지에는 피고의 소멸시효 항변을 권리남용이 되게 하는 사정이 전혀 없었고, ② 고유채권의 경우에도, 설령 피고의 소멸시효 항변을 권리남용이 되게 하는 사정이 일정 시기까지 계속되었다고 하더라도, 그와 같은 사정은 늦어도 1990년대 후반에 이르러서는 모두 해소되었음을 알 수 있는바, 이와 같이 소멸시효 항변을 권리남용으로 되게 하는 사정이 어느 시점에 이르러 소멸하였음에도 채권자가 상당한 기간, 심지어 다시 원래의 소멸시효기간에 해당하는 기간이 경과할 때까지도 그 권리를 행사하지 않은 경우까지 채무자의 소멸시효 항변을 권리남용으로 배척할 수는 없다 할 것인바(채무자의 소멸시효 주장이 권리남용이 된다고 하여 채권자에 의한 소멸시효의 중단보다 더 강력한 효력을 부여할 수는 없고, 그와 같은 경우에도 계속해서 소멸시효의 주장을 권리남용으로 배척한다면 이는 영구히 소멸시효가 완성되지 않는 채권을 창설하는 것이 된다), 2007.11.22.에야 제기된 이 사건 소송에서 피고가 하는 소멸시효 항변을 권리남용으로 볼 수는 도저히 없다.

끝으로, 제3 사정이나 제4 사정은 이를 전혀 발견할 수 없으며, 그 밖에 피고의 소멸시효 항변을 권리남용으로 볼만한 다른 사정도 없다.

Ⅲ. 대법원 판결의 요지

대법원은 원심판결 중 상속채권에 관한 부분을 파기하고, 이 부분 사건을 부산고등법원에 환송[3]하고, 원고들의 나머지 상고를 모두 기각하였다.

---

3) 부산고등법원(2012나3487판결)은 2013.2.7. 불법행위로 인한 위자료배상채무의 지연손해금의 기산일을 그 위자료 산정의 기준시인 사실심 변론종결 당일로부터 보아야만 하는 예외적인 경우에는 논리상 변론종결시 이전에는 지연손해금을 붙일 수 없는 것을 감안하여, 소외 갑의 위자료를 2억원으로 정하여 제1심판결 중 '위자료 상속채권'부분을 변경하여 원고 1에게 66,666,666원, 원고 2,3,4에게 각 44,444,444원 및 각 이에 대한 지연이자를 지급하라고 하였다.

1. 원고들의 상속채권에 관하여

국가배상청구권에 관한 3년의 단기시효기간 기산은 민법 제766조 제1항 외에 소멸시효의 기산점에 관한 일반규정인 민법 제166조 제1항이 적용되므로, 그 '손해 및 가해자를 안 날'에 더하여 그 '권리를 행사할 수 있는 때'가 도래하여야 비로소 시효가 진행한다(대법원 1998. 7.10. 선고 98다7001 판결 참조). 이 사건과 같이 공무원의 직무수행 중 불법행위에 의하여 납북된 것을 원인으로 하는 국가배상청구권의 행사에 있어, 남북교류의 현실과 거주·이전 및 통신의 자유가 제한된 북한 사회의 비민주성이나 폐쇄성 등을 고려하여 볼 때, 다른 특별한 사정이 없는 한 북한에 납북된 사람이 피고인 국가를 상대로 대한민국 법원에 소장을 제출하는 등으로 그 권리를 행사하는 것은 객관적으로도 불가능하다고 하므로, 납북상태가 지속되는 동안은 소멸시효가 진행하지 않는다고 봄이 상당하다(다만 이 사건에서와 같이 납북자에 대한 실종선고심판이 확정되게 되면 상속인들에 의한 상속채권의 행사가 가능해질 뿐이다).

그러한 법리와 원심이 인정한 사실에 비추어 살펴보면, 납북된 소외 갑 본인이 이 사건 불법행위가 발생한 1977.10.12.에 그 손해 및 가해자를 알았다고 하더라도 위 소외 갑으로서는 피고를 상대로 그로 인한 국가배상청구권을 행사하는 것이 객관적으로 불가능한 상태에 있었다고 할 것이므로 이 사건 불법행위일인 위 1977.10.12.부터 소멸시효가 진행한다고 볼 수 없다.

2. 원고들의 고유채권에 관하여

가. 국가배상법 제2조 제1항 본문 전단 소정의 국가배상청구권에는 같은 법 제8조에 의하여 민법 제766조 제1항이 적용되므로, 위 국가배상청구권은 피해자나 그 법정대리인이 그 손해 및 가해자를 안 날부터

3년간 이를 행사하지 아니하면 시효로 인하여 소멸하고, 여기서 '손해 및 가해자를 안 날'이라 함은 공무원의 직무집행상 불법행위의 존재 및 그로 인한 손해의 발생 등 불법행위의 요건사실에 대하여 현실적이고도 구체적으로 인식하였을 때를 의미하지만, 피해자 등이 언제 불법행위의 요건사실을 현실적이고도 구체적으로 인식한 것으로 볼 것인지는 개별사건에 있어서의 여러 객관적 사정과 손해배상청구가 가능하게 된 상황 등을 종합하여 합리적으로 판단하여야 한다(대법원 2008. 5. 29. 선고 2004다33469 판결 참조).

소외 갑의 처이자 그 자녀인 나머지 원고들의 법정대리인인 원고 1이 1977. 10.13.경에 이 사건 불법행위로 인한 손해 및 가해자를 알았다고 인정한 다음, 원고들 고유의 국가배상청구권은 그 다음날인 1977.10.14.부터 3년이 경과한 1980.10.14.에 소멸시효가 완성되었다고 판단한 원심의 이러한 판단은 수긍할 수 있고, 거기에 상고이유에서 주장하는 바와 같은 단기소멸시효에 관한 법리오해 등의 위법이 있다고 할 수 없다.

나. 채무자의 소멸시효에 기한 항변권의 행사도 민법의 대원칙인 신의성실의 원칙과 권리남용금지의 원칙의 지배를 받는 것이어서, 채무자가 시효완성 전에 채권자의 권리행사나 시효중단을 불가능 또는 현저히 곤란하게 하고 그러한 조치가 불필요하다고 믿게 하는 행동을 하였거나, 객관적으로 채권자가 권리를 행사할 수 없는 장애사유가 있었거나, 일단 시효완성 후에 채무자가 시효를 원용하지 아니할 것 같은 태도를 보여 권리자로 하여금 그와 같이 신뢰하게 하였거나, 채권자보호의 필요성이 크고 같은 조건의 다른 채권자가 채무의 변제를 수령하는 등의 사정이 있어 채무이행의 거절을 인정함이 현저히 부당하거나 불공평하게 되는 등의 특별한 사정이 있는 경우에는 채무자가 소멸시효의 완성을 주장하는 것이 허용될 수 없음은 상고이유에서 주장하는 바와 같다(대법원 2008. 5. 29. 선고 2004다33469 판결 참조).

원고들의 고유채권에 관하여 단기소멸시효가 완성된 1980.10.14.까지는 이 사건 사고 경위에 관하여 최초로 조사한 군수사기관이 '소외 갑은 자진 월북한 것이 아니라 소외 을에 의하여 강제로 납북된 피해자에 불과하다'는 결론을 내리고 그 조사를 일단락 지은 사정만을 알 수 있을 뿐, 피고가 원고들의 채권행사를 곤란하게 하거나 그러한 조치가 불필요하다고 믿게 하는 행동을 하였다고 볼 증거는 없으며, 또한 원고 1 등이 수사기관으로부터 소외 갑의 납북 경위 등에 관하여 조사를 받고 그 후로도 납북피해자의 친족이라는 이유로 당국으로부터 동향감시를 당하였다는 사정만으로는 그로 인하여 원고들이 위 1980.10.14. 소멸시효기간이 도과할 때까지 객관적으로 그 권리를 행사할 수 없는 장애사유가 있었다고 보기도 어렵다.

Ⅵ. 평석

1. 문제의 소재

대법원은 원심판결 중 상속채권에 대한 피고의 소멸시효의 항변을 받아들여 원고의 청구를 기각한 부분을 소멸시효의 기산점을 달리 보아야 한다는 이유로 파기환송하였으나, 원고들의 고유채권에 대한 소멸시효 기산일과 피고의 소멸시효 항변이 권리남용에 해당하지 않는다는 부분의 원심의 결론은 정당한 것으로 판시하였다.

위 판결에 대하여는 무려 70면에 걸친 매우 상세한 해설[4]이 있다. 상고이유에 대한 판단을 중심으로 ① 납북과 관련하여 취득하는 여러 손해배상채권과 이 사건의 청구원인, ② 국가배상청구권의 소멸시효기

4) 김미리, "납북된 피랍자의 납북피해에 대한 국가배상청구권의 소멸시효 기산점", 특별법연구(전수안대법관퇴임기념) 제10권, 특별소송실무연구회, 2012, 567~636면.

간과 기산점 일반 – 권리행사에 대한 사실상의 장애사유가 소멸시효의 기산점에 미치는 영향과 관련하여, ③ 소멸시효 완성 항변의 권리남용 법리에 관하여 – 권리남용의 기초되는 여러 사정 중 특히 권리행사에 대한 사실상의 장애사유를 중심으로, ④ 고유채권 관련 상고이유에 대한 검토, ⑤ 상속채권 관련 상고이유에 대한 검토, ⑥ 보론 1: 이 사건 실종 선고에 따른 사망간주의 효과가 미치는 범위 및 그 효과가 소급함에 따른 문제점 등과 관련하여, ⑦ 보론 2: 계속적 불법행위의 소멸시효 기산점과 일회적 불법행위로 인하여 계속적으로 손해만 발생하는 경우의 소멸시효 기산점에 관하여, ⑧ 보론 3: 이 사건 실종선고가 취소되는 만일의 경우 그 법률관계와 관련하여, ⑨ 보론 4: 피랍자 갑이 보유하던 여타 기존 채권의 소멸시효 및 다른 나라의 분단 상황과 관련한 소멸시효법상의 취급 등으로 나누어 해설하고 있다.

대상판결은 국가배상청구권에 관한 3년의 단기시효기간을 기산함에 있어 민법 제766조 제1항 외에 소멸시효의 기산점에 관한 일반규정인 민법 제166조 제1항이 중첩 적용된다는 기존 판례의 입장을 재확인하면서, 종래의 통설적인 해석론인 법률상 장애와 사실상 장애 이분론의 엄격성을 완화하는 새로운 이론적 시도의 연장선상에서 납북된 사람이 피고인 대한민국을 상대로 그 권리를 행사하는 것이 객관적으로 불가능하므로 납북상태가 지속되는 동안은 소멸시효가 진행되지 않는다는 또 하나의 예외를 추가한 판결로서 중요한 의의를 지닌다.[5]

비록 유사사례는 없었지만 분단 상황과 관련한 다른 나라의 소멸시효에 대한 비교법(중국, 베트남, 독일)적 검토를 한 것은 이 사건 해결을 위한 노력으로 높게 평가된다. 그러나 사건의 발단과 소송에 이르기까지의 우리나라의 상황을 감안하면 피고의 소멸시효 항변이 권리남용에 해당하지 않는다는 판단은 받아들이기 어렵다고 할 것이다. 대다수의

5) 전게논문, 636면.

국민은 국가가 국가배상법상 손해배상책임이 있음을 인정하고도 억울한 피해자인 국민이 시대상황에 따라 소송을 늦게 제기하였으므로 그 책임이 없다는 주장을 할 수 있다는 것과 법원이 그것을 원칙적으로 인정해야 한다는 것은 받아들이기 어려울 것이다. 특히 한국전쟁의 후유증과 남북대치로 대북 안보문제가 국민의 실생활에 심각한 영향을 미치던 시절에 납북문제로 보안대 조사까지 받은 원고가 국가를 상대로 소송을 제기한다는 것은 감히 생각하기 어려웠던 점을 감안하면 더욱 그러하다. 법원이 국가배상청구가능성을 알아보려면 그 당시 유사사건에 대한 그러한 청구가 있었는지, 과연 원고들이 권리 위에 자고 있었다고 할 정도로 국가배상청구가 가능하였는지 등을 분석해보아야 할 것이다. 국민의 기본권 보장의 최후의 보루인 법원은 가해자인 행정부의 입장보다 이 사건 발생과 관련하여 아무런 잘못이 없는 원고 측의 입장을 더 고려해야 할 것이다. 국가배상사건에서 원칙적으로 피고의 소멸시효 항변은 제한되고 예외적으로 허용되어야 한다는 입장에서 보면 오히려 제1심법원의 판단이 타당하다고 할 것이다.

위와 같은 문제의식을 가지고 대상판결의 소멸시효 기산점 판단과 권리남용 인정기준을 살펴보고, 유사 사례와 관련된 국가배상액의 급증으로 인한 재정문제와 국가의 상소포기를 통한 소멸시효 항변 포기로 인한 형평성 문제 및 국가배상사건에서 소멸시효제도의 기능 및 허용성과 관련한 소멸시효 항변 제한을 행정소송법 개정과 관련하여 검토하고 이 사건의 경우 납북피해자보상법에서 상당한 보상을 할 수 있게 한 후 국가배상청구를 못하게 입법적 해결을 할 수 없었는지 등을 언급하고자 한다.

2. 대상판결의 소멸시효 기산점과 권리남용 판단에 대하여

가. 상속채권의 소멸시효 기산점

(1) 국가배상법 제2조 제1항 본문의 공무원의 직무관련 불법행위를 원인으로 한 손해배상청구권은 국가배상법 제8조와 민법 제766조 제2항에 따라 불법행위를 한 날로부터 구 예산회계법 제71조 제2항(현행 국가재정법 제96조 제2항)이 정하는 5년간 행사하지 않으면 장기소멸시효에 해당하고, 국가배상법 제8조 및 민법 제766조 제1항에 의하여 피해자나 그 법정대리인이 그 손해 및 가해자를 안날로부터 3년간 행사하지 아니하면 단기시효로 소멸하고, 어느 하나라도 완성되면 국가배상청구권은 소멸한다. 소멸시효의 기산점에 대하여 민법 제166조 제1항은 "소멸시효는 권리를 행사할 수 있는 때로부터 진행한다."고 규정하고 있는데, 판례는 권리를 행사할 수 있는 때의 의미에 관하여 법률상 장애와 사실상 장애 이분론에 따라 '권리행사에 법률상 장애가 없는 때'라고 해석하고 있다.[6] 즉 권리를 행사할 수 없는 법률상의 장애를 기간의 미도래나 조건 불성취 등이 있는 경우를 말하고 사실상 권리의 존재나 권리의 행사가능성을 알지 못하였고 알지 못함에 과실이 없다고 하여도 이러한 사유는 법률상 장애사유에 해당되지 않는다고 한다.

이러한 법률상 장애와 사실상 장애의 엄격한 적용이 정의와 형평에 맞지 않고 소멸시효 제도의 존재이유에도 부합하지 않는 결과를 초래하는 경우에는 대법원은 사실상의 장애사유를 권리를 행사할 수 없는 사유로 보았다.[7] 타인의 권리매매에 있어서 매수인의 손해배상청구권의 소멸시효 기산점은 매수인이 이전불능임을 안 때부터[8] 이고, 법인의 이사회결의가 부존재함에 따라 발생하는 제3자의 부당이득반환청구권처럼 법인이나 회사의 내부적인 법률관계가 개입되어 있어 청구권자가 권

---

6) 대법원 1984,12.26.선고 84누572판결, 대법원 1992.3.31.선고, 91다32053판결, 대법원 2010.5.27.선고, 2009다44327판결 등.

7) 권영준, "소멸시효와 신의칙", 재산법연구 제26권 제1호, 2009.6. 16면.

8) 대법원 1977.12.13.선고 77다1048 판결.

리의 발생여부를 객관적으로 알기 어려운 상황에 있고 청구권자가 과실 없이 이를 알지 못한 경우에도 청구권이 성립한 때부터 바로 소멸시효가 진행한다고 하는 것은 정의와 형평에 맞지 않을 뿐만 아니라 소멸시효제도의 존재이유에도 부합하지 않는다[9]고 하였다. 또 종중의 총회결의가 부존재함에 따라 발생하는 제3자의 부당이득반환청구권처럼 종중 등의 내부적인 법률관계가 개입되어 있어 청구권자가 권리의 발생 여부를 객관적으로 알기 어려운 상황에 있고 청구권자가 과실 없이 이를 알지 못한 경우에도 청구권이 성립한 때부터 바로 소멸시효가 진행한다고 보는 것은 정의와 형평에 맞지 않을 뿐만 아니라 소멸시효제도의 존재이유에도 부합한다고 볼 수 없으므로, 이러한 경우에는 종중총회결의의 부존재가 외부로 드러남으로써 객관적으로 청구권의 발생을 알 수 있게 된 때로부터 소멸시효가 진행된다고 하였다.[10] 사인 간에 발생하는 법률관계에 있어서 소멸시효제도는 정의와 형평에 맞아야 하고, 소멸시효제도의 존재이유에 부합하여야 하므로 소멸시효 기산점의 판단에 있어서 구체적 타당성을 고려한 것이다.

(2) 이 사건의 경우 상속채권에 관해서는 소멸시효의 기산점을 늦게 잡아 소멸시효가 완성되지 않았다고 하는 것이 더 타당하고, 소멸시효 완성을 전제로 한 소멸시효 항변이 권리남용에 해당한다는 주장은 실익이 없을 뿐 아니라 논리적으로도 그렇게 볼 수도 없다는 견해[11]가 있으나, 소멸시효 완성 여부를 떠나 소멸시효 항변을 허용할 것인가 검토할 필요가 있다. 구체적인 경우에 소멸시효 기산점을 늦게 잡는 것이 제3자와의 법률관계나 채권채무 확정 등에서 원고들에 유리할 수 있을지 모르나, 사인 간의 법률관계가 아닌 가해자인 국가에 대한 국민의 국

9) 대법원 2003.2.11.선고 99다66427 판결, 대법원 2003.4.8. 선고 2002다64957판결.
10) 대법원 2011.5.26. 선고 2010다78470 판결.
11) 김미리, 전게논문, 604면.

가배상청구권에서는 정의와 형평의 추가 국민에게 더 치우쳐 있어야 할 것이다. 대상판결의 원고들은 소외 갑이 살아 있기만을, 가능하다면 생환할 수 있기만을 기도하였을 뿐 갑의 귀국에 대하여 국가가 아무런 조치를 취하지 않는 것을 원망할 수도 없었다. 고기 잡다 납북된 어민도 제대로 송환시키지 못하던 시절이라 소외 갑의 귀국을 요청하지도 않는 국가의 무성의에 대한 비판은 고사하고 억울한 대우를 감내하였을 뿐이다. 소외 갑이 65세가 되고 생사조차 할 수 없는 상황에서 자식들의 결혼 등으로 호적정리가 필요하기에 실종선고를 신청하였고 납북피해자보상법이 시행되는 등 주변 여건이 바뀌자 이 사건 손해배상에 이른 것으로 보인다. 그러한 상황을 감안하면 가해자인 국가가 소멸시효 항변을 주장하는 것은 현저히 부당하다고 할 것이므로 소멸시효 항변이 권리남용이라고 보는 것이 타당하다고 할 것이다. 가해자인 국가와 원고와의 위상 차이를 감안하면 피해 국민에게 국가배상청구권이 시효제도로 소멸될 수 있다는 것을 명시적으로 알려주지 않았다면 국가의 시효소멸 항변은 원칙적으로 제한되는 것이 타당하다고 할 것이다.

(3) 국가배상사건 배상금의 재원이 국가의 예산이고 그 금액의 지출이 부담스럽다고 하더라도 국가는 국민의 정당한 신뢰를 훼손하는 행위를 하여서는 안 될 것이다. 국가재정법 제96조에서 규정하고 있는 5년의 소멸시효 기간도 다른 시각에서 검토해야 할 필요가 있다고 할 것이다. 국세기본법 제26조의 2(국세부과의 제척기간) 규정과 국세기본법 제27조(국세징수권의 소멸시효) 규정과 같이 국가와 국민 사이의 소멸시효제도를 경우의 수로 나누어 규정하거나, 국민의 입장에서 부득이한 사유가 있는 경우에는 소멸시효 기간을 연장하는 것을 규정할 필요가 있다. 특히 한국전쟁과 남북분단 상태의 지속 그리고 권위주의적 정치체제하의 어려운 시절에 발생하였던 국가배상사건에 있어서는 소멸시효의 기산점을 뛰어 넘어 소멸시효 완성의 항변을 자제하게 하도록 하는 규정

을 두는 것이 정의와 형평에 맞고 소멸시효 제도의 존재이유에 부합할 것이다.

나. 고유채권에 대한 소멸시효 항변과 권리남용

(1) 이 사건에서 원고들의 고유채권에 대해서는 제1심과 달리 원심과 대법원은 원고들의 청구를 기각하면서 소멸시효 완성 항변에 대한 권리남용 주장을 받아주지 않았다. 즉 원심은 소외 갑의 처인 원고 1이 1977.10.13일 경에 이 사건 불법행위로 인한 손해 및 가해자를 알았다고 인정하고 3년의 단기 소멸시효가 완성되었고, 종래의 확고한 판례에 비추어 권리남용이 아니라고 판단하였다. 즉 ① 채무자가 시효완성 전에 채권자의 권리행사나 시효중단을 불가능 또는 현저히 곤란하게 하였거나, 그러한 조치가 불필요하다고 믿게 하는 행동을 하였거나(이하 제1 사정이라 한다), ② 객관적으로 채권자가 권리를 행사할 수 없는 장애사유가 있었거나(이하 제2 사정이라 한다), ③ 또는 일단 시효완성 후에 채무자가 시효를 원용하지 아니할 것 같은 태도를 보여 권리자로 하여금 그와 같이 신뢰하게 하였거나(이하 제3 사정이라 한다), ④ 채권자보호의 필요성이 크고, 같은 조건의 다른 채권자가 채무의 변제를 수령하는 등의 사정이 있어 채무이행의 거절을 인정함이 현저히 부당하거나 불공평하게 되는(이하 제4 사정이라 한다) 등의 특별한 사정이 있는 경우에 해당되지 않는다고 하였다.

그러나 제1사정은 국가배상사건에서 적어도 국가가 국민에게 구체적인 사안에 따라 3년의 소멸시효가 언제 진행되고 언제 완성된다는 것을 알려주어야 하고, 그렇지 아니한 경우 국민의 입장을 충분히 존중해주는 것이 타당하다고 할 것이다. 왜냐하면 대법원의 기준은 기본적으로 사인과 사인 사이의 권리행사에 관한 것으로 정당한 국가의 사법권을 행사하는 법원이 사법상 인정된 소멸시효제도의 한계를 인정한 것이기 때문이다. 국가 공무원의 불법행위가 요건사실인 국가배상사건에서 국가의 사법권을 행사하는 국가기관인 법원이 분쟁 당사자의 위치와 능력에 있어 현격한 차이가 있음을 간과하고 사법상의 분쟁과 같은 기준을 적용하는 것은 오히려 정의와 형평에 반하는 것이다. 원고들이 소외 갑의 납북사실과 그로 인한 충격 외에 보안대 조사를 받으면서 3년 내에 국가배상청구를 한다는 것은 불가능하다고 할 것이다. 제2사정도 마찬가지이다. 당시 대한민국 국민 누구도 국가배상청구를 하지 않았을 것이라면 소외 갑의 생존을 기원하고 무사귀환을 기다리고 있는 원고들이 자신들의 고유채권 침해를 이유로 국가배상청구를 하지 않은 것은 객관적인 장애사유라고 보아야 할 것이다. 국가가 가해자인데, 월북하였다는 사람에게 물어보기는커녕 하소연할 곳도 없는 상황에서 자신들을 억누르는 국가를 상대로 국가배상청구를 할 국민은 없었음이 분명하므로 사인간의 분쟁에서 적용되는 제 2사정도 국가배상사건에는 해당되지 않는다고 할 것이다. 북한의 선전전단 사건 이후 국가가 다시 원고 1과 소외 갑의 동생을 조사하고 감시하며 더 나아가 원고 2의 단기하사관 지원도 거절되고 보급병에서 운전병으로 배치되는 상황을 보면 결코 원고와 피고가 대등한 관계가 아님을 입증하고 있는 것이다. 그러한 사정을 보면 사인과 사인 사이에 적용되어야 할 권리남용 요건은 국가배상사건에 적합하지 않은 것이다.

(2) 유사 사건[12]에서 하급심 법원이 국가의 소멸시효 항변을 배척

---

12) 이른바 수지 김 사건(서울지방법원 2003.8.14. 선고 2002가합32467 판결)에서 피고 중 대한민국은 국가의 소멸시효 주장을 배척하고 내려진 원고승소판결에 대하여 항소를 포기하여 국가책임을 받아들였고, 이른바 최종길 교수 사건(서울중앙지방법원 2005.1.26.선고 2002가합33637 판결; 서울고등법원 2006.2.16. 선고 2005나27906 판결)에서는 제1심 판결과 달리 피고 대한민국의 소멸시효 항변을 배척한 서울고등법원의 판결에 대하여 대한민국이 상고하였다가 포기하였다. 김제완, “국가권력에 의한 특수유형 불법행위에 있어서 손해배상청구권의 소멸시효”, 인권과 정의 제368호, 대한변호사협회, 2007.4. 55−67면.; 한인섭 교수는 수지 김 사건의 항소포기 결정은 강금실 법무부장관 재임 시에, 최종길 사건에 대

하고 국가의 손해배상책임을 인정하였으나 국가가 하급심판결에 대하여 상소하지 않아 국가의 배상책임을 확정시킨 사례가 있다. 상소제도와 관련된 불가피한 것이라고 보기는 어렵고 원고들의 입장에서 보면 사법제도의 근본을 파괴할 정도로 형평에 반하는 것이다. 법무부장관이 상소를 포기하여 원고들이 최종적으로 권리구제를 받게 되는 경우가 극소수이고 대부분의 경우 그러한 혜택이 주어지지 않으므로 납득할 만한 기준이 제시되어야 할 것이다. 다른 사건과 달리 국가가 상소를 포기한 이유에 대한 근거가 없어 법무부장관들의 인권변호사 경력과 사건에 대한 이해를 추론하고 있으나, 피고인 국가가 예산으로 지출되는 국가배상사건에서 대법원까지 상소하지 않은 것은 국가배상사건 해결을 위한 새로운 해결방법으로 의미가 있다.

다. 소결

판결문상의 소멸시효 기산점에 관한 논의가 원고들에게 선뜻 이해될까 의문이다. 특히 아버지의 납북에도 불구하고 단기하사관을 지원하였다가 신원문제로 탈락되어 사병으로 입대하였으나 보급병에서 운전병으로 보직이 변경된 원고 2에게는 국가의 소멸시효 항변이 황당하였을 것이다. 단기하사관 지원마저 신원조회를 이유로 거부되면 받아들일 수밖에 없었던 원고들에게 피고의 소멸시효 항변은 설득력이 없다. 사인간의 법률관계에 대한 소멸시효제도의 존치 이유에 대한 의문이 있는 마당에 피고인 국가가 배상책임을 인정하고도 원고에게 손해배상을 해주지 않기 위하여 소멸시효 항변을 할 수 있도록 한다는 것은 헌법과 헌법정신에 반한다고 할 것이다. 안보의식이 강조되던 시절, 가장인 소외 갑의 억울한 납북과 그로 인한 고통을 수십 년간 겪고 있던 원고들에게 국가는 국가배상청구를 언급하지 않았고 누구도 그 가능성을 거론

한 상고포기는 천정배 법무부장관 재임 시에 내려진 것에 의미를 부여하고 있다. "재판을 통한 사법부의 과거청산", 재심·시효·인권, 경인문화사, 2007. 53면.

하지 않았던 것이다. 피고인 국가는 국가의 보호를 받아야 할 원고들에게 소멸시효의 항변을 당당하게 주장할 만한 어떤 조치도 한 바 없으므로 원고가 제때 국가배상소송을 제기하지 않았다는 것을 탓할 입장은 아니다. 거기에다가 유사사건에서 국가가 소멸시효 항변이 받아들여지지 않았음에도 불구하고 상소를 포기하여 손해배상을 해준 것과 비교하면 법에 대한 극도의 불신을 초래할 것이다. 국가배상법상의 소멸시효 항변이 헌법상의 국가배상규정에 부합하는지 검토할 필요가 있다.

3. 국가배상사건과 소멸시효 관련 입법론

(1) 국가배상금액의 급증으로 인한 국가재정문제와 형평성문제

국가배상법상 가해 공무원이 있음에도 여러 가지 이유로 국가와 지방자치단체를 상대로 손해배상청구를 하고, 국가배상요건이 완화되어 국가에 대한 편향적 손해배상책임이 인정되는 경향을 분석하면서 단순한 법리 해석의 문제가 아니라 피해국민의 보호필요성과 국고의 재정 부담을 비교형량하는 사법정책상의 문제가 내포되어 있음을 고려해야 한다는 주장[13]이 있다. 진실화해를 위한 과거사정리위원회에서 진실을 규명하였다는 사건들에 대한 재심과 무죄선고를 기화로 피해자와 유족들이 국가배상청구를 하여 1년에 1,000억 원이 넘는 피해배상액을 지급해야 할 뿐만 아니라 차후에도 엄청난 액수의 사건이 기다리고 있는 문제가 발생하자 이를 입법으로 해결해야 한다는 목소리가 커지고 있다.[14] 한국전쟁을 전후로 한 군경에 의한 민간인희생에 따른 국가배상사건이 끊이질 않아 예산으로 과거사정리를 하는 문제가 발생하고

13) 모성준, "국가에 대한 편향적 손해배상책임 인정경향의 문제점" 민사법연구 제16집, 2008.12. 1~3면.

14) 중앙일보 2013.4.29. 1,4,5면 참조. 2013년 올해 국가가 소송에서 졌을 때 쓰라는 용도로 국회에서 배정한 돈이 200억 원이나 이미 4월까지 184억 원을 쓴 상태라고 한다. 대부분은 민청학련사건처럼 과거사 관련 배상금에 투입되었다고 한다.

있는 중에 대법원은 '진실화해를 위한 과거사정리위원회'가 진실규명을 했다는 이유만으로 법원에서 충분한 사실관계 규명 없이 국가배상 책임을 인정하는 것은 잘못이라는 전원합의체 판결을 하였다.[15] 과거사 정리를 위한 손해배상금액의 과다로 발생하는 국가재정 문제와 소멸시효 제도의 근거를 감안하더라도 민관군이 아닌 군관민체제 시절의 현실을 반영하여 남북문제와 관련된 부분은 유연하게 판단하여 피고의 소멸시효 항변을 가능하면 권리남용으로 제한하는 것이 설득력이 있다고 할 것이다.

위에서 본 바와 같이 수지 김 사건이나 최종길 교수 사건에서 국가가 손해배상책임을 인정하는 하급심판결에 대하여 상소하지 않아 국가의 배상책임을 확정시킨 사례는 그러지 않은 다른 사례와 비교할 때 형평의 문제가 있고 결국 법의 권위를 해치게 될 것이다. 법무부장관이 상소를 포기하여 그 사건의 원고들이 최종적으로 권리구제를 받게 되는 경우가 있다면 국가는 그러한 혜택이 주어지지 않는 다른 사건의 원고들을 설득시킬 만한 기준을 제시해야 하고, 법원도 그 기준을 존중하는 판단을 해야 할 것이다.

(2) 국가배상법상 소멸시효 관련 입법론

2001년 거창민간인학살사건[16]을 심리하고 선고한 제1심 재판장이 관련사건[17]에 관심을 가지고 있다가 변호사가 된 뒤 자신이 피고인 국가의 소멸시효 항변을 신의칙을 이유로 배척하지 못한 아쉬움을 토로한 것을 보면 간단한 문제가 아님을 알 수 있다.[18] 즉 2001년 10월 26일 거창사건 자체에 대한 위자료에 대해서는 국가의 소멸시효 항변을 받아

15) 대법원 2113.5.16.선고 2012다202819판결.
16) 진주지원 2001.10.26. 선고 2001가합430판결.
17) 부산고등법원 2012.11.22.선고 2012나50087 판결; 위 사건에 대해 피고가 상고하여 현재 대법원에 계류 중이다.
18) 황정근, 정의의 수레바퀴는 잠들지 않는다, 예옥, 2013. 362면.

들였으나 거창사건 이후 유족들의 고유 위자료에 대해서는 "국가가 선정자들의 신원권 내지 알 권리 등을 계속적으로 침해하고 국가의 보호의무를 지금까지 위반함에 따라 선정자들은 계속 정신적인 고통을 받고 있으므로, 그로 인한 위자료는 현재까지 계속 발생하고 있는 권리"라고 하면서 손해의 계속성을 인정하여 소멸시효의 항변을 배척하면서 원고의 청구를 1인당 20만원으로 인용하였다. 그러나 부산고등법원[19]은 위 사건에 대하여 제시한 화해권고결정에 대해 쌍방 모두 이의신청하자 2004년 5월 7일 제1심판결을 취소하고 원고들의 청구를 모두 기각하였다. 대법원은 2008년 5월 29일 원고들의 상고를 기각하였다[20]. 그 후 1949년 12월 23일 경북 문경지역에서 국군이 공비토벌작전 수행과정에서 자행한 민간인 학살사건의 희생자 중 일부의 유족이 국가를 상대로 제기한 손해배상사건의 상고심에서, 대법원[21]은 2011년 9월 8일 "민간인학살 사건과 관련하여 국가가 소멸시효 완성의 항변을 하여 그 손해배상채무의 이행을 거절한 것은 현저히 부당하여 신의칙에 반하는 것으로서 허용될 수 없다"고 판시하였다. 그러자 위 거창사건에 참여하지 않았던 유족 6명이 다시 소송을 제기하였고 제1심에서는 패소하였으나 부산고등법원은 2011년 11월 22일 국가에게 손해배상책임이 있다는 판결을 선고하였다. 부산고등법원은 국가의 소멸시효 항변을 배척하면서 아래와 같이 판시하고 있다.

"거창사건 희생자 유족들의 명예회복 및 피해보상 등을 위한 지속적인 호소 및 노력의 결과 그 명예회복 등을 위한 거창사건특별법이 제정되고, 이후 그 피해회복 조치를 천명한 과거사정리기본법이 제정되었

19) 부산고등법원 2004.5.7. 선고 2001나15225 판결.
20) 대법원 2008.5.29. 선고 2004다33469 판결; 배병호, "입법부작위와 국가배상", 판례연구 제23집 (2), 서울지방변호사회, 2009, 참조.
21) 대법원 2011.9.8.선고 2009다66969 판결.

음에도 불구하고, 그에 따라 당연히 예정된 후속 절차로서의 피해회복을 위한 현실적인 보상 내지 배상 등 조치를 전혀 강구하지 않은 채로 거창사건 발생일로부터 60여 년이 지난 현재까지도 그 피해보상 등을 만연히 미루고 있던 피고가, 더 이상 피고에 의한 적극적인 피해보상 등 조치를 기다리다 지쳐 제기한 원고들의 이 사건 소에 대하여 미리 소를 제기하지 못한 것을 탓하는 취지로 소멸시효 완성을 주장하여 그 채무이행을 거절하는 것은 현저히 부당하여 신의성실의 원칙에 반하는 것으로서 허용될 수 없다"

위 부산고등법원의 판결에 대해 피고가 상고하였으나 대법원에 계류 중이지만 부산고등법원이 피고의 소멸시효 항변을 배척한 이유는 타당하다고 할 것이다. 한국전쟁을 전후로 한 군경 등 국가공권력에 의해 발생한 민간인 집단피해자들의 국가배상사건을 처리하는 과정에서 발생하는 문제에 대한 해결방안을 적극적으로 검토해야 할 것이다. 뿐만 아니라 '진실화해를 위한 과거사정리위원회'가 처리한 사건의 국가배상청구도 명확한 기준이 필요하다. 법원에서 처리하기가 적당하지 않은 국가배상사건은 국회에서 입법을 통하여 해결하는 것이 바람직하므로 국회에서 국민의 여론을 충분히 검토한 후 국가의 재정상황과 유사 사례의 처리 기준 등을 참조하여 우선적으로 처리해야 한다.

국가배상법에서 제8조가 "국가나 지방자치단체의 손해배상책임에 관하여는 이 법에 규정된 사항 외에는 민법에 따른다. 다만 민법 외의 법률에 다른 규정이 있을 때에는 그 규정에 따른다."고 규정하고 달리 소멸시효에 관하여 별도의 규정을 두지 아니하여 국가배상청구권에도 민법상의 소멸시효제도가 적용되고 그것은 국가배상청구권의 성격과 책임의 본질, 소멸시효제도의 존재이유 등을 고려한 것이므로 위헌이 아니라고 하나[22] 국가배상사건을 행정소송법상의 당사자소송의 하나로 명문화하는 행정소송법 개정안을 감안하여 본격적으로 검토할 때가 되었다고 할 것이다. 2006년의 대법원의 행정소송법 개정의견에서부터 2013년 3월 20일 입법예고된 법무부의 행정소송법 전면개정안에 이르기까지 모두 국가배상사건을 당사자소송의 하나로 명기하고 있는 것은 종래 민사법원에서의 처리와 다른 무엇이 있어야 한다는 것을 의미한다고 보아야 할 것이다. 특히 한국전쟁을 전후로 한 군경 등 국가공권력에 의해 발생한 민간인 집단피해자들의 국가배상사건에서 피고인 국가의 소멸시효 항변은 국가의 정체성을 흔들리게 하는 것이다. 차제에 국가배상법에 피고의 소멸시효 항변을 제한하는 규정을 두거나 연장을 할 수 있는 규정을 두어야 할 것이다. 헌법을 개정하지 않고도 가능하므로 충분한 논의를 거쳐 국가배상법을 완비해야 할 것이다.[23)]

국가의 재정을 감안한 국가배상법 제한과 그에 대한 대법원의 위헌판결을 해결하기 위하여 헌법 개정의 역사가 있었던 만큼 국가배상을 통한 손해배상금 지급은 국민 전체의 관심사이고, 국정 운영의 요체이므로 사법부도 무심할 수는 없다. 입법부가 활동하지 않을 때에는 연방대법원이 행동하여야 한다는 Shapiro의 주장[24)]처럼 구체적인 사건에 대한 판단이 됨에도 근거법률이 없다면 입법부작위를 해소하기 위해서라도 소멸시효 항변을 제한하여 국가배상을 인정하여야 할 것이다.

(3) 여론 - 납북피해자보상법 등을 통한 입법적 해결론

제1심법원은 납북피해자보상법을 통한 보상금을 받은 원고들의 이 사건 배상청구가 국가배상법상 이중배상청구에 해당되지 않는다고 하였고 피고도 더 이상 이중배상제한 주장을 하지 않았다. 원고들이 받은 보

---

22) 헌법재판소 1997.2.20. 96헌바 24 결정.
23) 김중권, 행정법, 법문사, 2013. 692면.
24) 존 하트 일리 저, 전원열 옮김, 민주주의와 법원의 위헌심사, 나남출판, 2006. 123면의 주 7.

상금이 구체적인 배상금 결정시에 참고가 되었으나 더 나아가 납북피해자보상법을 통한 보상으로 완결될 수 있는 방법이 없었는가라는 의문이 생긴다. 납북피해자보상법을 제정할 때 보상과 배상을 통합하는 어려움이 있지만 구체적인 사례에 따라 보상금지급액을 달리 지급할 수 있도록 하고, 납북피해자보상법을 통한 보상금을 받으면 국가배상법상 손해배상을 청구할 수 없도록 하는 조항을 규정하는 것도 가능하다고 할 것이다. 그랬더라면 이 사건과 같은 오랜 기간에 걸친 소송[25]은 사전에 방지되고 보상법의 취지에 따라 불행한 사건을 정리할 수도 있었을 것이다. 아니면 국가배상법상 이중배상금지규정을 개정하여 납북피해자보상법 등을 제한 대상에 포함시키는 것도 고려해보아야 할 것이다. 한국전쟁 당시 발생한 국가배상사건이나 과거사정리 사건 등을 이유로 한 국가배상사건을 국회에서 입법으로 해결하면서 관련 법적 문제도 충분히 반영해야 할 것이다.

4. 결론

대상판결이 원고들의 구제를 위하여 소멸시효의 기산점에 관하여 또 하나의 예외를 인정한 것에 대해서는 찬성하나, 소멸시효 주장이나 권리남용판단에 있어 국가배상사건은 민법의 손해배상사건과 다르다는 것을 고찰하지 못한 아쉬움이 있다. 국가배상사건을 당사자소송으로 행정법원에서 처리한다면 기존의 제도와 뭔가 달라야 할 것이다. 국가배상법의 민법 적용 내지 준용도 엄격하게 검토되어야 하며, 행정소송법도 독자적인 체제를 정비해야 할 것이다. 뿐만 아니라 개별적 사건이 아닌 역사적 배경을 가진 사건의 경우 국회가 적극적으로 나서서 입법으로 해결한 전례가 있는 만큼 과거를 정리하는 사건들의 국가배상문

25) 2007.11.22. 제기된 국가배상청구 소송은 하급심 판결들을 거쳐 2012년의 대상판결과 이에 따른 2013.2.7.의 부산고등법원의 판결로 종결되었다.

제도 국회에서 입법으로 해결해야 한다. 국가에 대한 국민의 건전한 신뢰를 바탕으로 국법이 만들어지고 행해진다는 믿음이 뿌리내려야 할 것이다.

참고문헌

김중권, 행정법, 법문사, 2013.
박정훈, 행정법의 체계와 방법론, 박영사, 2005.
이기용, 현대 민법학과 시효제도론, 성균관대학교출판부, 2008.
황정근, 정의의 수레바퀴는 잠들지 않는다, 예옥, 2013.
존 하트 일리 저, 전원열 옮김, 민주주의와 법원의 위헌심사, 나남출판, 2006.
강우찬, "국가배상소송에서 국가의 소멸시효 완성주장에 대한 기산점 인정 및 신의측 위반여부에 관한 검토", 법조 제593호, 법조협회, 2006.2.
권영준, "소멸시효와 신의칙", 재산법연구 제26권 제1호, 2009.6.
김제완, "국가권력에 의한 특수유형 불법행위에 있어서 손해배상청구권의 소멸시효", 인권과 정의 제368호, 대한변호사협회, 2007.4.
김미리, "납북된 피랍자의 납북피해에 대한 국가배상청구권의 소멸시효 기산점", 특별법연구(전수안대법관퇴임기념) 제10권, 특별소송실무연구회, 2012.
류승훈, "민사소송절차에서의 신의칙의 적용", 재산법연구 제28권 제3호, 2011.11.
모성준, "국가에 대한 편향적 손해배상책임 인정경향의 문제점" 민사법연구 제16집, 2008.12.
배병호, "입법부작위와 국가배상", 판례연구 제23집 (2), 서울지방변호사회, 2009.
윤진수, "2006년도 주요 민법 판례 회고", 민사재판의 제문제(김용담 대법관 화갑기념) 제16권, 민사실무연구회, 2007.
윤진수, "국가공권력의 위법행위에 대한 민사적 구제와 소멸시효·제척기간의 문제", 재심·시효·인권, 경인문화사, 2007.
한인섭, "재판을 통한 사법부의 과거청산", 재심·시효·인권, 경인문화사, 2007.

국문초록

대법원은 공무원의 직무수행 중 불법행위에 의하여 납북된 것을 원인으로 하는 국가배상청구권의 행사에 있어, 남북교류의 현실과 거주·이전 및 통신의 자유가 제한된 북한 사회의 비민주성이나 폐쇄성 등을 고려하여 볼 때, 다른 특별한 사정이 없는 한 북한에 납북된 사람이 피고인 국가를 상대로 대한민국 법원에 소장을 제출하는 등으로 그 권리를 행사하는 것은 객관적으로도 불가능하다고 하겠으므로, 납북상태가 지속되는 동안은 소멸시효가 진행하지 않는다고 봄이 상당하다(다만 이 사건에서와 같이 납북자에 대한 실종선고심판이 확정되게 되면 상속인들에 의한 상속채권의 행사가 가능해질 뿐이다)고 판시하였다. 그러나 납북된 자의 가족들 고유의 손해배상청구권에 대한 피고의 소멸시효에 기한 항변권의 행사는 허용된다고 하였다. 즉 채무자의 소멸시효 항변은 민법의 대원칙인 신의성실의 원칙과 권리남용금지의 원칙의 지배를 받는 것이어서, 채무자가 시효완성 전에 채권자의 권리행사나 시효중단을 불가능 또는 현저히 곤란하게 하고 그러한 조치가 불필요하다고 믿게 하는 행동을 하였거나, 객관적으로 채권자가 권리를 행사할 수 없는 장애사유가 있었거나, 일단 시효완성 후에 채무자가 시효를 원용하지 아니할 것 같은 태도를 보여 권리자로 하여금 그와 같이 신뢰하게 하였거나, 채권자보호의 필요성이 크고 같은 조건의 다른 채권자가 채무의 변제를 수령하는 등의 사정이 있어 채무이행의 거절을 인정함이 현저히 부당하거나 불공평하게 되는 등의 특별한 사정이 있는 경우에 해당되면 허용될 수 없지만 대상사건의 경우에는 채무자의 소멸시효의 완성 주장을 허용한 원심의 판단에 소멸시효 항변의 권리남용에 관한 법리를 오해한 위법이 있다고 할 수 없다고 판시하였다.

원고들의 구제를 위하여 소멸시효의 기산점에 관한 연장시도로서 또 하나의 예외를 인정한 것에 대해서는 찬성하나, 소멸시효 주장이나 권리남용판단에 있어 국가배상사건은 민법의 손해배상사건과 다르므로 이 사건의 경우 가해자인 피고의 소멸시효 항변이 권리남용에 해당된다고 판단하지 않은 것은 문제가 있다. 정의와 형평을 이유로 소멸시효 항변에 대한 권리남용의 요건을 제시하고도 사건의 배경과 그 시대상황을 무시하고 변화된 현재의 상황을 기준으로 판단하여 인정하지 않는 것은 비판받아야 한다. 국가배상사건을 당사자소송으로 행정법원에서 처리하도록 행정소송법을 개정한다면 기존의 제도와 뭔가 달라야 할 것이다. 국가배상법의 민법 적용 내지 준용도 엄격하게 검토되어야 하며, 행정소송법도 독자적인 체제를 정비해야 할 것이다. 뿐만 아니라 개별적 사건이 아닌 역사적 배경을 가진 사건의 경우 국회가 적극적으로 나서서 입법으로 해결한 전례가 있는 만큼 과거를 정리하는 사건들의 국가배상문제도 국회에서 입법으로 해결해야 한다. 국가에 대한 국민의 건전한 신뢰를 바탕으로 국법이 만들어지고 행해진다는 믿음이 뿌리내려야 할 것이다.

주제어: 국가배상법, 소멸시효, 소멸시효 중단사유, 권리남용, 당사자소송

Abstract

The extinctive prescription of a state compensation claim

–the Supreme Court 2012.4.13. sentence 2009da33754 decision–

Byung Ho Bae*

The Supreme Court decision admitted the additional exception of the progressing on the extinctive prescription about exercising a state compensation claim with the sustaining of being kidnapped. That case is related to being kidnapped to north korea by airplane on October 12th in 1977. The military affairs man had been kidnapped to North Korea by his colleague could not inform his idea with a written complaint to South Korea. His family living in South Korea sued South Korea for the state compensation claim to the district court on December 22 in 2007. The Supreme Court reversed the decision of a lower court. The Supreme Court admitted the additional exception of the progressing on the extinctive prescription for plaintiff's inherited damage. But The Supreme Court admitted the defendant's defense of extinctive prescription on the inherent damage right of the family and rejected the plaintiff's assertion on the abuse of rights of defense of extinctive prescription.

I agree to the Supreme Court's admission on the additional exception of the progressing on the extinctive prescription. But I don't agree to the rejection on the plaintiff's assertion on the abuse of rights

* Professor at Sungkyunkwan University Law School

of defense of extinctive prescription. Because the state's defense as defendant should be pure and admissible to the citizen's law sentiment. In this case it is difficult to accept the reasons of decision. If the jurisdiction of state compensation act case is transferred from the civil court to administrative court as a (public) party litigation by the amendment of Administrative Litigation Act, the application of civil law should be restricted and also Administrative Litigation Act should be complemented fully as an independent public legal system.

Key word: state compensation act, extinctive prescription, interruption of prescription, abuse of rights, party litigation.

투 고 일: 2013. 11. 30
심 사 일: 2013. 12. 15
게재확정일: 2013. 12. 20

建築行政法

組合設立認可處分 無效를 둘러싼 몇 가지 法的 爭點 / 成重卓

再建築整備事業 移轉告示 效力發生과 管理處分計劃 無效確認請求訴訟의 訴益 / 許盛旭

組合設立認可處分 無效를 둘러싼 몇 가지 法的 爭點

成重卓*

대상판결: 대법원 2012.10.25. 선고 2010두25107 판결

Ⅰ. 서설

2002. 12. 30. 제정된 도시 및 주거환경정비법(이하 도시정비법)은 도시기능의 회복이라는 유사한 기능을 하는 사업임에도 개별 법규로 규제되던 주택재개발사업, 주택재건축사업 및 주거환경개선사업 및 도시환경정비사업을 정비사업의 개념에 포괄하여 규제하고 있다. 도시정비법 제정 이전에 주택건설촉진법(이하 주촉법), 집합건물의 소유 및 관리에

* 경북대학교 법학전문대학원 조교수, 법학박사, 변호사.

관한 법률(이하 집합건물법)에 의하여 진행되던 주택재건축사업은 조합설립인가시와 사업계획승인시에만 행정처분으로 공법적 통제를 받았다는 점에서 주택재건축사업을 시행하는 조합이 유리한 것으로 인식되었으나, 토지소유권 확보의 어려움이나 법률관계의 불안정 등은 약점으로 작용하였다. 그러나 도시정비법 제정으로 조합설립인가와 사업계획승인이라는 공법적 통제만 받았던 주택재건축사업도 다른 정비사업과 마찬가지로 정비구역 지정, 추진위원회 승인, 조합설립인가, 사업시행인가, 관리처분계획인가, 이전고시, 청산금부과처분의 행정처분으로 공법적인 통제를 받게 되었다. 특히 대법원은 2009. 9. 24. 선고 2008다60568 판결에서 행정청이 도시정비 등 관련 법령에 근거하여 행하는 조합설립인가처분은 단순히 사인들의 조합설립행위에 대한 보충행위로서의 성질을 갖는 것에 그치는 것이 아니라 법령상 요건을 갖출 경우 도시정비법상 주택재건축사업을 시행할 수 있는 권한을 갖는 행정주체(공법인)로서의 지위를 부여하는 일종의 설권적 처분의 성격을 갖는 것으로 변경하였고, 나아가 재건축사업에 있어 중요한 역할을 해온 조합설립결의의 지위를 하자가 있는 경우 조합설립 자체를 무효화하는 중대한 기본행위로 간주하던 것에서 조합설립인가처분이라는 행정처분을 함에 있어 필요한 요건 중 하나에 불과한 것으로 이른바 행정법적 시각으로 수정하였다. 그런데, 조합설립인가처분을 설권적 처분으로 보고, 조합설립결의(동의)가 인가처분이 내려지는 절차의 한 요건에 불과하다면 과연 조합설립결의(동의)에 어느 정도 하자가 있다고 하더라도 인가처분 전체가 무효가 되는 것은 부당한 것은 아닌지 다수의 조합설립무효사건, 매도청구사건 등에서 제기되어왔다. 이와 관련하여 대상 판결은 그 정점에 있는 판결이라고 보여진다. 아래에서 보다 상세히 논하고자 한다.

Ⅱ. 대상 판결 - 대법원 2012.10.25. 선고 2010두 25107 판결【조합설립인가처분무효확인】

1. 사건의 개요

서울 마곡지구와 붙어 있고 방화뉴타운 내 위치해 강서지역 금싸라기 재건축으로 꼽히는 긴등마을(현대건설 시공 · 526가구) 재건축 사업에 대하여 강서구청장은 주택재개건축사업조합설립인가를 한 바 있는데, 구체적으로 위 긴등마을은 지난 2005년 10월 23일 재건축정비구역으로 지정·고시된 후 동년 11월 3일 강서구청으로부터 추진위원회를 승인받았다. 또한 2007년 7월 토지 및 건물 소유자 242명과 토지 소유자 41명, 건물 소유자 4명 등 전체 287명의 토지등소유자 중 토지 및 건물 소유자 197명과 토지 소유자 6명 등 203명의 동의를 얻어 조합설립인가를 신청, 2007년 8월 1일 조합설립을 인가받으며 동년 10월 26일 사업시행계획을 인가받았다. 이후 긴등마을 재건축조합은 사업구역 내 토지 및 주택소유자 31명과 1명으로부터 추가로 조합설립동의서를 징구해 각각 2007년 12월 24일과 2008년 8월 27일 2차례에 걸쳐 조합설립변경인가를 받았다. 문제는 2007년 개정[1)]전 구 도시정비법 제16조 제3항에 적시된 조합설립인가 조건인데, 위 규정은 "전체 토지 또는 건축물 소유자의 4/5(80%) 이상 및 토지 면적의 2/3 이상의 토지 소유자의 동의를 받아야 한다"고 규정하고 있는바, 이 사건 긴등마을은 건축물의 경우 구역 내 전체 소유자가 246명으로 동의율 80%를 충족했지만 토지의 경우 전체 소유자가 283명에 달해 동의율이 71.73%에 불과하였다.[2)] 그럼에도 피

---

1) 현재는 "주택단지가 아닌 지역이 정비구역에 포함된 때에는 주택단지가 아닌 지역안의 토지 또는 건축물 소유자의 4분의 3(75%) 이상 및 토지면적의 3분의 2 이상의 토지소유자의 동의를 얻어야 한다."로 개정되었다. [개정 2007. 12. 21.]

2) 한편, 이 사건 사업구역 내 토지면적은 총 31,924.10㎡인데 그 중 동의대상 토지면적에 해당하지 아니하는 국·공유지를 제외하면 30,754.30㎡로서 그 중 20,845.85㎡

고 구청은 건축물 동의율이 충족됐다는 이유만으로 주택재건축조합설립인가를 하였던 것이다. 그 후 참가인 조합은 종전 계획대비 103가구 늘어난 규모로 경미한 사항들에 대한 변경을 하면서 피고구청에게 토지 또는 건축물 소유자의 동의율 변경 등을 이유로 조합설립변경인가를 신청하였고, 피고는 아래 각주[3]와 같이 조합설립 변경인가처분을 한 후 2008. 1. 23. 관리처분계획인가가 이루어져 고시되었다. 한편, 위 관리처분계획인가가 나기 전 참가인 조합은 2007. 11. 23. 원고 등을 상대로 서울남부지방법원 2007가합23297호, 2007가합23341호로 매도청구의 소를 제기하였다. 그러자 긴등마을 재건축 사업지내 토지 소유주인 원고 등은 위 매도청구를 거부하면서 피고 강서구청장을 상대로 이 사건 조합설립인가처분무효확인 소송을 서울행정법원에 제기하였다.

2. 대상사건 판결요지

(1) 재건축조합설립인가신청에 대한 행정청의 조합설립인가처분은 법령상 일정한 요건을 갖출 경우 주택재건축사업의 추진위원회에게 행정주체로서의 지위를 부여하는 일종의 설권적 처분의 성격을 가지고 있고, 구 도시 및 주거환경정비법(2009. 2. 6. 법률 제9444호로 개정되기 전의

의 토지면적의 토지소유자가 동의를 하여 토지면적의 동의율이 67.78%(20,845.85 ÷ 30,754.30 × 00)가 되는바, 이로써 토지면적의 2/3 이상 토지소유자가 동의하였다고 본다.

3) ① 참가인 조합은 이 사건 사업구역 내 토지 및 주택소유자 31명으로부터 추가로 조합설립동의서를 받아 조합설립변경인가를 신청하였고, 피고는 2007. 12. 24. 조합설립 동의율을 91.56%(228 ÷ 249 × 100)라고 보고 참가인 조합의 설립변경인가를 하였다(이하 '제1차 변경인가처분'이라 한다). ② 참가인 조합은 이 사건 사업구역 내 토지 및 주택소유자 1명으로부터 추가로 조합설립동의서를 받아 조합설립변경인가를 신청하였고, 피고는 2008. 8. 27. 조합설립 동의율을 91.96%(229 ÷ 249 × 100)라고 보고 참가인 조합의 설립변경인가를 하였다(이하 '제2차 변경인가처분'이라 한다).

것) 제16조 제2항은 조합설립인가처분의 내용을 변경하는 변경인가처분을 할 때에는 조합설립인가처분과 동일한 요건과 절차를 거칠 것을 요구하고 있다. 그런데 조합설립인가처분과 동일한 요건과 절차가 요구되지 않는 구 도시 및 주거환경정비법 시행령(2008. 12. 17. 대통령령 제21171호로 개정되기 전의 것) 제27조 각 호에서 정하는 경미한[4] 사항의 변경에 대하여 행정청이 조합설립의 변경인가라는 형식으로 처분을 하였다고 하더라도, 그 성질은 당초의 조합설립인가처분과는 별개로 위 조항에서 정한 경미한 사항의 변경에 대한 신고를 수리하는 의미에 불과한 것으로 보아야 하므로, 경미한 사항의 변경에 대한 신고를 수리하는 의미에 불과한 변경인가처분이 있다고 하더라도 설권적 처분인 조합설립인가처분을 다툴 소의 이익이 소멸된다고 볼 수는 없다.

(2) 주택재건축사업조합이 새로 조합설립인가처분을 받는 것과 동일한 요건과 절차를 거쳐 조합설립변경인가처분을 받는 경우 당초 조합설립인가처분의 유효를 전제로 당해 주택재건축사업조합이 매도청구권 행사, 시공자 선정에 관한 총회 결의, 사업시행계획의 수립, 관리처분계획의 수립 등과 같은 후속 행위를 하였다면 당초 조합설립인가처분이 무효로 확인되거나 취소될 경우 그것이 유효하게 존재하는 것을 전제로 이루어진 위와 같은 후속 행위 역시 소급하여 효력을 상실하게 되므로, 특별한 사정이 없으면 위와 같은 형태의 조합설립변경인가가 있다고 하여 당초 조합설립인가처분의 무효확인을 구할 소의 이익이 소멸된다고 볼 수는 없다.

(3) 구 도시정비법 제2조 제9호 (나)목에서, 주택재건축사업의 '토지등소유자'는 '정비구역 안에 소재한 건축물 및 그 부속토지의 소유자,

4) 원심과 달리 대법원은 각주3)과 같은 정도의 변경은 경미한 사항의 변경에 해당하는 것으로 보았다.

정비구역이 아닌 구역 안에 소재한 대통령령이 정하는 주택 및 부속토지의 소유자와 부대·복리시설 및 그 부속토지의 소유자'를 의미한다고 규정함으로써 토지와 건축물을 모두 소유하는 '토지등소유자'를 '토지 또는 건축물의 소유자'와 구별하고 있는데 제16조 제3항은 명시적으로 '토지 또는 건축물 소유자의 5분의 4 이상'이라고 규정하고 있는 점, 토지만을 소유한 자 또는 건축물만을 소유한 자는 비록 주택재건축사업에서 조합원이 될 수 없다고 하더라도도시정비법 제2조 제9호 (나)목, 제19조 제1항] 그 소유의 토지 또는 건축물은 매도청구의 대상이 될 수 있으므로(도시정비법 제39조) 재건축조합의 설립에 중대한 이해관계가 있는 점 등 여러 사정을 종합하면, 개정 전 도시정비법 제16조 제3항에서 정한 '토지 또는 건축물 소유자'는 정비구역 안의 토지 및 건축물의 소유자뿐만 아니라 토지만을 소유한 자, 건축물만을 소유한 자 모두를 포함하는 의미라고 해석하는 것이 옳다.

(4) 관할 행정청이 구 도시정비법 제16조 제3항에서 정한 동의요건 중 '토지 또는 건축물 소유자의 5분의 4 이상'을 '토지 소유자의 5분의 4 이상' 또는 '건축물 소유자의 5분의 4 이상' 중 어느 하나의 요건만 충족하면 된다고 잘못 해석하여 요건을 충족하지 못한 주택재건축사업 추진위원회의 조합설립인가신청에 대하여 조합설립인가처분을 한 사안에서, 위 처분은 개정 전 도시정비법 제16조 제3항에서 정한 동의요건을 충족하지 못하여 위법할 뿐만 아니라 하자가 중대하다고 볼 수 있으나, '토지 또는 건축물 소유자의 5분의 4 이상'의 문언적 의미가 명확한 것은 아니고 다의적으로 해석될 여지가 충분히 있는 점 등을 종합하면, 조합설립인가처분 당시 주택단지가 전혀 포함되어 있지 않은 정비구역에 대한 재건축사업조합의 설립인가처분을 하기 위해서는 '토지 및 건축물 소유자, 토지 소유자, 건축물 소유자' 모두의 5분의 4 이상의 동의를 얻어야 한다는 점이 객관적으로 명백하였다고 할 수 없어 위 조합설립인가

처분이 당연무효라고 볼 수는 없다는 이유로, 이와 달리 본 원심판결[5] 에 법리오해의 위법이 있다.

3. 참조 조문

별지 참조

Ⅲ. 주택재건축조합의 법적 지위와 성질에 관하여

1. 주택재건축조합의 법적 지위

이 사건의 경우와 같이 주택재건축조합 설립인가 신청에 대한 행정청의 조합설립인가처분은 법령상 일정한 요건을 갖출 경우 주택재건축사업의 추진위원회에게 행정주체로서의 지위를 부여하는 일종의 설권적 처분의 성격을 가지고 있다. 대상 판결 역시 동일 취지로 판시하고 있다. 도시정비법 시행이전의 재건축과 재개발은 법적 절차가 매우 다른

5) 원심은 토지 또는 건축물의 소유자 수를 모두 합산하는 산정방식을 취하여 다음과 같은 이유로 하자가 중대하고 명백하다고 판시하였다. 즉, "이 사건 인가처분 당시 이 사건 사업구역 내 토지 또는 건축물의 소유자 수는 ① 토지 및 건축물의 소유자 242명, ② 토지 소유자 41명, ③건축물 소유자 1명(3명 감소) 합계 284명(분모)이고 그 중 동의자 수는 토지 및 건축물의 소유자 198명(1명 증가), 토지 소유자 7명(1명 증가) 합계 205명으로서, 이 사건 인가처분 당시 토지 또는 건축물 소유자의 동의율은 72.18%(205 ÷ 284 × 100)로 구 도시정비법 제16조 제3항이 정하는 동의요건인 4/5에 여전히 미치지 못하였다고 할 것이다. 위와 같이, 이 사건 인가처분은 조합의 설립인가에 필요한 도시정비법 소정의 동의요건을 충족하지 못한 것으로서 위법하다 할 것이고, 그 동의율이 구 도시정비법 제16조 제3항이 규정하는 법정동의율보다 현저하게 낮은 이상, 위와 같은 이 사건 인가처분의 하자는 중대할 뿐만 아니라 객관적으로 명백하다고 할 것이므로, 이 사건 인가처분은 무효라고 봄이 상당하다.

것이었다. 구 도시재개발법(1995. 12. 29. 법률 제5116호로 전문 개정되기 전의 것)에 의한 재개발조합은 조합원에 대한 법률관계에서 적어도 특수한 존립목적을 부여받은 특수한 행정주체로서 국가의 감독하에 그 존립 목적인 특정한 공공사무를 행하고 있다고 볼 수 있는 범위 내에서는 공법상의 권리의무관계에 서 있다.[6]

그런데, 현행 도시정비법의 제정으로 말미암아 지금은 모든 정비사업조합(재건축, 재개발 등 모든 조합이 포함)이 도시정비법에 의해 시행되는 개발사업을 담당하는 공행정주체로 사업대상지역의 토지등소유자로 구성되는 비영리, 공익법인으로 규정[7]되어 있다. 그런 이유로, 정비조합은 도시정비법에 의해 그 설립에 관한 절차가 규율되며, 동법에 의해 단체의 목적이 부여되는 공공단체로서 정비사업과 관련된 각종의 행정처분권을 행사할 권한을 갖는다. 이러한 공행정주체로서 정비조합은 정비사업의 시행에 관하여 자료제출 등의 의무를 지며, 구체적인 사업시행과 관련하여 국토부장관의 감독을 받는다(동법 제75조 이하). 조합의 설립목적 및 취급 업무의 성질, 권한 및 의무, 정비사업의 성질 및 내용, 관리처분계획의 수립절차 및 그 내용 등을 살펴보면, 정비조합은 조합원에 대한 법률관계에서 적어도 특수한 존립 목적을 부여받은 특수한 행정주체로서 국가의 감독하에 그 존립 목적인 특정한 공공사무를 행하는 범위 내에서는 공법상의 권리 의무관계에 서 있다고 할 것이다.[8]

---

6) 대법원 2010. 1. 28. 선고 2009두4845 판결, 대법원 1996. 2. 15. 선고 94다31235 전원합의체 판결 등.

7) 도시정비법 제18조(조합의 법인격 등)

8) 1996. 2. 15. 선고94다31235 판결, 송현진, 「유동규, 재개발·재건축 이론과 실무」, 법률출판사, 2010, 214면. 다른 한편 정비조합은 민법상 법인으로서의 지위도 갖게 되므로 도시재개발법이 특별히 달리 정하지 않고, 그 성격에 반하지 않는 범위 내에서는 민법상 법인에 관한 규정이 준용된다(도시정비법 제27조).

따라서 조합을 상대로 한 쟁송에 있어서 강제가입제를 특색으로 한 조합원의 자격 인정 여부에 관하여 다툼이 있는 경우에는 그 단계에서는 아직 조합의 어떠한 처분 등이 개입될 여지는 없으므로 공법상의 당사자소송에 의하여 그 조합원 자격의 확인을 구할 수 있다.[9] 한편 분양신청 후에 정하여진 관리처분계획의 내용에 관하여 다툼이 있는 경우에는 그 관리처분계획은 토지 등의 소유자에게 구체적이고 결정적인 영향을 미치는 것으로서 조합이 행한 처분에 해당하므로 항고소송에 의하여 관리처분계획 또는 그 내용인 분양거부처분 등의 취소를 구할 수 있다고 할 것이다.

2. 주택재건축조합설립인가의 법적성질이 인가인지 특허인지 여부

(1) 인가설

조합설립인가는 사인들의 조합설립행위를 보충하고 효력을 완성하여 주는 인가라고 보며, 주택재건축정비사업조합의 지위를 일반조합과 동일하게 취급하는 시각이다. 종래 변경되기 전 대법원 판례의 입장으로 간주된다. 종래 판례는 재건축조합설립인가는 불량·노후한 주택의 소유자들이 재건축을 위하여 한 재건축조합설립행위를 보충하여 그 법률상 효력을 완성시키는 보충행위에 불과하다고 해석하여 인가설을 취하였다.[10] 즉, 종래 대법원 판례[11]는 일관되게 주택법(구 주택건설촉진법)

9) 대법원 2012. 11. 29. 선고 2011두518 판결; 대법원 2011. 3. 10. 선고 2010두4377 판결 등.

10) 홍정선 교수 등 다수 학자 역시 위 인가설에 대한 지지를 하였다가 최근에는 특허설로의 변경이 오히려 타당하다고 밝히고 있다(홍정선, 행정법특강, 박영사 2011, 238면). 한편, 인가와 특허의 양성적 성격을 가진 것으로 보는 입장도 있다(박균성, 행정법(하), 2012, 510면 이하).

11) 조합설립행위와 그에 대한 인가, 사업시행계획과 그에 대한 인가 그리고 관리처분계획수립과 그에 대한 인가에 관한 각 판례를 보면 다음과 같다.

상의 주택2재개발 조합설립인가의 성질을 강학상인가로 보았고, 마찬가지로 주택건설촉진법에서 규정한 바에 따른 관할시장 등의 재건축조합설립인가는 인가로서 불량·노후한 주택의 소유자들이 재건축을 위하여 한 재건축조합설립행위를 보충하여 그 법률상 효력을 완성시키는 보충행위일 뿐이라고 보았다. 그러므로 그 기본되는 조합설립행위에 하자가 있을 경우 그에 대한 인가가 있다 하더라도 기본행위인 조합설립이 유효한 것으로 될 수 없고, 따라서 그 기본행위는 적법유효하나 보충행위인 인가처분에만 하자가 있는 경우 그 인가처분의 취소나 무효확인을 구할 수 있지만 기본행위인 조합설립하자가 있는 경우 민사소송으로써 따로 그 기본행위[12]의 취소 또는 무효확인 등을 구하는 것은 별론으로

---

① 대법원 2000. 9. 5. 선고 99두1854 판결【재건축조합설립 인가처분 무효확인 등】기본행위인 조합설립에 하자가 있는 경우에는 민사쟁송으로써 따로 그 기본행위의 취소 또는 무효확인 등을 구하는 것은 별론으로 하고, 기본행위의 불성립 또는 무효를 내세워 바로 그에 대한 감독청의 인가처분의 취소 또는 무효확인을 소구할 법률상 이익이 있다고 할 수 없다.

② 대법원 2001. 12. 11. 선고 2001두7541 판결【관리처분계획변경 인가처분 무효확인】도시재개발법 제34조에 의한 행정청의 인가는 주택개량재개발조합의 관리처분계획에 대한 법률상의 효력을 완성시키는 보충행위로서…<중략>…기본행위의 무효를 내세워 바로 그에 대한 행정청의 인가처분의 취소 또는 무효확인을 소구할 법률상의 이익이 있다고 할 수 없다.

③ 대법원 2008. 1. 10. 선고 2007두16691 판결 주택재건축정비사업 시행 인가처분 취소】조합의 사업시행계획도 원칙적으로 재건축결의에서 결정된 내용에 따라 작성돼야 하지만, 조합이 사업시행계획을 재건축결의에서 결정된 내용과 달리 작성한 경우 이러한 하자는 기본행위인 '사업시행계획 작성행위'의 하자이고, 이에 대한 보충행위인 행정청의 인가처분이 그 근거 조항인 위 법 제28조의 적법요건을 갖추고 있는 이상은 그 인가처분 자체에 하자가 있는 것이라 할 수 없다.

12) 참고로, 사업시행인가에서의 기본행위란 도대체 어떤 행위를 의미하는 것인지에 대한 의문이 있을 수 있다. 조합설립에서는 창립총회, 관리처분계획에서는 관리처분총회가 기본행위가 되며 이들은 모두 총회라는 형태로 기본행위를 하게 된다. 그러나 사업시행인가의 기본행위인 사업시행계획을 수립함에 있어서는 도시정비법에서 총회의 의결을 필수조건으로 하고 있지 않으므로 총회의 형태를 띠지 않는 경우가 많다. 이러한 경우에는 과연 기본행위가 무엇인가 의문이 들 수 있는 것이다. 이와 관련하여, 대법원(2008. 1. 10. 선고 2007두16691) 판결에서는

하고 기본행위의 불성립 또는 무효를 이유로 바로 인가처분의 취소 또는 무효확인을 구할 법률상 이익은 없다고 일관되게 판시하였다.13)

이러한 인가이론의 장점으로는 다음과 같은 점들이 있다. 먼저, 행정청의 책임범위 한정이다. 인가제도는 법률행위의 자유를 전제로 하면서도 일정한 공익상 필요와 공익적 관점에 관해 행정청의 동의를 얻도록 제약을 가하는 제도이므로 행정청은 법률이 정한 공익적 관점에 한정하여 대상행위를 심사하고, 그 행위가 공익적 관점에 저촉되지 않으면 인가를 발급해야 한다. 실정법의 태도에 의해 일정한 행정행위가 인가로 해석되면, 행정청은 그 인가에서 심사해야 할 목적에 한정하여 자신의 심사권을 행사하는 것으로 충분하고, 인가 대상이 되는 제3자간의 법률행위 전체를 법률적으로 검토할 의무는 없는 것이다.14) 이렇게 이

'사업시행계획 작성행위'가 바로 사업시행인가에 대한 기본행위라고 판시하고 있다. 사업시행계획 작성행위란 토지등소유자의 동의서를 징구하여 사업시행계획을 수립하는 것이라 볼 수 있는바 사업시행의 인가는 수익적 행정처분으로 재량행위이므로 행정청이 공익상 필요에 의하여 조건을 부과할 수도 있는 것이다.

13) 대법원은 "재건축주택조합의 조합장 명의변경에 대한 시장, 군수 또는 자치구 구청장의 인가처분은 종전의 조합장이 물러나고 새로운 조합장이 취임함을 내용으로 하는 조합장 명의변경 행위를 보충하여 법률상 효력을 완성시키는 보충적 행정행위로서, 그 기본행위인 조합장 명의변경에 하자가 있을 때에는 그에 대한 인가가 있다 하더라도 조합장 명의변경이 유효한 것으로 될 수 없는 것이므로, 기본행위인 조합장 명의변경이 적법·유효하고 보충행위인 인가처분 자체에만 하자가 있다면 그 인가처분의 취소를 구할 수 있는 것이지만, 기본행위에 하자가 있다고 하더라도 인가처분 자체에 하자가 없다면 따로 그 기본행위의 하자를 다투는 것은 별론으로 하고 기본행위의 하자를 내세워 바로 인가처분 자체의 취소를 구할 수는 없다."고 일관되게 판시한 바 있다. – 대법원 2005. 10. 14. 선고 2005두1046 판결. 대법원 1995. 12. 12. 선고 95누7338 판결 등.

14) 인가론의 매력은 이처럼 기본행위의 하자를 이유로 취소소송을 제기하는 것을 차단함으로써, 동일사안을 이중으로 심리해야 하는 법원의 부담을 덜고 분쟁을 민사소송(경우에 따라서는 당사자소송)으로 집중시키는 데 있다. 또한 행정청의 입장에서도 자신이 심리한 범위를 넘어서는 하자 주장에 대해 행정소송을 면제받게 되므로 행정부담도 경감되는 효과가 있다. 이와 대조적으로 기본행위의 당

해해야 기본행위의 하자를 주장하며 바로 인가의 취소를 구하지는 못하도록 한 종래 판례의 논리가 정당화될 수 있다. 이러한 항고소송에 대해서는 종래 학설과 판례가 일치하여 협의의 소익이 없음을 이유로 소를 각하해야 하는 것으로 보았다. 마지막으로, 인가제도는 기본행위와 보충행위의 구도를 취함으로써 기본행위의 효력에 인가의 효력을 의존시킨다. 따라서 기본행위가 효력을 발생하지 못하면 인가도 독자적으로 의미를 갖지 못하고, 특별한 무효선언이 없어도 효력을 갖지 못한다. 또한 기본행위가 사후적으로 무효가 되는 경우에도 인가행위는 그에 따라 효력을 상실한다. 이러한 경우에는 예외적으로 기본행위의 하자를 이유로 인가의 무효확인을 구할 이익이 있는 것으로 해석된다.[15)]

(2) 특허설

특허설은 주택재개발, 재건축조합설립인가는 통상적인 조합에 대한 인가와 다르게 파악하는 입장으로서, 사인들의 조합설립행위를 보충하고 효력을 완성시켜주는 인가 본래의 성격을 넘어서서 공법인으로서 행정주체가 될 수 있는 법적 지위를 새로이 형성하여 주는 설권적 처분인 특허로서의 성질을 가진다고 본다. 인가도 설권적 행위이기는 하나 공법인의 특수한 독점적 지위를 형성하여 준다는 측면에서 특허의 성격으로서 지니는 특수성이 있음을 강조하는 입장이다.[16)] 최근 대법원은 "행정청이 도시 및 주거환경정비법 등 관련 법령에 근거하여 행하는 조합설립인가처분은 단순히 사인들의 조합설립행위에 대한 보충행위로서의

사자 또는 제3자의 입장에서는 행정소송을 제기할 수 있는 길이 상당부분 봉쇄되므로, 인가심사 당시에 행정청의 과도한 심사권행사가 제한되어야 그 정당성을 수긍할 수 있을 것이다. – 김종보, "강학(講學)상 인가와 정비조합 설립인가 – 대법원 2002. 3. 11 자 2002그12 결정을 계기로", 「行政法硏究」 第9號,, 행정법이론실무학회, 2003, 327면 이하.

15) 대법원 1979. 2. 13. 선고 78누428 판결.

16) 김중권, 「행정법 기본연구」, 법문사, 2008, 311면.

성질을 갖는 것에 그치는 것이 아니라 법령상 요건을 갖출 경우 도시 및 주거환경정비법상 주택재건축사업을 시행할 수 있는 권한을 갖는 행정주체(공법인)로서의 지위를 부여하는 일종의 설권적 처분의 성격을 갖는다고 보아야 한다. 그리고 그와 같이 보는 이상 조합설립결의는 조합설립인가처분이라는 행정처분을 하는 데 필요한 요건 중 하나에 불과한 것이어서, 조합설립결의에 하자가 있다면 그 하자를 이유로 직접 항고소송의 방법으로 조합설립인가처분의 취소 또는 무효확인을 구하여야 하고, 이와는 별도로 조합설립결의 부분만을 따로 떼어내어 그 효력 유무를 다투는 확인의 소를 제기하는 것은 원고의 권리 또는 법률상의 지위에 현존하는 불안·위험을 제거하는 데 가장 유효 · 적절한 수단이라 할 수 없어 특별한 사정이 없는 한 확인의 이익은 인정되지 아니한다(대법원 2009. 9. 24. 선고 2008다60568호 판결)"고 판시하여 특허설을 따르고 있다.[17]

(3) 검토

생각건대, 일반조합과 주택재개발, 재건축조합을 동일하게 본다면 인가설이 타당하겠지만, 주택재건축조합과 재개발조합 등 정비사업조합은 관련 도시정비법 등에 의하여 조합원에 대한 공법적인 행정작용을 할 수 있는 공법상의 주체로서 인정되고 있으므로, 이러한 독점적이고 특권적인 권리와 공법상의 의무를 고려한다면 일반조합과 차별하고 구별하여 특허로 이해하는 것이 일응 타당하다고 하겠다. 종래 대법원이 조합설립인가를 강학상 인가로 보는 경우 오히려 정비조합의 주요 문제를 행정소송의 영역에서 배제시키는 사법정책적(司法政策的) 문제점을 가지고 있다. 즉, 인가의 보충적 성격(인가의 효력이 기본행위의 효력에 의존하는 속성)에서 소의 이익에 관한 그와 같은 특수한 도그마틱을 마치

17) 대법원 2010. 1. 28. 선고 2009두4845 판결 등.

당연한 것처럼 도출하는 것은 문제가 있다. 그 이유는 다음과 같다. 기본행위에 하자가 있는 경우에 원고는 사인을 상대로 민사소송(이행소송이 원칙일 것이나, 즉시확정의 이익이 있다면 확인소송도 가능할 것임)을 제기해서 기본행위의 효력을 다툴 수 있다. 그러나 그렇다고 해서 행정청을 상대로 항고소송(무효확인소송이 원칙일 것이나, 취소소송을 제기한다면 무효확인을 구하는 취지가 될 것임)을 제기하여 인가의 효력을 다툴 수 있는 가능성을 원천적으로 봉쇄할 이유는 없다. 민사소송을 제기하는 것이 권리구제에 더 직접적인 도움이 되는 경우라도 항고소송이 당사자에게 주는 이점이 분명 있을 수 있기 때문이다.[18] 언급한 바와 같이 정비조합은 단순히 사인간에 권리를 주고받는 거래처(去來處)에 불과한 것이 아니라, 정비사업을 주도하며 그 사업에 동의하지 않는 제3자의 소유권을 박탈할 수 있는 권능(토지수용권 또는 매도청구권)까지 부여받은 행정주체이다. 이러한 주체를 만들어내는 조합설립인가라는 처분은 행정소송의 관할하에 있을 때 비로소 그 정당성이 승인될 수 있는바, 이것이 공법적 통제를 강화한 현행 도시정비법의 입법취지와도 부합한다고 할 것이다.[19]

Ⅳ. 조합설립변경인가처분의 법적성격

1. 쟁점

도시정비법 제16조에서 규정하고 있는 조합설립변경인가처분은 별

18) 송시강, "도시정비사업 조합설립인가 및 그 변경인가의 법적 성격", 고시계, 2011. 11, 4-5면.

19) 김종보, "전게논문", 335면 이하; 박현정, "재건축·재개발정비사업조합의 설립동의 또는 총회결의에 관한 소송유형의 검토: 2009. 9. 17. 및 2009. 9. 24.의 대법원 판결·결정을 중심으로", 「행정법연구」, 제26호 2010, 4, 154-155면.

개의 조합설립행위에 대한 인가가 아니라 당초의 인가처분과 동일성을 유지하면서 일정 사항을 변경하는 것을 인가하는 것이다.[20] 따라서 최초의 조합설립인가와 동일성을 가지는 범위 내에서만 변경인가가 가능한 것이지 당초 동의요건 흠결로 무효인 조합설립행위를 사후에 변경인가로서 유효하게 하는 것은 변경인가가 상정하고 있는 범위를 넘어서는 것으로 허용될 수 없는 것인지 등이 문제된다. 이는 당초의 조합설립인가처분은 새로운 설권적 처분인 조합설립변경인가처분에 의해 그 효력이 소멸된다고 볼 것인지 문제되며 나아가 조합이 새로 조합설립인가처분을 받는 것과 동일한 요건과 절차를 거쳐 조합설립변경인가처분을 받

20) 이와 관련하여 서울고등법원은 도시정비법 제20조 제3항의 신고와 동법 제16조 제1항의 신고를 다음과 같이 구분하여 판시하고 있다. 먼저 도시정비법 제16조 제1항 단서에서 규정하고 있는 신고는 조합원에게 실질적으로 부담을 지우는 사항들이 많을 뿐만 아니라, 법문의 규정 형식, 도시정비법 시행규칙의 규정 등에 비춰 행정청의 심사가 필요한 '수리를 요하는 신고'에 해당한다고 판단했다. 다음으로 도시정비법 제20조 제3항 단서에서 규정하는 "정관 변경 중 대통령령이 정하는 경미한 사항"의 내용은 예산의 집행 또는 조합원의 부담이 되는 사항 이외의 사항으로서 조합의 명칭 및 주소, 총회의 소집 절차·시기 및 의결 방법, 조합 직원의 채용 및 임원 중 상근임원의 지정에 관한 사항과 직원 및 상근임원의 보수에 관한 사항 등 관할관청에 정보를 제공하기 위한 목적이 주된 것으로 보인다고 해석했다. 결론적으로 서울고법은 행정청의 신고를 요하는 정관의 경미한 변경의 경우 행정청의 신고 여부와 상관없이 총회에서 결의하면 곧바로 정관의 효력이 발생하고, 유효한 정관에 따라 적법하게 조합장을 선출했으므로 조합설립 변경인가 처분을 해야 한다고 판단했다.(서울고등법원 2011. 11. 10. 선고 2011누23865 판결) 양자의 차이점은, 전자의 경우 조합의 신청이 있고 그 신청에 대해서 행정의 인가가 있어야 비로소 효과가 발생하는 것과 달리, 후자의 경우 조합의 신고가 있으면 행정의 인가 없이도 효과가 발생한다는 데 있다. 다만, 후자의 경우에 그 신고가 도달하는 즉시 조합설립변경의 효과가 발생하는지 아니면 더 나아가 행정의 수리가 있어야 비로소 효과가 발생하는지에 대해서는 논란이 있을 수 있다. 만일 자기완결적 신고로 간주하면 신고내용에 대한 행정의 사전규제가 불가능하다는 결론에 이르는바, 도시정비법시행령 제27조가 규정하는 신고사항이 법인등기와 밀접한 관련을 가질 뿐만 아니라 조합원의 이해관계라는 측면에서도 중요한 의미를 가질 수 있는 점에서 수리를 요하는 신고로 보는 것이 타당하다고 하겠다. – 동지, 송시강, "전게논문", 7면.

은 후에 당초 조합설립인가처분의 유효를 전제로 당해 주택재건축사업 조합이 매도청구권 행사, 시공자 선정에 관한 총회 결의, 사업시행계획의 수립, 관리처분계획의 수립 등과 같은 후속 행위를 하였다면 그 후 당초 조합설립인가처분의 무효확인을 구할 소의 이익이 존재한다고 볼 수 있는 것인지의 문제로 귀결된다.

2. 재판을 통한 소의 이익 존재여부

(1) 이 사건 대상판례와 원심 판시의 차이점

가. 대상 대법원 판결 및 그 의미

먼저, 대상판결은 원심과 달리 각주 3과 같은 변경내용을 경미한 사항의 변경에 해당한다고 보았다. 즉, 경미한 사항의 변경에 대하여 행정청이 조합설립변경인가라는 형식으로 처분을 하였다고 하더라도, 그 성질은 당초의 조합설립인가처분과는 별개로 위 조항에서 정한 경미한 사항의 변경에 대한 신고를 수리하는 의미에 불과한 것으로 보아야 하므로[21], 경미한 사항의 변경에 대한 신고를 수리하는 의미에 불과한 변경인가처분이 있다고 하더라도 당초 조합의 동일성은 유지되어 존속하고 있으므로 설권적 처분인 조합설립인가처분을 다툴 소의 이익이 소멸된다고 볼 수는 없다고 판시[22]하고 있다.

---

21) 대상판결에 이론적 논리를 보탠다면 '행정행위의 전환이론'을 들 수 있다. 행정행위의 전환은 본래의 행정행위로서는 하자가 있으나 다른 행정행위로 보면 요건이 충족되는 경우에 하자가 있는 행정행위를 하자가 없는 다른 행정행위로 인정하는 것을 말한다. 형식적인 관점에서 조합설립변경신고에 해당하는 사항이 조합설립변경인가로 처리되는 것은 법령위반이다. 그러나 조합설립변경 인가는 조합설립변경신고 및 그 수리를 포함한다. 이렇게 대(大)는 소(小)를 포함한다는 관점에서 보면, 비록 형식은 조합설립변경인가지만 당사자의 의사는 어디까지나 조합설립변경신고 및 그 수리에 있기에, 조합설립변경인가를 조합설립변경신고 및 그 수리로 전환하는 것이 불가능한 것으로 보이지는 않는다. - 송시강, "전게 논문", 10면.

원래 도시정비법 제16조에서 규정하고 있는 조합설립인가의 변경인가처분은 당초의 조합설립인가처분이 유효함을 전제로 하여 그 동일성을 유지하면서 이미 인가받은 사항의 일부를 수정, 취소하거나 새로운 사항을 추가하는 것 등을 상정한 것으로 보인다. 이 경우 변경인가처분은 새로운 인가처분이 아니므로 별개의 독립된 설립인가처분으로서 평가될 수 없는 반면, 당초의 설립인가처분은 그 변경인가처분에 흡수되어 독립적 존재가치를 상실하는 것이 아니라 그대로 효력을 유지함은 물론, 설립인가처분에 가지는 설권적 효력도 당초의 인가처분에 의하여 발생한다고 할 것이고, 다만 변경인가처분에 의하여 변경된 내용이 당초의 인가처분의 내용에 포함되어 일체로서 하나의 설립인가처분을 구성한다고 볼 수 있을 것이다. 이는 후행처분이 선행처분의 연장선상에 있다, 즉 동질성이 유지되고 있다는 것을 강조하는 의미로 이해할 수 있다.

나. 원심 판결

이에 대해 이 사건 원심은 다음과 같이 설시하고 있다.

당초의 조합설립인가처분에 대하여 동의율에 관한 문제가 제기되어 조합이 동의서를 추가로 징구하여 제출하면서 조합설립인가의 변경인가처분을 구하고, 그에 대하여 행정청이 조합설립인가의 변경인가처분을 한 경우에는, 비록 당초의 조합설립인가처분이 조합설립에 관한 동의율 요건을 충족하지 못한 것임이 밝혀져 그 효력이 없다고 하더라

22) 동지: 대법원 2010 12. 9. 선고 2009두4555 판결. – 위 사건에서도 대법원은 경미한 사항의 변경에 대해 행정청이 조합설립의 변경 형식으로 처분을 하였다고 하더라도 그 성질은 당초의 조합설립인가처분과는 별개로 위 조항에서 정한 경미한 사항의 변경에 대한 신고를 수리하는 의미에 불과하다고 보아 별도의 독립된 처분이 아니라고 보았다. 이에 대해 김중권 교수는 판례평석을 통해 대법원의 이러한 파격적 접근에는 세심한 요건제시가 필요하다고 비판하면서 인가제와 신고제에 관한 법리를 분명히 할 것을 촉구하며 인가제와 신고제는 행정법 도그마틱의 “휴경지”라는 의미심장한 표현을 사용하고 있다. – 김중권, “도시정비법상의 조합설립변경인가처분 관련 문제점”, 2011. 1. 6.자 법률신문.

도, 행정청으로서는 형식상 존재하는 기존의 인가처분을 무시할 수 없어 변경인가처분의 형식을 취한 것에 불과하므로 그 변경인가처분은 실질적으로는 새로운 인가요건에 따라 이루어진 새로운 인가처분에 해당한 반면, 당초의 인가처분은 이러한 변경인가처분으로 대체되었다고 보아야 한다. 이때 당초의 조합설립동의가 정족수 요건을 충족하지 못하였더라도 추후 정족수 요건을 충족하게 된 경우에는 새로운 조합설립동의가 유효하게 성립된다는 전제에 서서 당초의 조합설립동의에 대한 하자를 다투는 것은 과거의 법률관계에 대한 확인을 구하는 것으로서 더 이상 이를 소구할 법률상 이익이 없다고 볼 수도 있다. 즉, 이 사건 인가처분 이후에 참가인 조합이 이 사건 사업구역 내의 주택 및 토지소유자들로부터 추가로 조합설립 동의를 받아 제출하였고, 피고는 순차로 제1, 2차 변경인가처분을 함으로써 새로운 조합설립동의가 유효하게 성립되었으며 이로 인하여 원고가 더 이상 이 사건 (최초) 인가처분의 효력을 다툴 수 없다고 볼 여지가 있는 것이다.

다만 이 사건의 경우, 도시정비법 제39조에 "사업시행자가 매도청구를 할 수 있다"라고 규정하고, 같은 법 제2조 제8호에 "사업시행자라 함은 정비사업을 시행하는 자를 말한다"라고 규정하고 있으며, 같은 법 제18조 제2항에 "조합은 조합 설립의 인가를 받은 날부터 30일 이내에 주된 사무소의 소재지에서 대통령령이 정하는 사항을 등기함으로써 성립한다"라고 규정하고 있으므로, 참가인 조합이 주택재건축정비사업조합으로서 주택재건축사업을 시행하는 이 사건에 있어서 참가인 조합은 조합설립등기를 마친 때로부터 매도청구를 할 수 있다고 할 것이고, 집합건물의 소유 및 관리에 관한 법률(이하 '집합건물법'이라 한다) 제48조 제4항에서 매도청구권의 행사기간을 규정한 취지 및 도시정비법 제39조에서 이러한 집합건물법 제48조 제4항을 준용하도록 한 입법 취지에 비추어 볼 때, 참가인 조합은 조합설립등기를 마친 때로부터 집합건물법 제48조 제4항 소정의 2월 이내에 원고에 대하여 매도청구를 할 수 있다고 해석함이 상당하고(대법원 2008. 2. 29. 선고 2006다56572 판결 참조), 위 조합설립등기는 유효한 조합설립인가처분을 전제로 한다고 할 것이다. 위와 같은 법리에 비추어 보면, 참가인 조합은 이 사건 인가처분 이후로서 제1차 변경인가처분이 있기 이전인 2007. 11. 23. 이 사건 인가처분이 유효함을 전제로 원고를 상대로 매도청구의 소를 제기하였는데, 이 사건 인가처분의 효력 여하에 따라 참가인 조합이 원고에 대하여 매도청구권을 행사할 수 있는지가 달려있게 되는 이상, 원고로서는 위 변경인가처분이 이루어진 이후에도 여전히 이 사건 인가처분의 효력을 다툴 소의 이익이 있다.

(2) 검토

이 사건 대법원 판결과 원심 판시는 넓은 의미에서 소의 이익이 있다는 점에서 그 결론은 동일하나 결론에 이른 논거는 다름을 알 수 있다. 행정소송법 제12조 같은 조문에서 규정하고 있는 원고적격과 소의 이익의 문제는 각각 취소에 의한 주관적 측면과 객관적 측면에 대한 고찰이라는 점에서 동전의 양면에 비유될 수 있으나, 양자는 그 성질을 달리하는 것임을 명확히 인식할 필요가 있고, 따라서 이러한 이질성을 전제로 하여 양자가 다같이 '법률상의 이익'의 존재를 요건으로 하는 경우에 있어서도 그에 관한 해석상의 차이에 관해서는 관계법규의 목적·취지와 구체적 사안등과 관련하여 보다 유연성 있게 다루어져야 할 것이기 때문이다. 먼저, 대법원 판시는 도시정비법 제16조에서 규정하고 있는 조합설립변경인가처분의 본래적 취지를 강조하여 사안의 경우 경미한 사항의 변경에 불과하고 그 경우 최초 인가처분을 전제로 그 동일성을 유지하면서 일부를 수정, 취소하거나 새로운 사항을 추가하는 것으로서 당초 설립인가처분은 그 변경인가처분에 흡수되어 독립적 존재가치를 상실하는 것이 아니라 그대로 효력을 유지하므로 그 무효를 여전히 다툴 수 있다는 것이다. 따라서, 이때의 무효를 다툴 소의 이익은 제12조 전단의 원고적격 일반에 관한 법률상 이익으로 봄이 상당하다. 그에 반해, 원심은 대법원과 달리 경미한 사항의 변경으로 보지 아니하는 전제하에서 서로 다른 별개의 처분으로 보면서도 '이 사건 최초 인가처분 후 (기존의 설립인가처분과 별도의 독립적인) 변경인가처분이 이뤄지기 전까지 이 사건 인가처분에 기하여 당해 조합이 유효하게 성립되었음을 전제로 어떠한 권리(이 사건의 경우 매도청구권 행사 등)를 행사한 경우 종전의 설립인가처분의 효력 여부에 따라 조합이 위 권리 행사 당시 적법한 행정주체의 지위에 있었는지 여부가 달라지게 되므로, 위 변경인가처분이 이뤄진 후에도 여전히 이 사건 인가처분의 효력을 다툴 소의 이익이 있다'고 보았다. 이때 원심이 말하는 소의 이익이란 대법원 판시와 달리 행정소송법 제12조 후문의 협의의 소익을 의미하는 것으로 해석된다.[23][24] 법문언의 취

23) 원고적격을 가진 자라도 항상 소송을 제기할 수 있는 것은 아니고 분쟁을 소송에 의해 해결할 현실적 필요성이 있어야 하는바, 이를 협의의 소익 또는 권리보호의 필요성이라고 하는데, 위 원심 판시와 동일한 취지에서 대법원은 "도시개발사업의 시행에 따른 도시계획변경결정처분과 도시개발구역지정처분 및 도시개발사업실시계획인가처분은 도시개발사업의 시행자에게 도시개발사업을 시행할 수 있는 권한을 설정하여 주는 처분으로서 처분 자체로 그 처분의 목적이 종료되는 것이 아니고 처분이 유효하게 존재하는 것을 전제로 당해 도시개발사업에 따른 일련의 절차 및 처분이 행해지기 때문에 처분이 취소된다면 그것이 유효하게 존재하는 것을 전제로 하여 이루어진 토지수용이나 환지 등에 따른 각종의 처분이나 공공시설의 귀속 등에 관한 법적 효력은 영향을 받게 되므로, 도시개발사업 공사 등이 완료되고 원상회복이 사회통념상 불가능하게 되었더라도 위 각 처분의 취소를 구할 법률상 이익은 소멸한다고 할 수 없다."고 판시하여, 협의의 소익을 인정한 바 있다(대판 2005. 9. 9, 2003두5402 · 5419).

24) 행소법 제12조 제1문과 달리 제2문의 경우 규정문언 형식상 취소소송으로 되어 있을 지라도, 단순한 취소소송이 아니라, 독일 행정법원법상의 繼續確認訴訟과 유사한 소송유형으로 보는 견해가 일반적인 입장으로 보여진다. 계속확인소송이란, 독일 행정법원법 제113조 제1항 제4문에 따르면, 취소소송이 제기된 이후부터 판결기준시 이전에 계쟁행정행위가 취소 기타의 사유로 완료된 경우 법원은 원고가 그 위법확인에 정당한 이익을 가지는 때에는 그 신청에 따라 당해 처분이 위법한 것이었음을 판결로써 확인하라고 규정하고 있는데 이에 따른 소송을 말한다. 독일의 경우 우리 행정소송법과는 달리 처분이 위법이었음을 확인할 정당한 이익이 있을 것을 요구하고 있다. 이렇게 볼 때 본 규정에 의한 소송은 현

지나 논리 일관적인 측면에서는 어쩌면 대법원 판결이 일응 타당하다고 보여진다. 그러나, 행정소송법상 소의이익 문제를 보다 세분화시켜 협의의 소익(권리보호이익) 문제로 접근하고 있는 원심의 논리 전개 역시 매우 훌륭한 것은 부인할 수 없다.

V. 주택재건축조합설립인가의 위법성 여부와 그 정도

1. 이 사건 주택재건축조합설립인가의 위법성 여부

(1) 쟁점

위에서 언급한 바와 같이 구 도시정비법 제16조 제2항에 따르면, 주택재건축사업의 추진위원회가 조합을 설립하거나 변경하고자 할 때에는 집합건물의 소유 및 관리에 관한 법률 제47조 제1항 및 제2항의 규정에 불구하고 주택단지안의 공동주택의 각 동별 구분소유자 및 의결권의 각 2/3 이상의 동의와 주택단지안의 전체 구분소유자 및 의결권의 각 4/5 이상의 동의를 얻어 정관 및 국토부령이 정하는 서류를 첨부해 시장·군수의 인가를 받아야 한다. 또한 동법 제16조 제3항은 "제2항의 규정에도 불구하고 주택단지가 아닌 지역이 정비구역에 포함된 때에는 주택단지가 아닌 지역안의 토지 또는 건축물 소유자의 4/5 이상 및 토지면적의 2/3 이상의 토지소유자의 동의를 얻어야 한다"고 명시하고 있는바, 그렇다면 주택단지 없는 정비구역의 토지 또는 건축물 소유자 동

재의 행정처분이 사후적 불이익처분의 근거가 되는 경우 행해지므로 예방적인 성격을 가지며, 처분의 효력유무확인을 목적으로 하는 무효등확인소송과는 달리 처분의 위법성의 확인을 목적으로 하는 확인적 성격을 가진다고 할 수 있다(홍준형, "효력기간이 경과된 제재적 처분에 대한 취소소송과 소의 이익", 판례월보 1996. 2, 46면). 이 사건 원심 판시 또한 전반적으로 위와 같은 취지로 판시한 것으로 보여진다.

의 요건은 과연 어떻게 될 것이며 이를 구비하지 못한 경우 그 법적 효과가 어떻게 되는지가 문제된다.

(2) "토지 또는 건축물 소유자"의 의미

위 규정에서 명시한 "토지 또는 건축물 소유자"의 의미를 둘러싸고 논란이 많았다. 이와 관련하여, 주택단지가 전혀 포함되지 아니한 경우에도 도시정비법 조합설립인가에 관한 규정들의 내용, 형식 및 체제에 비추어 보면, 동법 제16조 제3항에 따라 "토지 또는 건축물 소유자의 4/5(현행 3/4) 이상 및 토지면적의 2/3 이상의 토지소유자의 동의를 얻어야 한다"고 보는 의견이 있는데,[25] 대법원은 이 사건에서 이를 명확히 정리했다.

즉, 대법원은 먼저 "구 도시정비법에 명시된 규정들의 내용, 형식 및 체제에 비춰 보면, 주택재건축사업의 추진위원회가 조합을 설립함에 있어 정비구역이 △ 주택단지로만 구성된 경우에는 개정 전 도시정비법 제16조 제2항에 의한 동의만 얻으면 되고 △ 정비구역에 주택단지가 아닌 지역이 포함돼 있을 경우에는 주택단지에 대해서는 개정 전 도시정비법 제16조 제2항에 의한 동의를 얻어야 하지만 주택단지가 아닌 지역에 대해서는 이와 별도로 같은 조 제3항에 의한 동의를 얻어야 하며 △ 정비구역에 주택단지가 전혀 포함되지 않은 경우에는 같은 조 제3항에 의한 동의를 얻어야 한다고 보는 것이 합당하다"고 전제했다.

나아가 "개정 전 도시정비법은 제2조 제9호 나목에서, 주택재건축사업의 '토지등소유자'는 '정비구역 안에 소재한 건축물 및 그 부속토지의 소유자, 정비구역이 아닌 구역 안에 소재한 대통령령이 정하는 주택 및 부속토지의 소유자와 부대·복리시설 및 그 부속토지의 소유자'를 의미한다고 규정함으로써 토지와 건축물을 모두 소유하는 '토지등소유자'를 '토

---

25) 윤재윤, "주택단지 없는 정비구역 조합설립 동의 요건", 건설경제신문 기고 판례 평석, 2013. 7. 27.

지 또는 건축물의 소유자'와 구별하고 있다"며 "구 도시정비법 제16조 제3항은 명시적으로 '토지 또는 건축물 소유자의 5분의 4 이상'이라고 규정하고 있는 점, 토지만을 소유한 자 또는 건축물만을 소유한 자는 비록 주택재건축사업에 있어서 조합원이 될 수 없다고 하더라도(개정 전 도시정비법 제2조 제9호 나목, 제19조 제1항) 그 소유의 토지 또는 건축물은 매도청구의 대상이 될 수 있으므로(개정 전 도시정비법 제39조) 재건축조합의 설립에 중대한 이해관계가 있는 점 등 여러 사정을 종합하면, 개정 전 도시정비법 제16조 제3항 소정의 '토지 또는 건축물 소유자'는 정비구역 안의 토지 및 건축물의 소유자뿐만 아니라 토지만을 소유한 자, 건축물만을 소유한 자 모두를 포함하는 의미라고 해석함이 옳다"고 판시했다.

(3) 검토

도시정비법은 토지와 건축물을 모두 소유하는 '토지등 소유자'와 '토지 또는 건축물의 소유자'를 개념적으로 구별하고 있는데, 동법 제16조 제3항은 명시적으로 '토지 또는 건축물 소유자의 4/5 이상(현행 3/4)'라고 규정하고 있고, 토지만을 소유하거나 건축물만을 소유한 자는 비록 주택재건축사업의 조합원이 아니더라도(정확한 의미는, "아님에도 불구하고"란 문구가 적절하다[26]) 그 소유의 토지 또는 건축물은 매도청구의 대

26) 그 이유는 다음과 같다. 즉, '토지 또는 건축물만 소유한 자'를 처음부터 조합원에서 배제하고 있는 것에 대한 비판적 견해가 꾸준히 제기되어 왔다. 즉, 위 '토지 또는 건물만 소유한 자'의 경우 현행 도시정비법 규정상 조합원자격이 인정되지 않아 조합원으로 가입하는 것 자체가 불가능한 상황임에도 재건축사업 구역에 편입되었다는 이유만으로 강제적으로 재건축조합에 매도하여야만 한다는 점에 대해 비판이 있는 것이다. 도시정비법은 재건축조합이 조합원이 될 수 있는 자를 정비구역 안에 소재한 건축물 및 그 부속토지의 소유자와 정비구역 아닌 구역 안에 소재한 건축물 및 그 부속토지의 소유자와 정비구역이 아닌 구역 안에 소재한 아파트 또는 연립주택 및 그 부속토지의 소유자 및 부대·복리시설 및 그 부속토지의 소유자로 제한하고 있어 건물 또는 토지만 소유하고 있는 경우에는 재건축조합원의 자격이 인정되지 않아 아예 조합원으로 가입할 수가 없는 것이다. 그러나, 매도청구권의 본래 취지가 재건축조합의 설립에 동의하지 아니한 미

상이 될 수 있으므로 재건축조합의 설립에 중대한 이해관계가 있는 점 등을 종합하면, 도시정비법 제16조 제3항 소정의 '토지 또는 건축물 소유자'는 정비구역 안의 토지 및 건축물의 소유자뿐만 아니라 토지만을 소유한 자, 건축물만을 소유한 자 모두를 포함하는 의미라고 해석해야 한다는 것이다. 원심과 대법원은 원칙적으로 이와 같은 판단을 기초로 토지 또는 건축물의 소유자 수를 모두 합산하는 산정방식을 취하여 이 사건 인가처분 당시 사업구역 내 토지 또는 건축물의 소유자 수는 284명(분모)인데, 그 중 동의자 수는 토지 및 건축물의 소유자는 205명으로서 동의율이 72.18%에 불과하여 구 도시정비법 제16조 제3항이 정하는 동의요건인 4/5에 여전히 미치지 못하였다고 할 것이므로 이 사건 최초 1차 인가처분은 그 동의요건을 충족하지 못하여 위법하고, 그 하자 또한 중대하다고 보았다. 결국 이 사건 긴등마을의 조합설립 인가 과정에 하자가 있다는 것이다.

2. 하자의 중대, 명백성 인정 여부

(1) 문제의 제기

조합설립인가 과정에 위와 같은 하자가 있다고 해서 이 사건 조합설립인가처분은 당연무효인 것일까? 원심법원은 위 대법원의 동의율 산정 기준을 그대로 적용하여 이러한 경우 중대하고도 명백한 하자로서

동의자의 재산을 강제적으로 취득하는 데 있는 것이고, 그에 따라 사전에 조합원으로 가입하여 재건축에 참가할 것인지의 여부를 최고하도록 하는 것이라는 점에 비추어 볼 때 법률의 규정상 원천적으로 조합원으로 가입하는 것이 불가능한 토지 소유자나 건물 소유자에 대하여 매도청구제도를 적용하여 강제로 토지 소유권을 상실하게 한다는 것은 재건축사업에서의 매도청구제도의 취지에 부합하지 아니한 것으로서 사업시행자에 대한 일종의 특혜를 볼 수 있다. 그 개선점으로 이들에게도 재건축 조합원 자격을 부여하는 도시정비법 개정론이 탄력을 받는 듯하였으나, 결국 국회 본회의를 통과하지 못하였다. – 성중탁, "도시정비법상 매도청구에 관한 연구", 성균관대학교 대학원 박사학위논문, 59면 이하.

무효하고 판단했는데, 대법원의 결론은 달랐다. 즉 위 동의요건 법리는 그대로 인정하면서도 '법률관계나 사실관계에 대하여 그 해석에 다툼의 여지가 있는 때에는 행정관청이 이를 잘못 해석해 행정처분을 했더라도 그 처분 요건사실을 오인한 것에 불과해 그 하자가 명백하다고 할 수 없으므로(대법원 2004. 10. 15. 선고 2002다68485판결), 이 사건 조합설립인가처분이 당연 무효라고 볼 수는 없다'고 판시해 원심판결을 뒤집었던 것이다.

(2) 위법성의 정도

가. 판단 기준의 문제

위법성의 정도[27]에 대해서는 중대설, 중대명백설, 명백성보충요건설, 조사의무위반설, 구체적 가치형량설 등의 대립이 있다. 법적 안정성과 구체적 타당성을 조화하는 중대명백설이 타당하다. 다만 권리구제라는 구체적 타당성 측면에서 다른 학설들보다 취약한 면이 있다는 비판이 있다. 우리 판례는 대체로 행정처분의 하자가 중대한 법규의 위반이고 또한 그것이 외관상 명백한 것인 때에는 무효이고, 그에 이르지 않는 것인 때에는 취소할 수 있음에 불과하다고 보고 있다.[28]

그런데, 정비사업분쟁을 처음 접하게 된 행정법원은 다른 처분의

---

27) 무효·취소의 구분은 만일 조합설립인가처분이 무효가 된다면, 그 하자가 승계되어 그 이후의 처분들이 모두 무효가 될 수밖에 없으나, 취소사유에 불과하다면 쟁송기간이 지난 후에는 그 이후의 처분들에 대하여 하자승계를 이유로 위법을 주장할 수 없기 때문에 실익이 있다.

28) 대법원은 "행정처분에 사실관계를 오인한 하자가 있는 경우 그 하자가 중대하다고 하더라도 객관적으로 명백하지 않다면 그 처분을 당연무효라고 할 수 없는바, 하자가 명백하다고 하기 위하여는 그 사실관계 오인의 근거가 된 자료가 외형상 상태성을 결여하거나 또는 객관적으로 그 성립이나 내용의 진정을 인정할 수 없는 것임이 명백한 경우라야 할 것이고, 사실관계의 자료를 정확히 조사하여야 비로소 그 하자 유무가 밝혀질 수 있는 경우라면 이러한 하자는 외관상 명백하다고 할 수 없다"라고 판시한 바 있다(대법원 2007. 6. 14. 선고 2004두619 판결, 대법원 1992. 4. 28. 선고 91누6863 판결 등).

하자는 중대명백설에 의하여 판단하면서 조합설립인가처분의 하자에 대해서는 그 기본행위인 조합설립결의(동의)의 하자를 절대적이라고 할 만큼 높게 평가하여 전체 인가처분의 무효를 판단하는 기존 대법원 판결의 태도를 답습하는 경향이 강하였다. 즉 행정법원은 무효가 아닌, 취소될 수 있는 재건축결의의 하자, 조합설립동의의 하자에 대한 기준을 만들지 않고 있었던 것이다. 따라서 행정법원은 민사법원에서 단순히 이관된 사건이므로 그전 사건에서 대법원이 세워놓은 논리구조를 따라 그대로 판단할 것이 아니라, 항고소송에서 무효, 취소를 구분하는 기준에 따라 도시정비법상 행정처분의 하자를 판단하여야 할 부담을 가지게 되었다. 대상 판결 역시 위와 같은 부담을 가지고 판단한 예인지도 모르나 일정 부분 비판이 불가피하다.

나. 대상 대법원 판례의 태도

이 사건에서 대법원은 "이 사건 조합설립인가처분은 관할 행정청이 도시정비법 제16조 제3항에서 정한 동의요건 중 '토지 또는 건축물 소유자의 5분의 4 이상'을 '토지 소유자의 5분의 4 이상' 또는 '건축물 소유자의 5분의 4 이상' 중 어느 하나의 요건만 충족하면 된다고 잘못 해석하여 요건을 충족하지 못한 주택재건축사업 추진위원회의 조합설립인가신청에 대하여 조합설립인가처분을 한 것으로서 도시정비법 제16조 제3항에서 정한 동의요건을 충족하지 못하여 위법할 뿐만 아니라 하자가 중대하다"고 판단하면서도 "△ '토지 또는 건축물 소유자의 5분의 4 이상'의 문언적 의미가 명확한 것은 아니고 다의적으로 해석될 여지가 충분히 있는 점 △ 매도청구에 관한 개정 전 도시정비법 제39조가 '조합설립에 동의하지 아니한 자'와 별도로 '건축물 또는 토지만 소유한 자'도 매도청구의 상대방으로 규정하고 있어 '건축물 또는 토지만 소유한 자'는 조합설립 동의의 상대방이 아니라고 오인할 여지가 있는 점 △ 건축물 또는 토지만 소유한 자는 주택재건축조합의 조합원이 될 수도 없는 점 △ 강서구청장이 사용한 동의총괄표는 구 서울특별시 도시 및 주거환경 정비조례 시행규칙(2008. 4. 17. 서울특별시규칙 제3620호로 개정되기 전의 것) 별지 제7호 서식에 따른 것으로서 위 서식에는 토지소유자의 동의율, 건축물 소유자의 동의율만을 구분해 산정하도록 되어 있었던 점 등을 종합하면 조합설립인가처분 당시 주택단지가 전혀 포함돼 있지 않은 이 사건 정비구역에 대한 재건축사업조합의 설립인가처분을 하기 위해서는 '토지 및 건축물 소유자, 토지 소유자, 건축물 소유자' 모두의 4/5 이상의 동의를 얻어야 한다는 점이 객관적으로 명백했다고 할 수 없어 조합설립인가처분이 당연무효라고 볼 수는 없다"고 판시했다.

다. 비판적 검토

조합설립인가과정상의 하자가 있는 경우 조합설립인가처분 자체를 무효로 볼 수 있는지 아니면 단지 취소사유로 보아야 하는 것인지와 관련하여 일단 행정행위가 발급된 이상 사인이 행정행위의 효과를 좌우하는 것은 타당하지 않고, 법적 안정성과의 조화도 중요하므로 취소원칙설이 타당하다고 본다. 그러나 취소원칙설에 의하는 경우에도 이익형량상 도저히 신청행위가 없다고 보여지거나 명백한 하자가 있는 경우에는 무효로 볼 수밖에 없는데, 본 사안은 그러한 관점에서 접근하여야 하는 특수성이 있다. 사안의 경우 도시정비법 제16조에서 토지소유자 등의 특정비율 이상의 동의율 충족을 명백하게 요구하고 있고, 더불어 동법 제17조 제1항에서는 그 동의의 진위까지 철저하게 확인하도록 하고 있으므로 대법원 판시대로 문언이 다의적으로 해석될 여지가 있다고 하더라도 그 해석 중에 위 동의 요건을 유효하게 충족하지 못하는 것으로 해석될 여지가 있는 한 무효로 보아야 함이 상당하다.[29)]

29) 도시정비법상의 재개발조합설립에 토지등 소유자의 서면에 의한 동의를 요구하고 그 동의서를 재개발조합설립인가 신청시 행정청에 제출하도록 하는 취지는 서면에 의하여 토지 등 소유자의 동의 여부 및 동의율을 명확하게 계산함으로써 동의여부에 관하여 발생할 수 있는 관련자들 사이의 분쟁을 미연에 방지하고 나

그런데, 대상 판결은 미리 유효라는 결론을 상정한 후 중대명백설을 기초로 개별사안에 따른 뚜렷한 명백성심사를 거치는 형식을 취한 후 구체적 타당성보다 법적 안정성 측면을 강조하여 무효로 볼 수 없다는 취지로 끼워 맞춘 듯한 인상이 강하다. 더욱이, '토지 또는 건축물 소유자의 4/5'의 의미와 관련하여 '토지와 건축물을 모두 소유한 자뿐만 아니라 토지 또는 건축물만을 소유한 자를 모두 포함하여 그 4/5의 동의를 요한다'라고 판시하여 그동안의 논란을 불식시켰으면서도 한편으로는 정작 그 기준을 엄격히 적용해야 할 무효 여부의 판단에 있어서는 그러한 기준을 엄격히 적용하지 아니한 채 문언의 의미를 일탈한 다의적 해석을 하여 '토지 및 건축물 소유자, 토지 소유자, 건축물 소유자' 모두의 4/5 이상의 동의를 얻어야 한다는 점이 객관적으로 명백했다고 할 수 없다고 판시함으로서 동일한 사안을 두고 이중 잣대를 적용하였다는 비판을 면키 어렵다.[30)]

오히려, 원심은 "'토지 또는 건축물 소유자의 4/5'의 의미는 '토지와 건축물을 모두 소유한 자뿐만 아니라 토지 또는 건축물만을 소유한 자를 모두 포함하여 그 4/5의 동의를 요한다'라고 봄이 상당한바, 구 도시정비법 제16조 제3항이 '토지소유자의 4/5 이상 또는 건축물소유자의 4/5 이상의 동의'가 아닌 '토지 또는 건축물의 소유자의 4/5 이상의 동의'라고 규정하고 있는 이상, 이 사건 인가처분에서와 같이 이를 '토지소유자의 4/5 이상의 동의 또는 건축물소유자의 4/5 이상의 동의 중 어느 하나만 얻으면 동의요건이 충족된다'라는 취지로 해석하는 것은 문언의

아가 행정청으로 하여금 재개발조합설립인가 신청시에 제출된 동의서에 의하여서만 동의요건의 충족 여부를 심사하도록 함으로써 동의 여부의 확인에 불필요하게 행정력이 소모되는 것을 막기 위한 데 있다고 할 것이다. 대법원 2010. 1. 28. 선고 2009두4845 판결.

30) 다만, 이에 대해서는 반대로, 대법원이 '토지 또는 건축물 소유자의 4/5'의 의미와 관련하여 대상 판결에서 명백하게 정리를 하는 대신 본 사건에서는 그동안의 논란을 들어 명백한 하자로 볼 수 없다고 설시하였다는 긍정적 평가도 물론 가능할 수는 있다.

의미를 넘는 해석방법으로서 허용되지 않는다고 할 것이다."라고 판시함으로써 논리 일관적 판단을 하였다.

위와 같이, 똑같은 사안에 대해 중대명백설을 적용하면서 원심은 인가처분의 무효를 선언하였는 데 반해 대법원은 그 반대의 판단을 하고 있는바, 이는 명백설의 허점을 보여준 사례라고 생각된다. 본래 독일에서 명백설의 이름으로 발전된 중대명백설은 지금껏 우리나라에서 통설, 판례의 지위를 차지하고 있는 듯하나, 특히 누구(이해관계인, 평균인, 전문가 등)의 판단을 기준으로 그 명백성 여부를 정하느냐 등에서 여러 문제를 내포하고 있다.[31][32]

도시정비사업은 참으로 복잡하고 골치 아프며 사업의 중단에 따른 손실이 엄청난 것임에는 틀림없다. 그러나 사업의 시발점에 해당하는 조합설립요건과 관련하여, 조합설립행위에 법정 강행규정으로서 동의율에 대한 하자가 어떤식으로든 명백히 발생한 경우로서, 진정성 있는 토지 또는 건축물 소유자의 5분의 4 이상의 동의라는 형식적, 실체적 동의요건을 결여하고 있는 대상 사건의 경우조차 유효한 인가로 인정하는 것은 재건축진행이라는 사업자와 조합 측의 이익만을 생각한 과도한 조

31) 이와 관련하여 김남진 교수 등은 명백성보충요건설을 적극 지지한다. 즉, 행정행위의 무효사유를 판단하는 기준으로서의 명백성은 행정처분의 법적안정성 확보를 통하여 행정의 원활한 수행을 도모하는 한편, 그 행정처분을 유효한 것으로 믿은 제3자나 공공의 신뢰를 보호하여야 할 필요가 있는 경우에 보충적으로 요구되는 것으로서 중대한 하자를 가진 행정처분은 특별한 사정이 없는 한 당연무효로 보아야 한다는 것인데 일응 경청할 가치가 크다고 생각된다. – 김남진, "중대명백설의 맹종에서 벗어나야 – 대법원 2002. 12. 10. 선고 2001두4566 판결 평석", 법률신문, 2003. 10. 2. 제3209호.

32) 무효와 취소의 구별기준 문제는 법적 안정성과 개인의 권익보호라는 양 가치의 조화문제이기도 하다. 이를 위해서는 보통 하자가 있는 행정행위의 경우에는 쟁송기간이 경과하면 더 이상 다툴 수 없도록 함으로써 법적 안정성을 취하고, 하자가 중대하고 명백한 행정행위에 대해서는 무효를 함으로써 개인의 권리구제를 도모하는 판례의 입장도 일리가 있음을 부인할 수는 없으나 입법론적으로는 독일 연방행정절차법의 예에서와 같이 가급적 무효사유와 취소사유에 대하여 법률에 명시하는 것이 바람직하다고 본다.

치로서 비례원칙에 반한다고 할 것이다.[33)]

Ⅵ. 결 론

법원이나 정비사업전문 변호사 등 관련 전문가들은 지금까지 기본행위인 조합설립동의의 하자를 치유하는 방법 내지 추완하는 방법 및 그 정당성에 대한 법리를 구성하려고 많이 노력하여 왔다. 결국 대법원은 행정법원을 포함한 하급심 법원에서 재건축결의 및 조합설립동의의 절대적인 위치를 강조하던 과거 민사법원(대법원 판결 포함)의 오랜 구습에서 벗어나 도시정비법 및 그에 포함된 처분이 가지는 의미, 처분의 하자에 대한 행정법 고유의 하자 판정 기준을 구체화하여 적용하기 시작

33) 이러한 무효론을 전제로 한다면 후행 변경인가처분 역시 다음과 같은 이유로 무효라고 할 것이다. 즉, 이 사건 변경인가처분이 가능하였던 것은 참가인 조합이 인가처분 당시 동의율 산정을 위한 모수에서 누락되었던 토지만을 소유한 자들을 상대로 매도청구소송을 제기하여 승소한 후 그들 소유의 토지들에 대한 소유권을 취득하였기 때문이다. 그런데, 설립이 무효여서 매도청구권을 행사할 수 없는 참가인 조합이 조합설립에 동의하지 않은 토지소유자들에 대하여 매도청구권을 행사하여 토지소유권을 취득한 후 스스로 사업구역 내 토지소유자에 해당함을 전제로 조합설립에 대한 동의권을 행사하는 것을 허용한다면 인가처분 당시 주택단지가 아닌 지역에서의 재건축조합 설립을 위해서는 토지 또는 건축물 소유자의 5분의 4 이상의 동의를 얻어야 한다는 규정인 구 도시정비법 제16조 제3항이 잠탈되는 결론에 이르게 되다. 그러므로, 피고 및 참가인 조합의 주장과 같이 이 사건 변경인가처분을 새로운 조합설립인가처분으로 허용하여서는 안된다. 나아가 이 사건 변경인가처분을 하기 위해서는 도시정비법 제16조 제3항에 따라 토지 또는 건축물 소유자 4분의 3 이상의 동의를 얻어야 하는데, 이 사건 인가처분이 무효라면 참가인 조합이 조합설립에 동의하지 않은 토지소유자들에 대하여 매도청구권을 행사함으로써 이루어진 참가인 조합 명의의 등기 역시 무효가 되므로, 참가인 조합이 매도청구권을 행사하기 전의 기존 토지소유자들을 정당한 동의권자인 토지소유자로 보고 동의율을 산정하게 되면 동의율이 80%에 여전히 미치지 못하는 것으로 되어 이 사건 변경인가처분은 법정동의율에도 미달된다고 보아야 하는 것이다.

하였다. 이러한 변화는 일부 동의사항을 백지로 할 수밖에 없었던 사정을 원죄(原罪)처럼 가지고 고민하고 있는 상당수 정비사업조합에 처분의 공정력을 바탕으로 하여 향후 자신 있게 사업을 진행해 나갈 수 있고, 조합원들의 이익을 극대화할 수 있는 근거가 될 것으로 판단된다. 왜냐하면, 동의과정에서의 하자가 무효이냐 취소이냐의 문제는 만일 조합설립인가처분이 무효가 된다면, 그 하자가 승계되어 그 이후의 처분들이 모두 무효가 될 수밖에 없으나, 취소사유에 불과하다면 쟁송기간이 지난 후에는 그 이후의 처분들에 대하여 하자승계를 이유로 위법을 주장할 수 없기 때문이다. 그러나, 이러한 큰 차이, 즉 재개발조합과 재건축조합에서 조합과 조합원들 사이의 이익 불균형이 너무나 크게 발생하므로 강행규정에 해당하는 동의율을 바라보는 시각은 보다 엄격하게 해석될 필요가 있다. 이는 재건축, 재개발 설립 인가 동의율을 둘러싼 소송형식이 민사소송에서 공법적 통제 즉, 행정소송으로 변경되었다고 하더라도 달리 볼 성질의 것이 아니라고 생각된다. 결국, 모든 공은 법원의 판단에 맡겨질 것이다. 법원으로서는 중대명백설에 대한 보다 신중하고도 엄격한 접근과 해석이 필요하다고 하겠으며 결국 그 해답은 무효여부에 대한 판단을 함에 있어 중대설을 원칙으로 삼되 구체적인 사정에 따라서는 판사가 합리적인 재량의 범위 내에서 명백성 요건을 보충적으로 추가하는 방식이 일응 타당하지 않을까 생각해 본다.

참고문헌

국내 단행본

김교창, "재건축결의 변경결의의 의결정족수", 「판례연구」, 서울지방변호사회, 2005. 12.김종보·전연규, 「새로운 재건축·재개발이야기」, 한국도시개발연구포럼, 2010.

김중권, 「행정법기본연구」, 법문사, 2008.

김태완·하석철, 「도시 및 주거환경정비법으로 본 최신 재건축이론과 실무」, 법률서원, 2003.

대한변호사협회, 「2010년도 전문분야 특별연수교재」, "재건축, 재개발편", 2010.

박균성, 행정법(하), 박영사, 2012.

송현진·장찬익, 「재개발·재건축 사례집: 판례·질의 회신집(뉴타운사업 포함)」, 진원사, 2010.

이우재, 「도시 및 주거환경정비법(주택재건축 사업을 중심으로)」, 진원사, 2011.

이태운, 「주석 민법[물권(2)]」, 한국사법행정학회, 2000.

홍정선, 행정법특강, 법문사 2011.

국내 논문

김남진, "중대 명백설의 맹종에서 벗어나야 — 대법원 2002. 12. 10. 선고 2001두4566 판결 평석", 법률신문, 2003. 10. 2.

김대원, "재건축결의의 내용의 변경을 위한 결의의 의결정족수와 서면결의", 「21세기 사법의 전개: 최종영 대법원장 퇴임기념」, 박영사, 2005. 9.

김종보, "재건축 창립총회의 이중기능"(대법원 2006. 2. 23. 선고 2005다19552, 19569 판결 평석), 인권과 정의 제360호, 2006. 8.

———, "재건축, 재개발 비용분담론의 의의와 한계", 행정법연구 제24호, 행정소송실무연구회, 2009. 8.

———, "강학(講學)상 인가와 정비조합 설립인가 – 대법원 2002. 3. 11자 2002그12 결정을 계기로", 「行政法硏究」 第9號,, 행정법이론실무학회, 2003.

김중권, "도시정비법상의 조합설립변경인가처분 관련 문제점", 법률신문, 2011. 1. 6.

박종두, "집합건물의 재건축과 소수 구분소유자 보호에 관한 연구", 「강남대 법학논집 제21집」, 강남대학교 법학연구소, 1997. 7.

박현정, "재건축·재개발정비사업조합의 설립동의 또는 총회결의에 관한 소송유형의 검토: 2009. 9. 17. 및 2009. 9. 24.의 대법원 판결·결정을 중심으로", 「행정법연구」, 제26호 2010, 4.

배병호, "再開發組合設立認可 등에 관한 訴訟方法", 행정판례연구회, 2012. 6.

서울지방법원 동부지원 재건축, 재개발실무연구회, "재건축·재개발 사업의 법적 문제에 관한 연", 1996.

성중탁, "도시정비법상 매도청구에 관한 연구", 성균관대학교 대학원 박사학위논문, 2012.

송시강, "도시정비사업 조합설립인가 및 그 변경인가의 법적 성격", 고시계, 2011. 11.

윤 경, "재건축결의요건과 하자의 치유", 「대법원 판례해설 42호」, 대법원, 2007.

이우재, "재건축결의시 서면결의방법과 유효성에 대한 심리방법, 장기간에 걸친 서면결의의 경우 결의대상의 동일성 판단 방법", 대법원판례해설: 2005년 상반기 통권 제55호, 대법원, 2005. 8.

장찬익, "도시정비사업 관련 분쟁의 여러모습", 「재개발, 재건축 관련 법률과 실무법관 연수집」, 사법연수원, 2007. 12

홍준형, "효력기간이 경과된 제재적 처분에 대한 취소소송과 소의 이익", 판례월보 1996. 2.

국문초록

대법원은 조합설립인가처분은 단순히 사인들의 조합설립행위에 대한 보충행위에 그치는 것이 아니라 법령상 요건을 갖출 경우 도시정비법상 주택재건축사업을 시행할 수 있는 권한을 갖는 행정주체(공법인)로서의 지위를 부여하는 설권적 처분의 성격을 갖는 것으로 변경하였고, 나아가 재건축사업에 있어 중요한 역할을 해온 조합설립결의(동의)의 지위를 하자가 있을 경우 조합설립 자체를 무효로 만들어버리는 중대한 기본행위에서 조합설립인가처분이라는 행정처분을 하는 데 필요한 요건 중 하나에 불과한 것으로 행정법적 시각으로 바로 잡게 되었다. 이러한 조합설립결의(동의)의 법적 성격에 대한 대법원의 태도 변화는 도시정비법이라는 공법과 그 안에 규정된 조합설립인가처분이라는 공법인을 만들어내는 독특한 성격의 행정행위가 본질 그대로 법원에서 인정받기 시작한 기초가 마련되었다는 데 의미가 있다. 그러나, 조합설립인가처분을 설권적 처분으로 보고, 조합설립결의(동의)가 인가처분이 내려지는 절차의 한 요건에 불과하다면 과연 조합설립결의(동의)에 어느 정도 하자가 있다고 하더라도 전체 인가처분이 무효가 되는 것은 부당한 것은 아닌지 다수의 조합설립무효사건, 매도청구사건 등에서 제기되어왔다. 이와 관련하여 대상 판결은 그 정점에 있는 판결이라고 보여진다. 동의과정에서의 하자가 무효이냐 취소이냐의 문제는 조합과 조합원들 사이의 이익 불균형을 가져오는 중요한 문제이다. 따라서 강행규정에 해당하는 동의율을 바라보는 시각은 보다 엄격하게 해석될 필요가 있다. 그런 점에서 대상판결은 중대명백설의 신중한 적용을 하는 방법으로 조합 측 손을 쉽게 들어 준 자의적 법해석이라는 비판이 가능하다.

주제어: 조합설립인가, 특허, 재건축, 재개발, 관리처분계획인가, 정비사업분쟁

Abstract

Some legal issues about Permit unions void disposal

Joong-Tak Sung*

In September 2009, the Supreme Court stated that the mayor's approval on the establishment of association has the characteristic of concession, so if there were flaws in the association establishment resolution, nullifying the approval must be requested, setting the mayor that approved it as the defendant, and a lawsuit on the effect of such a resolution is not acceptable. To request an approval on the management disposal planning, more than half of members of association should agree. Regarding this, if there were flaws in the association establishment resolution about management disposal planning, there will be a problem on how to solve this. In the past, the Supreme Court stated that the members of association still had right to institute a lawsuit to ask for nullify the resolution, after the mayor's approval on the management disposal planning. However, in September 2009, the Supreme Court stated that the lawsuit against the reconstruction association, which is an administrative agency, concerning the effect of the association establishment resolution about the management disposal planning corresponds to party litigation by the Administrative Proceedings Act. If the mayor approves the management disposal planning of the association, the management disposal planning

* Prof., Lawyer, JD Kyungpook National University Law School.

takes effect as an administrative action, so nullifying the management disposal planning should be requested through an appeal suit, with the reason of flaws in the association assembly resolution. Apart from it, a lawsuit regarding the effect of resolution of the association's assembly is not allowed as lawful.

Key Words: Unions appropriation, Patent, Housing Reconstruction, Housing Redevelopment, Management Disposal Planning, Maintenance business disputes

투 고 일: 2013. 11. 26
심 사 일: 2013. 12. 15
게재확정일: 2013. 12. 20

별지

관계 법령

■ 구 도시 및 주거환경정비법(2007. 12. 21. 법률 제8785호로 개정되기 전의 것)

제16조(조합의 설립인가 등)

① 주택재개발사업 및 도시환경정비사업의 추진위원회가 조합을 설립하고자 하는 때에는 토지등소유자의 5분의 4 이상의 동의를 얻어 정관 및 건설교통부령이 정하는 서류를 첨부하여 시장·군수의 인가를 받아야 한다. 인가받은 사항을 변경하고자 하는 때에도 또한 같다. 다만, 대통령령이 정하는 경미한 사항을 변경하고자 하는 때에는 조합원의 동의없이 시장·군수에게 신고하고 변경할 수 있다.

② 주택재건축사업의 추진위원회가 조합을 설립하고자 하는 때에는 집합건물의소유및관리에관한법률 제47조제1항 및 제2항의 규정에 불구하고 주택단지안의 공동주택의 각 동(복리시설의 경우에는 주택단지안의 복리시설 전체를 하나의 동으로 본다)별 구분소유자 및 의결권의 각 3분의 2 이상의 동의와 주택단지안의 전체 구분소유자 및 의결권의 각 5분의 4 이상의 동의를 얻어 정관 및 건설교통부령이 정하는 서류를 첨부하여 시장·군수의 인가를 받아야 한다. 인가받은 사항을 변경하고자 하는 때에도 또한 같다. 다만, 제1항 단서의 규정에 의한 경미한 사항을 변경하고자 하는 때에는 조합원의 동의 없이 시장·군수에게 신고하고 변경할 수 있다.

③ 제2항의 규정에 불구하고 주택단지가 아닌 지역이 정비구역에 포함된 때에는 주택단지가 아닌 지역안의 토지 또는 건축물 소유자의 5분의 4 이상 및 토지면적의 3분의 2 이상의 토지소유자의 동의를 얻어야 한다.

⑤ 제1항 및 제2항의 규정에 의한 조합 설립신청 및 인가절차 등에 관하여 필요한 사항은 대통령령으로 정한다.

再建築整備事業 移轉告示 效力發生과 管理處分計劃 無效確認請求訴訟의 訴益*

許盛旭**

대상판결: 대법원 2012.3.22. 선고 2011두6400 전원합의체 판결

[對象判決]

Ⅰ. 사실관계

1. 피고는 서울 서초구 반포동 18－1 외 7필지 지상 반포 주공2단

* 이 연구는 서울대학교 법학연구소 2014년 학술연구지원프로그램의 지원을 받아서 진행되었음.

** 서울대학교 법학대학원/법과대학 교수

지 아파트(이하 '이 사건 아파트') 및 상가의 재건축사업을 시행할 목적으로 2003. 6. 27. 구 주택건설촉진법에 따라 서초구청장으로부터 주택조합설립인가를 받고, 2003. 7. 1. 도시 및 주거환경정비법(이하 '도시정비법'이라고 한다)의 시행에 따라 동법 제18조 제1항, 부칙 제10조 제1항에 의하여 2003. 7. 14. 설립등기를 마친 주택재건축정비사업조합이다.

2. 피고는 2004. 12. 31. 사업시행인가를 받은 후 2005. 2. 26. 임시총회에서 전체 조합원 1,720명 중 1,551명의 참석과 1,089명의 찬성으로 관리처분계획을 의결하고, 다시 2005. 9. 24. 임시총회에서 전체 조합원 1,831명 중 1,033명의 참석과 945명의 찬성으로 관리처분계획변경(주로 상가분양방식의 일부 변경에 관한 내용임, 이하 위 관리처분계획과 합쳐서 '이 사건 관리처분계획'이라고 한다)을 의결한 다음, 2005. 10. 21. 서초구청장으로부터 이 사건 관리처분계획에 대한 인가를 받았다.

3. 피고는 이 사건 관리처분계획 중 2006. 4. 1. 임시총회에서 의결된 설계변경과 그에 따른 사업시행변경인가 부분 및 추가공사로 인한 정비사업비의 증감과 아파트일반분양가 및 임대분양 매각대금의 변경에 따른 조합원들의 분담금의 변경 부분을 반영하기 위하여, 2009. 7. 7. 임시총회에서 관리처분계획변경(이하 '새로운 관리처분계획'이라고 한다)을 결의하여 2009. 11. 13. 서초구청장으로부터 인가를 받았다.

4. 피고는 2009. 7. 14. 서초구청장으로부터 이 사건 아파트에 대한 준공인가를 받아 2009. 12. 3. 주택재건축정비사업 이전고시를 하였으며, 신축 아파트 2,444세대 전부에 대하여 2010. 1. 20. 피고 명의로 소유권보존등기 및 조합원들과 수분양자들 앞으로 소유권이전등기를 모두 마쳤다.

5. 원고(선정당사자, 이하 '원고'라고 한다)들 및 선정자들은 종래 이 사건 아파트 중 18평형 아파트의 구분소유자들로서 피고의 조합원들이다.

6. 원고들은 이 사건 관리처분계획은 당초 재건축결의와 달리 신축건물의 세대수 중 소형 및 대형평형을 늘리고 40~60평의 중형평형을 대폭 감소시켰고 총사업비도 약 50% 가량 증액시켰으므로 이는 실질적인 재건축결의변경 또는 정관변경에 해당하므로 이를 의결하기 위해서는 특별의결정족수에 따른 동의가 필요함에도 불구하고 일반의결정족수만으로 의결한 하자가 있고, 부가가치세가 면제되는 국민주택규모 이하의 아파트를 분양받는 조합원이 국민주택규모를 초과하는 아파트를 분양받는 조합원의 부담으로 돌아가야 할 부가가치세를 함께 부담하도록 하여 형평에 어긋난다고 주장하면서 그 무효확인을 구하는 이 사건 소송을 제기하였다.

II. 사건의 법률적 쟁점과 원심의 판단

1. 이 사건의 법률적 쟁점은 다음과 같다.

당초 관리처분계획 이후 이전고시가 효력을 발생하였다거나 새로운 관리처분계획(변경)이 있었다는 사유를 들어서 원 관리처분계획의 무효확인을 구할 이익이 없다고 볼 것인지 여부.

2. 이 사건의 법률적 쟁점에 대해 원심(서울고등법원 2011. 1. 27. 선고 2010누29659판결)은 다음과 같이 판단하였다.

가. 이전고시가 일단 고시되어 효력을 발생하게 된 이후에는 그 전체의 절차를 처음부터 다시 밟지 아니하는 한 그 일부만을 따로 떼어 이

전고시를 변경할 길이 없고 다만 그 위법을 이유로 하여 민사상의 절차에 따라 권리관계의 존부를 확정하거나 손해의 배상을 구하는 길이 있을 뿐이므로, 이전고시가 효력을 발생한 이후에는 관리처분계획이나 이전고시의 일부에 대하여 취소 또는 무효확인을 구할 법률상의 이익은 없다.

나. 이 사건 관리처분계획은 별개의 관리처분계획으로 변경되었고 따라서 이 사건 관리처분계획은 과거의 법률관계에 불과하다 할 것이므로, 그 무효를 구한다고 해서 원고들이 침해받은 권리와 이익이 구제되거나 위법이 없는 상태로 원상회복되는 것도 아니어서 그 무효를 구할 법률상의 이익이 없다.

3. 위와 같은 원심의 판단에 대하여 원고들은 그 판단이 이전고시 이후 관리처분계획에 대한 무효확인의 이익이 있는지에 관한 법리를 오해하였고(제1점), 새로운 관리처분계획의 효력발생으로 종전 관리처분계획에 대한 무효확인의 이익이 있는지에 관한 법리를 오해하였다고(제2점) 주장하면서 대법원에 상고하였다.

III. 대법원의 판단

원고들의 상고에 대하여 대법원은 다음과 같이 판단하였다.

1. 상고이유 제1점에 대한 판단

[다수의견] 이전고시의 효력발생으로 이미 대다수 조합원 등에 대하여 획일적, 일률적으로 처리된 권리귀속 관계를 모두 무효화하고 다시 처음부터 관리처분계획을 수립하여 이전고시 절차를 거치도록 하는

것은 정비사업의 공익적, 단체법적 성격에 배치되므로, 이전고시가 효력을 발생하게 된 이후에는 조합원 등이 관리처분계획의 취소 또는 무효확인을 구할 법률상 이익이 없다고 봄이 상당하다.

[대법관 김능환, 대법관 이인복, 대법관 김용덕, 대법관 박보영의 별개의견] 관리처분계획의 무효확인이나 취소를 구하는 소송이 적법하게 제기되어 계속 중인 상태에서 이전고시가 효력을 발생하였다고 하더라도, 이전고시에서 정하고 있는 대지 또는 건축물의 소유권이전에 관한 사항 외에 관리처분계획에서 정하고 있는 다른 사항들에 관하여서는 물론이고, 이전고시에서 정하고 있는 사항에 관하여서도 여전히 관리처분계획의 취소 또는 무효확인을 구할 법률상 이익이 있다고 보는 것이 이전고시의 기본적인 성격 및 효력에 들어맞을 뿐 아니라, 행정처분의 적법성을 확보하고 이해관계인의 권리, 이익을 보호하려는 행정소송의 목적달성 및 소송경제 등의 측면에서도 타당하며, 항고소송에서 소의 이익을 확대하고 있는 종전의 대법원 판례에도 들어맞는 합리적인 해석이다.

2. 상고이유 제2점에 대한 판단

도시 및 주거환경정비법 관련 규정의 내용, 형식 및 취지 등에 비추어 보면, 당초 관리처분계획의 경미한 사항을 변경하는 경우와 달리 관리처분계획의 주요 부분을 실질적으로 변경하는 내용으로 새로운 관리처분계획을 수립하여 시장, 군수의 인가를 받은 경우에는, 당초 관리처분계획은 달리 특별한 사정이 없는 한 효력을 상실한다.

[硏 究]

I. 서론

이 사건 대법원 판결의 두 가지 쟁점 중 위 상고이유 제2점에 관한 판단에 대해서는 대법관들 사이에서도 의견의 차이가 없고, 필자도 기본적으로 대법원의 결론에 찬성하므로 이하 이 연구에서는 위 상고이유 제1점에 관한 법적인 쟁점을 중심으로 검토해 나가기로 한다.

II. 관리처분계획과 이전고시[1)]

1. 관리처분계획은 재개발 또는 재건축조합이 행정주체의 지위에서 도시정비법 제48조[2)]에 따라 수립하는 것으로서, 정비사업의 시행결과

---

1) 도시정비법상 관리처분계획과 이전고시에 대한 아래의 강학상 설명에 대해서는, 김종보, 건설법의 이해, 도서출판 fides(2013년 개정판), 548－561면, 이완희, 도시 및 주거환경정비법상 이전고시가 효력을 발생한 이후에도 조합원 등이 관리처분계획의 취소 또는 무효확인을 구할 법률상 이익이 있는지 여부(2012. 3. 22. 선고 2011두6400 전원합의체 판결), 대법원판례해설 제91호(2012년 상반기, 법원도서관), 908~946면의 내용에 주로 의존하였음.

2) 제48조(관리처분계획의 인가 등) ① 사업시행자(제6조제1항제1호부터 제3호까지의 방법으로 시행하는 주거환경개선사업 및 같은 조 제5항의 방법으로 시행하는 주거환경관리사업의 사업시행자는 제외한다)는 제46조에 따른 분양신청기간이 종료된 때에는 제46조에 따른 분양신청의 현황을 기초로 다음 각 호의 사항이 포함된 관리처분계획을 수립하여 시장·군수의 인가를 받아야 하며, 관리처분계획을 변경·중지 또는 폐지하고자 하는 경우에도 같으며, 이 경우 조합은 제24조제3항제10호의 사항을 의결하기 위한 총회의 개최일부터 1개월 전에 제3호부터 제5호까지에 해당하는 사항을 각 조합원에게 문서로 통지하여야 한다. 다만, 대통령령이 정하는 경미한 사항을 변경하고자 하는 때에는 시장·군수에게 신고하여야 한다. <개정 2009.2.6, 2009.5.27, 2012.2.1>

1. 분양설계
2. 분양대상자의 주소 및 성명

조성되는 대지 또는 건축물의 권리귀속에 관한 사항과 조합원의 비용분담에 관한 사항 등을 정함으로써 조합원의 재산상 권리, 의무 등에 구체적이고 직접적인 영향을 미치게 되는 구속적 행정계획으로서 조합이 행하는 독립된 행정처분이고, 이전고시는 준공인가 고시로서 사업시행이 완료된 이후에 도시정비법 제54조[3]의 규정에 의하여 관리처분계획에서 정한대로 조성된 대지 및 건축물의 소유권을 분양받은 자에게 귀속시키는 행정청의 처분을 말하는 것으로서 이는 법률의 규정에 의한 소유권 변동사유이다.

2. 이전고시와 청산금부과처분에 관해서는 도시정비법상 별도의 근거조문이 존재하기는 하지만(법 제54조, 제57조), 그 조문만으로 이전고

---

3. 분양대상자별 분양예정인 대지 또는 건축물의 추산액
4. 분양대상자별 종전의 토지 또는 건축물의 명세 및 사업시행인가의 고시가 있은 날을 기준으로 한 가격(사업시행인가 전에 제48조의2제2항에 따라 철거된 건축물의 경우에는 시장·군수에게 허가 받은 날을 기준으로 한 가격)
5. 정비사업비의 추산액(주택재건축사업의 경우에는 「재건축 초과이익 환수에 관한 법률」에 따른 재건축부담금에 관한 사항을 포함한다) 및 그에 따른 조합원 부담규모 및 부담시기
6. 분양대상자의 종전의 토지 또는 건축물에 관한 소유권 외의 권리명세
7. 세입자별 손실보상을 위한 권리명세 및 그 평가액
8. 그 밖에 정비사업과 관련한 권리 등에 대하여 대통령령이 정하는 사항

3) 제54조(이전고시 등) ① 사업시행자는 제52조제3항 및 제4항의 규정에 의한 고시가 있은 때에는 지체 없이 대지확정측량을 하고 토지의 분할절차를 거쳐 관리처분계획에 정한 사항을 분양을 받을 자에게 통지하고 대지 또는 건축물의 소유권을 이전하여야 한다. 다만, 정비사업의 효율적인 추진을 위하여 필요한 경우에는 당해 정비사업에 관한 공사가 전부 완료되기 전에 완공된 부분에 대하여 준공인가를 받아 대지 또는 건축물별로 이를 분양받을 자에게 그 소유권을 이전할 수 있다.

② 사업시행자는 제1항의 규정에 의하여 대지 및 건축물의 소유권을 이전하고자 하는 때에는 그 내용을 당해 지방자치단체의 공보에 고시한 후 이를 시장·군수에게 보고하여야 한다. 이 경우 대지 또는 건축물을 분양받을 자는 고시가 있은 날의 다음 날에 그 대지 또는 건축물에 대한 소유권을 취득한다. <개정 2009.2.6>

시와 청산금부과처분의 유효성이 담보되는 것은 아니고 관리처분계획이라는 포괄적 행정처분이 효력을 발생하고 있음이 전제되어야 한다. 그러므로 관리처분계획이 행정소송을 통해서 취소되면 이전고시를 포함해서 유효한 관리처분계획을 전제로 하는 각종의 집행행위들은 모두 그 법적 기초를 상실하게 된다.[4)]

3. 관리처분계획은 분양대상자, 분양예정인 대지 또는 건축물의 추산액 등 소유권의 귀속에 관한 부분과 조합원의 사업비용 부담 규모와 시기, 현금청산대상 및 방법 등 청산금 부과에 관한 부분 등으로 구성되는데, 구체적인 내용은 도시정비법 제48조 제1항 및 도시정비법 시행령 제50조에 규정되어 있다.[5)]

인가신청을 받은 시장, 군수는 관리처분계획의 내용이 관리처분계획의 기준, 필요적 기재사항, 정관에서 정한 분양의 기준에 부합하는지 여부를 심사한 후 문제가 없다고 판단되면 그 내용을 인가, 고시한다. 이때 관리처분계획에 대한 행정청의 인가처분은 기본행위인 관리처분계획의 법률상의 효력을 완성시키는 보충적 행정행위로서 관리처분계획은 행정청의 인가, 고시가 있어야 비로소 그 내용대로 효력을 발생하게 되는 것이다.

관리처분계획이 인가되면 다음과 같은 주요한 효력을 가지게 된다.[6)]

① 분양대상자, 분양가액, 청산금액, 보류지 등의 귀속에 관한 사항이 확정된다.

② 관리처분계획은 권리배분과 의무귀속에 관한 포괄적 행정계획으로서 그 내용은 이어지는 집행행위인 이전고시 및 청산금부과처분에

4) 김종보, 위의 책, 556면, 이완희, 위 논문, 912면.
5) 이완희, 위 논문, 913면.
6) 이완희, 위 논문, 913면.

의하여 집행된다.

③ 사업시행자는 관리처분계획인가를 받은 후 기존의 건축물을 철거하여야 하므로(도시정비법 제48조의2) 관리처분계획의 인가는 기존 건축물 철거의 요건이 된다.

④ 종래의 토지 또는 건축물의 소유자, 지상권자, 전세권자, 임차권자 등은 이전고시가 있는 날까지 종전의 토지 또는 건축물을 사용하거나 수익할 수 없다(도시정비법 제49조 제6항).

4. 이전고시는 종전의 토지 및 건축물에 대한 소유권의 주체와 내용을 강제적으로 변환시키는 공용환권에 해당하고, 이전고시가 있은 후에는 종전의 토지 및 건축물에 대하여 존재하던 권리관계는 분양받는 대지 또는 건축물에 대한 권리관계로 변환되며 양자는 동일성을 유지하게 된다. 종래 도시재개발법에서는 분양처분과 분양처분고시라는 용어를 사용하였는데, 도시정비법에서는 분양처분을 '소유권 이전'으로, 분양처분고시를 '이전고시'로 규정하였다. 분양처분과 이전고시는 양자 모두 새로운 대지 및 건축물에 대하여 새로운 소유권을 부여하는 행정처분이라는 점에서 그 본질적 내용에는 큰 차이가 없다는 것이 일반적인 견해이다.[7]

유효한 이전고시가 있기 위해서는 ① 시장, 군수에 의한 준공검사 실시 결과 정비사업이 인가받은 사업시행계획대로 완료되었다는 준공인가 및 공사완료고시가 있어야 하고, ② 이전고시는 관리처분계획이 포괄적으로 정하고 있는 권리배분에 관한 사항을 실현하는 집행행위이므로 관리처분계획이 유효하게 존재하고 있어야 하며, ③ 조합이 사업 대상 지역의 토지소유권을 유효하게 확보하고 있음이 전제되어야 한다.[8]

유효한 이전고시가 있으면 그 법적 효과로서 ① 대지 또는 건축물

7) 이완희, 위 논문, 914면, 김종보, 위의 책, 555-556면.
8) 이완희, 위 논문, 914-915면.

을 분양받을 자는 이전고시가 있은 날의 다음 날에 그 대지 또는 건축물에 대한 소유권을 취득하고(도시정비법 제54조 제1항), ② 종전 토지 또는 건축물에 설정된 지상권, 전세권, 저당권, 임차권, 가등기담보권, 가압류 등 등기된 권리 및 주택임대차보호법 제3조 제1항의 요건을 갖춘 임차권을 소유권을 이전받은 대지 또는 건축물에 설정된 것으로 보며(도시정비법 제56조 제1항), ③ 토지 등 소유자에게 분양하는 대지 또는 건축물은 도시개발법 제40조의 규정에 의하여 행하여진 환지로 보며, 보류지 및 일반에게 분양하는 대지 또는 건축물은 도시개발법 제34조의 규정에 의한 보류지 또는 체비지로 보게 되고(도시정비법 제55조 제2항), ④ 대지 또는 건축물을 분양받은 자가 종전에 소유하고 있던 토지 또는 건축물의 가격과 분양받은 대지 또는 건축물의 가격 사이에 차이가 있는 경우에는 사업시행자는 이전고시가 있은 후에 그 차액에 상당하는 금액인 청산금을 분양받은 자로부터 징수하거나 분양받은 자에게 지급하여야 한다(도시정비법 제57조 제1항).[9]

III. 이전고시의 효력 발생 이후 관리처분계획의 무효확인을 구할 법률상 이익이 있는지 여부에 관한 논의의 정리

1. 문제의 소재

앞에서 본 바와 같이 이전고시는 포괄적인 관리처분계획의 구체적 집행행위로서 유효한 관리처분계획의 존재를 전제로 하고 있다. 그런데, 관리처분계획에 대한 절차적 혹은 실체적 하자를 이유로 관리처분계획

9) 이완희, 위 논문, 915-916면.

에 대한 무효확인소송의 계속 중에 이전고시가 효력을 발생한 경우, 그것이 계속되고 있던 관리처분계획에 대한 무효확인소송의 법률상 이익이 어떤 영향을 주는지 여부가 이 사건의 주된 쟁점이다.

이 문제는 결국 도시정비사업의 단체법적 성격과 관리처분계획이후 상당한 기간 공사기간을 거쳐 준공인가 및 공사완료고시를 거쳐서 이루어진 이전고시 이후의 법률관계의 법적 안정성을 중요하게 볼 것인가 아니면 도시정비사업에 대한 개별적 이해관계를 가지는 권리주체의 절차적·실체적 권리구제의 기회확보를 더 중요하게 볼 것인가에 관한 관점의 차이의 문제라고 할 것이다.

2. 견해의 대립[10)]

가. 제1설: 이전고시의 효력발생 이후에는 관리처분계획의 무효확인을 구할 법률상 이익이 없다는 견해 [대법원 판결 다수의견]

이 견해는 이전고시의 효력발생으로 이미 대다수 조합원 등에 대하여 획일적·일률적으로 처리된 권리귀속 관계를 모두 무효화하고 다시 처음부터 관리처분계획을 수립하여 이전고시 절차를 거치도록 하는 것은 정비사업의 공익적·단체법적 성격에 배치되므로, 이전고시가 효력을 발생하게 된 이후에는 조합원 등이 관리처분계획의 취소 또는 무효확인을 구할 법률상 이익이 없다고 보는 입장으로 구체적으로는 다음과 같은 논거에 바탕을 두고 있다.[11)]

10) 이 부분 논의는 이 사건 대법원 재판연구관으로 해당 쟁점에 대해 심도 깊은 검토를 한 이완희 판사가 작성한 "도시 및 주거환경정비법상 이전고시가 효력을 발생한 이후에도 조합원 등이 관리처분계획의 취소 또는 무효확인을 구할 법률상 이익이 있는지 여부(2012. 3. 22. 선고 2011두6400 전원합의체 판결)", 대법원 판례해설 제91호(2012년 상반기, 법원도서관), 908−946면에 나타난 각 입장의 내용을 요약 정리한 것임.

(1) 이전고시는 소유권 이전 등 권리귀속에 관한 사항뿐만 아니라 청산금부과에 관한 사항까지 포함하는 집행행위이다.

(2) 이전고시는 종전의 토지나 건축물에 갈음하는 정비사업 완료후의 대지 또는 건축물의 위치, 지적, 면적을 지정하는 처분(분양교부)과, 그 지정 또는 지정하지 아니함으로 인한 종전 토지나 건축물에 대한 권리 상호간에 발생하는 가격의 차액에 상당하는 금액을 금전으로 청산할 것을 결정하는 처분(분양처분)으로 나누어진다.

(3) 도시정비법의 관련 규정의 내용, 환지처분이 가지는 성격 등에 비추어 보면, 이전고시의 본질이나 법적 성격은 도시개발법상의 환지처분과 같다고 보아야 하는데, 종래 대법원 판결에서는 환지처분 또는 분양처분이 일단 공고되어 효력을 발생하게 된 후에는 전체의 절차를 처음부터 다시 밟지 않는 한 환지처분 또는 분양처분을 변경할 길이 없고 그 위법을 이유로 민사상 권리관계의 존부를 확정하거나 손해배상을 구하는 길이 있을 뿐이라고 판시하여 왔다.[12]

(4) 도시정비법에서 '분양처분'이라는 용어 대신 '이전고시'라는 용어를 사용하고 있지만, 종전 토지등의 소유자의 권리관계를 새로 분양받는 권리관계로 변환시키는 처분이라는 점에서 양자는 본질적인 차이가 없다.

(5) 청산금부과처분이 이전고시와 별도로 이루어지기는 하지만, 이는 이전고시가 효력을 발생함으로써 인정되는 것에 불과하고 따라서 청산금부과처분도 이전고시에 의하여 집행되는 관리처분계획의 한 내용이고 이전고시와 분리되어 별개로 이루어지는 것은 아니다.

(6) 관리처분계획의 수립절차를 보면, 토지등의 소유자는 공람, 의

11) 이완희, 위 논문, 918-928면 참조.

12) 대법원 1985. 4. 23. 선고 84누446 판결, 대법원 1990. 9. 25. 선고 88누2557 판결, 대법원 1992. 6. 26. 선고 91누11728 판결, 대법원 1993. 5. 27. 선고 92다14878 판결, 대법원 1998. 2. 13. 선고 97다49459 판결 등.

견청취절차를 거쳐 관리처분계획의 내용을 충분히 숙지한 상태에서 조합총회에서 의결을 통하여 자신의 권리관계를 확정하는 것이고, 행정청도 관리처분계획에 대한 인가·고시를 통하여 이를 적절히 관리, 감독하고 있다. 따라서 이러한 절차를 거쳐 수립된 관리처분계획의 내용 그대로 이전고시가 이루어진 이상 관리처분계획의 하자를 이유로 다시 처음부터 관리처분계획을 작성하여 이전고시를 거치는 절차를 반복하는 것은 대다수 조합원의 단체법적 의사와 재개발, 재건축 사업의 공익적인 성격에 반하는 결과가 될 수 있다.

(7) 무효확인을 구할 법률상 이익에 관한 대법원 선례와 이전고시의 취지 등을 종합적으로 고려하면, 이전고시에 의하여 관리처분계획의 내용대로 집행됨으로써 각 조합원별로 신축된 아파트의 소유권보존등기를 마치고 입주까지 완료한 이상, 원고들이 이 사건 관리처분계획의 무효확인을 받는다고 하더라도 이전고시가 있기 이전의 상태로 회복할 가능성은 없으므로 무효확인을 구할 법률상 이익이 없다.

이 사건에서 원고들은 이 사건 관리처분계획의 무효사유 중 하나로 "이 사건 관리처분계획은 당초 재건축결의와 달리 신축건물의 세대수 중 소형 및 대형평형을 늘리고 40－60평의 중형평형을 대폭 감소시켰고 총사업비도 약 50% 가량 증액시켰으므로 이는 실질적인 재건축결의변경 또는 정관변경에 해당하므로 이를 의결하기 위해서는 특별의결정족수에 따른 동의가 필요함에도 불구하고 일반의결정족수만으로 의결한 하자가 있다"는 사유를 주장하고 있는데, 본안에서 원고들의 이러한 주장을 받아들이는 경우 이미 준공을 마치고 소유권이전등기까지 마친 아파트의 평형을 변경해야 한다는 결과가 되는데 이는 현실적으로 실현되기 어려운 주장이다.

(8) 이전고시가 효력을 발생한 이후에는 관리처분계획에 어떠한 절차상 또는 실체상의 하자가 존재하더라도 그 무효확인을 구할 수 없다고 보는 경우에는 그러한 관리처분계획의 하자로 인하여 조합원이 분양

예정인 대지 또는 건축물을 분양받지 못하거나 자신이 원하는 평형의 아파트를 분양받지 못하는 손해를 입거나 관리처분계획 중 하자가 있는 청산금부과기준 등에 의하여 과도한 청산금을 부담하는 등의 손해를 입게 되는데, 그에 대하여 관리처분계획의 무효확인이 아닌 다른 권리구제수단으로 자신의 손해를 충분히 보상받을 수 있다면, 이전고시를 통하여 일률적, 획일적으로 권리를 배분하여 이미 단체법적으로 확정된 법률관계를 송두리째 뒤집어 새롭게 관리처분계획과 그에 따른 이전고시라는 절차를 거치지 아니하고 법률관계를 안정시키는 것이 더 바람직하다고 할 것이다.

이 경우 조합원이 선택할 수 있는 다른 권리구제수단으로는 구체적인 실현가능성을 두고는 논란의 여지가 있을 수 있으나, ① 관리처분계획에 대한 소송 중 집행정지신청, ② 보류지에 관한 권리관계를 다투는 소송, ③ 청산금부과처분에 관한 항고소송, ④ 무효인 관리처분계획으로 인한 손해배상소송, ⑤ 관리처분계획의 하자를 이유로 한 이전고시에 대한 무효확인소송 등이 존재하므로 관리처분계획의 절차적, 실체적 하자로 인해 침해된 조합원의 권리구제를 굳이 관리처분계획 자체의 무효를 확인받는 방식으로 달성하는 것은 타당하지 않다.

나. 제2설: 이전고시의 효력 발생 이후에도 일정한 경우 관리처분계획의 무효확인을 구할 법률상 이익이 있다는 견해 [대법원 판결 별개의견]

이 견해는 관리처분계획의 무효확인이나 취소를 구하는 소송이 적법하게 제기되어 계속 중인 상태에서 이전고시가 효력을 발생하였다고 하더라도, 이전고시에서 정하고 있는 대지 또는 건축물의 소유권 이전에 관한 사항 외에 관리처분계획에서 정하고 있는 다른 사항들에 관하여서는 물론이고, 이전고시에서 정하고 있는 사항에 관하여서도 여전히 관리처분계획의 취소 또는 무효확인을 구할 법률상 이익이 있다고 보는 것이 이전고시의 기본적인 성격 및 효력에 들어맞을 뿐만 아니라, 행정처분의 적법성을 확보하고 이해관계인의 권리와 이익을 보호하려는 행정소송의 목적 달성 및 소송경제 등의 측면에서도 타당하며, 항고소송에서 소의 이익을 확대하고 있는 종전의 대법원 판례에도 들어맞는 합리적인 해석이라고 보는 견해로서 구체적으로는 다음과 같은 논거에 바탕을 두고 있다.[13)]

(1) 이전고시의 법적 성격은 관리처분계획의 내용 중 소유권 이전 등 권리귀속에 관한 사항만의 집행행위이고, 청산금부과는 별도로 청산금부과처분을 통하여 집행되는 것이므로 양자는 별개의 처분이다.

(2) 도시정비법의 제정으로 종래 도시재개발법상의 분양처분이 이전고시로 바뀌어 그 규정의 내용 및 형식이 변경되면서 이전고시는 분양처분과는 달리 관리처분계획의 내용 중 소유권 이전에 관한 사항임을 명확히 규정하고 있는 것이다. 즉, 종전 도시재개발법 제38조 제3항은 "시행자는 공사완료의 공고가 있을 때에는 지체 없이 확정측량을 하고 토지의 분할절차를 거쳐 관리처분계획대로 분양처분을 하여야 한다"라고 규정하고 있었음에 비해, 도시정비법 제54조 제1항은 "사업시행자는 공사완료의 고시가 있은 때에는 지체 없이 대지확정측량을 하고 토지의 분할절차를 거쳐 관리처분계획에 정한 사항을 분양을 받을 자에게 통지하고 대지 또는 건축물의 소유권을 이전하여야 한다"라고 규정하고 있으므로, 이전고시는 종전의 분양처분과는 달리 관리처분계획의 내용 중 대지 또는 건축물의 소유권 이전에 한정되는 것으로 해석하는 것이 타당하다.

(3) 청산금부과에 관한 사항은 소유권 이전에 관하여 규정한 이전고시와는 별도로 도시정비법 제57조에 그 요건과 내용이 규정되어 있을

13) 이완희, 위 논문, 928-939면 참조.

뿐 아니라, 실무상으로도 청산금의 징수행위가 이전고시와 별개의 절차로 이루어지고 있고, 특히 도시정비법 제57조 제1항 단서가 "다만, 정관등에서 분할징수 및 분할지급에 대하여 정하고 있거나 총회의 의결을 거쳐 따로 정한 경우에는 관리처분계획인가후부터 제54조 제2항의 규정에 의한 이전의 고시일까지 일정기간별로 분할징수하거나 분할지급할 수 있다"라고 규정하고 있어 이전고시가 이루어지기 이전부터 이전고시와는 별개의 처분으로서 청산금부과가 가능한 점을 고려하면 양자는 별개의 처분으로 보는 것이 타당하다.

(4) 도시정비법 사안은 아니지만 도시재개발법상의 분양처분의 효력 발생 이후 청산금부과처분을 한 사안들에 있어서, 대법원 2001. 3. 15. 선고 99두4594 전원합의체 판결은 청산금부과처분을 취소한 원심판결이 정당하다고 판시하였고, 대법원 1995. 4. 25. 선고 93누17850 전원합의체 판결은 청산금부과처분이 취소되어야 한다는 취지로 파기환송하였으며, 대법원 1995. 6. 13. 선고 94누13626 전원합의체 판결은 산정방법이 잘못된 청산금부과처분은 당연무효사유가 아닌 취소사유에 해당한다고 판시하였는바, 이러한 대법원 판례의 태도는 청산금확정에 관한 처분은 분양처분과는 별개의 처분임을 전제로 하고 있는 것이고, 이러한 취지는 도시정비법 사안에서도 마찬가지로 적용될 수 있는 것이다.

(5) 원상회복이 불가능한 경우에도 취소소송 혹은 무효확인소송의 법률상 이익을 인정하고 있는 대법원 판례들[14]의 취지를 고려하면, 비록 이전고시의 효력발생으로 대다수 조합원들의 소유권 등 권리귀속이 확정되고 그에 대한 원상회복은 불가능하다고 하더라도, 관리처분계획이 무효로 되는 경우 그에 따라 이루어지는 청산금부과처분 등의 후속

14) 대법원 2005. 9. 9. 선고 2003두5402, 5419 판결, 대법원 2007. 7. 19. 선고 2006두19297 전원합의체 판결, 대법원 2002. 1. 11. 선고 2000두3306 판결, 대법원 1999. 8. 20. 선고 98두17043 판결, 대법원 2008. 3. 20. 선고 2007두6342 전원합의체 판결, 대법원 2008. 6. 12. 선고 2008두3685 판결 등.

처분에 영향을 미치게 되므로 원고들은 여전히 그 무효확인을 구할 법률상 이익이 있다고 보는 것이 타당하다.

특히 대법원 2008. 3. 20. 선고 2007두6342 전원합의체 판결에서는 행정처분의 근거 법률에 의하여 보호되는 직접적이고 구체적인 이익이 있는 경우에는 행정소송법 제35조에 규정된 '무효확인을 구할 법률상 이익'이 있다고 보아야 하고, 이와 별도로 무효확인소송의 보충성이 요구되지는 아니하므로, 행정처분의 무효를 전제로 한 이행소송 등과 같이 당해 법률관계에 관한 직접적인 구제수단이 있는지 여부를 따질 필요가 없다고 판단함으로써, 민사소송과 구별되는 행정소송의 특징을 분명히 선언하였다. 이에 따라 위 대법원 판결은 무효인 행정처분의 집행이 종료된 경우에 다른 구제방법이 있음을 이유로 소의 이익이 없다는 취지로 판시한 종전의 대법원 판결들을 폐기하는 한편 행정청의 위법한 처분 등으로 인하여 권리 또는 이익의 침해를 입은 국민에게 무효확인소송의 길을 열어 주는 것이 적절한 구제방안인가라는 목적론적 관점에서 법률상 이익의 문제를 합리적으로 결정하여야 하며, 그 행정처분이 무효라는 판결이 확정되면 행정청이 이에 승복하여 행정처분의 상대방에게 임의로 원상회복할 것이 기대될 뿐만 아니라 행정소송법상 무효확인판결 자체만으로도 판결의 기속력 등에 따른 원상회복이나 결과제거조치에 의하여 그 실효성 확보가 가능하므로, 무효인 행정처분의 집행이 종료되었다는 사정을 이유로 무효확인소송을 부적법한 것으로 처리함으로써 당사자에게 불편을 가져오고 불합리한 결과를 초래할 수 있는 해석론을 택하여서는 안된다는 점을 지적하고 있다.

(6) 이전고시의 효력 발생 이후 관리처분계획의 무효확인을 구하지 않더라도 다른 유효, 적절한 권리구제수단이 있다는 제1설의 주장에 대해서는 다음과 같은 비판의 제기가 가능하다.

① 관리처분계획에서 분양대상의 누락, 착오, 소송 등에 대비하여 보류지를 지정하는 경우에도, 보류지는 전체 건립 세대수의 1% 범위 안

에서 지정할 수 있는 것이므로, 주장되는 관리처분계획의 하자가 다수의 조합원들에게 관계되는 것이라면, 그 조합원들 모두가 권리구제를 받지 못할 가능성이 있다.

② 현실의 도시정비사업에서는 조합이 정관이나 총회결의를 통해 관리처분계획인가후부터 이전고시일까지 사이에 분양계약에 따라 청산금을 징수하고 이전고시가 있은 후에는 실질적으로 청산금부과처분이 이루어지지 않고 있으므로, 실제로는 관리처분계획 중 청산금 부분 자체의 하자를 다툴 실익이 매우 크다.

③ 조합원이 조합을 상대로 한 손해배상소송에서 승소한다고 하더라도, 조합이 이미 사업을 종료하고 이전고시까지 마친 상태에서 그 손해를 배상할 자력이 충분하지 않을 가능성이 매우 높다.

④ 관리처분계획의 중대, 명백한 하자를 들어서 그 집행행위인 이전고시의 무효을 주장할 수 있다고 해서 관리처분계획의 무효를 구할 필요성이 없다고 단정할 수 없고, 오히려 후행행위인 이전고시의 무효를 주장할 수 있다는 사정만으로 선행행위의 당연무효 여부를 다툴 수 없다고 보는 것은 부당하다.

⑤ 관리처분계획이 당연무효인 경우에는 그 집행행위인 이전고시 역시 무효이므로 이전고시가 있은 이후라고 하더라도 관리처분계획의 무효확인을 구할 이익이 있다고 보아야 할 것이고, 또한 무효인 이전고시가 효력을 발생하였다고 할 수도 없으며 이전고시가 있었다는 사유만으로 무효인 관리처분계획을 용인하여야 한다고 보기도 어렵다. 특히 조합원이 관리처분계획의 무효확인소송을 제기하여 소송이 계속 중인데, 그 후 이전고시가 있었다는 사정만으로 더 이상 그 효력 여부를 다툴 수 없다고 보는 것은 부당하다.

(7) 이전고시의 효력 발생으로 대다수 조합원들의 권리귀속이 확정되어 단체법적 권리관계가 형성된다고 하더라도, 관리처분계획에서 정한 대로 조성된 대지 및 건축물의 소유권의 이전고시가 이루어지는 이상,

관리처분계획이 무효인 경우에는 이전고시 역시 무효라고 보아야 한다.

즉 관리처분계획을 수립하거나 변경하기 위해서는 조합원 총회의 의결을 거쳐야 하고 그 의결정족수는 조합원 총수의 과반수 찬성으로 규정되어 있는데(도시정비법 제24조 제3항 제10호), 이는 관리처분계획이 조합원, 현금청산대상자 등 정비사업과 관련된 이해관계인들의 최종적인 권리배분 및 비용부담을 정하는 중요한 행정계획이기 때문이다. 이에 비하여 이전고시는 이러한 조합원 총회의 의결절차 없이 정비사업에 대한 시장, 군수의 준공인가·고시와 대지확정측량, 토지의 분할절차를 거쳐 대지 또는 건축물을 분양받을 자에게 소유권을 이전하는 내용을 고시하는 것으로서 관리처분계획에 정한 사항을 그대로 집행하는 행정처분에 불과하다. 따라서 선행처분인 관리처분계획에 조합원 총회의 의결을 거치지 아니하거나 의결정족수를 충족하지 못한 하자가 있고 그 하자가 중대·명백하여 당연무효인 경우에는 그 관리처분계획이 유효함을 전제로 하여 이루어진 후행처분인 이전고시도 무효라고 보아야 한다.

(8) 제1설이 종래 대법원 판결이 환지처분 또는 분양처분이 일단 공고되어 효력을 발생하게 된 후에는 전체의 절차를 처음부터 다시 밟지 않는 한 환지처분 또는 분양처분을 변경할 길이 없고 그 위법을 이유로 민사상 권리관계의 존부를 확정하거나 손해배상을 구하는 길이 있을 뿐이라고 판시하여 왔음을 주된 논거 중의 하나로 들고 있으나 위 대법원 판결들은 환지처분 또는 분양처분의 일부에 대하여 취소 또는 무효확인을 구할 법률상 이익이 없다는 취지로 판단한 것으로서, 환지처분 또는 분양처분의 전제가 되는 환지계획 또는 관리처분계획이 무효인 경우 그 내용에 따라 환지처분 또는 분양처분 전부가 무효가 되는지에 관한 판시는 아니다.

(9) 이상의 사유로 관리처분계획의 무효사유가 이전고시의 효력에 영향을 미칠 수 있다고 보는 이상, 문제의 핵심은 이전고시의 무효원인인 관리처분계획의 무효를 이전고시에 관한 소송에서만 주장할 수 있도

록 제한할 것인가 아니면 계속 중인 관리처분계획에 관한 무효소송에서도 주장할 수 있도록 할 것인가의 문제이다.

먼저 대법원 2007. 7. 19. 선고 2006두19279 전원합의체 판결에서 판시한 바와 같이 제소 당시에는 권리보호의 이익을 모두 갖추었는데 제소 후 취소 대상 행정처분이 기간의 경과 등으로 그 효과가 소멸하여 그 처분이 취소되어도 원상회복이 불가능하다고 보이는 경우라고 하더라도, 동일한 소송 당사자 사이에서 그 행정처분과 동일한 사유로 위법한 처분이 반복될 위험성이 있어 행정처분의 위법성 확인 내지 불분명한 법률문제에 대한 해명이 필요하다고 판단되는 경우, 그리고 동일한 행정목적을 달성하거나 동일한 법률효과를 발생시키기 위하여 선행처분과 후행처분이 단계적인 일련의 절차로 연속하여 행하여져 후행처분이 선행처분의 적법함을 전제로 이루어짐에 따라 선행처분의 하자가 후행처분에 승계된다고 볼 수 있어 이미 소를 제기하여 다투고 있는 선행처분의 위법성을 확인하여 줄 필요가 있는 경우에는 그 처분의 취소를 구할 법률상 이익이 있다고 판시하여 법률상 이익의 인정 범위를 넓혀 오고 있는바, 이 사안의 경우가 위 판시의 인정범위에 해당하는 경우에는 당연히 법률상 이익이 인정되어야 할 것이다.

(10) 제1설은 관리처분계획의 하자로 인하여 권리를 침해당한 조합원 등은 보류지에 관한 권리관계를 다투는 소송이나 청산금부과처분에 관한 항고소송, 무효인 관리처분계획으로 인한 손해배상소송 등과 같은 다른 권리구제수단을 통하여 그 권리를 회복할 수 있으므로 법률상 이익이 없다고 주장하고 있으나, 이러한 태도는 행정처분의 무효를 전제로 한 직접적인 구제수단이 있는지 여부를 따지지 아니하고 그 무효확인을 구할 수 있다는 대법원 2008. 3. 20. 선고 2007두6342 전원합의체 판결의 취지에 반할 우려가 있다.

(11) 관리처분계획에 무효사유가 있는지 여부를 이전고시의 효력을 다투는 소송이 아니라 관리처분계획의 효력을 다투는 소송에서 바로 판

단을 받을 수 있도록 하는 것이 신속한 분쟁의 해결 및 법률관계의 안정에 도움이 된다고 할 것이다.

관리처분계획에 대한 무효확인소송이 제기되어 상당한 심리가 이루어지고 그에 관한 결론을 내릴 수 있는 상태에 이르렀음에도 불구하고 이전고시가 이루어졌다는 사유로 소의 이익을 부정하여 관리처분계획의 무효사유에 대한 본안판단을 회피하는 것은 무효주장의 당부와 무관하게 신속한 분쟁해결을 회피하고 불필요하게 소송을 반복하도록 강요하는 면이 있다. 또한 경우에 따라서는 사업시행자인 조합이 소송 계속 중에 서둘러서 이전고시 절차를 밟아 그 소를 부적법한 것으로 만들 수 있으므로, 위법하거나 무효인 관리처분계획을 관철시키기 위한 방법으로 이전고시가 악용될 가능성도 배제할 수 없다.

3. 소결

지금까지 이전고시의 효력 발생 이후 관리처분계획의 무효확인을 구할 법률상 이익이 있는지 여부에 관한 논의의 개요를 살펴보았다.

이 문제에 관한 제1설과 제2설의 견해의 대립은 결국 도시정비사업이 가지는 단체법적 성격과 관리처분계획이후 이전고시에 이르기까지 이미 형성된 법률관계의 안정성을 더 중요하게 생각할 것인가 아니면 개별 조합원들이 가지는 절차적·실체적 권리구제의 기회의 보장을 더 중요하게 생각할 것인가에 관한 관점의 차이에서 비롯된 것으로 보인다. 양설 모두 각 관점의 입장에서 제시할 수 있는 나름의 합리적 근거들을 제시하고 있어서 쉽게 어느 입장이 타당한지에 관한 결론에 이르기가 어렵다.

이 문제에 관한 근본적인 답을 얻기 위해서는 이 사건과 같은 무효확인의 소송에서 법이 요구하는 '법률상 이익'의 개념에 관해 좀 더 검토하는 것이 필요해 보인다.

IV. 무효확인소송에 있어서 무효확인을 구할 법률상 이익

1. 행정소송법 제35조는 "무효등확인소송은 처분등의 효력의 유무 또는 존재 여부의 확인을 구할 법률상 이익이 있는 자가 제기할 수 있다"고 규정하고 있는바, 여기서 "확인을 구할 법률상 이익"의 의미를 두고 견해의 대립이 있어 왔다.15)

제35조의 '법률상 이익'을 취소소송에서의 그것과 동일한 개념으로 원고적격에 관한 규정으로 이해하고, 그 이익의 범위에 관해서는 취소소송에서의 법률상 이익에 관한 통설의 입장과 같이 법적으로 보호된 이익으로 보는 견해(법적이익보호설)와 제35조를 무효확인소송의 협의의 소익을 규정한 것으로 이해하는 입장에서 '확인을 구할 법률상 이익'을 민사소송에서의 확인의 이익과 같이 원고의 권리나 법률상 지위에 현존하는 불안이나 위험을 제거하기 위하여 확인판결을 받는 것이 유효·적절한 때와 같은 즉시 확정의 법률상 이익으로 보는 견해(즉시확정이익설)의 대립이 그것이다.

2. 한편, 행정소송법 제35조의 '법률상 이익'의 해석론과는 별도로, 우리 행정소송법이 무효확인소송의 보충성의 요건을 충족할 것을 요구하고 있는지 여부가 문제가 된다.

종래 대법원은 행정소송법 제35조의 '무효확인을 구할 법률상 이

15) 이러한 견해의 대립에 관한 설명은 대부분의 행정법 교과서 해당 부분에 잘 소개되어 있으므로 일일이 열거해서 인용하지는 않기로 한다. 이 주제에 관한 보다 상세한 논의에 관해서는 경건, 무효확인소송의 소익 - 행정소송법 제35조 '무효확인을 구할 법률상 이익'의 의미-, 행정법연구 제21호(2008. 8), 118-121면, 행정법이론실무학회; 박균성, 소의 이익에 관한 행정소송법 개정방안, 경희법학 제39권 2호(2004. 12), 9-29면, 경희대학교; 박정훈, 취소소송의 소의 이익과 권리보호필요성, 행정소송의 구조와 기능, 박영사(2006), 제8장; 윤인성, 무효확인소송의 소의 이익, 행정판례평선, 박영사(2011), 793-801면 등의 문헌 참조.

익'을 무효확인소송의 '확인의 이익'으로 이해하고, '확인의 이익'의 의미는 "판결로서 분쟁이 있는 법률관계의 유 · 무효를 확정하는 것이 원고의 권리 또는 법률상의 지위에 관한 불안 · 위험을 제거하는데 필요하고도 적절한 경우"라고 이해하였다. 또한 행정처분의 무효를 전제로 한 이행소송 등과 같은 다른 구제수단이 존재하는 경우에는 원칙적으로 무효확인의 소의 법률상 이익을 부정하면서 이른바 "무효확인소송의 보충성"을 요구하는 입장을 견지하고 있었다.16)17)

이러한 대법원 판결의 입장은 위법한 행정작용으로 인해 침해된 국민의 권익보장의 기회를 확대하여야 한다는 관점에서 많은 비판을 받아오고 있었는데, 대법원은 2008. 3. 20. 선고 2007두6342 전원합의체 판결로 무효확인소송의 보충성에 관한 판례를 변경하기에 이르렀다.

위 판결의 대표의견과 보충의견은 ① 행정소송은 대등한 주체 사이의 사법상 생활관계에 관한 분쟁을 심판대상으로 하는 민사소송과는 그 목적, 취지 및 기능 등을 달리하며, 행정소송법이 무효확인소송을 항고소송의 일종으로 규정하고 있는 점, ② 행정소송법 제38조 제1항이 처분 등을 취소하는 확정판결의 기속력 및 행정청의 재처분의무에 관한 행정소송법 제30조를 무효확인소송에도 준용하고 있어 무효확인판결 자체만으로도 권리구제의 실효성을 확보할 수 있는 점, ③ 우리나라 행정소송법은 일본 행정사건소송법 등 외국의 일부 입법례와는 달리 무효확인소송의 보충성을 요구하는 명문의 규정을 두고 있지 않은 점 등의 이유를 들어서 무효확인소송의 보충성을 인정되지 않는다고 판단하였다.18)

---

16) 대법원 2006. 5. 12. 선고 2004두14717 판결, 대법원 2001. 9. 18. 선고 99두11752 판결, 대법원 1998. 9. 22. 선고 98두4375 판결 등.

17) 경건, 위 논문, 124면.

18) 위 대법원 판결에 대한 평석으로는 윤인성, 행정소송법 제35조에 규정된 '무효확인을 구할 법률상 이익'이 있는지를 판단할 때 행정처분의 무효를 전제로 한 이행소송 등과 같은 직접적인 구제수단이 있는지를 따져 보아야 하는지 여부- 2008. 3. 20. 선고 2007두6342 전원합의체 판결 -, 대법원판례해설 제75호(2008년 상반기), 법원도서관 참조.

3. 한편, 우리 대법원은 대법원 2005. 9. 9. 선고 2003두5402, 5419 판결,[19] 대법원 2007. 7. 19. 선고 2006두19297 전원합의체 판결,[20] 대법원 2002. 1. 11. 선고 2000두3306 판결,[21] 대법원 1999. 8. 20. 선고 98두17043 판결,[22] 대법원 2008. 3. 20. 선고 2007두6342 전원합의체

---

19) "도시개발사업의 시행에 따른 도시계획변경결정처분과 도시개발구역지정처분 및 도시개발사업실시계획인가처분은 도시개발사업의 시행자에게 단순히 도시개발에 관련된 공사의 시공권한을 부여하는 데 그치지 않고 당해 도시개발사업을 시행할 수 있는 권한을 설정하여 주는 처분으로서 위 각 처분 자체로 그 처분의 목적이 종료되는 것이 아니고 위 각 처분이 유효하게 존재하는 것을 전제로 하여 당해 도시개발사업에 따른 일련의 절차 및 처분이 행해지기 때문에 위 각 처분이 취소된다면 그것이 유효하게 존재하는 것을 전제로 하여 이루어진 토지수용이나 환지 등에 따른 각종의 처분이나 공공시설의 귀속 등에 관한 법적 효력은 영향을 받게 되므로, 도시개발사업의 공사 등이 완료되고 원상회복이 사회통념상 불가능하게 되었더라도 위 각 처분의 취소를 구할 법률상 이익은 소멸한다고 할 수 없다"고 판시한 사례.

20) "제소 당시에는 권리보호의 이익을 갖추었는데 제소 후 취소 대상 행정처분이 기간의 경과 등으로 그 효과가 소멸한 때, 동일한 소송 당사자 사이에서 동일한 사유로 위법한 처분이 반복될 위험성이 있어 행정처분의 위법성 확인 내지 불분명한 법률문제에 대한 해명이 필요하다고 판단되는 경우, 그리고 선행처분과 후행처분이 단계적인 일련의 절차로 연속하여 행하여져 후행처분이 선행처분의 적법함을 전제로 이루어짐에 따라 선행처분의 하자가 후행처분에 승계된다고 볼 수 있어 이미 소를 제기하여 다투고 있는 선행처분의 위법성을 확인하여 줄 필요가 있는 경우 등에는 행정의 적법성 확보와 그에 대한 사법통제, 국민의 권리구제의 확대 등의 측면에서 여전히 그 처분의 취소를 구할 법률상 이익이 있다"고 판시한 사례.

21) "일반적으로 공장등록이 취소된 후 그 공장 시설물이 어떠한 경위로든 철거되어 다시 복구 등을 통하여 공장을 운영할 수 없는 상태라면 이는 공장등록의 대상이 되지 아니하므로 외형상 공장등록취소행위가 잔존하고 있다고 하여도 그 처분의 취소를 구할 법률상의 이익이 없다 할 것이나, 위와 같은 경우에도 유효한 공장등록으로 인하여 공장등록에 관한 당해 법률이나 다른 법률에 의하여 보호되는 직접적·구체적 이익이 있다면, 당사자로서는 공장건물의 멸실 여부에 불구하고 그 공장등록취소처분의 취소를 구할 법률상의 이익이 있다"고 판시한 사례.

22) "공공용지의취득및손실보상에관한특례법 제8조 제1항에 의하면 사업시행자는 이주대책의 수립, 실시의무가 있고, 그 의무이행에 따른 이주대책계획을 수립하여 공고하였다면, 이주대책대상자라고 하면서 선정신청을 한 자에 대해 대상자가 아니라는 이유로 거부한 행정처분에 대하여 그 취소를 구하는 것은 이주대책대

판결[23]), 대법원 2008. 6. 12. 선고 2008두3685 판결[24]) 등에서 원상회복이 불가능한 경우에도 처분의 취소 혹은 무효확인을 구할 법률상 이익이 있다고 판단하여 협의의 법률상 이익의 인정범위를 점차 넓혀가고 있는 추세에 있다.

상자라는 확인을 받는 의미도 함께 있는 것이며, 사업시행자가 하는 확인, 결정은 이주대책상의 택지분양권이나 아파트 입주권 등을 받을 수 있는 구체적인 권리를 취득하기 위한 요건에 해당하므로 현실적으로 이미 수립, 실시한 이주대책업무가 종결되었고, 그 사업을 완료하여 이 사건 사업지구 내에 더 이상 분양할 이주대책용 단독택지가 없다 하더라도 보상금청구권 등의 권리를 확정하는 법률상의 이익은 여전히 남아 있는 것이므로 그러한 사정만으로 이 거부처분의 취소를 구할 법률상 이익이 없다고 할 것은 아니다"라고 판시한 사례.

23) "행정소송은 행정청의 위법한 처분 등을 취소·변경하거나 그 효력 유무 또는 존재 여부를 확인함으로써 국민의 권리 또는 이익의 침해를 구제하고 공법상의 권리관계 또는 법 적용에 관한 다툼을 적정하게 해결함을 목적으로 하므로, 대등한 주체 사이의 사법상 생활관계에 관한 분쟁을 심판대상으로 하는 민사소송과는 목적, 취지 및 기능 등을 달리한다. 또한 행정소송법 제4조에서는 무효확인소송을 항고소송의 일종으로 규정하고 있고, 행정소송법 제38조 제1항에서는 처분 등을 취소하는 확정판결의 기속력 및 행정청의 재처분 의무에 관한 행정소송법 제30조를 무효확인소송에도 준용하고 있으므로 무효확인판결 자체만으로도 실효성을 확보할 수 있다. 그리고 무효확인소송의 보충성을 규정하고 있는 외국의 일부 입법례와는 달리 우리나라 행정소송법에는 명문의 규정이 없어 이로 인한 명시적 제한이 존재하지 않는다. 이와 같은 사정을 비롯하여 행정에 대한 사법통제, 권익구제의 확대와 같은 행정소송의 기능 등을 종합하여 보면, 행정처분의 근거 법률에 의하여 보호되는 직접적이고 구체적인 이익이 있는 경우에는 행정소송법 제35조에 규정된 '무효확인을 구할 법률상 이익'이 있다고 보아야 하고, 이와 별도로 무효확인소송의 보충성이 요구되는 것은 아니므로 행정처분의 무효를 전제로 한 이행소송 등과 같은 직접적인 구제수단이 있는지 여부를 따질 필요가 없다고 해석함이 상당하다"라고 판시한 사례. 앞에서 검토한 바 있음.

24) "국세청이 국세체납을 이유로 토지를 압류한 후 공매처분한 경우, 그 소유권자는 국가 또는 매수인을 상대로 부당이득반환청구의 소나 소유권이전등기말소청구의 소를 제기하여 직접 위법상태를 제거할 수 있는지 여부에 관계없이 압류처분 및 매각처분에 대한 무효확인을 구할 수 있다"고 한 사례.

V. 검토

1. 이 사건의 경우와 같이 재건축정비사업의 이전고시가 효력을 발생한 후에 관리처분계획의 무효확인을 구할 소의 이익이 있는지 여부에 관한 판단은 필연적인 정답이 있어서 연역법적인 논증의 과정을 거치면 일의적인 결론에 이를 수 있는 성격의 것은 아니라고 본다.

취소소송과 무효확인의 소송에 있어서 협의의 소의 이익의 인정범위에 관한 대법원의 입장이 시기별로 차이가 있는 것에서 볼 수 있듯이, 이 문제는 논리의 문제라기보다는 어느 범위까지 하자있는 행정작용의 무효여부의 확인을 행정재판의 본안에서 판단하는 것이 바람직한 것인가라는 실제적 필요성에 대한 입법정책적 혹은 사법정책적 선택의 문제라고 보아야 할 것이다.[25] 물론 이 문제의 본질이 법적인 판단의 문제인지 아니면 정책적 판단의 문제인지에 관해서는 보다 심도 깊은 논의가 필요할 것이다.[26]

---

25) 위 대법원 2008. 3. 20. 선고 2007두6342 전원합의체 판결에서 대법관 이홍훈의 보충의견 참조.

26) 이 문제가 입법정책 혹은 사법정책의 문제인지 아니면 순수한 법적인 문제인지를 둘러싸고 견해의 대립이 있을 수 있다. 그에 관해서는 Hart의 법실증주의적 관점, Dworkin의 법원칙 사이의 Integrity의 관점, Posner의 법실용주의적 관점과 같은 서로 다른 법발견방법론이 적용될 수 있을 것이다. 이 글에서 위 각 법발견방법론에 관하여 상론하는 것은 불필요하다고 생각되므로 생략하기로 하고 결론적으로 필자는 법실용주의적 방법론이 문제해결에 가장 적합한 방법론이라고 생각한다. [관련된 논의는 허성욱, 개인정보유출소송의 현황과 법적 과제 - 법관의 법발견 방법론을 중심으로 -, 저스티스 통권 제110호 (2009) 참조] 이 결론에 따르는 경우 중요한 것은 주어진 문제상황을 가장 합리적이고 효율적으로 해결할 수 있는 법적인 판단의 내용이 무엇인지를 놓고 고민하는 과정이 될 것이고 이는 다분히 사법정책적인 판단의 성격이 강하다고 할 것이다. 이 사안에서 사법정책 판단의 내용은 관리처분계획에 존재하는 무효사유인 하자를 사업시행의 어느 단계에까지-이 사건의 경우 이전고시가 있은 이후까지 다툴 수 있도록 할 것인지 여부 - 법원에서 본안판단의 문제로 다툴 수 있게 하는 것이 가장 바람직한 사회적 자원 혹은 사법자원의 활용인가에 관한 것이 될 것이다. 이 상황에서 가장 최적인 선택은 관리처분계획의 하자로 인해 권리 혹은 이익의 침해를

2. 논리적 설득력이라는 관점에서는 제2설의 입장이 더 설득력이 있는 것으로 보인다. 그 논거는 제III장에서 제2설이 바탕을 두고 있는 각 논거들 및 그에 보충하여 아래의 각 논거들이다.

① 재건축정비사업의 실제를 감안하면 이전고시는 관리처분계획의 내용 중 소유권 이전 등 권리귀속에 관한 사항에 관한 것이고 관리처분계획의 내용 중 청산금에 관한 내용은 청산금부과 등 별도의 절차에 의해 이루어지므로 관리처분계획의 내용 중 청산금부과에 관한 내용을 다투기 위해서는 이전고시 이후에도 관리처분계획 자체의 무효여부의 확인을 구할 법률상의 이익이 있다고 보아야 할 것이다.

② 원상회복이 불가능한 경우에도 취소소송 혹은 무효확인소송의 법률상 이익의 인정범위를 넓혀가고 있는 대법원 판례들의 경향을 고려하면, 이전고시 이후에도 청산금의 내용 혹은 나아가 권리귀속에 관한 실체적, 절차적 권리의 침해를 주장하는 원고들의 이익은 현재의 대법원 판례가 인정하는 무효확인을 구할 법률상 이익에 포함된다고 보는 것이 더 합리적인 해석으로 보인다.

③ 무효확인소송의 보충성 요건을 부정하는 대법원 2008. 3. 20. 선고 2007두6342 전원합의체 판결의 취지를 고려하는 경우에는 대체적 권리구제수단이 있는지 여부를 따지지 않고 확인의 이익을 인정할 수 있을 것이고, 그렇지 않은 경우에도 제1설이 주장하는 대체적 권리구제수단들이 현실적인 유효성을 가지기는 매우 어려울 것으로 보이는 점을 고려하면 대체적 권리구제수단의 존재를 이유로 관리처분계획에 대한

당하였다고 주장하는 원고 등 개인의 권리구제기회의 확보라는 가치와 재건축사업의 원활한 진행으로 인해 다른 조합원들이 얻게 되는 시기적, 절차적 이익과 도시정비사업으로 인한 사회적 이익 등의 가치 사이의 최적의 균형점이 될 것이고 그 균형점은 앞에서 본 사회적 자원 혹은 사법자원의 제약조건과 그 상충하는 가치들에 대한 우리 사회의 선호의 체계에 의해 결정되게 될 것이다. 이러한 정책적 판단의 본질이 무엇인가 특히 그것이 법적인 판단인가 아니면 순수한 사실적 판단인가에 관해서는 보다 심도 깊은 논의가 필요해 보인다.

무효확인소송의 법률상 이익을 부정하는 것은 타당하지 않다.

④ 제1설의 입장이 확립된 법적 준거기준으로 작용하는 경우에는 사업시행자인 조합 등 이해관계인으로서는 관리처분계획의 내용을 둘러싸고 조합원들 사이에 분쟁이 있는 상황에서도 어떻게든 이전고시만 받아내면 된다는 생각에서 합법적 혹은 비합법적 수단을 모두 동원하려는 유인체계를 만들어낼 수 있을 것인데, 실제의 사업장에서 그와 같은 편법적 이전고시가 빈번하게 발생하는 상황에서도 제1설과 같은 결론을 계속 유지할 수 있을지에 관해 의문이 있다.

⑤ 관리처분계획에 존재하는 실체적, 절차적 하자를 이전고시에 대한 무효확인의 소송 등에서 다투도록 하는 것보다는 이미 계속되어 심리가 진행된 관리처분계획 무효확인의 소송절차에서 판단이 이루어질 수 있도록 하는 것이 분쟁의 효율적이고 신속한 해결에 도움이 되는 면이 있다.

⑥ 이전고시 이후에 이루어진 관리처분계획무효확인사건의 본안판단 결과 관리처분계획에 무효사유인 하자의 존재가 인정되지만 그로 인해 그 때까지 진행되어왔던 사업의 내용을 모두 뒤집는 것이 지나친 사회적 비용을 수반하는 것으로 판단되는 경우에는 조금 전향적이긴 하지만 취소소송에서의 사정판결제도를 무효확인소송에 있어서도 유추 적용하는 방식으로 해결할 수 있을 것이다.

3. 그렇다면 이 사건 대법원의 다수의견은 왜 이전고시와 청산금부과처분의 상관관계에 관한 실제상의 현황, 원상회복이 불가능한 경우에도 협의의 법률상 이익 인정범위를 넓혀가는 기존 대법원 판례의 태도, 대체적 구제수단이 현실적으로 권리구제의 효과를 거두기 어렵다는 사정 등에도 불구하고 제1설과 같은 결론을 택하게 되었을까? 혹시 제2설이 가지고 있는 논리적 설득력의 우월성에도 불구하고 제2설의 결론을 택하기 어려운 실제적 필요성 혹은 목적론적 정당성에 대한 고려를 한 것은 아닐까 생각해볼 필요가 있다.

먼저 생각해볼 점은 제2설의 입장과 같이 무효확인을 구할 법률상 이익을 인정하여 이 사건 관리처분계획에 대한 무효확인여부에 대한 본안판단이 이루어졌을 때 어떤 결론에 이르게 되었을까에 관한 것이다. 물론 이 사건에서는 상고이유 제2점에 관한 판단을 통해 상고이유 제1점에 관해서 제2설과 같은 입장을 택한다고 하더라도 결국 이 사건 관리처분계획에 대한 무효확인을 구할 법률상 이익은 없어서 소를 각하한다는 결론에는 마찬가지로 이르게 될 것이다. 그렇지만 만약 그와 같은 관리처분계획의 변경이 없었던 경우에는 어떨 것인가.

앞에서 본 바와 같이 이 사건에서 원고들이 이 사건 관리처분계획의 무효사유로 주장하는 것 중 하나는 "이 사건 관리처분계획은 당초 재건축결의와 달리 신축건물의 세대수 중 소형 및 대형평형을 40−60평의 중형평형을 대폭 감소시켰고 총사업비도 약 50% 가량 증액시켰으므로 이는 실질적인 재건축결의변경 또는 정관변경에 해당하므로 이를 의결하기 위해서는 특별의결정족수에 따른 동의가 필요함에도 불구하고 일반의결정족수만으로 의결한 하자가 있다"는 주장이다.

원고의 위 주장에 관해서는 본안판단이 결국 이루어지지 않았으므로 사실확정의 문제가 남아 있기는 하지만 일단 원고의 주장대로 사업의 내용이 변경되었고 그것이 특별의결정족수를 요구하는 상황의 변화라고 가정해 보자.

일단 대법원 2009. 9. 17. 선고 2007다2428 전원합의체 판결에 따라 종래 민사소송으로 처리되고 있던 도시정비법상의 조합을 상대로 한 관리처분계획안에 대한 조합 총회 결의의 효력을 다투는 소송은 관리처분계획에 대한 관할 행정청의 인가·고시가 있기 전까지는 공법상 법률관계에 관한 것으로서 행정소송법상 당사자소송으로 처리되게 되었고, 관할 행정청의 인가·고시가 있은 후에는 관리처분계획이 행정처분으로서 효력을 발생하게 되므로, 총회결의의 하자를 이유로 행정처분의 효력을 다투는 항고소송의 방법으로 관리처분계획의 취소 또는 무효확인을 구하여야 한다.

먼저 제소기간 내에 적법한 취소소송이 제기된 경우를 생각해보자. 이 경우 의결정족수 미달로 인한 관리처분계획의 취소사유가 있는지 여부를 판단함에 있어서는 종래 민사소송으로 처리되고 있던 총회결의무효확인소송에서의 결의무효 여부의 판단기준과 크게 다른 판단기준의 제시가 쉽지 않고 결국 필요한 정족수에서 1표라도 부족한 상황이었다면 관리처분계획을 취소하는 판단을 해야만 하는 상황이 있을 수 있다. 민사적 총회결의무효확인소송의 경우와 달리 항고소송으로서 취소소송은 대세적 효력을 가지므로 그 취소판결이 도시정비사업 전체에 미치는 영향은 매우 심대할 수 있다.27)

다음으로 제소기간 도과 등의 사유로 취소소송이 아닌 무효확인소송의 경우에는 총회결의의 의결정족수 미달이라는 하자가 얼마나 중대하고 명백한 것인지 여부에 따라 결론이 달라지게 될 것이다. 이 사건에 있어서는 원고가 주장하는 사유가 일반의결정족수가 아닌 특별의결정족수를 요구하는 사안에 해당하는지, 조합에서 잘못된 의결정족수를 적용한 판단의 하자가 얼마나 중대명백한 것인지에 관한 판단은 생각처럼 간단해 보이지 않는다. 참고로 "주택 재건축조합 정관의 필요적 기재사항이자 엄격한 정관변경절차를 거쳐야 하는 '조합의 비용부담'이나 '시공자·설계자의 선정 및 계약서에 포함될 내용'에 관한 사항이 당초 재건축결의 당시와 비교하여 볼 때 조합원들의 이해관계에 중대한 영향을 미칠 정도로 실질적으로 변경된 경우에는 비록 그것이 정관변경에 대한 절차가 아니라 하더라도 특별다수의 동의요건을 규정하여 조합원들의 이익을 보호하려는 구 도시 및 주거환경정비법(2007. 12. 21. 법률 제8785호로 개정되기 전의 것) 제20조 제3항, 제1항 제8호 및 제15호의 규정을 유추적용하여 조합원 3분의 2 이상의 동의가 필요하다고 보는 것이 타당하다"

27) 관련해서 종래 민사적 총회결의무효확인소송의 효력의 법률적 범위 및 사실상의 범위를 둘러싸고 여러 논의들이 있었다. 김종보, 재건축결의무효의 공법적 파장, 법학 제49권 제2호(통권 제147호), 서울대학교 법학연구소 (2008) 참조.

라는 법적인 판단은 2012년 8월에서야 대법원에 의해 이루어졌다.[28)]

어느 경우에나 본안판단의 결론에 따라 사업의 추진 및 완성 여부에 심각한 영향을 줄 수밖에 없고, 그 본안판단의 결론에 상당한 불확실성이 존재한다. 그렇다면, 특히 단체법적 성격이 강하게 요구되는 도시정비사업에 있어서 사업추진으로부터 일반적으로 수년이 경과한 후에 이루어지는 이전고시 이후의 시점까지 그와 같은 불확실성을 존치시키는 것이 꼭 바람직한 것인가에 관한 의문이 들 수 있겠다.

다음으로 권리보호이익의 범위를 확대하는 다른 판례와의 충돌 여부에 관해서는 앞에서 살펴본 판례들의 취지가 국민이 국가 혹은 행정청과의 관계에서 침익적 행정처분의 취소 혹은 무효확인을 구하는 사안에 보다 직접적으로 적용될 수 있는 취지라면 이 사건 사안과 같이 관리처분계획 자체의 취소를 구하거나 무효확인을 구하는 사안은 일방의 개인이 행정청을 상대로 권리의 청구를 하는 사안이라기보다는 원고들 이외에도 다른 권리주체들의 이해관계에도 복합적으로 영향을 미치는 단체법적 사안이라는 점에 대한 고려가 반영된 것으로 이해하면 그와 같은 결론을 납득하지 못할 바는 아니라고 생각한다.

다만, 다수의견의 결론과 같이 이전고시 이후에는 관리처분계획 무효확인을 구할 법률상 이익을 부정하는 경우에는 관리처분계획하자로 인해 권리의 침해를 구하고자 하는 당사자는 사업진행의 초기단계에서부터 집행정지제도를 활발하게 이용하여야 할 것으로 보인다. 또한 관리처분계획 무효확인소송의 계속 중에도 사업이 계속 진행되어서 일단 이전고시가 있으면 그 관리처분계획 무효확인소송의 법률상 이익이 없어진다는 다수의견이 확립된 법원칙으로 자리 잡는 경우에는 법원으로서도 본안에서 승소가능성이 높은 원고들의 신청에 대해서는 집행정지를 보다 전향적으로 받아들일 필요가 있다고 할 것이다.

---

28) 대법원 2012. 8. 23. 선고 2010두13463 판결.

VI. 결론

지금까지 재건축정비사업에 있어서 이전고시와 관리처분계획 무효확인소송의 법률상 이익의 존부에 관한 전원합의체 판결에 나타난 다수의견과 별개의견을 중심으로 쟁점이 되는 사실적 및 법률적 논점에 관하여 살펴보았다.

결론적으로 정리하면 논리적 추론과정의 합리성 및 협의의 소익 인정에 관한 최근의 대법원 판례의 경향을 고려하면 별개의견의 논리가 더 타당해 보이지만, 다수의견의 결론도 재건축에 있어서 관리처분계획 무효확인 판결이 가지는 단체법적 성격, 일반적으로 사업의 실질적 완료 단계에 이루어지는 이전고시 이후에 관리처분계획 자체의 무효여부에 대한 판단이 이루어짐으로 인해 발생할 수 있는 법률적, 사실적 불확실성 등의 정책적 고려의 필요 등의 관점에서 수긍할 만한 점이 있다는 점을 지적할 수 있겠다.

다만, 이 사건의 결론은 단순히 이 사건 분쟁 한 건의 해결에만 그치는 것이 아니고 향후 진행될 도시정비사업의 이해관계자들의 이해관계에 밀접한 영향을 미치게 될 것으로 예상되므로 이 사건의 법률적 결론이 향후 미치게 될 영향에 대해 보다 심도 깊고 지속적인 논의가 필요하다고 할 것이다. 또한 이 사건과 관련해서는 이전고시 이후의 관리처분계획 무효확인의 법률상 이익의 존부라는 직접적인 법률적 쟁점뿐만 아니라 도시정비사업 시행과정에서 발생하는 제반 행정소송의 과정에서 집행정지를 얼마나 넓게 인정해줄 것인가의 문제, 무효확인판결에 있어서 사정판결을 인정할 것인가의 문제 등과 같이 일반적인 행정법적 쟁점들에 대해서도 심도 있는 검토가 필요하다는 점을 지적하고 향후 연구의 과제로 남기면서 이만 글을 마치기로 한다.

참고문헌

경건, 무효확인소송의 소익 - 행정소송법 제35조 '무효확인을 구할 법률상 이익'의 의미 -, 행정법연구 제21호(2008. 8), 행정법이론실무학회.

김동희, 행정법 I(제19판), 박영사(2013).

김종보, 건설법의 이해, 도서출판 fides(2013년 개정판).

김종보, 재건축결의무효의 공법적 파장, 법학 제49권 제2호(통권 제147호), 서울대학교 법학연구소(2008).

김학세, 제재적 행정처분의 효과가 소멸된 후의 취소소송과 소의 이익, 행정심판연구논문집(II), 국무총리행정심판위원회 법제처(2004)

박균성, 소의 이익에 관한 행정소송법 개정방안, 경희법학 제39권 2호(2004. 12), 경희대학교.

박정훈, 취소소송의 소의 이익과 권리보호필요성, 행정소송의 구조와 기능, 박영사(2006).

백승재, 무효확인소송에서 소의 이익, 판례연구 22집(1), 서울지방변호사회(2008).

성중탁, 행정소송법 개정 동향에 비추어 본 행정소송법상 소의 이익 문제, 변호사 42집, 서울지방변호사회(2011).

윤인성, 무효확인소송의 소의 이익, 행정판례평선, 박영사(2011).

윤인성, 행정소송법 제35조에 규정된 '무효확인을 구할 법률상 이익'이 있는지를 판단할 때 행정처분의 무효를 전제로 한 이행소송 등과 같은 직접적인 구제수단이 있는지를 따져 보아야 하는지 여부, 대법원판례해설 75호, 법원도서관(2008).

이성호, 효력기간이 있는 제재적 처분 취소소송의 소의 이익과 집행정지, 재판자료 제114집 행정재판실무연구 II, 법원도서관(2007).

이완희, 도시 및 주거환경정비법상 이전고시가 효력을 발생한 이후에도 조합원 등이 관리처분계획의 취소 또는 무효확인을 구할 법률상 이익이 있는지 여부(2012. 3. 22. 선고 2011두6400 전원합의체 판결), 대법원판례해설 제91호, 법원도서관(2012).

홍준형, 행정구제법, 도서출판 오래(2012).

홍준형, 행정법, 법문사(2011).

허성욱, 개인정보유출소송의 현황과 법적 과제 - 법관의 법발견 방법론을 중심으로 -, 저스티스 통권 제110호(2009).

국문초록

대법원 2012. 3. 22. 선고 2011두6400 전원합의체 판결의 다수의견은 이전고시의 효력발생으로 이미 대다수 조합원 등에 대하여 획일적, 일률적으로 처리된 권리귀속 관계를 모두 무효화하고 다시 처음부터 관리처분계획을 수립하여 이전고시 절차를 거치도록 하는 것은 정비사업의 공익적, 단체법적 성격에 배치되므로, 이전고시가 효력을 발생하게 된 이후에는 조합원 등이 관리처분계획의 취소 또는 무효확인을 구할 법률상 이익이 없다고 판단하였다. 그에 대하여 별개의견은 관리처분계획의 무효확인이나 취소를 구하는 소송이 적법하게 제기되어 계속 중인 상태에서 이전고시가 효력을 발생하였다고 하더라도, 이전고시에서 정하고 있는 대지 또는 건축물의 소유권이전에 관한 사항 외에 관리처분계획에서 정하고 있는 다른 사항들에 관하여서는 물론이고, 이전고시에서 정하고 있는 사항에 관하여서도 여전히 관리처분계획의 취소 또는 무효확인을 구할 법률상 이익이 있다고 보는 것이 이전고시의 기본적인 성격 및 효력에 부합하고 행정처분의 적법성을 확보하고 이해관계인의 권리, 이익을 보호하려는 행정소송의 목적달성 및 소송경제 등의 측면에서도 타당하고, 항고소송에서 소의 이익을 확대하고 있는 종전의 대법원 판례의 취지에도 부합하는 합리적이 해석이라고 판단하였다.

이 문제는 결국 도시정비사업의 단체법적 성격과 관리처분계획이후 상당한 기간 공사기간을 거쳐 준공인가 및 공사완료고시를 거쳐서 이루어진 이전고시 이후의 법률관계의 법적 안정성을 중요하게 볼 것인가 아니면 도시정비사업에 대한 개별적 이해관계를 가지는 권리주체의 절차적, 실체적 권리구제 기회확보를 더 중요하게 볼 것인가에 관한 관점의 차이의 문제로 이해할 수 있다.

각각의 관점에 따른 결론을 정당화하는 논거들을 생각해볼 수 있겠으나, ① 재건축정비사업의 실제를 감안하면 이전고시는 관리처분계획의 내용 중 소유권이전 등 권리귀속에 관한 사항에 관한 것이고 관리처분계획의 내용 중 청산금에 관한 내용은 청산금부과 등 별도의 절차에 의해 이루어지므로 관리처분계획의 내용 중 청산금부과에 관한 내용을 다투기 위해서는 이전고시 이후에도 관리처분계획 자체의 무효여부의 확인을 구할 법률상 이익이 있다고 보아야 한다는 점, ② 원상회복이 불가능한 경우에도 취소소송 혹은 무효확인소송의 법률상 이익의 인정범위를 넓혀가고 있는 대법원 판례의 경향을 고려하면, 이전고시 이후에도 청산금의 내용 혹은 나아가 권리귀속에 관한 실체적, 절차적 권리의 침해를 주장하는 원고들의 이익은 현재의 대법원 판례가 인정하는 무효확인을 구할 법률상 이익에 포함된다고 보는 것이 더 합리적인 해석으로 보이는 점, ③ 무효확인소송의 보충성 요건을 부정하는 대법원 2008. 3. 20. 선고 2007두6342 전원합의체 판결의 취지를 고려하는 경우에는 대체적 권리구제수단이 있는지 여부를 따지지 않고 확인의 이익을 인정할 수 있을 것이고, 그렇지 않은 경우에도 대법원 다수의견이 들고 있는 대체적 권리구제수단들이 현실적인 유효성을 가지기는 어려울 것으로 보이는 점, ④ 다수의견의 결론이 확립된 법적 준거기준으로 작용하는 경우에는 사업시행자인 조합 등 이해관계인으로서는 관리처분계획을 둘러싼 분쟁이 있는 경우에도 어떻게든 이전고시만 받아내면 된다는 생각에서 합법적 혹은 비합법적 수단을 모두 동원하려는 유인체계를 만들어낼 수 있는 점, ⑤ 관리처분계획에 존재하는 실체적, 절차적 하자를 이전고시에 대한 무효확인의 소송 등에서 다투도록 하는 것보다는 이미 계속되어 심리가 진행된 관리처분계획 무효확인소송절차에서 판단이 이루어질 수 있도록 하는 것이 분쟁의 효율적이고 신속한 해결에 도움이 되는 면이 있는 점, ⑥ 이전고시 이후에 이루어진 관리처분계획무효확인사건의 본안판단 결과 관리처분계획에 무효사유인 하자의 존재가 인정되지만 그로 인해 그 때까지 진행되어왔던 사업의 내용을 모두 뒤집는 것이 지나친 사회적 비용을 수반하는 것으로 판단되는 경우에는 조금 전향적이긴 하지만 취소소송에서의 사정판결제도를 무효확인소송에 있어서도 유추 적용하는 방식으로 해결할 수 있을 것인 점 등을 고려하면 논리적으로는 대법원 별개의견의 논증이 더 타당해 보인다.

그러나, 관리처분계획 무효확인청구의 소익에 관한 별개의견의 이러한 논리적 설득력에도 불구하고, 이 사건에 관한 본안판단의 과정에서 예상되는 불확실성의 문제, 사업추진으로부터 일반적으로 수년이 경과한 다음에 이루어지는 이전고시 이후의 시점까지 그와 같은 불확실성을 존치시키는 것이 현실적으로 바람직한 것인가의 문제, 이 사건의 본안판단의 결론이 원고들 이외에도 많은 다른 권리주체들의 이해관계에도 복합적으로 영향을 미치는 단체법적 사안이라는 점 등에 대한 현실적인 고려가 대법원 다수의견의 결론에 영향을 미친 것으로 보인다.

주제어: 관리처분계획, 이전고시, 소익, 도시정비사업, 무효확인소송의 보충성

Abstract

The effect of the transfer notice in re-construction project to the mootness requirement in the lawsuit against the collective resolution for the re-construction project

Heo, Seong Wook*

This paper is a case study on the Supreme Court 2011DU6400 Decision delivered in March 22nd of 2012.

In this case, the majority opinion ruled that when the official transfer notice of rights in the reconstruction case has been validated, the litigation to get the confirmation of invalidity of the reconstruction plan is moot.

On the other hand, the separate opinion in this case ruled that even after the validation of the official transfer notice of rights, the litigation to get the confirmation of invalidity of the reconstruction plan is not moot.

Each of these different opinions are providing their own reasoning to justify their conclusions.

This case is basically about which value to be treated more seriously between the protection of rights of people involved in the reconstruction plan and the protection of legal stability already made after the plan has been enacted.

From the perspective of logical consistency, I am agreeing with the conclusion of the separate opinion in the Supreme Court Decision.

* Professor of Law, Seoul National University Law School.

Keyword: reconstruction plan, the transfer of rights notice, mootness, reconstruction project, the additionality of mootness

투 고 일: 2013. 11. 19
심 사 일: 2013. 12. 24
게재확정일: 2013. 12. 26

環境行政法

舊 事前環境性檢討 制度와 司法審査 / 金泰昊

舊 事前環境性檢討 制度와 司法審査*

金泰昊**

대상판결: 대법원 2009.9.24. 선고 2009두2825 판결

* 본고는 행정판례연구회 제259차 월례발표회(2011. 2. 18.)에서 필자가 발표한 대상판결에 대한 판례평석을 토대로 이후 개정된 환경영향평가법(법률 10892호, 2011. 7. 21. 전부개정)에 따른 법적 규율 변화의 내용을 반영하고 추가 검토한 글이다. 종래 환경정책기본법에서 규율되던 사전환경성검토 제도는 전부 개정된 환경영향평가법에서 통합 규율하게 되었는데, 명칭 또한 전략환경영향평가와 소규모 환경영향평가제도로 세분화되어 규율되게 되었다. 대상판결에서 문제된 사전환경성검토는 현행법상 소규모 환경영향평가제도에 해당한다.

** 서울대학교 법과대학 강사.

I. 대상판결의 개관

1. 사실관계의 개요

가. 원고 甲, 乙, 丙[1] 등은 소외 丁주식회사가 풍력발전단지를 조성하고 있는 서귀포시 성산읍 임야 일대 부지로부터 인접한 토지를 소유하거나 이용하고 있는 사람들로서, 이들이 소유·사용하고 있는 토지들은 주로 소와 말의 방목지 또는 무, 더덕 등의 재배지로 이용되고 있다. 甲은 이 사건 사업부지로부터 직선거리로 약 3.6km 떨어진 승마장에 거주하면서 경주마를 사육하는 사람이고, 乙과 丙은 각각 제주시와 서울시에 거주하며 이 사건 사업부지로부터 약 350m 이내에 인접한 토지를 소유한 사람들로서 그 토지를 방목지 또는 무, 더덕 재배지로 이용하고 있다.

나. 丁주식회사는 2004. 12. 30.경 피고 제주특별자치도지사에게 위 임야 일대 6,913㎡에 규모 21MW(풍력발전기 1.5MW 14기)의 풍력발전소 개발사업시행승인을 신청하였다.

다. 이에 피고는 2005. 1. 19.경 산업자원부장관 및 남제주군수와 관계기관 협의를 실시하였고, 제주도건축위원회는 2005. 4. 20.경 1차 심의 및 2005. 9. 22. 재심의를 거쳐 위 개발사업에 대하여 조건부 의결을 하였다.

라. 그러자 丁주식회사는 2005. 11. 3.경 2차로 피고에게 개발사업의 면적 및 시설규모 일부를 감축한 풍력발전소 개발사업시행승인을 신청하였고, 피고는 남제주군수와의 관계기관 협의를 거친 후, 2005. 12. 30. 발전사업을 위해 위 임야(이 사건 사업부지)에서 풍력발전설비 14.7MW(2.1MW×7기)를 2005. 12.~2006. 6. 동안 건설하는 풍력발전소

---

1) 대상판결에서 원고적격이 문제되는 대표적인 원고 유형을 甲, 乙, 丙으로 이름 붙였다.

개발사업(이 사건 개발사업)의 시행을 승인(이 사건 처분)하였다.

마. 한편 이 사건 사업부지는 국토의 계획 및 이용에 관한 법률(이하 국토계획법이라 한다)상의 '관리지역'으로 지정되어 있고, 제주국제자유도시특별법(이하 제주특별법이라 한다)상의 '관리보전지역'으로 지하수자원보전지구 3등급 내지 4등급, 생태계보전지구 4−2등급, 경관보전지구 3등급 내지 5등급으로 각 지정되어 있다.

바. 원고들은 이 사건 처분으로 인하여 이 사건 사업부지에 풍력발전소가 설치된다면 풍력발전기에서 발생하는 소음, 그림자 등으로 인하여 원고들의 유기농축산업과 경주마 생산 등에 막대한 지장을 초래할 뿐만 아니라 원고들 소유 토지의 가치가 저하되는데다가, 주변의 자연환경 또한 침해될 것이라고 하며, 원고들이 이 사건 처분으로 인하여 처분 전과 비교할 때 수인한도를 넘는 환경피해를 받거나 받을 우려가 있으므로 이 사건 처분의 무효 확인 또는 취소를 구할 법률상 이익이 있다고 주장하였다.

사. 나아가 원고들은 이 사건의 경우 이 사건 처분이 사전환경성검토를 실시하지 않은 채 이루어진 것이므로 무효라고 주장하였다.

2. 원심 판결의 요지[2)]

가. 원고적격의 인정 여부

이 사건 처분으로 인하여 처분 전과 비교하여 수인한도를 넘는 환경피해를 받거나 받을 우려가 있는지 여부는 원고들이 사전환경성검토협의 대상지역 안에 거주하는지, 또는 사전환경성검토협의 대상지역 밖에 거주하더라도 이 사건 개발사업으로 인하여 환경상 이익에 대한 침해 또는 침해우려가 있는지에 의해 결정된다.

2) 광주고등법원 2009. 1. 8. 선고 2008누586 판결. 1심 판결의 취지도 대체로 동일하다.

그런데 풍력발전기 설치 및 가동으로 인하여 소음, 그림자 등으로 인한 피해가 주변 환경에 미치는데, 소음에 의한 피해를 받지 않을 이격거리는 발전기로부터 500m 이상, 그림자로 인한 피해를 받지 않을 이격거리는 발전기로부터 최소 1㎞ 이상으로 예상되고, 풍력시설 허가와 관련된 독일 정부 고시에서는 발전기로부터 1.3㎞ 이상인 경우 풍력발전기의 그림자에 의한 피해가 없는 것으로 규정하고 있는 사실, 소외 丁주식회사가 인근에서 풍력발전시설 개발사업을 추진하면서 실시한 사전환경성검토협의 대상지역의 범위를 '사업지역과 반경 1.2㎞의 주변지역'으로 설정하였던 사실, 원고 甲은 이 사건 사업부지로부터 약 1.2㎞ 떨어진 곳에 거주하면서 2001. 5.경부터 현재까지 승마장을 운영하며 경주마를 사육하고 있는데, 경주마 사육에 사용되고 있는 토지는 1호 풍력발전기로부터 250m, 3호 풍력발전기로부터 170m, 2호와 4호 풍력발전기로부터 400m, 5호 풍력발전기로부터 550m 정도 떨어져 있는 사실, 원고 乙, 丙 등 원고들은 이 사건 사업부지에 인접해 있는(350m 이내) 지역에 토지를 소유하고 있는데 이들 토지는 말의 방목지, 무, 더덕 등의 재배지로 이용되고 있는 사실이 인정된다.

그렇다면 이 사건 사업의 사전환경성검토협의 대상지역의 범위는 이 사건 사업부지 및 그 반경 1㎞ 내지 1.2㎞ 내의 주변지역으로 될 개연성이 크다 할 것인데, 원고들은 그 대상지역이 될 개연성이 큰 지역 안에서 거주하거나 토지를 소유하고 있어 이 사건 처분으로 인하여 풍력발전기가 설치될 경우 이들 토지에서 이루어지는 경주마 사육, 무, 더덕 등의 재배에 피해를 입을 우려가 있는 것으로 추정할 수 있고, 이러한 원고들의 이익은 법률상 보호되는 이익에 해당한다고 봄이 상당하므로, 원고들은 이사건 처분의 무효 또는 취소를 구할 원고적격을 가진다.

나. 이 사건 처분의 당연무효 여부

(이 사건 사업부지는 국토계획법상의 관리지역 중에서도 '보전관리지역'에

해당한다고 볼 수 있고[3] 사업계획면적이 5,000㎡ 이상에 해당하므로) 이 사건 개발사업을 승인하는 이 사건 처분을 하면서 환경정책기본법 제25조에 규정된 사전환경성검토를 하였어야 할 것임에도 협의를 거치지 않은 이상 이 사건 처분은 더 나아가 살펴볼 필요 없이 위법하다.

한편, 환경정책기본법의 규정 취지는 대상사업이 환경을 해치지 아니하는 방법으로 시행되도록 함으로써 당해 사업과 관련된 환경공익을 보호하려는 데 그치는 것이 아니라, 당해 사업으로 인하여 직접적이고 중대한 환경피해를 입으리라고 예상되는 사전환경성평가 대상지역 안의 주민들이 전과 비교하여 수인한도를 넘는 환경침해를 받지 아니하고 쾌적한 환경에서 생활할 수 있는 개별적 이익까지도 보호하려는 데에 있다 할 것인데, 사전환경성검토 및 그 협의를 거쳐야 할 대상사업에 대하여 사전환경성검토협의를 거치지 아니하였음에도 불구하고 승인 등 처분이 이루어진다면 환경파괴를 미연에 방지하고 쾌적한 환경을 유지·조성하기 위하여 사전환경성검토제도를 둔 입법 취지를 달성할 수 없게 되는 결과를 초래할 뿐만 아니라 사전환경성검토대상지역 안의 주민들의 직접적이고 개별적인 이익을 근본적으로 침해하게 되므로, 이러한 행정처분의 하자는 법규의 중요한 부분을 위반한 중대한 것이고 객관적으로도 명백한 것이다. 따라서 이 사건 개발사업이 환경정책기본법 제

3) 구체적인 논거는 다음과 같다. "이 사건 개발사업 부지가 마을회의 소유 토지로서 오래전부터 마을 주민들이 공동으로 가축을 방목하고 억새를 채취하기 위한 초지로 사용하여 왔던 사실, 이 사건 개발사업 부지 인근 약 260만 평 상당의 토지 역시 유기농축산업에 이용되고 있는 농경지 또는 목초지이며, 주변에는 경관이 수려한 오름(기생화산)들이 산재해 있는 사실, 또한 이 사건 개발사업 부지 중 제6호기가 설치될 장소 부근에 천연기념물로 지정된 수산동굴이 발견되어 문화재청장은 이 사건 처분을 하기 전인 2005. 12. 14. 위 수산동굴을 천연기념물로 지정 예고한 사실에 더하여, 사전환경성검토협의 제도의 목적과 환경은 한번 훼손되면 원상회복이 사실상 불가능하고 그 복원을 위한 시간과 비용이 엄청나게 소요되므로 사전예방환경정책수단으로서 사전환경성검토협의 제도의 중요성은 매우 높다 할 것이어서 사전환경성검토협의 대상사업을 폭넓게 해석할 필요성이 있는 점(…)"

25조 제1항 및 같은 법 시행령 제7조에 의한 사전환경성검토 대상사업에 해당함에도 사전환경성검토협의를 거치지 아니하는 한 이 사건 처분은 그 하자가 중대하고도 명백하여 당연무효이다.

3. 대상 대법원판결의 요지[4)]

가. 원고적격

환경상 이익에 대한 침해 또는 침해 우려가 있는 것으로 사실상 추정되어 원고적격이 인정되는 사람에는 환경상 침해를 받으리라고 예상되는 영향권 내의 주민들을 비롯하여 그 영향권 내에서 농작물을 경작하는 등 현실적으로 환경상 이익을 향유하는 사람도 포함된다. 그러나 단지 그 영향권 내의 건물·토지를 소유하거나 환경상 이익을 일시적으로 향유하는 데 그치는 사람은 포함되지 않는다.

원심이 이 사건 개발사업의 사전환경성검토협의 대상지역의 범위를 이 사건 개발사업 부지 및 그 반경 1km 내지 1.2km 내의 주변지역으로 될 개연성이 크다고 판단한 것은 정당한 것으로 수긍할 수 있으나, 원고 甲의 경우 그 거주지와 이 사건 개발사업 부지 사이에 표고 326.4m의 영주산이 있어 이 사건 사업부지 및 그 반경 1km 내지 1.2km 내에 거주하지 않고 다만 이 사건 개발사업 부지에 근접하여 방목장을 운영하는 것으로 보이고, 나머지 乙, 丙 등 원고들은 모두 이 사건 개발사업 부지 및 그 반경 1km 내지 1.2km 밖에 거주하면서 이 사건 개발사업 부지에 인접한 지역에 토지를 소유하고 있는 사실을 알 수 있으므로 원심으로서는 원고들이 현실적으로 환경상 이익을 향유하는 자에 해당하는지 여부를 심리하였어야 하는데도 원고들이 이 사건 개발사업 부지에 인접한 지역에 토지를 소유하고 있다는 등의 사실만을 토

4) 대법원 2009. 9. 24. 선고 2009두2825 판결, 법원공보 2009하, 1770.

대로 이 사건 처분의 무효확인 또는 취소를 구할 원고적격이 있다고 판단한 법리오해의 위법이 있다.[5)]

나. 이 사건 처분의 당연무효 여부

원심이 이 사건 개발사업 부지가 구 국토의 계획 및 이용에 관한 법률상의 '관리지역' 중 '보전관리지역'에 해당한다고 평가한 것은 타당

---

5) 파기 환송된 후 고등법원의 확정판결은 추가적인 사실인정을 토대로 다음과 같이 원고들의 원고적격을 부정하였다. "원고 乙 등은 제주도 밖에 거주하고 있고 丙 등도 이 사건 사업부지로부터 직선거리로 약 22~31㎞ 떨어진 제주시, 서귀포시에 거주하고 있으며, 이 사건 사업부지와 가장 근접하게 거주하고 있는 원고 甲도 이 사건 풍력발전기로부터 직선거리로 약 2.4㎞ 이상 떨어진 거주지에서 승마장을 운영하고 있는데, 승마장과 이 사건 개발사업 부지 사이에는 표고 326.4m의 영주산이 있어 위 승마장에서는 육안으로 이 사건 사업부지가 보이지 않는 사실을 인정할 수 있으므로, 원고들은 환경상 침해를 받으리라고 예상되는 이 사건 개발사업의 사전환경성검토협의 대상지역의 주민들이라고는 할 수 없다.
나아가 원고들이 위 영향권 내에서 현실적으로 환경상 이익을 향유하고 있는지에 관하여 살피건대, 경주마를 사육하는 원고 甲의 경우 경주마 사육에 사용되고 있는 위 일단의 토지경계선이 1호 풍력발전기로부터 250m, 3호 풍력발전기로부터 170m, 2호와 4호 풍력발전기로부터 400m, 5호 풍력발전기로부터 550m 정도 떨어져 있는 사실, 나머지 원고들은 이 사건 사업부지에 인접하여 350m 이내 지역에 토지를 소유하고 있는 사실은 인정되나, 원고 甲의 경우 사업부지에 인접한 목초지 111,310평을 매년 5. 1. 임대차기간을 1년으로 정하고 임차하여 축사 등은 설치하지 아니한 채 말을 방목하면서 사육하고 있는 사실, 독일, 미국, 덴마크 등에서는 말, 소 등 가축을 방목하는 방목장 부근에 풍력발전기가 설치되어 있는 경우도 상당히 있는 사실, 중앙환경분쟁조정위원회의 환경피해구제기준에 의하면 가축의 경우 60㏈ 이상을 피해보상의 대상으로 정하고 있는데, 이 사건 풍력발전기는 풍속이 10㎧인 경우 발전기로부터 122m 떨어진 지점에서의 최대소음치가 59㏈ 정도인 사실, 원고 甲을 제외한 나머지 원고들은 제주도 밖에 거주하거나 이 사건 사업부지로부터 직선거리로 약 22~31㎞ 떨어진 곳에서 거주하는 자로서 그들이 소유하는 토지에서 농작물을 직접 경작하기 어렵고 실제로 경작해오지도 않은 사실을 각 인정할 수 있는바, 원고들은 이 사건 처분으로 인하여 수인한도를 넘는 직접적이고 중대한 환경피해를 입을 우려가 없거나, 환경상 이익을 일시적으로 향유하는 데 그친다고 봄이 상당하다 할 것이다." 광주고등법원 2009. 12. 4. 선고 2009누1951 판결.

하다(보전관리지역에 해당함에도 사전환경성검토를 하지 않은 이 사건 처분은 위법하다).

구 국토계획법 제6조, 제36조 제1항에서 규정한 세부용도지역에 따르면 사전환경성검토협의 대상이 되는 사업계획면적이 달리 규정되어 있는데, 소외 회사가 피고에게 제출한 개발사업시행승인신청서에는 이 사건 개발사업 부지가 6,418㎡로 기재되어 있어 이 사건 개발사업 부지의 세부용도지역 지정에 따라 사전환경성검토협의 대상 여부가 달라질 수 있었음에도 이 사건 처분 당시 이 사건 개발사업 부지에 대하여 세부용도지역이 지정되지 않은 상태였고, 이러한 경우 피고로서는 이 사건 개발사업 부지의 이용실태 및 특성, 장래의 토지이용방향 등에 대한 구체적 조사 및 이에 기초한 평가 작업을 거쳐 이 사건 개발사업 부지가 어떠한 세부용도지역의 개념 정의에 부합하는지 여부를 가린 다음 이를 토대로 사전환경성검토협의 여부를 결정하여야 한다는 법리는 이 사건 처분이 있은 후에 비로소 이 사건 대법원판결에 의하여 선언되는 것이므로, 설령 피고가 법의 해석을 잘못한 나머지 이 사건 개발사업이 사전환경성검토협의 대상이 아니라고 보고 그 절차를 생략한 채 이 사건 처분을 하였다고 하더라도, 그 하자가 외형상 객관적으로 명백하다고 할 수는 없으므로 이 사건 처분이 당연무효라고 할 수 없다.

Ⅱ. 舊 사전환경성검토제도의 개요와 평석의 쟁점

1. 사전환경성검토제도

가. 사전환경성검토제도의 취지

사전환경성검토제도는 환경에 영향을 미치는 행정계획의 수립 또는 행정계획의 수립이 요구되지 아니하는 일정한 규모 이상의 개발사업의 허가 등을 함에 있어서 해당 행정계획 또는 개발사업에 대한 대안의 설정·분석 등 평가를 통하여 미리 환경측면의 적정성 및 입지의 타당성 등을 검토하는 것을 말한다(舊 환경정책기본법 제3조 제7호 참조). 환경영향평가법에 따른 환경영향평가제도가 대규모의 개발사업에 대하여 계획이 확정된 후 사업실시단계에서 개발사업의 시행으로 인한 환경오염을 줄일 수 있는 방안을 검토하는 데 초점이 있었던 데 반해, 환경정책기본법 및 개별 법령에 근거를 두고 있었고 후술하는 바와 같이 현재는 환경영향평가법에 흡수된 사전환경성검토제도는 행정계획과 환경적으로 민감한 용도지역에서의 소규모 개발사업에 대하여 계획 확정 및 허가·승인 이전에, 입지나 개발계획의 필요성·적정성·타당성 등의 환경 보호적 측면 전반을 환경보호 관련 행정기관으로 하여금 검토하도록 한 제도이다. 이처럼 사전환경성검토제도는 관계행정기관이 행정계획 및 개발사업의 수립단계에서부터 환경에 미치는 영향을 검토하도록 한 점에서 환경오염의 사전적 예방기능에 충실한 제도이다.

나. 사전환경성검토제도의 내용과 대상사업

사전환경성검토에 있어서 관계행정기관은 환경에 영향을 미치는 행정계획 및 개발사업을 대상으로 하여 사전환경성검토를 하여야 한다. 이에 따르면 관계행정기관의 장은 행정기관 또는 사업시행자가 작성한 사전환경성검토서를 해당 계획의 수립·확정 전 또는 개발사업의 허가 이전까지 주민 등의 의견수렴을 거쳐 환경부장관 또는 지방환경관서의 장에게 보내고 협의절차를 거쳐야 한다(舊 법 제25조의 3 내지 제25조의 5 참조). 협의기관의 장은 이 경우 일정한 기간 내에 관계기관의 장에게 협의의견을 통보하여야 하고, 관계행정기관의 장은 특별한 사유가 없는 한 이를 반영하기 위하여 필요한 조치를 하는 한편, 그 조치결과 또는 조치계획을 통보하여야 한다(舊 법 제25조의 6, 제26조 참조). 또한 관계행정기관의 장은 제25조의 6 제1항의 규정에 의하여 협의의견을 통보받기 전에 개발사업에 대한 허가 등을 하여서는 아니 된다(舊 법 제27조 제1항).

대상판결에서 문제된 사전환경성검토가 필요한 대상사업인지 여부에 대해서는 환경정책기본법 시행령 제7조 제1항 및 [별표 2]에서 규율하고 있었다. 즉 舊 환경정책기본법에서는 국토계획법상 세부용도지역이 보전관리지역인 경우에는 사업계획면적이 5,000㎡ 이상인 경우, 계획관리지역인 경우에는 10,000㎡ 이상인 경우에 사전환경성검토를 하도록 하고 있었는데, 당시 이 사건 부지는 관리지역으로만 지정되어 있었을 뿐 세부용도지역으로서 보전관리지역인지 계획관리지역인지가 설정되어 있지 않았기 때문에 사전환경성검토의 대상사업에 해당하는지 여부가 문제되었던 것이다.[6]

다. 사전환경성검토제도의 정비 - 환경영향평가법의 개정

환경정책기본법에서 규율하고 있던 舊 사전환경성검토제도는 환경영향평가법상 환경영향평가제도와의 관계가 자주 문제되었다. 환경영향평가제도와 중첩되지 않는 사전환경성검토제도의 독자적인 의미가 명확하지 않았던 것이다.

사전환경성검토제도의 첫 번째 축은 의사결정의 초기 단계에서부터 환경영향을 고려하도록 한다는 데에 있다(사전환경성검토 행정계획). 이는 비교법적으로 사업시행시점보다 앞서 정책(Policy), 계획(Plan), 프로그램(Program)의 입안단계에서 환경영향을 고려하도록 하는 전략환경평가(Strategic Environmental Assessment: SEA)[7]의 취지와 유사한 것으로 이해되어 왔다. 그러나 기존 사전환경성검토의 경우 전략환경영향평가와 달리 정책이나 상위계획, 프로그램 등에 대한 광범위한 분야를 대상

---

6) 이 조항은 현행 환경영향평가법에서 소규모 환경영향평가 대상사업에 관한 규율과 그 내용이 동일하다.

7) 전략환경평가제도의 유럽법적 규율과 독일에서의 수용에 대한 국내 문헌으로는 송동수, 환경법연구, 186면 이하; 김현준, 토지공법연구, 299면 이하를 참조.

으로 하고 있지 않았고, 자연히 실시 시기도 정책 수립 등과 동시에 이뤄지는 것이 아니었다는 점에서 포괄적이고 사전적인 평가제도로 보기에는 미흡한 점이 많았던 것이 사실이다.[8] 이에 2011. 7. 21. 전부 개정된 환경영향평가법(이하 개정 환경영향평가법)은 '전략환경영향평가'라는 개념을 사용하면서 이를 환경에 영향을 미치는 상위계획을 수립할 때에 환경보전계획과의 부합 여부 확인 및 대안의 설정·분석 등을 통하여 환경적 측면에서 해당 계획의 적정성 및 입지의 타당성 등을 검토하도록 하는 것(법 제2조 제1호)으로 정의하고 있다. 전략환경영향평가는 정책계획과 개발기본계획에 대해 실시되게 되는데, 정책계획의 경우에는 주민의견 수렴절차 대신 전문가의견 수렴절차로 대체된다는 점에서 개발기본계획의 경우와 차이가 있다.

한편, 사전환경성검토제도의 또 다른 축은 환경보호의 필요성이 있는 특정 지역에서의 개발사업에 대한 사전적인 환경영향검토에 있었다(사전환경성검토 개발사업). 이 제도의 경우 그 검토기준이 환경영향평가법상의 환경영향평가와 실질적으로 동일시되는 경향이 있어 양 제도 간의 역할구분이 분명하지 않은 문제가 있었다.[9] 이에 개정 환경영향평가법에서는 이를 통합하면서 소규모환경영향평가라고 부르고, 환경보전이 필요한 지역이나 난개발이 우려되어 계획적 개발이 필요한 지역에서 개발사업을 시행할 때에 입지의 타당성과 환경에 미치는 영향을 미리 조사·예측·평가하도록 하는 제도(법 제2조 제3호)라고 정의하고 있다.

이제 종래의 사전환경성검토제도는 환경영향평가법에서 전략환경영향평가제도와 소규모 환경영향평가제도로 나누어 규율하게 되었다. 그리고 이 사건 개발사업에 대한 사전환경성검토는 현행법에 따르면 소규모 환경영향평가에 해당하는 것이다. 따라서 현행법하에서라면 환경영향평가법 시행령 [별표 4]에서 규율하고 있는 개발사업에의 해당 여

8) 박균성·함태성, 환경법, 2013, 267－268면 참조.

9) 박균성·함태성, 위의 책, 269면 참조.

부가 문제될 것이다.

2. 쟁점의 정리

대상판결에서 주된 쟁점은 이 사건 사업이 사전환경성검토의 대상사업에 해당하는지 여부 외에 ① 대상판결 원고들에게 이 사건 처분의 무효·취소를 다툴 원고적격이 인정되는지 여부, ② 사전환경성검토 대상사업에 해당한다고 할 때 사전환경성검토를 거치지 않은 이 사건 처분의 하자가 중대·명백하여 당연 무효에 해당하는지 여부이다. 대상판결 대법원 판결과 원심의 결론이 갈린 것도 ①, ② 쟁점에 관한 법리적 異見에서 기인한 것이라 할 수 있다. 따라서 본 평석은 이상의 두 가지 점에서 제기된 사전환경성검토제도에 대한 환경행정소송상의 법리적 쟁점을 검토의 대상으로 삼아 이 두 가지 쟁점을 중심으로 管見을 제시해 보려 한다. 이는 일반행정법 차원에서 일반화하여 의문을 제기할 수도 있는 문제이지만, 환경행정법적 차원에서는 보다 구체적으로 다음과 같은 의문을 제기해 볼 수 있다.

첫째, 이 사건 처분의 직접상대방이 아닌 제3자인 지역주민들에게 처분을 다툴 법률상 이익이 인정되는지 여부를 심사하는 데 있어 사전환경성검토협의제도의 대상지역 내에 거주하는지 여부 등이 원고적격 판단의 기준이 될 수 있는가이다. 이 문제는 환경영향평가제도와 관련해서는 원고적격의 인정 기준이 판례를 통해 정립되어 가고 있는 데 비해 사전환경성검토 또는 전략환경영향평가 등에 대한 원고적격의 인정 범위는 아직 확립된 법리가 없는 것으로 보이는 점, 환경영향평가 자체가 없었을 경우 원고적격을 인정하는 방법을 분명히 할 필요가 있다는 점에서 검토의 의미가 있다(이하 Ⅲ).

둘째, 본안 판단의 문제로서 사전환경성검토를 거치지 않았다고 할 때 이 사건 처분은 하자가 있는 위법한 처분이 되는지, 그 하자는 중대·

명백한 것이어서 이 사건 처분은 무효인 행정처분에 해당하는지 여부이다. 대법원은 환경영향평가법상 환경영향평가절차를 전혀 이행하지 않은 위법은 중대·명백한 하자에 해당한다는 판단을 한 바 있으나,[10] 사전환경성검토절차를 불이행한 하자에 대해서는 판단한 바가 없었는데, 후술하다시피 대상판결에서 사전환경성검토의 미실시를 중대·명백한 하자로 보지 않은 것은 이 사건의 특수성에 기인한 것인지, 대규모 환경영향평가의 하자와 차이가 있기 때문인지, 경우에 따라서는 판례의 태도에 일관성이 결여된 것인지 검토될 필요가 있다(이하 Ⅳ).

Ⅲ. 사전환경성검토와 원고적격

1. 행정처분의 제3자가 원고적격을 갖는지 인정 여부에 대한 법리

가. 개관

행정청은 해당 환경법 규정의 집행을 통하여 다수 관련자의 이해관계하에서 환경상의 분쟁을 조정할 의무를 진다. 만약 행정청이 이러한 의무를 충실히 이행하지 못하여 시민이 행정청의 처분을 다투고자 하는 경우 시민이 자신의 이익 또는 환경의 이익을 법원의 장에서 관철할 수 있으려면 원고로서의 자격이 인정되어야 한다.

행정소송법에 따르면 행정소송을 제기하기 위해서는 처분 등의 취소 또는 무효 확인을 구할 '법률상 이익'이 있어야 한다. 多數說과 判例는 이를 '법률상 보호되는 이익'이 있어야 한다고 새기고 있고, 그것은 현재에 와서 근거법규 및 관련 법률이 사익 보호적 성격을 갖고 원고에게 처분을 다툴 이익이 있다고 인정될 경우에 원고적격이 인정된다는

10) 대법원 2006. 6. 30. 선고 2005두14363 판결 참조.

의미로 이해되고 있으며, 원고적격이 인정되어 본안 판단으로 나아가는 경우에는 처분 등에 객관적 위법이 있는지 여부가 처분 등의 무효·취소를 판가름하는 기준이 되는 것으로 본다.

나. 환경영향평가법이 처분의 근거·관계법규인 경우에서 판례의 발전

처분의 근거법규 또는 관계법규가 원고의 사익을 보호하는 규정인지 여부는 개별·구체적인 법률의 해석 문제이나, 환경영향평가법이 처분의 근거법규 또는 관계법규인 사안 유형에서는 처분의 제3자인 인근주민들에게 원고적격 여부를 인정하는 법리가 判例를 통해 정립되어 왔다.

(1) 환경영향평가를 요하는 자연공원법상 국립공원에 속하는 용화집단시설지구 개발사업계획의 변경승인 및 허가처분을 다투는 지역주민[11] 및 전원개발촉진법상 전원개발사업 실시계획승인처분을 다투는 지역주민[12]에 대해 환경영향평가법령의 규정 취지가 "그 사업으로 인하여 직접적이고 중대한 환경피해를 입으리라고 예상되는 환경영향평가 대상지역 안의 주민들이 개발 전과 비교하여 수인한도를 넘는 환경침해를 받지 아니하고 쾌적한 환경에서 생활할 수 있는 개별적 이익까지도 보호하려는" 데에도 있다는 이유로, 판례는 환경영향평가지역 내 주민이 갖는 환경상 이익은 법률이 보호하는 이익에 해당한다고 보았다.

(2) 판례는 이른바 새만금 판결[13]에 이르러서 환경영향평가 지역 외의 주민에 대해서도 일정한 경우 원고적격이 인정될 여지를 열게 되는 방식으로 정립되게 된다. 이에 따르면 행정처분의 근거 법규 또는 관

11) 대법원 1998. 4. 24. 선고 97누3286 판결.
12) 대법원 1998. 9. 22. 선고 97누19571 판결.
13) 대법원 2006.3.16. 선고 2006두330 전원합의체 판결.

련 법규에 그 처분으로써 이루어지는 행위 등 사업으로 인하여 환경상 침해를 받으리라고 예상되는 영향권의 범위가 구체적으로 규정되어 있는 경우에는, 그 영향권 내의 주민들에 대하여는 당해 처분으로 인하여 직접적이고 중대한 환경피해를 입으리라고 예상할 수 있고, 이와 같은 환경상의 이익은 주민 개개인에 대하여 개별적으로 보호되는 직접적·구체적 이익으로서 그들에 대하여는 특단의 사정이 없는 한 환경상 이익에 대한 침해 또는 침해 우려가 있는 것으로 사실상 추정되어 법률상 보호되는 이익으로 인정됨으로써 원고적격이 인정되며, 그 영향권 밖의 주민들은 당해 처분으로 인하여 그 처분 전과 비교하여 수인한도를 넘는 환경피해를 받거나 받을 우려가 있다는 자신의 환경상 이익에 대한 침해 또는 침해 우려가 있음을 증명하여야만 법률상 보호되는 이익으로 인정되어 원고적격이 인정된다. 이때 영향권 내외 여부와 관련 없이 원고가 환경피해의 우려를 입증한다면 그 또한 당연히 원고적격이 인정될 것이다.

(구 환경정책기본법 및 시행령 등 관련 규정의 취지는) 공유수면매립과 농지개량사업시행으로 인하여 직접적이고 중대한 환경피해를 입으리라고 예상되는 환경영향평가 대상지역 안의 주민들이 전과 비교하여 수인한도를 넘는 환경침해를 받지 아니하고 쾌적한 환경에서 생활할 수 있는 개별적 이익까지도 이를 보호하려는 데에 있다고 할 것이므로, 위 주민들이 공유수면매립면허처분 등과 관련하여 갖고 있는 위와 같은 환경상의 이익은 주민 개개인에 대하여 개별적으로 보호되는 직접적·구체적 이익으로서 그들에 대하여는 특단의 사정이 없는 한 환경상의 이익에 대한 침해 또는 침해우려가 있는 것으로 사실상 추정되어 공유수면매립면허처분 등의 무효확인을 구할 원고적격이 인정된다. 한편, 환경영향평가 대상지역 밖의 주민이라 할지라도 공유수면매립면허처분 등으로 인하여 그 처분 전과 비교하여 수인한도를 넘는 환경피해를 받거나 받을 우려가 있는 경우에는, 공유수면매립면허처분 등으로 인하여 환경상

이익에 대한 침해 또는 침해우려가 있다는 것을 입증함으로써 그 처분등의 무효확인을 구할 원고적격을 인정받을 수 있다.

(3) 이처럼 환경영향평가대상지역 안의 주민들의 경우 개발사업으로 인하여 자신들의 환경상 이익이 침해받거나 침해 받을 우려가 있다는 점에 대하여 사실상 추정을 받음으로써 환경상의 개인적 이익이 침해되지 않을 것으로 보이는 특단의 사정이 드러나지 않는 한 원고적격이 인정되게 되고, 환경영향평가 대상지역 밖의 주민도 수인한도를 넘는 환경상 이익 침해의 우려를 입증할 경우에는 원고적격이 인정될 수 있다는 것이다.

실제 환경영향평가 대상지역과 무관하게 주민에게 원고적격을 인정한 예도 있다. 김해시장이 낙동강에 합류하는 하천수 주변의 토지에 구 산업집적활성화 및 공장설립에 관한 법률 제13조에 따라 공장설립을 승인하는 처분을 한 사안에서 환경영향평가지역의 외부에 거주하며 낙동강취수장으로부터 물을 공급받는 주민에게 환경상 이익의 침해 우려가 입증된 것으로 인정한 바가 있다.[14)]

근거 법규 및 관련 법규가 '상수원 등 용수이용에 현저한 영향을 미치는 지역의 상류'를 환경오염을 일으킬 수 있는 공장의 입지제한지역으로 정할 수 있다고 규정하고, 구 국토의 계획 및 이용에 관한 법률 시행령이 '개발행위로 인하여 당해 지역 및 그 주변 지역에 수질오염에 의한 환경오염이 발생할 우려가 없을 것'을 개발사업의 허가기준으로 규정하고 있는 취지는, 공장설립 승인처분과 그 후속절차에 따라 공장이 설립되어 가동됨으로써 그 배출수 등으로 인한 수질오염 등으로 직접적이

14) 대법원 2010. 4. 15. 선고 2007두16127 판결. 이 사건에서는 공장설립이 환경영향평가 대상사업에 해당하지 않고, 각 법규에도 환경영향평가제도 또는 환경상 침해가 예상되는 영향권의 실제 범위 설정에 대한 규정을 두고 있지 않았는데, 그럼에도 관련 법령의 취지를 환경피해를 입을 우려가 있는 자의 이익도 보호하려는 취지가 있다고 새긴 셈이다.

고도 중대한 환경상 피해를 입을 것으로 예상되는 주민들이 환경상 침해를 받지 아니한 채 물을 마시거나 용수를 이용하며 쾌적하고 안전하게 생활할 수 있는 개별적 이익까지도 구체적·직접적으로 보호하려는 데 있다. 따라서 수돗물을 공급받아 이를 마시거나 이용하는 주민들로서는 위 근거 법규 및 관련 법규가 환경상 이익의 침해를 받지 않은 채 깨끗한 수돗물을 마시거나 이용할 수 있는 자신들의 생활환경상의 개별적 이익을 직접적·구체적으로 보호하고 있음을 증명하여 원고적격을 인정받을 수 있다.

원고는 상수원인 물금취수장이 소감천이 흘러 내려 낙동강 본류와 합류하는 지점 근처에 위치하고 있는 점, 수돗물은 수도관 등 급수시설에 의해 공급되는 것이어서 거주지역이 물금취수장으로부터 다소 떨어진 곳이라고 하더라도 수돗물의 수질악화 등으로 주민들이 갖게 되는 환경상 이익의 침해나 그 우려는 그 수돗물을 공급하는 취수시설이 입게 되는 수질오염 등의 피해나 그 우려와 동일하게 평가될 수 있는 점 등에 비추어, 공장설립으로 수질오염 등이 발생할 우려가 있는 물금취수장에서 취수된 물을 공급받는 부산광역시 또는 양산시에 거주하는 주민들도 위 처분의 근거 법규 및 관련 법규에 의하여 개별적·구체적·직접적으로 보호되는 환경상 이익, 즉 법률상 보호되는 이익이 침해되거나 침해될 우려가 있는 주민으로서 원고적격이 인정된다.

2. 사전환경성검토제도와 원고적격

가. 일반론

환경영향평가제도와 관련하여 환경영향평가 대상지역 내의 주민에 대해 원고적격을 사실상 추정하는 법리는 행정처분의 근거 법규 또는 관련 법규에 그 처분으로써 이루어지는 행위 등 사업으로 인하여 환경상 침해를 받으리라고 예상되는 영향권의 범위가 구체적으로 규정되어 있는 경우에는, 그 영향권 내의 주민들에 대하여는 당해 처분으로 인하여 직접적이고 중대한 환경피해를 입으리라고 예상할 수 있다고 보기 때문이다.

이처럼 환경영향의 공간적 영향권을 특정할 수 있다면 그 영향권 내의 주민에게 대한 원고적격이 사실상 추정된다는 법리는 환경영향평가제도뿐만 아니라 사전환경성검토제도에도 적용될 수 있을 것이다. 그렇다면 이는 개정 환경영향평가법에서 개발기본계획에 대한 전략환경영향평가나 소규모 환경영향평가에서도 마찬가지로 적용될 수 있다. 다만 전략환경영향평가 중 정책계획의 경우에는 구체적으로 다툴 처분을 특정하기 곤란하고 주민에 대한 의견수렴절차도 별도로 존재하지 않으므로 그 미실시 또는 부실에 대해 주민을 통한 재판통제의 가능성은 크지 않을 것으로 보인다.

나. 거주하지 않는 소유자는 주민으로서 환경상 이익 침해를 주장할 수 있는가

대상 판결에서 실질적으로 원고적격 인정에 문제가 된 것으로는, 乙, 丙과 같이 인근지역에 토지를 소유하고 있으나 실제 거주하지 않는 사람에게 환경상 이익 침해를 이유로 처분을 다툴 법률상 이익을 인정할 수 있는지 여부에 관한 것이었다. 대상판결은 다음과 같이 설시하고 있다.

환경상 이익에 대한 침해 또는 침해 우려가 있는 것으로 사실상 추정되어 원고적격이 인정되는 자는 환경상 침해를 받으리라고 예상되는 영향권 내의 주민들을 비롯하여 그 영향권 내에서 농작물을 경작하는 등 현실적으로 환경상 이익을 향유하는 자도 포함된다고 할 것이나, 단지 그 영향권 내의 건물·토지를 소유하거나 환경상 이익을 일시적으로 향유하는 데 그치는 자는 포함되지 않는다고 할 것이다.

이에 따르면 토지를 임차하여 영향권 내에서 경작을 하는 자는 원고적격을 인정받을 수 있으나, 토지 소유자인 것만으로는 원고적격을 인정받을 수 없다는 결론에 이르게 된다. 이에 대해서는 ① 환경영향평가법령이 보호하고자 하는 이익은 환경영향평가 대상지역 안에 거주하는 주민의 환경적 이익일 뿐 재산상 이익을 포함하는 것은 아니므로 재산상 이익과 관련한 별도의 법적 근거를 드는 것은 별론으로 하고 거주하지 않는 소유자에게 환경적 이익은 인정되지 않는다는 견해, ② 소유권자 등의 재산적 이익은 해당 소유 토지에 미치는 환경적 영향에 대한 환경상 이익을 포함한다고 보는 견해, ③ 환경상 이익은 현실적인 침해 여부를 기준으로 보아야 하므로 거주하지 않는 소유자의 경우 경작 등을 이유로 현실적인 침해 가능성이 있을 때 환경상 이익을 인정하는 견해가 성립 가능할 것이다.[15] ③의 견해에 따르면, 가령 토지를 경작하는 소유자나 임차인에 대해서는 해당 토지에 거주하지는 않으나 행정처분에 의해 지속적으로 향유해 오던 환경상 이익을 침해받을 우려를 인정할 수 있는 경우가 생길 수 있다.

생각건대, 판례의 이상과 같은 분석은 수긍할 수 있는 것이지만, 구체적으로 그와 같은 환경상 이익의 현실적 침해 여부는 기존에 환경상 이익을 향유했는지 여부를 놓고 판단해야 할 것이다. 즉 이때 환경상 이익이란 적어도 소유자 등과 같이 해당 토지와 밀접한 관련성이 있는 자에 대해서는 경작 여부 등에 한정할 필요 없이 경관의 향유, 정기적 방문을 통한 환경 이익의 향유도 포함하는 것으로 이해할 필요가 있다.

다. 환경영향평가를 미실시한 경우 주민의 범위를 어떻게 설정할 것인가

사전환경성검토 및 환경영향평가제도의 경우 이를 실시한 연후에

15) 이에 대해 가능한 견해와 비교적 자세한 분석으로 조용현, 환경상 이익 침해 소송의 원고적격, 733–738면을 참조. 이 글은 ③의 견해를 지지하고 있고, 대상판결의 설시도 그와 같은 취지라고 한다.

환경영향평가 대상지역이 설정되고 그에 따라 주민에 대한 원고적격의 인정범위가 정해지게 되는데, 대상지역의 설정 자체가 잘못되었거나 환경영향평가 등을 실시하지도 않은 경우에는 원고적격의 범위를 어떻게 할 것인가가 문제될 수 있다.[16] 대상판결의 경우에도 사전환경성검토협의가 이루어지지 않았으므로 환경영향평가의 대상지역 또는 영향권 범위를 어떻게 설정할 것인가가 문제될 수 있다.

환경영향평가의 대상지역을 설정하는 것은 사업자에 의해 개별 사업별로 이루어지며 이는 환경영향평가의 항목·범위 등을 정하는 이른바 스코핑(scoping)제도의 일환이다. 그러나 사업자의 스코핑에 의해 설정된 대상지역이 해당 개발사업으로 인해 환경영향이 미친다고 규범적으로 인정되는 영향권의 범위와 동일시되는 것은 아니다. 여기서 환경영향평가의 대상지역의 정당성을 누가 확정할 것인가가 문제되는 것이다. 생각건대, 개발사업에 의한 환경영향의 영향권에 대한 법원의 판단은 환경영향평가의 대상지역 설정에 대한 평가의 측면을 포함하는 규범적 판단이라 할 것이므로, 환경영향의 영향권 확정은 법원에 의해 최종확정된다고 보는 것이 타당할 것이다. 판례의 태도도 그와 같다.[17]

사전환경성검토협의 대상인 개발사업과 관련해 원고들이 거주하는 아파트는 사전환경성검토협의 (정당한: 필자 추가) 대상지역 내에 포함될 개연성이 충분하다고 하므로, 위 사전환경성검토협의 대상지역 내에 포함될 개연성이 충분하다고 보이는 주민들인 원고들에 대하여는 그 환경상 이익에 대한 침해 또는 침해 우려가 있는 것으로 추정할 수 있고 이는 법률상 보호되는 이익에 해당한다.

나아가 이와 같이 보면, 환경영향평가가 실시되지 않은 경우에도

16) 전반적인 내용으로는 홍준형, 환경법특강 2013, 229-234면 참조; 김홍균, 행정소송(I), 614면도 참조.

17) 대법원 2006.12.22. 선고 2006두14001 판결. 김홍균, 위의 책, 614면도 이러한 판례의 태도를 지지하고 있다.

법령의 기준과 실무적 관행을 고려하여 법원에 의해 환경영향평가 대상지역의 범위가 인정될 수 있을 것이다. 다만 환경영향평가 등이 실제 실시된 경우에는 적어도 사업자에 의해 인정된 환경영향평가 대상지역에 대해서는 영향권에 포함됨이 추정되는 것이고, 이를 넘는 범위의 인정 여부만이 규범적 평가의 대상이 된다고 보는 것이 타당하다.18) 한편 대상지역의 잘못된 설정은 그 자체로 환경영향평가의 하자가 될 수도 있을 것이다.19)

대상판결은 사전환경성검토협의를 거치지 않았으나 원고들의 거주지와 이 사건 부지와의 거리, 오염배출시설의 성격과 내용에 따른 영향범위, 사전환경성검토협의 대상지역의 통상적인 범위를 기준으로 법원이 영향권을 정한다고 본 후, 그 범위에 포함되는 주민의 경우에 원고적격이 사실상 추정되는 것으로 파악하고 있다.

라. 소결

이상과 같은 判例의 판단방법은 원고적격의 확대경향하에서는 적정하고 찬동할 만한 것으로 생각된다. 다만 아직 단체소송제도가 도입되어 있지 않은 우리의 경우에 자연보호구역(대상판결에서 문제된 풍력발전소 등은 대부분 인적이 드문 곳에 건설된다)에서의 개발계획에 대해 전통적인 원고적격의 판단 방식을 적용한다면 위법한 개발계획에 대해서 이를 다툴 방법이 없게 되는 점을 지적하지 않을 수 없다. 그와 같은 점을 감안한다면 환경상 이익의 향유를 좀 더 확대하고 그 유형을 구체화할

---

18) 이때 대상지역이 아니나 영향권 내에 있는 지역임에 대해서는 누가 입증할 것인가가 문제될 수 있다. 만약 이에 대해서 법원의 판단사항이라고 한다면 주민의 경우에 별도로 영향권 내에 거주하고 있음을 직접 증명할 최종적 책임까지는 없을 것이다. 따라서 판례가 환경영향평가 지역 밖의 주민에게 환경상 이익의 증명을 요구하는 것은, 사업자가 정한 대상지역 설정을 수긍할 수 있다는 전제하에서의 법리라고 이해해야 할 것이다.

19) 同旨, 홍준형, 환경법특강, 232면.

필요가 있을 것이다. 가령 자연보호구역을 정기적으로 방문하고 이를 자신의 이익으로 향유해 왔음을 인정할 수 있는 경우 등에는 환경상 이익을 인정할 전향적인 법리가 필요하다.[20)]

Ⅳ. 사전환경성검토의 하자에 따른 이 사건 처분의 위법 무효 여부

1. 사전환경성검토 하자의 유형과 법적 취급

가. 환경영향평가 및 사전환경성검토에서 하자의 본질

환경영향평가 또는 사전환경성검토의 하자라 함은 사전환경성검토 과정에서 실체법상 또는 절차법상 하자가 있는 경우를 말한다.

學說은 대체로 환경영향평가 및 사전환경성검토 과정에서의 흠이 여러 유형으로 존재할 수 있다는 관점에서 실체적 하자인 경우와 절차적 하자의 경우를 나누어서 열거하고 있다.[21)] 그러나 이에 대해서는 환경영향평가 및 사전환경성검토의 하자가 본질적으로 절차적인 하자에 지나지 않고 이는 독립적인 무효·취소사유가 될 수 없다는 견해[22)]가 있는가 하면, 절차적 하자와 실체적 하자의 성격을 구분하지 않고 하자를 유형화하고 있는 견해[23)]도 보인다.

환경영향평가·사전환경성검토 하자의 본질이 실체적인가 절차적인가를 논의하는 실익은, 첫째, 일반 행정법이론의 관점에서 행정처분의

20) 가령 부산고법 2006. 6. 19.자 2006라64 결정 참조. 이에 대해서는 별도의 기회에 다시 검토하기로 한다.
21) 가령 김홍균, 행정소송(I), 606-613면 참조.
22) 김중권, 환경영향평가가 결여된 행정행위의 효력에 관한 소고, 367면.
23) 홍준형, 환경법특강, 237면 이하 참조. 그러나 이 견해도 큰 틀에서는 실체적 하자와 절차적 하자를 구분하고 있는 것으로 이해할 수 있다.

실체법상 하자와 달리 처분의 절차적 하자에 대해서는 당해 행정처분의 독립된 위법사유가 되는지 여부, 다시 말해 절차상 위법이 있는 경우 실체법상의 위법 여부를 따지지 아니 하고 절차상 위법만을 처분의 무효·취소를 인정할 수 있는지 여부에 대해 학설상 異見이 존재한다는 점, 둘째, 실체법적 위법의 경우와 절차법적 위법이 있는 경우에는 그 하자를 판단하는 심리방법·판단기준과 기판력에서 차이가 있을 수 있다는 점을 들 수 있을 것이다.

생각건대, 이른바 절차적 하자의 독립적 위법사유 부정설은 절차상 하자를 이유로 취소할 경우 행정청이 절차의 하자를 치유하여 동일한 내용의 처분을 할 수 있으므로 절차상의 하자만을 이유로 취소하는 것이 소송상 경제에 반한다는 점을 주요 논거로 삼고 있는데, 적어도 환경영향평가의 실시가 필요한 행정처분의 경우에는 다각적인 이익형량이 필요한 재량행위인 경우가 대부분이어서 절차의 이행 결과에 따라 절차가 없었던 경우와 동일한 처분을 할 것이라고 단정하기 어렵다는 점에서 받아들이기 어렵다. 이 점에서 환경영향평가·사전환경성검토 하자의 본질이 실체적인가 절차적인가를 논의하는 실익은 일차적으로 희석된다.

다음으로 환경영향평가 또는 사전환경성검토의 하자는 그 구체적인 유형에 따라 심리방법 및 하자의 판단기준이 달라질 수 있다. 判例는 환경영향평가를 실시하기는 하였다면 그 부실에 대해서 “환경영향평가의 부실 정도가 환경영향평가제도를 둔 입법 취지를 달성할 수 없을 정도로 심히 부실한 경우”이어서 “환경영향평가를 하지 아니한 것과 다를 바 없는 정도의 것”에 해당하는 경우에 한정하여 부실한 환경영향평가에 기한 행정처분이 위법하다는 판단기준을 제시하고 있다.[24] 그러나 절차 자체가 없었던 경우에는 오히려 더 엄격한 심사기준을 적용한다.

24) 대법원 2001. 7. 27. 99두2970 판결; 2001. 7. 27. 99두5092 판결.

가령 환경영향평가법상의 협의를 하지 않은 절차적 하자에 대해서는 해당 처분을 취소할 수 있는 원인이 되는 위법사유에 해당한다고 보고 있다.[25] 즉 실체적 하자의 심사 기준이 낮아서 절차적 하자의 경우에 오히려 더 위법사유로 인정하기가 용이하다.

환경영향평가의 실체적·절차적 하자의 구분에 큰 실익이 없어 보이는 것은 양자가 근본적으로 밀접한 관계가 있기 때문이다. 왜냐하면 환경영향평가 절차를 이행하지 않은 하자가 위법하다고 보는 것도 기실 절차를 거치지 않은 결과 환경이익 등에 관한 공·사익 형량 판단의 기회를 누락한 것이기 때문인 것이고, 이는 결국 핵심적인 실체적 하자에 해당하는 것이기 때문이다. 결국 문제는 하자의 유형에 따라 어떤 개별적인 효과의 차이를 부여할 수 있는가가 문제된다고 봐야 할 것이다.

나. 하자의 유형화

(1) 환경영향평가 하자의 유형화와 判例의 태도 비판

환경영향평가를 함에 있어서는 ① 법령상 환경영향평가가 행해져야 함에도 환경영향평가가 행해지지 않고 대상사업계획승인처분이 내려진 경우, ② 환경영향평가가 내용상 부실하게 작성되어 제출되고 그 부실이 협의과정에서 보완되지 않은 실체상의 하자가 있는 경우, ③ 환경 환경영향평가의 절차상 하자로서 주민 등의 의견수렴절차가 행해지지 않거나 부실한 경우, 환경부처와의 협의가 없었거나 협의과정에서 하자가 있었던 경우로 나눠볼 수 있을 것이다.[26]

① 먼저 환경영향평가를 거쳐야 할 대상사업에 대하여 환경영향평가를 전혀 거치지 아니하고 승인 등 처분이 이루어진다면, 이 처분에는 실체적·절차적 하자가 동시에 존재한다고 볼 수 있다. 判例는 이와 같이 환경영향평가가 미실시되는 경우는 평가대상지역 주민들의 의견을 수렴

25) 대법원 2000. 10. 13. 선고 99두653 판결.
26) 유사한 분류로, 홍준형, 환경법특강, 237면 이하 참조.

하고 그 결과를 토대로 하여 환경부장관과의 협의내용을 사업계획에 미리 반영시키는 것 자체가 원천적으로 봉쇄되고, 이렇게 되면 환경파괴를 미연에 방지하고 쾌적한 환경을 유지·조성하기 위하여 환경영향평가제도를 둔 입법 취지를 달성할 수 없게 되는 결과를 초래할 뿐만 아니라 환경영향평가대상지역 안의 주민들의 직접적이고 개별적인 이익을 근본적으로 침해하게 되므로, 당연 무효에 해당한다고 보고 있다.[27)]

② 다음으로 환경현황에 대한 조사나 대안의 제시와 평가, 환경저감방안에 대해 실체적 판단이 부실한 환경영향평가를 하거나 환경영향평가를 허위로 작성하였다면 그에 기반한 승인 등 처분은 실체법적 하자에 해당한다고 볼 수 있다. 따라서 환경영향평가의 결여는 형량하자의 그것으로 직결되지 않을 수 없다.[28)] 그럼에도 判例는 위에서 본 바와 같이 부실의 정도가 입법 취지를 달성할 수 없을 정도이어서 환경영향평가를 하지 아니한 것과 다름없어야 승인 등 처분의 독자적인 위법사유가 될 수 있다고 보면서, 다만 그 하자를 이익형량에서 고려할 수는 있다고 할 따름이다.

이러한 판례의 태도는 환경영향평가법 개정으로 환경영향평가의 허위 작성 등의 경우 이에 대한 형사적 제재를 가하면 실효성을 어느 정도 확보할 수 있고, 환경영향평가의 하자를 이유로 한 독자적 위법성은 인정할 수 없더라도 승인처분의 재량권 일탈·남용은 환경상 이익과

---

27) 대법원 2006. 6. 30. 선고 2005두14363 판결.

28) 따라서 환경영향평가의 실체적 하자는 승인 등 처분의 실체적 하자가 된다. 반대하는 견해로 김중권, 위의 논문. 독일의 경우 반대견해와 같이 환경영향평가법상의 절차규정만으로는 사익보호성이 없고 환경영향평가의 절차를 위반함으로써 실체법적인 규정을 준수하지 못하게 되는 결과를 초래할 때에만 그 실체법적 규정을 근거로 원고적격이 인정된다는 것이 통설·판례이다. Schoch/Schmidt-Aßmann/Pietzner, Verwaltungsgerichtsordnung, § 42 Abs. 2 Rn. 214 참조. 그러나 이러한 견해는 독일 행정절차법 제46조의 특칙, 충실한 실체법적 환경기준과 그에 따른 충실한 실체적 사법심사의 전통에 따른 것으로 그대로 우리나라에 적용된다고 보기 어렵다고 생각한다.

관련해서 다시 검토의 여지가 있다고 보았기 때문에 환경영향평가의 부실만으로 위법성을 인정할 여지가 크지 않다고 본 것이라 생각된다. 그러나 환경영향평가를 하지 않은 것과 같은 정도의 부실에 이르지 않더라도 그것이 곧바로 승인 처분에 있어서의 형량 판단을 심히 그르치는데 영향을 줄 수 있는 경우는 얼마든지 상정할 수 있는데, 법원이 직접 환경영향평가를 대체할 만한 증거조사를 하지 않는 이상 승인 등 처분에서 환경영향평가의 독자적 위법 사유를 인정하지 않으면서 독자적인 형량 판단의 근거를 제시한다는 것은 현실적이지 않다.

한편 환경영향평가의 결과를 정당하게 반영하지 아니 하고 사업승인을 한 경우나[29] 승인기관의 장이 부동의 협의의견을 무시하거나 협의내용을 제대로 반영하지 아니하여 해당 사업을 승인한 경우[30]에 이는 환경영향평가 자체의 하자라기보다는 이를 반영하지 않은 승인 등 처분에서의 하자라고 할 수 있는데, 이 경우에는 환경영향평가의 내용에 대한 법적 강제의 수준이 위법성의 판단 기준이 될 것이다.

判例는 환경부장관과의 협의를 거친 이상, 환경영향평가서의 내용이 환경영향평가제도를 둔 입법 취지를 달성할 수 없을 정도로 심히 부실하다는 등의 특별한 사정이 없는 한, 환경부장관의 환경영향평가에 대한 의견에 반하는 처분을 하였다고 하여 그 처분이 위법하다고 할 수는 없다고 보고 있다.[31] 그러나 환경영향평가에 대한 의견에 반하는 처분을 하였다고 하여 그 자체로 처분이 위법한 것은 아니나 환경영향평가에 대한 의견이 환경이익에 관한 형량 판단에서는 반드시 참작되어야 할 것이고 보면, 그에 앞서는 우월한 별도의 이익이 존재하지 않는 경우에도 의견에 반하는 처분을 한다면 형량하자를 인정할 가능성이 크다고 보아야 할 것이다.

29) 김홍균, 위의 책, 606면.
30) 박균성·함태성, 환경법, 144면.
31) 대법원 2001. 7. 27. 선고 99두5092 판결.

③ 주민의견수렴절차나 환경부장관의 협의절차 등 환경영향평가 절차가 행해지지 않은 경우 사업계획승인처분은 절차상 위법한 처분이 된다. 이 경우 환경부장관과의 협의절차 등이 이뤄지지 않은 경우라면 이는 핵심적인 절차의 누락으로서 독립적인 위법사유에 해당한다고 볼 수 있으나, 주민 의견수렴 절차가 부실한 경우 등에는 경우에 따라 경미한 절차상의 하자로서 독립적인 위법사유로 인정하기 어려운 경우가 있을 것이다. 후자의 문제는 절차적 하자의 취급에 관한 일반론에 기해 판단해야 할 것이다.

(2) 사전환경성검토 하자의 유형화

이상과 같은 환경영향평가에서의 하자의 유형화는 사전환경성검토(전략환경영향평가 및 소규모 환경영향평가)에서도 대체로 받아들여질 수 있다.

① 법령상 사전환경성검토의 대상사업임에도 불구하고 사전환경성검토없이 대상사업계획승인처분이 내려졌다면 이는 위법사유에 해당함이 분명하다.

② 사전환경성검토가 내용상 부실 또는 허위로 작성된 경우나 협의내용이 이행되지 않은 채 승인처분이 내려진 경우와 같이 사전환경성검토의 내용에 하자가 있는 경우에는, 환경영향평가의 경우에 준해서 볼 때 현재 판례에서는 실체적 위법을 인정하기는 어려울 것으로 보인다. 그러나 이는 아래에서 보는 바와 같이 심사강도를 강화할 필요가 있다.

③ 사전환경성평가에서 절차상 하자가 있는 경우로는 사전환경성평가에서 주민 등의 의견수렴절차가 행해지지 않거나 부실한 경우, 환경부처 등과의 협의가 없었거나 협의과정에서 하자가 있었던 경우가 이에 해당할 수 있다. 특히 만약 환경부장관과의 협의절차가 행해지지 않았다면 여기서 협의제도가 동의와 같은 구속력을 지닌다고 보기는 어렵다고 하더라도 여타 행정결정에서 다른 행정청과 협의하도록 하는 규정

에 비해 강화된 직무상 구속력 또는 사실상 구속력이 인정된다고 보아야 한다.[32] 따라서 중대한 절차상 하자로서 독립된 취소사유가 해당한다고 보아야 할 것이다.[33] 협의가 있었으나 그 과정에서의 하자가 있었던 경우에는 절차적 하자의 취급에 대한 일반론에 준하여 판단하면 될 것이다.

다. 소결: 심사강도 강화의 필요성

이상에서 본 바와 같은 환경영향평가와 사전환경성검토제도는 환경상 제반 이익을 검토할 수 있는 절차적 제도로서 환경 이익의 형량판단의 합리성을 제고하는 기능을 수행한다. 이 점에서 환경영향평가에서의 하자는 사업승인처분 등에 결정적인 영향을 미친다고 이해하여야 할 것이다.

따라서 이에 대한 사법심사에 있어 지금과 같이 실체적·절차적 하자의 정도를 과소평가하는 것은 법원이 환경이익 전반을 직접 조사하지 않는 이상 형량 통제의 부실화를 가져올 수밖에 없고, 결과적으로 법률규정의 집행결함(Vollzugsdeifizit)을 법원이 방기하게 되고 만다.

그렇다면 환경영향평가의 실체적 하자 평가에 있어서는 법원의 판단이 행정기관의 판단을 직접 대체하지는 않는다고 하더라도, 적어도 다음과 같은 기준,[34] ① 환경가치를 고려하기 위하여 행정청이 선의의 노력을 한 바가 환경영향평가서에서 충분히 드러났는지, 환경영향평가가 대중들에게 환경과 관련하여 드러난 사실을 충분히 제공하고 있는지, 환경영향평가가 문제와 비판을 간과하지 않음으로써 행정청의 의사결정과정의 진실성을 보호하고 있는지 등을 기준으로 한 심사가 필요할

32) 함태성, 사전환경성검토제도의 법적 과제, 42-44면.

33) 同旨, 박균성·함태성, 환경법, 148면.

34) 이는 미국 환경영향평가제도의 사법심사에서 종종 심사의 방법으로 사용되는 것들이다. Ferry, Environmental law, 2007 참조.

것이다. 그리고 만약 법원이 행정청의 분석이 그에 미치지 못한다고 판단한다면, 환경영향평가가 불완전하여 승인처분의 위법성을 인정할 수 있고, 그 결과 법원은 환경에 관한 형량 판단을 직접 대체하지 않고서도 환경이익에 대한 형량의 심사밀도를 높일 수 있을 것이다.

2. 무효사유와 취소사유의 구분 문제

가. 대상판결에서의 쟁점

대상판결에서 이 사건 부지는 당시 관리지역으로만 지정되어 있었을 뿐 세부용도지역으로서 보전관리지역인지 계획관리지역인지가 설정되어 있지 않았기 때문에 사전환경성검토의 대상사업에 해당하는지 여부가 문제되었음은 앞서 살펴본 바와 같다. 이에 대해 대법원은 "행정청이 그 사업부지의 이용실태 및 특성, 장래의 토지이용방향 등에 대한 구체적 조사 및 이에 기초한 평가 작업을 거쳐, 해당 부지가 과연 국토계획이용법 제36조 제1항 제2호의 각목 중 어떠한 관리지역의 개념 정의에 부합하는지 여부를 가린 다음 이를 기초로 사정환경성검토협의의 필요 여부를 결정하여야 한다."고 하고, 국토계획법 제79조 제2항에 따르면 용도지역 안에서의 건축제한 등이 문제되는 경우에는 행위제한의 정도가 가장 심한 '보전관리지역'에 관한 규정을 적용하도록 하고 있는 점 등을 감안할 때 이 사건 부지는 보전관리지역에 해당하여 사전환경성평가가 필요하다고 판단하였다. 즉 원심판결에서 적시한 바와 같이 개발사업 부지의 특성 등에 대한 아무런 고려 없이 무조건 이를 계획관리지역으로 전제할 경우, "세부용도지역의 지정을 게을리 한 행정청 자신의 과실에 기대어, 마땅히 보전관리지역이나 생산관리지역으로 지정되어야 할 부지에 관하여 사전환경성검토협의의 요부에 관한 법률의 보다 엄격한 요건을 피할 수 있는 가능성"을 제한할 필요가 있고, 사전환경성검토 제도의 취지가 한번 훼손되면 원상회복이 사실상 불가능하고 그 복원을 위한 시간과 비용이 엄청나게 소요되는 환경에 대해 사전예방환경정책 수단을 마련한 것임을 적극적으로 새길 필요가 있었기 때문이다.

문제는 이와 같은 이유로 사전환경성검토를 실시하지 않은 하자가 이 사건 처분의 무효사유에 해당하는지, 취소사유에 해당하는지이다.

나. 일반론

하자 있는 행정처분이 당연 무효가 되기 위해서는 그 하자가 법규의 중요한 부분을 위반한 중대한 것으로서 객관적으로 명백한 것이어야 하며, 하자가 중대하고 명백한지 여부를 판별할 때에는 그 법규의 목적, 의미, 기능 등을 목적론적으로 고찰함과 동시에 구체적 사안 자체의 특수성에 관하여도 합리적으로 고찰함을 요한다.35)

이와 관련하여 대상판결은 다음과 같이 판시하고 있다.

(사전환경성검토의 규정 취지는) 대상사업이 환경을 해치지 아니하는 방법으로 시행되도록 함으로써 당해 사업과 관련된 환경공익을 보호하려는 데 그치는 것이 아니라, 당해 사업으로 인하여 직접적이고 중대한 환경피해를 입으리라고 예상되는 사전환경성검토협의 대상지역 내의 주민들이 전과 비교하여 수인한도를 넘는 환경침해를 받지 아니하고 쾌적한 환경에서 생활할 수 있는 개별적 이익까지도 보호하려는 데에 있다 할 것인데, 사전환경성검토협의를 거쳐야 할 대상사업에 대하여 사전환경성검토협의를 거치지 아니하였음에도 승인 등 처분이 이루어진다면 환경파괴를 미연에 방지하고 쾌적한 환경을 유지·조성하기 위하여 사전환경성검토협의 제도를 둔 입법 목적을 달성할 수 없게 되는 결과를 초래할 뿐만 아니라 사전환경성검토협의 대상지역 안의 주민들의 직접적이고 개별적인 이익을 근본적으로 침해하게 되므로, 이러한 행정처분의 하자는 법규의 중요한 부분을 위반한 중대한 것이라고 하

35) 확립된 대법원의 판결이다. 대법원 1995. 7. 11. 선고 94누4615 판결 등 참조.

지 않을 수 없다.

그러나 앞서 본 바와 같이 사전환경성검토협의 대상이 되는 세부용도지역에 해당하는지의 여부에 대해서 볼 때 이 사건 처분 당시 이 사건 개발사업 부지에 대하여 세부용도지역이 지정되지 않은 상태였고, 이러한 경우 피고로서는 이 사건 개발사업 부지의 이용실태 및 특성, 장래의 토지이용방향 등에 대한 구체적 조사 및 이에 기초한 평가 작업을 거쳐 이 사건 개발사업 부지가 어떠한 세부용도지역의 개념 정의에 부합하는지 여부를 가린 다음 이를 토대로 사전환경성검토협의 여부를 결정하여야 한다는 법리는 이 사건 처분이 있은 후에 비로소 이 사건 대법원판결에 의하여 선언되는 것이므로, 설령 피고가 법의 해석을 잘못한 나머지 이 사건 개발사업이 사전환경성검토협의 대상이 아니라고 보고 그 절차를 생략한 채 이 사건 처분을 하였다고 하더라도, 그 하자가 외형상 객관적으로 명백하다고 할 수는 없다.

다. 검토

대법원의 명백성에 대한 판단 방식은, 행정청이 어느 법률관계나 사실관계에 대하여 어느 법률의 규정을 적용하여 행정처분을 한 경우에 그 법률관계나 사실관계에 대하여는 그 법률의 규정을 적용할 수 없다는 법리가 명백히 밝혀져 그 해석에 다툼의 여지가 없음에도 행정청이 위 규정을 적용하여 처분을 한 때 그 하자가 중대하고도 명백하다고 하면서, 그 법률관계나 사실관계에 대하여 그 법률의 규정을 적용할 수 없다는 법리가 명백히 밝혀지지 아니하여 그 해석에 다툼의 여지가 있는 때에는 행정관청이 이를 잘못 해석하여 행정처분을 하였더라도 이는 그 처분 요건사실을 오인한 것에 불과하여 그 하자가 명백하다고 할 수 없다고 보고 있다. 이러한 판시는 하자가 명백하려면 하자 자체가 명백하여야 하고(법해석 위법의 명백성) 하자의 원인이 되는 사실존재가 명백하여야 한다는 의미이며(사실오인의 명백성), 이는 또한 일반인의 관점에서도 외견상 명백하여야(일반인을 기준으로 한 명백성) 한다는 것이다.

이상과 같은 기준에 비추어 본다면 대상판결의 설시는 기존 대법원의 입장을 충실히 따른 것으로 보인다. 왜냐하면 사전환경성검토 대상지역에 대한 판단방법은 이 사건에서 최초로 판시된 것이므로 그에 대해서는 법령의 다툼이 있을 수 있고, 일반인의 관점에서 볼 때 법령해석의 하자가 명백하다고 보기 어렵기 때문이다. 따라서 앞으로 동일한 사안의 경우에 사전환경성검토지역에 포함하지 않는 경우에는 그 하자가 명백하다고 인정할 여지가 클 것이지만 적어도 이 사건에 있어서는 그 하자가 명백하다고는 할 수 없겠다.

그러나 이상과 같은 대법원의 판단방법은 "그 법규의 목적, 의미, 기능 등을 목적론적으로 고찰함과 동시에 구체적 사안 자체의 특수성에 관하여도 합리적으로 고찰할 때" 다른 판단의 여지도 없지 않은 것으로 생각된다. 왜냐하면 사전환경성검토의 실시 주체인 행정기관으로서는 다툼이 있을 때 가급적 엄격한 보전관리지역을 기준으로 판단하여야 한다는 법률상의 규정의 취지를 고려하였어야 할 것으로 생각되고, 행정청이 구체적인 경우에 환경보호의무를 이행하기 위해 직무의 성실한 수행으로서 당연히 요구되는 정도의 조사를 했더라면 충분히 이를 밝혀낼 수 있었을 것이며(객관적 명백설의 취지), 기존 판례와 같이 법률상 다툼이 있는 최초의 판시에 대해서는 항상 그것에 명백성이 결여되어 있다고 한다면 이는 취소소송이 곤란할 경우 행정청에게 최초의 법률해석에 있어서는 오류판단의 권한을 긍정하는 결과를 초래할 수도 있기 때문이다.

무엇보다 대상판결의 태도는 환경영향평가를 거쳐야 함에도 불구하고 거치지 않고 한 승인 등 처분에 대해서는 무효사유에 해당한다는 판례의 태도와 부합하지 않는 측면이 있다. 환경영향평가를 거치지 않은 사례에서 실시 여부의 명백성이 요구된 것이 아니기 때문이다. 기존 판례의 태도가 형량판단에서 환경영향평가의 중요성을 감안하여 이루어진 것임을 감안할 때 대상판결에서 과연 그와 같이 엄격한 명백성의 기준을 적용하는 의미가 있었는가에 대해서는 의문이 없지 않다.

V. 대상판결에 대한 管見

이상 대상판결·원심판결의 비교를 통해 전개한 필자의 管見을 요약하면 다음과 같다.

(1) 사전환경성검토협의를 거치지 않은 경우 원고들의 거주지와 이 사건 부지와의 거리, 오염배출시설의 성격과 내용에 따른 영향 범위, 사전환경성검토협의 대상지역의 통상적인 범위를 기준으로 법원이 대상지역을 설정하고, 그 대상지역에서 지역 내에 거주하는 주민에게 원고적격이 사실상 추정된다는 판시는 타당하다.

(2) 거주하지 않는 토지 소유자의 경우 환경상 이익의 침해 여부는 실제 그 환경상 이익의 향유 여부를 기준으로 판단하여야 한다는 판시는 타당하나, 환경상 이익의 향유 여부는 경관 감상, 실제 이용·향유와 같은 점이 포함될 수 있어야 한다.

(3) 사전환경성검토에 관한 하자 또한 유형화하고 각각 그에 대한 심사의 방법을 어떻게 달리 할 수 있을 것인지를 독자적으로 입론할 필요가 있다. 이때 환경영향평가나 사전환경성검토가 전혀 이루어지지 않은 경우에는 사업승인처분의 위법성을 당연히 긍정할 수 있고, 그 밖에 환경영향평가가 내용상 부실하게 작성되어 제출되고 그 부실이 협의과정에서 보완되지 않은 실체상의 하자가 있는 경우, 환경환경영향평가의 절차상 하자로서 환경부장관과의 협의 절차가 행해지지 않거나 부실한 경우에도 법원의 위법성 인정에 대한 심사강도가 강화될 필요가 있다.

(4) 환경영향평가를 실시하였어야 함에도 이를 거치지 않고 한 승인 등의 처분에는 무효의 위법사유가 존재한다고 볼 수 있고, 그러한 취

지는 대상판결의 무효 사유 해당 여부 판단에서 보다 적극적으로 고려되었어야 했다.

참고문헌

김중권, 환경영향평가가 결여된 행정행위의 효력에 관한 소고, 저스티스 제114호, 2009, 363-383면.

김현준, 독일의 전략환경평가제도-이른바 계획에 대한 환경심사제도, 토지공법연구 제36집, 2007. 5. 299-325면.

김홍균, 사전환경성검토제도와 환경영향평가제도의 통합, 저스티스 제105호, 2008. 8. 250-276면.

김홍균, 환경영향평가제도와 사법심사, 조해현 편, 행정소송(Ⅰ), 2007, 595-620면.

박태현, 사전환경성검토와 원고적격, 과학기술법연구 제13집 제2호, 2008. 2, 241-269면.

박균성, 환경영향평가의 하자와 사업계획승인처분의 효력, 행정판례연구 제7집, 2002.

박균성·함태성, 환경법, 제6판, 2013.

박정훈, 환경위해시설의 설치·가동 허가처분을 다투는 취소소송에서 인근주민의 원고적격-독일법의 비판적 검토와 행정소송법 제12조의 해석을 중심으로, 행정법연구 제6호, 2000, 97-118면.

송동수, 독일의 환경영향평가와 전략환경평가, 환경법연구 제29권 제2호, 2007, 167-194면.

조용현, 환경상 이익 침해 소송의 원고적격, 대법원판례해설 81호(2009 하반기), 727-738면, 2010.

조홍식, 분산이익소송에서의 당사자적격 - 삼권분립과 당사자적격, 그리고 사실상의 손해의 함수관계, 판례실무연구(Ⅳ), 박영사, 2000.

함태성, 사전환경성검토제도에 관한 공법적 검토, 환경법연구 제28권 제1호, 2006, 409-431면.

홍준형, 환경법특강, 박영사, 2013.

Ferry, Steven, Environmental law, 2007.

Koch, Hans-Joachim, Umweltrecht, 3. Aufl., 2010.

Lühle, Stefan, Nachbarschutz gegen Windenergieanlagen, Neue Zeitschrift für Verwaltungsrecht 1998, S. 897-903.

Schneider, Alfred, Rechtsschutz Dritter bei fehlerhalfter oder unterbliebener Umweltverträglichkeitsprüfung, Neue Zeitschrift für Verwaltungsrecht 2005, S. 863-868.

Sparwasser/Engel/Voßkuhle, Umweltrecht, 5. Aufl. 2003.

국문초록

舊 환경정책기본법에서의 사전환경성검토 제도는 환경영향평가에 대한 사전 예방적 수단으로서 특정 개발사업이 그 대상사업에 해당함에도 그 협의를 거치지 않았다면 개발사업 승인처분 또한 위법하게 된다. 이러한 법리는 환경영향평가법의 개정에 따라 사전환경성검토가 전략환경영향평가와 소규모 환경영향평가로 이원화되었음에도 그대로 수용될 수 있다. 본고에서 검토의 대상이 된 판결에서는 이상과 같은 舊 사전환경성검토 (現 소규모 환경영향평가)를 거치지 않은 풍력발전소 개발사업 승인처분의 하자가 문제되었으며, 그 사건에서의 핵심 쟁점과 그에 대한 필자의 管見은 다음과 같다.

첫째, 사전환경성검토협의를 거치지 않은 경우 또는 검토협의를 거쳤으나 대상지역의 설정이 잘못된 경우 사전환경성검토협의의 대상지역 범위를 확정하고 원고적격을 인정할 것인지 여부는 법원의 판단사항이다.

둘째, 거주하지 않는 토지 소유자의 경우 환경상 이익의 침해 여부는 실제 그 환경상 이익의 향유 여부를 기준으로 판단하여야 한다는 판시는 타당하나, 환경상 이익의 향유 여부가 경작 여부 등과 같은 엄격한 기준일 필요는 없다. 단체소송제도가 없는 이상 환경상 이익의 향유 여부는 경관 감상, 실제 이용·향유와 같은 점을 포함하여 넓게 검토할 필요성이 더 크다.

셋째, 사전환경성검토에 관한 하자와 환경영향평가의 하자가 동일한 성격을 갖지 않는다고 볼 여지도 있으나, 적어도 기존의 환경영향평가와 개정에 따른 소규모 환경영향평가(舊 사전환경성검토의 일부)에서 하자의 본질은 동일하다.

넷째, 종래 환경영향평가를 전혀 하지 않은 경우에는 사업승인처분의 위법성이 무효사유에 해당한다고 본 판례가 있음에도 대상판결은 무효 취소에 관한 법리의 적용을 엄격하게 하여 취소사유에 지나지 않는다고 보고 있다. 그러나 종래 판례가 중대명백설과 별도로 환경영향평가를 전혀 하지 않은 경우 무효사유에 해당한다고 본 취지는 해당 처분에서 환경공익에 대한 고려가 전혀 이루어지지 않았음을 적극적으로 반영한 것으로 볼 수 있으므로 대상 판결에서도 무효 사유를 인정하는 것이 더 타당하였을 것이다.

주제어: 사전환경성검토, 환경영향평가의 하자, 원고적격, 환경영향평가 대상지역의 확정(스코핑), 무효와 취소사유의 구분

Zusammenfassung

Judicial Review of Prior Environmental Review System

KIM, TAE HO*

Bei dem vorliegenden Aufsatz handelt es sich um den Rechtsschutz vor der Genehmigung der Windkraftanlagen mit fehlenden Vor-herumweltprüfung (Prior Environmental Review, entsprechend der strategischen Umweltprüfung in EU). Dieser Aufsatz versucht durch eine Rechtssprechung zu analyzieren, ob die auf der Vorherumweltprüfung bezogenen Normen drittschutzend sind und wieweit das Oberstegericht in bezug auf die Vorherumweltprüfung eine Verwaltungsentscheidung nachkontrollieren kann. In einer Rechtssprechung als Gegenstand der Untersuchung hat das koreanische Oberstegericht zum Ausfall von Vorherumweltprüfung Stellung genommen: (1) Ein Eigentümer, der neben den Windkraftanlagen nicht wohnen, hat keine Klagebefugnis gegen die Genehmigung; (2) Der Materiellen- bzw. Verfahrensfehler entspricht in diesem Fall nur dem anfechbaren Fehler. Dieser Aufsatz kritisiert die Rechtssprechung und behaupt die Erweiterung der Klagebefugnis und Verstärkung der gerichtlichen Kontrolldichte bezüglich der Vorherumweltprüfung.

Stichwörter: Vorherumweltprüfung, UVPG, Fehler in der Um-weltverträglichkeitprüfung, Klagebefugnis im Umweltklage, Scoping, Anfechtbarkeit und Nichtigkeit des Verwaltungsaktes

* Lecturer, Dept. of Law, SNU

투 고 일: 2013. 12. 10
심 사 일: 2013. 12. 15
게재확정일: 2013. 12. 20

外國判例 및 外國法制 研究

最近(2012/2013) 美國 行政判例의 動向 및 分析 研究*

金聲培**

Ⅰ. 최근(2012/2013) 미국 연방대법원 판례와 행정판례의 동향

미국 연방대법원의 2012년 재판기(the 2012 term)는 2012년 10월 1일 시작해서 2013년 10월 6일 종료되었다. 2012년 term에 선고된 첫 판결은 2012년 11월 5일의 Lefemine v. Wideman사건으로 지방경찰의 경찰권발동과 발동예고로 인하여 자신의 헌법상 기본권이 침해된 자가 예방적 금지청구를 하여, 그 금지청구가 인용된 경우 승소한 당사자가 되어 법률[1]에 따라 변호사비용을 상환받을 수 있는지를 다룬 판례이다. 2012년 재판기에 선고된 마지막 판결은 2013년 6월 26일 선고된 United States v. Windsor사건[2]이다. 연방대법원은 2013년 6월 26일 Windsor사건 이외에도 Sekhar v. United States사건[3]과 Hollingsworth

* 본 논문은 2012년도 국민대학교 신진교수 연구지원금으로 수행된 연구입니다.
** 국민대학교 법과대학 교수
1) Civil Rights Attorney's Fees Award Act of 1976 42 U.S.C. § 1988.
2) 570 U.S. 12; 133 S.Ct. 2675; 2013 U.S. LEXIS 4935.

v. Perry사건[4]에 대한 판결도 내렸다. 사실 연방대법원 6월 5째 주에 12건의 판결을 내렸으며, 4째 주에는 8건의 판결을 내리는 등 2013년 6월에만 30건의 판결을 내렸다. 수치상으로 2012년 재판기에 대법원이 79건의 사건을 처리했기에 통상의 80건 내외를 처리하는 것과 유사한 경향을 보였다.[5]

2012년 재판기의 대미를 장식한 Windsor사건은 미국 내에서 뜨거운 논란의 대상이 되었다. 동 판결은 동성결혼관련사건으로서 혼인보호법(the Defense of Marriage Act: DOMA) 제3장에서 "혼인(marriage)"과 배우자("spouse")에 대한 연방정부의 해석을 이성간의 결합에 한정하는 것은 연방수정헌법 제5조의 적법절차위반이라는 판결이다.

우리나라의 헌법재판소와 최고재판소로서의 대법원의 역할을 함께 수행하는 미국 연방대법원의 판례에서 행정판례를 분류하는 것은 미국이 판례법국가이면서 대륙법국가와 같은 수준의 공·사법구분을 하지 않는 법문화를 가지고 있고 일반적인 행정법교과서의 편제와 범위가 우리와 다른 모습을 띄고 있는 미국을 대상으로 하기에 쉬운 작업은 아니다. 우선 미국의 행정법학계에서 행정사건으로 분류한 사건들을 소개하면 아래와 같다. 미국의 행정법실무자와 학자들을 대상으로 발행되는 논문 및 소식지인 행정·규제관련법소식(Administrative and Regulatory Law News) 2012년 겨울호[6]에는 2012년 11월 13일 결정된 국가면책(Federal Sovereign Immunity)에 관한 사건인 ① United States v. Bormes사건[7]과

3) 133 S.Ct. 2720.

4) 133 S.Ct. 2652.

5) 참조 정하명, 최근(2009/2010) 미국 행정판례의 동향 및 분석 연구, 행정판례연구 XV-2, 행정판례연구회, 2010, 391면; 금태환, 최근(2010/2011) 미국 행정판례의 동향 및 분석 연구, 행정판례연구 XVI-2, 행정판례연구회, 2011, 236면; 김성배, 최근 미국 연방대법원의 이민관련판례에서 사법심사의 기준, 행정판례연구 XVII-2, 행정판례연구회, 2012, 423면.

6) 미국식 표기는 Winter 2013이지만 우리식으로는 2012년 겨울호로 표기하였다.

7) 2012 WL 5475774 (Nov.13, 2012).

2012년 11월 5일 결정된 변호사비용상환여부에 관한 사건인 ② Lefemine v. Wideman사건[8])을 소개하고 분석하고 있다.[9]) 2013년 봄호에는 2012년 12월 4일 결정된 임시적 수용에 관한 사건을 다룬 ③ Arkansas Game & Fish Comm'n v. United States사건,[10]) 2012년 12월 10일 결정된 행정심판(공무원소청심사)후 소송에서의 재판관할을 다룬 ④ Kloeckner v. Solis사건,[11]) 2013년 1월 9일 결정된 상표권침해사건에서의 원고적격(standing)과 협의의 소의이익(mootness)를 다룬 ⑤ Already, LLC v. Nike, Inc.사건,[12]) 2013년 1월 22일 결정된 행정심판청구기간에 대한 재량적 연장가능성과 Chevron존중을 다룬 ⑥ Sebelius v. Auburn Regional Medical Center사건,[13]) 2013년 1월 8일 결정된 청정수질법(Clean Water Act)의 법률조항 해석에 관한 사건인 ⑦ Los Angeles County Flood Control District v. Natural Resources Defense Council, Inc.사건[14]) 등 모두 5건의 대법원판례를 소개하고 있다.[15]) 2013년 여름호에는 2013년 3월 20일 결정된 행정청의 법해석과 행정입법에 관한 존중문제를 다룬 ⑧ Decker v. Northwest Environmental Defense Center 사건,[16]) 2013년 3월 20일 결정된 주정부와 연방정부의 법률충돌문제를 다룬 ⑨ Wos v. E.M.A. ex rel. Johnson사건,[17]) 2013년 2월 26일 결정된 외국첩보감시법(the Foreign Intelligence Surveillance Act of 1978: FISA)

---

8) 133 S.Ct. 9

9) Robin Kundis Craig, Supreme Court News, administrative and Regulatory Law News, Wniter 2013, Vol.38 Number 2, 16-25.

10) 133 S. Ct. 511 (Dec. 4, 2012)

11) 133 S. Ct. 596, 600－01 (Dec. 10, 2012)

12) 133 S. Ct. 721 (Jan. 9, 2013)

13) 2013 WL 215485 (Jan. 22, 2013)

14) 133 S. Ct. 710 (Jan. 8, 2013)

15) Robin Kundis Craig, Supreme Court News, administrative and Regulatory Law News, Spring 2013, Vol.38 No.3, 11-18.

16) 133 S. Ct. 1326 (Mar. 20, 2013)

17) 133 S. Ct. 1391, 1402 (Mar. 20, 2013).

관련 소송에서 연방 헌법상의 원고적격문제를 다룬 ⑩ Clapper v. Amnesty International USA사건,[18] 2013년 2월 19일 결정된 다문화가정의 이혼소송중 외국으로 보내진 아동에 대한 양육권소송에 대한 협의의 소의 이익문제를 다룬 ⑪ Chafin v. Chafin사건,[19] 그리고 2013년 4월 16일 결정된 노동자에 의해 제기된 동료노동자를 대신해서 독립해서 제기한 부당노동대우에 관한 소송에서 동료노동자가 합의한 경우의 협의의 소의 이익(mootness)을 다룬 ⑫ Genesis Healthcare Corp. v. Symczyk사건 등 모두 5건의 사건이 소개되었다.[20]

표 1 2012/2013년 재판기의 대법관별 의견게진 현황

대법관명	임명자	임명 확정일	다수 의견 게진율	의견게진 건수				
				판결문 작성	별개 의견	일부별개·일부반대	반대 의견	
John G. Roberts대법원장	George W. Bush	2005.9.29	86.1%	8	2	1	6	총 17건
Antonin Scalia대법관	Ronald Reagan	1986.9.26	78.5%	8	5	1	10	총 24건
Anthony Kennedy대법관		1988.2.18	91.1%	8	5	0	1	총 14건
Clarence Thomas대법관	George H. W. Bush	1991.10.23	79.7%	8	11	0	6	총 25건
Ruth Bader Ginsburg대법관	Bill Clinton	1993.8.10	78.5%	9	1	0	7	총 17건
Stephen Breyer대법관		1994.8.3	82.1%	8	5	0	5	총 18건
Samuel Alito대법관	George W. Bush	2006.1.31	79.5%	8	7	0	8	총 23건
Sonia Sotomayor대법관	Barack Obama	2009.8.6	78.2%	8	3	0	6	총 17건

18) 133 S. Ct. 1138 (Feb. 26, 2013).

19) 133 S. Ct. 1017 (Feb.19, 2013).

20) Robin Kundis Craig, Supreme Court News, administrative and Regulatory Law News, Summer 2013, Vol.38 No.4, 23-31.

Elena Kagan대법관		2010.8.7	80.3%	8	2	0	3	총 13건

2013년 가을호는 아직 출간되지 않아서 분석하지 못하였지만 미국의 행정법학계에서 주요한 판례라고 소개하는 판례 중에는 우리의 기준에는 행정법에 속하지 않는 판례들도 존재하고 우리나라의 법체계와 현실에 비추어서 관련성과 중요성이 떨어지는 판례도 존재한다. 다음 장에서 2012/2013년회기 동안 미국 대법원이 처리한 79건의 사건 중에서 우리 행정법실무와 학계가 시사점을 얻을 수 있거나 관심을 가질 만한 사건을 간략히 살펴보고자 한다.[21)]

II. 주요 연방대법원 행정판례 분석

1. 행정청의 법해석과 행정입법에 관한 존중문제(Decker v. Northwest Environmental Defense Center[22)])

2013년 3월 20일 Decker v. Northwest Environmental Defense Center사건[23)]에서 연방법률에 대한 행정청의 해석과 행정청의 해석권한의 존중수준에 대해서 판결하였다. 본 사건은 연방 청정수질법[24)]관련 사건이었다.

21) 위에서 언급한 사건중 상표권분쟁사건인 ⑤번, 양육권분쟁소송인 ⑪번, 부당노동행위사건인 ⑫번 사건은 분석대상에서 제외하였다. 위에서 언급되지 않은 사건이라도 행정법학자의 관심을 가질 만한 사건을 추가하였다.

22) 133 S. Ct. 1326 (Mar. 20, 2013).

23) 133 S. Ct. 1326 (Mar. 20, 2013).

24) 33 U.S.C. §1251－1387.

1) 사건의 개요

Georgia－Pacific West사(이하 West사)는 오래건주와 계약을 체결하고 주정부 소유의 임야에서 목재를 체벌하고 있었다. 그런데, 비가 오면, 빗물은 피고인 West사가 사용하는 두 개의 임도(logging roads)와 그 임도 옆의 도랑을 통해서 근처 하천과 강물로 흘러들어 갔다. 임도를 통해서 하천등지로 흘러들어가는 빗물은 다량의 침전물(톱밥, 기름, 벌목부산물 등)이 함유되어 있었고 그 침전물은 어류와 해양생물에 해로울 수 있다는 증거들이 있었다.

시민단체인 북서지역환경보전센터(Northwest Environmental Defense Center: NEDC 이하 환경보전센터)는 청정수질법상의 시민소송규정[25]에 근거하여 West사와 주정부, 지방자치단체 및 공무원인 Decker를 상대로 소송을 제기하였다. 환경보전센터는 피고들이 빗물이 오래건주의 하천으로 흘러들어가기 전에 연방정부의 배출허가를 획득하지 않았다는 이유로 소송을 제기한 것이다.

2) 관련 법령

미국 연방 청정수질법은 모든 점오염원(point sources)으로부터 연방정부가 관리하는 수역(the navigable waters of the United States)으로 방출되기전에 배출자는 연방정부의 배출허가(National Pollutant Discharge Elimination System: NPDES)를 받도록 규정하고 있다.[26] 또한 연방환경청(the Environmental Protection Agency: EPA)의 행정입법인 임업규칙(the Silvicultural Rule)은 어떤 종류의 벌목관련한 배출이 점오염원이 되는지를 규정하고 있었다.[27] 임업규칙에서 점오염원으로 규정한 것들은 다른

25) 33 U. S. C. §§1365.
26) 참조 33 U. S. C. §§1311(a), 1362(12).
27) 40 CFR §122.27(b)(1).

연방 법률이 오염허가를 면제하지 않는 한 연방배출허가를 받아야 한다. 다른 연방법률이 면제하는 것들 중에 하나가 온전히 빗물로 구성된 배출(discharges composed entirely of stormwater)이었으며[28] 다만 연방배출허가대상에서 면제되는 빗물로 구성된 배출은 산업활동과 연관되지 않아야 했다.[29] EPA의 산업관련빗물규정(Industrial Stormwater Rule)에 의하면, "산업활동과 관련된"이란 용어는 그 운반·유출이 산업공장의 원재료 창고나 제조과정 혹은 생산과정에 연관이 있는 것을 의미하였다.[30] 그런데, 본 사건의 구두변론이 시작되지 직전에 EPA는 산업관련빗물규정을 개정하여 모호성을 제거하고 있는데, 본 규정에 의하면 연방 배출허가가 필요한 벌목관련 활동은 임업규칙(the Silvicultural Rule)이 규정하고 있는 광물쇄광, 자갈세척, 목재 분리, 그리고 목재저장 시설 등에 한정되어 있었다.

3) 사건의 경과

연방지방법원은 청정수질법과 임업규칙에 의하면 배수로, 지하배수로, 통로 등은 점오염원(point sources of pollution)이 아니기 때문에 연방배출의 허가를 요하지 않는다는 이유로 청구를 기각하였다. 그런데 제9연방고등법원에서 이를 뒤집었다. 동 연방고등법원은 당해 사건에 문제되는 빗물의 유출은 임업규정에 비추어 보면, 점오염원에 해당하고 본 사건에서 문제되는 임도를 통한 빗물의 유출은 임업규정과 산업빗물규정에 의한 유출이 아니라고 해석한 EPA의 해석과 달리 연방 고등법원은 산업빗물규정(the Industrial Stormwater Rule)에 의하면 본 사건의 빗물유출은 산업활동과 관련된 유출이라고 결론을 내렸다.

그 결과, 제9연방고등법원은 임도를 통해 빗물과 빗물에 혼합하여

28) 33 U. S. C. §§1342(p)(1).
29) 33 U. S. C. §1342(p)(2)(B).
30) 40 CFR §122.26(b)(14).

벌목부산물이 흘러들어 가는 것은 연방배출허가가 면제되는 배출에 해당하지 않는다고 판단하였다.

4) 대법원의 판단

Kennedy 대법관이 판결문을 작성하였고 본 사건은 7대 1의 사건이었는데 Breyer 대법관은 입장을 표명하지 않았다.

(1) Kennedy 대법관이 작성한 다수의견

먼저 대법원은 시민소송을 규정한 청정수질법 §1369(b)은 행정청의 조치에 대해 소송을 제기하는 조항으로 본 소송을 금지하고 있지 않다고 판단하였다. 청정수질법상의 시민소송조항은 허가를 발부하거나 배출기준을 설정하는 것과 같은 구체적인 행정청의 조치를 다투는 유효한 수단이 되기에, 법위반자에 대해서 소송이 제기되고 법률과 행정입법이 부과하는 의무이행을 구하고 있는 소송이 제기되어 있다고 하더라도 청정수질법 제1365조의 시민소송을 지방법원에 제기하지 못하는 것은 아니라고 판단하였다. 당해 사건은 청정수질법 제13645조의 시민소송에 해당한다고 판단한 것이다.

둘째, 다수의견은 상고인들(West사)이 개정전 산업빗물규정에 의해 불법배출에 대한 책임을 질 수도 있다는 것은 여전히 해결되지 않은 문제이기에 EPA가 최근에 산업빗물규정을 개정한 것으로 인하여 본 소송이 소의 이익을 잃는 것(cases moot)은 아니라고 판단하였다. 그래서 본 사건은 여전히 소의 이익이 있으며 심리(live and justiciable)가 필요한 사건이다라고 보았다.[31]

셋째, 다수의견은 개정전의 산업빗물규정은 임도로부터 흘러들어가는 빗물배출을 연방배출허가가 필요없는 예외로 인정하고 있다는 EPA

31) 참조 Gwaltney of Smithfield, Ltd. v. Chesapeake Bay Foundation, Inc., 484 U. S. 49, 64-65.

해석은 가능한 해석이라고 판단하였다. EPA의 행정입법은 산업활동과 연관된("associated with industrial activity")이란 법규정[32]에 대한 가능한 해석이고 본 사건에서 문제되는 배출을 면제하고 있는 것으로 해석하고 있다고 판단하였다.

행정청이 자신의 법규명령을 해석하는 사건에서 법원이 적용하는 일반적 원칙은 동 법규명령과 배치되거나 그 해석에 명백히 문제가 있지 않으면 행정청의 해석을 존중하는 것이라고 밝히고 있다(일명 Auer존중주의).[33] 여기서 EPA가 본 사건에서 쟁점이 된 운송·이전(conveyances)의 개념은 제조하거나 가공하거나 산업시설에서 원재료를 저장하는 것을 포함하는 것이 아니라 원자재를 채집하는 것에 집적 연관된 것으로 해석하는 것은 합리적인 해석이라고 보았다.

EPA의 규제체계전체를 감안하며, 합리적인 해석은 공장, 공장부지, 공장과 관련된 고정시설 등 전통적인 산업시설에만 본 사건의 규제가 적용되는 것으로 보는 것이 합리적이라고 판단하였다.

또한 다수의견은 EPA해석을 존중하는 Auer존중에 합치하는 또 다른 이유는 현재의 EPA의 해석이 이전의 해석관행을 변경하는 것이 아니었고, 소송이 제기된 후 사후에 행정청의 해석을 정당화시키려는 조치(post hoc justification)로 내려진 해석 아니라는 것도 이유가 된다고 보았으며[34] EPA는 이런 종류의 배출에는 연방배출허가를 필요로 하지 않는 배출이라는 일관된 해석을 하고 있다고 판단하였다.

EPA는 임도에서 배출되는 빗물에 대해 규제하려는 주정부의 규제에 반대하였다. 빗물유출에 대해 폭넓은 재량권을 부여한 법률에 따라 EPA가 재량권을 행사함에 있어서, EPA는 오레건주가 이미 빗물규제[35]

32) 33 U.S.C. §1342(p)(2)(B).

33) Chase Bank USA, N. A. v. McCoy, 131 S.Ct. 871, 880, 178 L.Ed.2d 716 (2011) (quoting Auer v. Robbins, 519U. S. 452, 461).

34) 참조 Christopher v. Smith Kline Beecham Corp., 132 S.Ct. 2156, 2166-2167, 183 L.Ed.2d 153 (2012).

를 실시하고 있다는 측면에서 연방정부가 동일한 사항에 대해 규제를 다시 하는 것은 이중규제(duplicative)이고 비생산적인 것(ounterproductive)으로 판단하는 것은 합리적이라고 보았다.

(2) Scalia 대법관의 별개의견(concurring in part)과 반대의견(dissenting in part)

Scalia 대법관은 첫 번째 쟁점과 두 번째 쟁점에 대해서는 다수의견에 동조하였다. 즉 Scalia대법관도 동소송은 여전히 소의 이익이 존재하고 연방지방법원이 원심관할권이 있다고 보았다. 하지만 Scalia대법관은 3번째 쟁점에 대해서는 다수의견에 반대하였다. 부자연스러운 해석을 EPA가 옳은 해석이라고 생각하기에 가장 자연스러운 해석이 아니었지만 EPA의 행정입법해석적용이 유효하다고 다수의견은 보았지만 Scalia 대법관은 이에 대해 반대하였다. 더 나가서 Scalia 대법관은 설사 행정청이 정확히 자신이 의도한 바를 행정입법으로 규정하였고 정확하게 이를 증명할 수 있다고 하더라도 행정청의 행정입법해석에 대한 재량을 부여하는 것에 반대하였다.

Scalia 대법관이 보기에는 연방대법원은 수십년간 아무런 합당한 이유없이, 행정청이 제정한 행정입법에 대한 당해 행정청의 해석을 존중한다는 악의 없는 구호 아래에서(다른 국가기관을 건들이지 않는), 행정기관이 제정한 자신의 행정규칙을 해석할 권한을 행정청에 부여해 왔다고 보았다.[36] 이런 사법심사를 흔히 Seminole Rock[37] 또는 Auer존중

35) 640 F. 3d 1063.

36) Talk America, Inc. v. Michigan Bell Telephone Co., 564 U. S. ___, ___ (2011) (SCALIA, J., concurring) (slip op., at 1).

37) Bowles v. Seminole Rock & Sand Co., 325 U. S. 410 (1945): Seminole rock의 결정은 긴급물가통제법(the Emergency Price Control Act of 1942)에 따라 물가관리국의 행정원에 의하여 제정된 최고가격 한정규정 제188조(the Maximum Price Regulation No. 188)의 해석에 관한 분쟁사건이다. 가격의 최고한도를 수립한 규정은 판매자가 어떠한 물품의 배달에 있어 1942년 3월 한달 동안 청구된 판매자의 가장 높은 가격보다 더 높은 가격을 청구하지 못하도록 명령하였다. 1942년

(Auer deference)으로 불려왔다.[38]

이미 Scalia 대법관은 두 회기전, Talk America사건에서 별개의견을 개진하였다. 그 당시 Scalia대법관은 Auer존중에 대한 의구심을 표명하였다.[39] 물론 Scalia 대법관이 보기에도 Talk America사건에서 행정청의 행정입법해석은 가장 적합한 것이었으며, 또한 양 당사자 중 아무도 Auer존중에 대한 재고를 요청하지 않았다. 그런데 당해 사건에서 법원이 행정청의 해석에 존중을 부여하는 것은 다른 문제이라고 그는 보았다. 특히 행정청이 행한 해석이 최선의 해석일 필요는 없다는 다수의견에 주목할 필요가 있다고 Scalia 대법관은 지적하였고 또한 본 사건에서는 상고인은 Auer존중의 재고를 요청했으며, '행정기관에 대한 존중의 적절성(the Propriety of Administrative Deference)'이라는 행정법교수들의 상고인측 자문의견(Amici Curiae)도 있었다는 사실도 지적하고 있었다.

3월 한달 동안 요구된 가장 높은 가격으로 자격이 있는 것이 무엇인지 결정하기 위하여, 규정은 최고한도 가격은 판매자가 1942년 3월 한달 동안 물품이나 재료의 배달에 있어 동류의 구매자에게 청구했던 가장 높은 가격과 같아야 한다고 설정하였다. Seminole Rock & Sand Company는 1942년 3월, 분쇄암석(crushed rock)을 1톤당 60센트의 가격으로 구매자에게 배달하였다; 그러나, Seminole Rock은 이러한 구매가 있기 몇 달 전에 구매자에게 청구하였다. Seminole Rock은 1942년 3월에는 배달만 있었을 뿐 청구는 없기 때문에, 최고한도 가격이 톤당 60센트로 설정되어서는 안 된다고 주장하였다. 행정관은 규정은 판매가 실제로 발생한 것이 언제인지와는 상관없이 그 달 동안에 특정물품의 배달이 있었으면 만족된다고 주장했다. 법원은 agency의 사전해석을 고려하였고, agency의 자체규정에 관한 해석이 "명백히 잘못되었거나 규정과 상반되지 않는 한" 지배를 둔다고 결정하였다. 따라서, 규정의 두 가지 가능한 해석이 있을지라도, agency의 해석이 명백히 잘못되지 않았으므로 지배를 둔다고 결정하였다. 이러한 법원의 결정에 따라, agency의 자체규정의 관한 해석에 대하여 사법상 존중을 주는 전례가 설정되었다. Seminole Rock 이래로, 법원은 이러한 "명백히 잘못된"의 기준을 따르는 것이 계속되었다.

38) 참조 Bowles v. Seminole Rock & Sand Co., 325 U. S. 410 (1945); Auer v. Robbins, 519 U. S. 452 (1997).

39) Talk America, Inc. v. Michigan Bell Telephone Co., 564 U. S. ___, ___ (2011)

Auer존중의 공식은 행정청의 자체행정입법에 대한 해석이 "명백히 잘못되었거나 당해 행정입법과 모순되는 것이 아니라면("plainly erroneous or inconsistent with the regulation.")" 행정청의 해석을 유효한 것으로 법원은 적용한다는 것이다.40) 물론 행정청의 행정입법해석이 가장 적절한 해석(the fairest reading)과 다른 경우는 당해 행정입법과 모순되는 해석이라고 Scalia 대법관은 보았다. 그래서 이런 관점에서 보면, Auer존중의 역할은 없거나 부족하다는 것이 Scalia 대법관의 핵심논쟁이었다. 실제 Auer존중은 의회가 제정한 법률에 대한 행정청의 해석적용에 대한 존중인 Chevron존중을 형식적 법률이 아니라 행정입법에 적용한 것이다.41) 즉 Auer존중주의에서는 행정청의 행정입법에 대한 해석이 가장 적절한 해석이 아니더라도 모호한 규정의 해석 가능한 범위에서 타당하다고 여겨지면 유효한 해석으로 받아들이는 것이다.

그런데 Scalia 대법관은 연방대법원이 그동안 Auer존중을 유지하면서도 설득력 있는 근거를 제시하지 않고 있다고 보았다. Auer존중을 적용한 첫 번째 사건인 Seminole Rock사건도 단순히 "행정청의 해석은 분명한 오류나 당해 행정입법과 모순되지 않는 한 결정적 영향력(controlling weight)을 가진다"42)고만 하지 근거를 제시하지 않았다. Scalia 대법관에 의하면 Seminole Rock사건 이후, 연방대법원은 아래의 두 가지 원칙적인 설명만 반복하지 설득력 있는 근거를 분명히 제시하고 있지 않았다.43) 먼저 Auer존중을 지지하는 대법원판결 중 일부는 법

40) Seminole Rock, supra, at 414.

41) Chevron U. S. A. Inc. v. Natural Resources Defense Council, Inc., 467 U. S. 837 (1984) The Clean Air Act에 따라 오염배출을 규제하는 EPA의 규칙이 문제였는데, 연방대법원은 공장 전체의 오염배출원을 단일항 오염원으로 해석하는 규칙을 제정한 EPA의 해석을 지지하면서, 행정청의 법령 해석을 심사하기 위한 2단계 심사원칙을 수립하였다.

42) 325 U. S., at 414.

43) 참조 Stephenson & Pogoriler, Seminole Rock's Domain, 79 Geo. Wash. L. Rev. 1449, 1454—1458 (2011).

규명령을 마련한 행정기관은 그 규정을 마련할 때 어떤 의도였는지 특별한 통찰력을 가지고 있다고 언급하고 있다.[44] 이런 주장은 대법원이 찾고자 하는 것은 당해 행정입법을 마련하였을 때의 행정청의 의도라는 잘못된 전제에 근거하고 있다고 Scalia 대법관은 보았다. 이런 잘못에 대해 일찍이 Homes 대법관은 "법원이 찾는 것은 입법자(the legislature)가 의도한 것이 아니라 법률(the statute)이 무엇을 의미하는 지이다."라고 하였으며, 1899년 법해석이론(Theory of Legal Interpretation)[45]에서는 연방의회 혹은 행정기관이 법령을 마련하였던지, 법원은 그 법령을 만든 입법자의 명시적으로 표현되지 않은 의도에 얽매이는 것이 아니라 그 법령자체의 의미에 의해 제한된다고 한 것을 Scalia 대법관이 인용하였다.

Auer존중을 지지하는 두 번째 근거로, 복잡하고 고도의 전문적인 규제체계를 집행하는 데 있어서 행정기관은 특별한 전문성을 제시하는 판례들도 있다.[46] Scalia 대법관도 위의 논거는 사실이라고 인정하면서 그래서 사법부가 아닌 행정부가 행정입법을 마련하고 집행하여야 한다는 결론에 도달한다고 하였다. 하지만 Scalia 대법관은 만약 해석의 목적이 현재 권력을 잡은 행정부가 효과적으로 움직이게 하는 방식으로 규제체계가 움직이게 하는 것이 아니라고 믿지 않는 한, 행정청의 전문성으로 인하여 행정입법을 행정기관이 마련해야 한다는 것과 제정된 행정입법을 누가 해석해야 하는가는 관계없다고 보았다. Scalia 대법관은 규제체계가 효과적으로 작동하게 하는 것은 행정입법의 목적이며, 이런 목적이 달성될 수 있도록 행정청의 자신의 전문성을 이용하여 최선의 행정입법을 마련하는 것이지만 행정입법해석의 목적은 그런 것이 아니

44) Martin v. Occupational Safety and Health Review Comm'n, 499 U. S. 144, 150-153 (1991).

45) Oliver Wendell Holmes, The Theory of Legal Interpretation, 12 Harv. L. Rev. 417, 419 (1899).

46) 참고 e.g., Thomas Jefferson Univ. v. Shalala, 512 U. S. 504, 512 (1994).

라 법률이 의미하고 있는 것, 즉 적절한 법률의 의미(fair meaning of the rule)를 확정하는 것[47]이라고 하였다. Scalia 대법관은 행정입법에 대한 해석은 정책을 마련하는 것이 아니라, 어떤 정책이 마련되었는지를 결정하거나, 국민들이 부담해야 할 의무가 무엇인지를 확정하는 것이라고 하였다. 그런데 행정기관의 수장들은 정권교체에 따라 변화하기, 행정부 수장들은 당해 행정입법에 대한 행정기관의 특별한 전문성은 정권교체에 따라 변화하는 후임 행정부수장의 전문성에 의존하는 것이 아니라 사법부가 예견가능한 법조문해석의 원칙(predictable principles of textual interpretation)을 고수하는 것에 의해서 유지될 수 있다고 확실할 수박에 없다고 Scalia 대법관은 보았다. Scalia 대법관은 사법부가 행정입법을 규정된 그대로 예견가능한 해석원칙을 고수하고 행정입법을 해석한다면, 행정부는 행정입법을 제정하고 행정기관이 최선의 정책목표라고 설정한 것을 달성하는데 있어서 안정적인 기반을 가지게 된다고 보았다.

아직까지 연방대법원판례에서 지적하지는 않았지만 또 다른 Auer 존중의 명문으로는 Scalia 대법관은 아래의 근거가 있을 수 있다고 보았다. 사법부가 의회가 제정한 성문법의 의미를 해석하는 데 있어서 행정부에게 재량을 주는 Chevron존중이 합리적이라면, 행정부 자신이 제정한 행정입법의 의미를 해석하는 데 행정청의 재량을 인정하는 것은 더욱 강한 합리성을 갖을 수 있다는 주장이 가능하다고 보았다. 즉 Scalia 대법관은 행정청에게 의회가 제정한 형식적 법률의 의미를 좌우할 권한을 준 것에 비하면, 자신이 제정한 행정입법의 의미를 좌우할 권한을 주는 것은 전혀 이상한 것이 아니라는 것이라고 볼 수도 있다는 가설을 제시하였다. 하지만 Scalia 대법관은 이런 가설적 논거도 전혀 타당한 것이 될 수 없다고 보았다. 그에 의하면, Chevron존중을 배척하든지 받아들이던지 간에 Chevron존중은 의회가 법률을 집행하는데 필요한 행

47) Marbury v. Madison, 1 Cranch 137, 177 (1803).

정입법을 마련할 수 있는 권한을 포함하여 법률을 집행할 권한을 행정청에 부여할 때, 의회는 이미 묵시적으로(implicitly) 행정청에게 재량여지를 부여하는 데 동의하고 있으며, 이런 의회가 행정부에게 묵시적 법률해석에 대한 재량권을 부여한 것은 법률의 의미와 관련해서는 사법부는 반드시 존중해야 하는 것이다.[48] 그런데 Scalia 대법관에 의하면, 행정권력이 형식적 법률의 의미를 형성하는 묵시적 권한(the implication of an agency power)이 있다는 것은 충분히 설득력이 있지만, 행정청이 자신이 제정한 행정입법에 대해서 당해 행정입법에 존재하는 모호성을 행정청 스스로 해결할 수 있다는 의회의 암시가 충분이 있었다고 보기 어렵다는 것이다. Scalia 대법관에 의하면, 만약 행정청에 그런 권한을 부여한다면, 이는 권력분립원칙의 근간에 반하는 것이었다. 즉, 법을 제정하는 권력과 법을 해석하는 권력은 같은 손에 쥐어지면 안 되는 것이 권력분립의 근간이기에 일찍이 몽테스키외는 법의 정신에서 "입법권한과 집행권한이 동일한 자에게 놓일 때, … 자유는 사라진다. 군주나 의회가 전제적인 방식을 실행하기 위하여 전제적·독단적·공포적 법(tyrannical laws)을 제정할 수 있지 않을까 하는 불안이 생길 수 있기 때문이다."[49]라고 하였다. Scalia 대법관은 Chevron존중과 Auer존중에 대해 중요한 차이를 아래와 같이 지적을 하였다. 의회는 Chevron존중을 통해서 의회자신의 권한을 증대시킬 수 없다는 중요한 차이가 있다는 것이다. 즉 의회가 법률을 제정하면서 모호하게 하면 할수록 다른 국가기관이 그 의미를 확정할 권한이 커지게 되고, Chevron존중은 행정부와 사법부 중 누가 그 의미를 확정할 권한을 가질 것인가에 대한 법률이론이다. 행정부와 의회는 서로 견제와 균형을 이루는 국가기관으로서 의회가 행정부를 견제하는 한, 행정부는 과도한 권한을 보유하지 않게 될

48) 참조 Smiley v. Citibank (South Dakota), N. A., 517 U. S. 735, 740.741 (1996).

49) Montesquieu, Spirit of the Laws bk. XI, ch. 6, pp. 151—152 (O. Piest ed., T. Nugent transl. 1949); 몽테스키외(이명성 역), 법의 정신, 홍신문화사, 1988, 73-76면.

것이라고 하였다. 즉 만약 Chevron존중으로 인하여 행정부의 과도한 해석권한이 부여되고 있다고 생각되면, 의회는 가능한 자세히 또한 정확히 법률을 규정하면 된다.

그런데, 행정부가 자신이 제정한 행정입법을 해석할 권한을 가질 때는 전혀 다른 문제가 된다. 즉 법규명령을 제정할 권한이 그 법규명령을 해석할 수 있는 권한이 더 해져 더 강력하게 된다. 그러므로, 행정부는 Auer존중이 적용되는 한, 가능한 애매하게 그리고 폭넓은 해석여지를 두도록 법규명령을 제정하는 것이 유리하게 된다. 행정청은 해석여지가 있는 융통성 있는 법규명령을 제정하고 향후 문제가 되면 자체 해석을 통해서 소급효를 가지는 유효한 확정적 해석을 통해서 자신의 의도를 관철할 수 있게 된다는 것이 문제라는 것이 Scalia 대법관의 주장이었다. Scalia 대법관은 만약에 이런 것이 허용된다면, 이런 행정입법권한과 해석권한을 통해서 행정권력을 극대화하게 될 것으로 보았다.[50] 행정입법을 제정해야 하는 기관은 행정부지 사법부가 아니라는 결론은 정당하다. 하지만 행정입법을 제정하는 기관이 행정부라는 것과 어떤 국가기관이 행정입법해석권한을 가지는가는 다른 문제라는 것이 Scalia 대법관의 기본생각이었다. Scalia 대법관은 법률제정권한과 법률해석권한이 합쳐지는 것은 새로운 악령은 아니라면서, 영국의 법학자인 Blackstone의 언급을 인용하였다. Blackstone은 고대 로마법에서 법률의 제정권한을 황제에게 부여하고 그 의미를 황제에게 물어보는 법해석방식에 대해서 강하게 비판하였다.[51] 또한 Scalia 대법관은 미국의 헌법이 상원이 최고법원의 역할을 수행하던 영국의 전통을 본받지도 않았으며 이는 악법을 통과시킨 기관이 악법들을 해석하면서 악법을 제정할 당시의 나쁜 의도를 가지고 법을 해설할 수도 있다는 염려에서 비롯되었다는 Federalist지의 내용을 인용하였다.[52] Auer존중은 행정청으로 하

50) Thomas Jefferson Univ. v. Shalala, 512 U. S. at 525 (THOMAS, J., dissenting)
51) 1 W. Blackstone, Commentaries on the Laws of England 58 (1765).

여금 행정입법을 마련할 때 모호하게 하고, 향후에 행정입법에 대한 공지와 의견청취절차 없이 해석을 통해서 의도했던 새로운 법령을 만들게 하는 것이라는 비판도 존재한다.[53] Scalia 대법관은 Aeuer존중은 Chevron존중을 받아들이면 논리필연적으로 당연히 취해야 할 결과가 아니라 행정권력의 횡포를 허용하는 위험한 허가서라고 이전의 판례에서도 주장하였고[54] Manning 교수의 논문에서도 이런 점을 지적하고 있었다.[55]

5) 본 판결의 영향과 전망

본 판결은 표면적으로 7대1의 판결로서, Scalia 대법관만이 반대의견을 개진한 것이다. 그럼에도 불구하고, Decker의 결정은 행정입법해석권이 나중에 문제가 될 수도 있다는 것을 암시하고 있는 판결이다.[56] Robers 대법관은 별개의견을 개진하였고 Alito 대법관도 여기에 동의하였는데, 그 별개의견에는 Auer존중은 재고될 수 있지만 Auer존중을 대법원이 재고할 때는 Auer존중이 쟁점으로 제기되어야 하고, 서면으로 그 Auer존중을 대법원이 재고해야 할 이유가 정리되어야 하는데 본 사건은 그러하지 못했다고 지적하고 있다.[57] 이번 사건에서는 연방대법원이 정면으로 Auer존중문제를 다루지는 못했지만, Scalia 대법관의 소수의견에서 상세히 Auer존중의 문제를 Chevron존중과 비교하면서 여러 가지 각도에서 문제를 제기하고 있기에, 빠른 시기 내에 행정청의

52) The Federalist No. 81, pp. 543.544 (J. Cooke ed. 1961).
53) Anthony, The Supreme Court and the APA: Sometimes They Just Don't Get It, 10 Admin. L. J. Am. U. 1, 11.12 (1996).
54) 참조 Talk America, 564 U. S., at ___, 131 S.Ct. 2254 (SCALIA, J., concurring) (slip op., at 2.3).
55) Manning, Constitutional Structure and Judicial Deference to Agency Interpretations of Agency Rules, 96 Colum. L. Rev. 612 (1996).
56) Robin Kundis Crig, Supreme Court News, Administrative and Regulatory Law New, Summer 2013, 23.
57) Decker. Id. at 1338－39 (Roberts, C.J., concurring).

행정입법해석에 대해 문제를 제기하는 사건이 연방대법원에서 다루어질 것으로 보인다. 예단하기는 힘들지만, 행정입법해석에 대한 Auer존중은 앞으로 파기되거나 적어도 그 적용이 신중하게 이루어질 것으로 보인다.

2. 연방정부와 주정부의 관계(Wos v. E.M.A. ex rel. Johnson[58])

본 사건은 Kennedy 대법관이 판결문을 작성하였고 6대3의 판결이었다.

1) 사건의 개요

피항소인 E.M.A는 2000년 2월 출생하였으나 분만과정중 손상을 입어 청각·시각 장애뿐만 아니라 정신지체 및 발작 장애의 증상을 가지게 되었고, 본 장애로 인해 하루 12시간에서 18시간의 전문적인 간호가 필요하게 되었고 E.M.A가 받는 치료비용의 일부를 노스캐롤라이나 주 의료복지프로그램에서 부담하게 되었다.

E.M.A와 그녀의 부모는 2003년 2월 노스캐롤라이나 주법원에 분만담당의사 및 해당병원에 대해서 의료사고소송을 제기하였다. E.M.A측 감정인단(expert witness)은 치료비, 미래의 수입 능력 그리고 건물 개조, 특수 이동 장비 등의 제반비용 등을 합산해 최소 약 4천 2백만 달러의 손해배상액을 산정했다. 이 배상액의 대부분은 "전문방분간호(skilled home care)"에 해당하는 것으로 E.M.A의 일생에 걸쳐 3천 7백만 달러 이상을 부담해야 한다고 추정하였다. 그러나 E.M.A와 그녀의 부모는 최종적으로 2백 4십만 달러에 합의를 하였다. 분만담당의사 및 해당법원

58) 133 S. Ct. 1391, 1402 (Mar. 20, 2013).

과 피항소인인 E.M.A와 그녀의 부모가 합의할 때에는 구체적으로 그 합의금액을 직접적 의료비와 기타 비용 등으로 분류하여 산정하지는 않았다. 그런데, 합의절차가 진행되는 중에, 주법원은 E.M.A가 주정부에게 지불해야 할 의료부담금에 대한 결정에 대한 집행력을 확보하기 위해서 E.M.A가 지불받을 합의금의 1/3에 대해서 주정부에 선취권을 부여하였다. 그러자, E.M.A와 그녀의 부모는 주정부의 의료부담금상환절차가 연방법률에서 규정한 압류금지(anit−lien provision)를 위반하였다고 연방지방법원에 무효선언판결과 금지명령의 구하는 소송을 제기하였다.

2) 관련법률과 쟁점

연방법률은 주정부가 의료보험수혜자를 위해서 지불한 비용을 상환받기 위해서 보험수혜자의 재산에 대해 압류(attaching a lien)하지 못하도록 규정하고 있다.[59] 또한 관련 연방법률은 주정부는 피해자를 대신하여 "치료용품 혹은 의료서비스에 대해 의료지원을 한 경우 "다른 당사자(any other party)"가 지급한 "치료용품 혹은 서비스들"에 대한 자금(fund)으로부터 의료비용을 충당할 수도 있다고 규정하고 있다.[60] 즉 메디케이드(Medicaid)에 관한 연방법률은 주정부에게 (1) 일정한 사람들에 대해서는 그들의 의료비용을 지급하고 (2) 책임 있는 자(예를 들어 불법행위자들이나 보험업자)로부터 그 비용을 충당할 수 있도록 적절한 노력을 하도록 하지만, (3) 의료수혜자의 재산에 저당권을 설정하는 방법으로 비용을 충당하지는 못하도록 하고 있다. 그런데 노스캐롤라이나 주법은 타인의 불법행위로 인해 치료를 받은 보험수혜자의 경우는 불법행위에 대한 보상금에 대해 최대 1/3까지는 주정부가 지불한 의료부담금을 상환할 목적으로 사용하도록 규정하고 있었다.[61]

---

59) 42 U.S.C. § 1396p (a) (1).
60) 42 U. S. C. §1396a(a)(25)(H).
61) N.C. Gen. Stat. Ann. § 108A-57 (Lexis 2011).

본 사건의 쟁점은 노스캐롤라이나의 주법과 연방법이 서로 양립할 수 있는지 여부이다. 즉 연방 법률이 본 문제를 선점하여 우선하기에 주법이 무효인지가 본 사건의 쟁점이 되었다.

3) 사건의 경과

본 소송이 계속되는 중에 노스캐롤라이나 주 대법원은 다른 사건에서 법률로서 1/3을 의료비로 추정하는 제도는 주정부의 의료부담액을 산정하는 합리적인 방법이라고 판결하였다. 연방 지방법원은 당해 사건에 대해서 주정부의 입장을 지지했지만, 제4연방고등법원은 지방법원의 판결을 파기하면서, 노스캐롤라이나 주의 법률정책은 "주 정부가 메디케이드(Medicaid)[62] 수혜자를 위해 주 정부가 지급한 의료비지출을 되찾기 위해 수혜자의 재산에 대한 유치권을 행사하는 것을 금지한다고 밝힌 Ahlborn 사건의 판결[63]"과 충돌하고 있다고 결론지었다. 또한 고등법원은 사건에 따라서는 손해배상의 1/3 이하의 금액을 상환하는 경우도 발생할 수 있으며 따라서 노스캐롤라이나 주에서 1/3으로 규정한 법률은 반드시 "당사자주의(subject to adversarial testing)"에 따라 심사되어야 한다고 판단하였다.

4) 대법원의 판결

(1) 다수의견

Kennedy 대법관이 판결문을 작성하고 Ginsburg, Breyer, Alito, Sotomayor, Kagan 대법관이 동조를 하였다.

대법원은 연방 압류금지조항은 불법행위로 대한 보상금의 1/3을 의료비용으로 보는 법률상 간주[64]하는 노스캐롤라이나주의 주법에 우

62) 저소득층 의료보장 프로그램.

63) Arkansas Dept. of Health and Human Servs. v. Ahlborn, 547 U. S. 268, 284 (2006).

선한다(preempts)고 판결하였다.

헌법상의 연방법률우위규정(Supremacy Clause)에 따르면 주 법률과 연방 법률이 '직접적으로 충돌하는' 경우 연방 법률을 우선한다.[65] 그러기에 다수의견은 연방 법률규정인 메디케이드 압류금지조항은 타인의 불법행위로 인해 손해를 입은 의료보험수혜자가 보상받은 금액에서 치료비로 지정되지 않는 부분에 대해서는 주정부가 어떤 주장도 하지 못하도록 하고 있다고 보았다.[66] 그러므로 노스캐롤라이나주법이 치료비로 배정되지 않은 부분에 대해서도 주정부가 선취권을 행사할 수 있는 것으로 해석하는 한 연방법률과 배치되며 연방법률이 우선 적용된다고 판단하였다. 또한 다수의견은 연방법률에서는 의료비로 충당되어야 비율을 정하지도 않았으며 정하는 절차도 규정하지 않았음에도 불구하고 주법률이 임의적으로 1/3이라는 비율을 선정했다고 판단하였다.

(2) 별개의견 및 소수의견

다수의견에 비하여 별개의견(concurrence)과 소수의견(dissent)은 연방의회가 담당 중앙행정기관인 보건복지부(the Department of Health and Human Services)에 부여한 역할과 지위에 대해서 관심을 가졌다. 별개의견을 개진한 Breyer판사는 다수의견에 대한 자신의 별개의견은 의료복지관련 법률을 집행하는 연방 행정청인 저소득층의료혜택 및 노령자의료복지지원청(the Center for Medicare & Medicaid Service)도 다수의견과 동일한 결론에 이르렀다는 것을 강조하였다.[67] Breyer 대법관은 주정부가 피해자를 위해서 대신 지불한 의료지출에 대해서 피해자가 받은 배상금에서 얼마를 공제할 수 있는지를 어떻게 정할 수 있는지가 본 사건의 쟁점이라고 하였다. 그런데 연방법률은 이 부분에 대해서 규정하고

64) irrebuttable statutory presumption.
65) PLIVA, Inc. v. Mensing, 564 U. S. ___, ___ (2011), 132 S.Ct. 55 (slip op., at 11).
66) Ahlborn, supra, at 284.
67) 133 S. Ct. 1391, 1398.

있지 않다고 보았다. 연방 법률은 단순히 주정부는 피해자를 대신하여 "치료용품 혹은 의료서비스에 대해 의료지원을 한 경우 "다른 당사자(any other party)"가 지급한 "치료용품 혹은 서비스들"에 대한 자금(fund)으로부터 의료비용을 충당할 수도 있다는 것이다.68) Breyer 대법관은 본 사건은 연방 법률집행에 있어서 중요한 정책결정에 관한 사항이 아니라 일상적인 법집행과 비교적 덜 중요한 법률의 세세한 부분에 관한 쟁점이라고 보았다. 이런 일에 대해서는 법원보다는 행정부가 더 전문성이 있다. 이런 경우 대법원은 의회가 법률의 미진한 부분을 행정청이 보충하도록 권한을 부여했다고 해석했다. 그리고 미진한 부분을 보충한 행정청의 결론이 합리적인 한 법원은 Chevron존중주의69)를 적용해서 이를 존중해 왔다고 Breyer 대법관은 주장하였다.

Roberts 대법원장이 반대의견을 게진하였고 Scalia 대법관, Alito 대법관이 동조하였다. 반대의견의 핵심은 연방 법률을 해석한 다수견해는 설득력이 있지만 법률규정과 연방대법원의 선례에 충실하지 못하다는 것이다. 또한 다수견해는 결국 불행하게도 주정부가 활동할 수 있는 유연성을 제거하고 또한 필연적으로 연방 보건복지부장관이 이해관계가 복잡하게 얽혀 있는 의료복지혜택정책을 마련하고 집행하는 데 있어서 유연성을 박탈하게 된다고 주장하였다. 결론적으로 소수의견은 본 판결은 불필요한 것이고 현명하지 못한 판결이라고 주장하였다.70) 소수의견에 의하면, 메디케이드(Medicaid)는 연방정부와 주정부가 협력하여 빈곤층에게 의료혜택을 지원하는 프로그램이며 관련 연방법률은 메디케이드 프로그램을 충족할 수 있는 요건을 규정하고 있다는 것을 지적하였다. 주정부는 이러한 요구조건을 충족시켜서 메디케이드프로그램에 가입할

68) 42 U. S. C. §1396a(a)(25)(H).

69) Chevron U. S. A. Inc. v. Natural Resources Defense Council, Inc., 467 U. S. 837, 844 (1984).

70) Id. at 1404 (Roberts, C.J., dissenting).

지를 결정할 수 있으며, 요구조건을 충족시켜 메디케이드프로그램에 가입하면 연방정부의 지원을 받을 수 있다. 그런데 연방정부의 지원은 주정부가 지출하는 비용을 충당하기에는 부족하다. 주정부는 소요비용의 15%에서 50%를 다른 재원에서 충당해야 한다.[71] 앞에서 언급한 이유로 물론 연방법률과 행정입법이 적용되지만 주정부는 자신의 주에 적용되는 의료혜택프로그램을 설계하고 집행하는 데 있어서 상당한 재량권을 가진다고 소수의견은 보았다. 소수의견은 교과서에서는 주정부는 연방법률과 행정입법을 존중하고 모순되지 않도록 해야 한다고 서술하지만 실무는 그렇게 단순한 것이 아니라는 점을 강조하고 있다. 또한 소수의견은 연방법률은 노스캐롤라이나주에게 (1) 일정한 사람들에 대해서 그들의 의료비용을 지급하고 (2) 책임 있는 자(예를 들어 불법행위자들이나 보험업자)로부터 그 비용을 충당할 수 있도록 적절한 노력을 하도록 하지만, (3) 의료수혜자의 재산에 저당권을 설정하는 방법으로 비용을 충당하지는 못하도록 하고 있다는 점을 강조하였다.[72] 노스캐롤라이나주는 연방법에 따라서 보험대상자의 의료비용을 지불하지만 보험수혜자가 책임 있는 제3자로부터 받은 보상비는 주정부가 의료비로 지불한 비용에 충당되도록 규정한 것이다.[73] 그런데 일반적으로 불법행위의 피해자는 단순히 치료비용만을 보상받는 것이 아니라는 점에서 의료비정산문제는 복잡하게 된다고 소수의견은 보았다. 본 사건에서도 E.M.A와 부모는 단순히 의료비용만을 청구한 것이 아니라, 기회비용, 정신적 고통, 기타의 손해 등을 다른 모든 것을 포함하여 손해배상을 청구한 것이며, 모든 손해에 대해 총 2백 8십만 달러에 합의를 한 것으로 소수의견은 보았다. 이런 경우 노스캐롤라이나주는 연방 법률하에서 얼마만큼을 반드시 환수해야 하는지 결정하기가 어렵게 된다. 만약에 노스캐롤라이나

71) 참조 42 U. S. C. §1396d(b) (2006 ed., Supp. V).
72) 42 U. S. C. §1396a(a)(25)(B) (2006 ed.).
73) 참조 N. C. Gen. Stat. Ann. §108A-59(a) (Lexis 2011).

주가 보상금에서 의료비를 충당하지 않는다면 그것도 또한 연방법위반이 된다. 연방법률하에서 보험수혜자의 재산에 저당권을 설정하면 안되지만, 책임 있는 제3자로부터 지불받은 금액에서 보험부담금을 환수할 의무가 있는 노스캐롤라이나주는 이런 충돌되는 상황을 극복하기 위해서 주법률을 제정한 것으로 소수의견은 보았다.[74)]

3. 국가면책와 공정신용보고법의 관계(United States v. Bormes[75)])

1) 사건의 개요

변호사 Bormes는 그의 고객사건을 처리하기 위해서 연방법원에 수수료를 지불할 때 받은 전자영수증에 그의 신용카드 번호 마지막 네 자리와 카드의 만료기간을 포함하고 있었다고 하면서 신용카드번호와 만료기간이 영수증에 표시되는 것은 공정신용보고법(the Fare Credit Reporting Act: FCRA)의 위반이라고 연방정부에 대해 집단소송을 제기하였다.

Bormes는 연방법원 및 연방 정부기관의 많은 곳에서 사용되는 인터넷결제시스템인 Pay.gov에서 자신의 신용카드를 사용하여 350달러를 고객을 위해 연방법원수수료로 지불했으며, 그의 pay.gov 전자영수증이 그의 신용카드 마지막 네 자리 숫자를 포함하고 있었을 뿐만 아니라 FCRA §1681c(g)(1)에 반하게 신용카드 만료기간도 포함하고 있었다고 주장하였다. Bormes는 그와 유사한 상황에 놓인 수천 명의 사람들은 FCRA 1681n조에 따라 손해배상을 부여받아야 한다고 주장하고 리틀 터커(the Little Tucker Act: LTA)법과 FCRA 1681p조에 따라 연방지법원의

74) N. C. Gen. Stat. Ann. §§108A-59(a); 108A-57(a); see also Andrews v. Haygood, 362 N. C. 599, 603-604, 669 S. E. 2d 310, 313-314 (2008).

75) 2012 WL 5475774 (Nov.13, 2012).

관할권을 주장하였다. 즉 Bormes는 공정신용보고법 § 1681n에 따라 손해 배상을 청구했고 §1681p조뿐만 아니라 리틀 터커법에 따른 관할권을 주장하면서 일리노이주 북구 연방지방법원(the United States District Court for the Northern District of Illinois)에 소송을 제기한 것이었다. LTA는 의회가 제정한 법률로 인하여 미국을 상대로 한 1만 달러 미만의 민사소송과 법률적 분쟁은 국가쟁송법원(United States Court of Federal Claims)[76]과 함께 연방지방법원이 원심관할권을 가진다고 규정하고 있다.[77]

2) 관련규정

공정신용보호법의 입법목적중 하나는 소비자의 개인정보를 보호하는 것이다.[78] 개인정보보호를 위해 FCRA는 신용카드 및 사업 거래를 위한 직불카드를 받아들이는 모든 자(person)는 판매 또는 거래 시점에서 카드소지자에게 제공되는 영수증에 카드번호 마지막 5자리 이상 혹은 카드 만료일을 인쇄하면 안 된다고 규정하고 있다.[79] 또한 동법은 person을 모든 개인, 파트너쉽, 법인, 재단, 신탁, 회사, 협회, 정부, 정부기관 혹은 행정청 또는 다른 법률주체로 규정하고 있다.[80]

---

76) 연방쟁송법원(United States Court of Federal Claims)은 1982년 10월 1일 창설되었으며, 미국정부를 상대로 하는 금전소송을 담당하고 있는 1심법원이다. 동 법원은 헌법 제1조를 근거로 의회가 창설한 특수법원으로서, 헌법 제3조에 의해 설치된 연방법원과 달리 종신임명제가 적용되지 않으며, 연방배상법원의 판사는 상원의 조언과 동의하에 대통령이 임명하지만 15년의 임기를 가진다.

77) "original jurisdiction, concurrent with the United States Court of Federal Claims, of . . . [a]ny. . . civil action or claim against the United States, not exceeding $10,000 in amount, founded . . . upon . . . any Act of Congress," 28 U. S. C. §1346(a)(2).

78) Safeco Ins. Co. of America v. Burr, 551 U. S. 47, 52 (2007); see 84 Stat. 1128, 15 U. S. C. §1681.

79) 15 U. S. C. §1681c(g)(1).

80) 15 U. S. C. §1681a(b).

FCRA는 고의 혹은 과실로 동법규정을 위반 한 경우 민사책임을 부과하고 있으며, 동법을 준수하지 못한 자는 손해가 발생한 소비자에 대해서 100달러 이상에서 1천 달러 이하의 실제손해 및 다른 손해에 대해서 책임을 질뿐만 아니라, 징벌적 손해배상책임, 변호사비용 및 기타비용에 대해서 책임을 진다고 규정하고 있다.[81)]

FCRA는 제소기간에 대해서는 손해를 입은 원고가 손해발생의 원인이 된 법위반사실을 발견한지 2년 이내 혹은 손해를 발생시킨 법위반이 있었던 날로부터 5년 이내에 소송제기 되어야 한다는 제소기간제한이 규정[82)]되어 있었으며 FCRA의 동조에 의한 소송은 손해배상액의 다소와 관계없이 적절한 연방지방법원에 소송을 제기하도록 규정하고 있었다.

3) 사건의 경과

1심을 담당한 일리노이주 북부 연방지방법원은 FCRA가 명확하게 연방정부의 국가면책을 포기하는 것은 아니라고 판단하면서 소를 각하하였다. 이에 대해 원고인 Bormes는 연방고등쟁송법원(United States Court of Appeals for the Federal Circuit)[83)]에 항소하였으며, 연방고등쟁송법원은 동 사건에서 쟁점이 되는 FCRA규정을 통해서 원고를 손해를 전보 받을 권리가 있으며 이는 LTA를 통해서 연방정부는 이런 손해배상소

81) 15 U. S. C. §1681n(a); see also §1681o.

82) 15 U. S. C. §1681p.

83) 연방고등쟁송법원은 1982년 연방법원개혁법에 의해 설치되었다. 동법원은 연방배상법원의 항소법원의 기능을 담당하며, 기존의 연방관세 및 특허법원이 동법원에 통합된 것이다. 다른 연방고등법원과 달리 지역적인 배분이 아니라 사건의 성격과 분야에 따라 관할권을 가지고 있다. 동법원은 특정한 연방지방법원사건의 항소사건, 연방행정심판에 대한 항소사건에 대한 관할권을 가지고 있으며, 연방배상법원사건에 대한 항소사건, 재대군인관련사건, 국제무역위원회사건, 연방공무원위원회사건, 연방특허분쟁위원회사건, 연방상표분쟁위원회사건에 대한 전속관한을 가지고 있다.

송을 허용하고 있다고 해석될 수 있다고 판단하면서 연방지방법원의 판결을 파기하였다.

4) 대법원의 판단

대법원은 LTA가 본사건에 적용될 수 있는 국가면책을 명시하지 않았다고 결론내렸다. 본 판결문은 Scalia 대법관이 작성하였으며 모든 다른 대법관도 동조하였다. 대법원의 판단이유를 요약하면 아래와 같다.

LTA와 이와 유사한 법률인 터커법(the Tucker Act: TA)은 다른 법률에 근거한 특정의 금전상 손해에 대해 국가를 상대로 소송을 제기할 수 있도록 규정하고 있다.[84] 하지만 LTA와 TA의 일반적 금전배상소송허용규정도 다른 법률이 특별한 구제방법을 규정하고 있는 경우에는 적용되지 않는다고 해석해야 한다. 다른 법률에 특별한 구제방법과 절차를 규정하고 있다는 것은 독자적인 구제방법과 절차를 통해서 특수한 배타적 구제를 계획하고 있었기 때문이다.[85]

그런데 LTA도 특별한 구제방법과 절차를 규정하고 있는 법률에 속한다고 대법원은 판단하고 있다. FCRA는 동법상의 자세하고 상세한 구제절차와 방법을 규정하고 있다. 즉, 동법은 제한적인 경우, 한정된 기간, 특정한 원고에 의한 소송원인, 그리고 적절한 소송관할에 대해서 규정하고 있다고 대법원은 보았다.[86] FCRA은 동법상의 의무를 고의 또는 과실로 준수하지 못한 모든 자는 이로 인해 발생한 손해에 대해서 책임이 있으며 이로 인해 손해를 받은 자는 배상받을 권리가 있다고 규정하고 있고[87] 또한 동법 제1681o조는 이런 손해배상소송은 동법이 규정한 특정한 제소기간 내(a specified limitations period)에 제기되어야 하며, 그 손해액수와 상관없이 적절한 연방지방법원이 관할권을 갖는 것

84) United States v. Navajo Nation, 556 U. S. 287, 290.
85) 참조 e.g., Hinck v. United States, 550 U. S. 501. pp. 4-7.
86) 550 U. S., at 507.
87) 15 U. S. C. §§1681n(a).

으로 규정되어 있다고 대법원은 보았다. 그러므로 대법원은 FCRA는 TA와 LTA에 의존하지 않고, 독자적인 금전구제수단을 마련하고 있으므로 FCRA의 규정만을 가지고 연방정부를 상대로 손해배상을 청구할 수 있는지를 판단해야 한다고 판단하였다. 그런데, 이번 사건에서 연방대법원 FCRA이 국가면책을 포기하였는지 여부는 판단하지 않고, 연방정부사건고등법원의 판결을 파기하고 본 항소는 연방 제7고등법원(the Court of Appeals for the Seventh Circuit)으로 이송되어야 된다고 결정하였다. 즉 연방대법원은 FCRA이 국가면책을 포기하였는지에 대해 판단하지 않으면서, 그 판단을 연방 제7고등법원에서 결정하여야 한다고 판단한 것이다.

4. 변호사비용문제(Lefemine v. Wideman[88])

본 사건은 기본권을 침해한 경찰공무원의 경찰권발동이 있은 후, 반복될 수 있는 경찰권발동에 대한 예방적 금지청구소송에서 변호사수임료도 손해배상에 포함되는지가 문제된 사건이었다.

1) 사건의 개요

원고인 Steven Lefemine과 생명보호를 위한 콜롬비아기독교(Columbia Christians for Life: CCL)회원들은 낙태를 허용하는 것에 대해 항의하기 위해서 낙태된 태아의 사진을 들고 데모에 참가했다. 2005년 11월 3일, Lefemine과 그의 20명의 동료들은 South Carolina주의 Greenwood 카운티의 복잡한 교차로에서 낙태된 태아의 사진을 게시하면서 데모를 했었다. 주민 중 일부는 낙태된 태아의 사진의 부적절성에 대해 경찰에 항의를 했으며, 항의를 받은 Greenwood 카운티의 경찰은

88) 133 S.Ct. 9.

Lefimine에게 만약 그 낙태된 태아의 적나라한 사진을 버리지 않는다면, 치안방해죄(breach of the peace)로 범칙금을 부과하겠다고 경고하였다. Lefimine은 이러한 경찰의 위협은 수정헌법 제1조가 보장하는 표현의 자유를 침해하는 것이라고 항의하였지만 범칙금을 부과하겠다는 경찰의 경고로 인해서 그 시위를 해산하게 되었다.[89)]

그 후 1년이 지나고, Lefemine의 변호사는 Lefemine과 CCL회원은 작년에 시위를 했던 장소에 동일한 사진피켓을 들고 동일한 방식으로 시위를 할 것을 알리는 문서를 Greenwood 카운티의 보안관인 Dan Widemand에게 서면으로 보냈다. 그 서면에는 경찰이 그 시위를 방해한다면, Lefemine은 가능한 모든 법적 조치를 취하겠다는 내용이 포함되어 있었다. 부경찰청장인 Mike Frederic은 이전의 경찰권발동도 Lefimine의 권리를 침해하지 않았다고 답신하면서, 만일 어떤 시위자나 가담자가 이전과 동일한 행동을 한다면, 경찰은 동일한 방식으로 대응하겠다고 경고하였다. 또한 경찰의 경찰권발동에 불응하면 형사책임에 직면할 것이라고 덧붙였다. 이런 경찰의 경고로 인하여 원고들은 2년동안 Greenwood 카운티에서 낙태반대시위를 하지 않기로 결정하였다.

2008년 10월 31일 Lefemine은 Greenwood 경찰관들 중 일부의 행위로 인해서 자신의 수정헌법 제1조의 기본권을 침해하였다는 이유로 일부 경찰관을 상대로 소송을 제기하였다. 본 소송에서 통상의 손해(nominal damages), 선언판결(declaratory judgment), 금지명령(permanent injunction) 그리고 변호사비용을 청구하였다.[90)]

2) 관련규정

1979년 민권소송 및 변호사비용보전법(The Civil Rights Attorney's Fees Awards Act of 1976) 제1988조[91)]는 승소한 당사자("the prevailing

89) 참조 Lefemine v. Davis, 732 F. Supp. 2d 614, 617-619 (SC 2010).
90) 참조 732 F. Supp. 2d, at 620.

party")는 제1983조에 의한 소송을 포함한 일정한 민권소송에 있어서 합리적인 변호사비용을 피고로부터 보존받을 수 있도록 규정하고 있다.

3) 소송경과

지방법원은 약식판결을 통해서 피고들이 원고의 기본권을 침해했다고 판단하였다.[92] 그래서 지방법원은 유사한 상황에서 내용을 기준으로 Lefemine의 사진게재행위를 금지하였던 경찰관의 행위를 영구적으로 금지시켰다.[93] 그러나 지방법원은 경찰관의 행위의 위법성이 행위 당시에 분명하게 성립하지 않았다는 이유로 피고들은 면책요건을 충족하고 있었다고 판단하여 Lefemine의 손해배상요청(request for nominal damages)은 기각하였다. 또한 지방법원은 여러 가지 사정을 감안할 때 동 사건에서 변호사비용상환이 보장된 것은 아니라고 하면서 제1988조 규정에 의한 변호사비용상환요구도 기각하였다.

이에 대하여 Lefemine은 제4연방고등법원에 항소하였다. 제4연방고등법원은 통상손해를 기각하면서 영구적인 금지청구를 인용한 지방법원의 판결을 통해서 Lefemine이 제1988조가 규정하고 있는 승소한 당사자(a "prevailing party")가 되는 것이 아니기 때문에 변호사비용의 보전을 요구한 Lefemine의 청구를 기각한 지방법원의 판결을 지지하였다.[94] 제4연방고등법원은 Lefemine의 소송을 통해서 얻은 구제책인 항구적인 방해금지명령은 당사자의 법률관계(the relative positions of the parties)를 변경하는 것이 아니라고 판단하면서, 이런 금지명령은 단순히 피고들로 하여금 법률을 준수하고 장래에 있어서 Lefemine의 헌법상 기본권을 보장하는 역할을 수행하고 있다고 판단하였다. Lefemine은 자신이 제1988조가 규정하는 승소자가 아니라는 제4연방고등법원의 판결에 불복하고

91) 90 Stat. 2641, 42 U. S. C. §1988.
92) 참조 id., at 620-625.
93) Id., at 627.
94) 672 F. 3d 292, 302-303 (2012).

대법원에 항소하였다.

4) 대법원 판결

주문을 작성한 대법관에 대한 표시없이 작성된 대법원의 판결문(PER CURIAM.)은 우선 사건의 경위와 그간의 소송경과를 분석한 후, 1979년 민권소송 및 변호사비용보전법 제1988조의 변호사비용보전조항을 언급하였다. 그리고 승소한 원고의 의미에 대해서는 당해 소송을 통해서 원고에게 직접적으로 이익을 주는 방향으로 피고의 행위를 수정함으로써 당사자간의 법률관계를 실질적으로 변경하는 소송쟁점에서 실질적 구제를 얻은 원고를 의미한다고 대법원은 판단하여 왔다고 판시하였다.[95] 또한 대법원은 계속해서 손해배상결정과 같이 금지명령 혹은 선언판결을 얻은 원고도 앞에서 언급하고 있는 승소한 원고의 조건을 통상은 만족시킨다고 판결하고 있다고 밝히고 있다.[96]

1979년 민권소송 및 변호사비용보전법 제1988조의 승소한 당사자("the prevailing party")는 제1983조에 의한 소송을 포함한 일정한 민권소송에 있어서 합리적인 변호사비용을 피고로부터 보존받을 수 있도록 규정하고 있기에, 앞에서 언급한 확립된 승소한 원고의 기준을 적용해 볼 때, 대법원은 Lefemine은 승소한 당사자가 된다고 판단하였다. 대법원 결정의 이유를 살펴보면, Lefemine은 피고인 경찰들이 그에게 들고 다니지 못하게 하였던 사진피켓을 들고 Greenwood 카운티에서 낙태반대운동을 재개하기를 원했으며 본 소송을 통해서 Lefemine은 피고 경찰들이 형사처벌가능성을 제시하면서 시위를 막은 것에 대해 자신의 기본권침해를 방지하기 위해서 예방적 금지청구를 하였으며 이를 통해서 기본권침해를 가져올 경찰권발동을 막을 수 있었다고 판단하였다. 그리고 지방법원은 피고들이 원고인 Lefemine의 기본권을 침해하였고 미래에

95) 참조 Farrar v. Hobby, 506 U. S. 103, 111-112 (1992).
96) 참조 Rhodes v. Stewart, 488 U. S. 1, 4 (1988) (per curiam).

는 유사한 상항에서 기본권침해가 일어나지 못하도록 경찰권발동을 금지하였기에 연방 제4고등법원의 판결과는 반대로, 지방법원의 판결은 관련 당사자의 법률관계를 실질적으로 변경하는 것이 되었다고 판단하였다. 즉, 연방지방법원의 판결이전에는 경찰은 Lefemine이 낙태된 태아의 사진을 가지고 시위하는 것을 막을 수 있었지만 지방법원의 판결이후 경찰들은 낙태된 태아의 사진을 게시하면서 시위하는 것을 막을 수 없게 되었다. 그래서 연방지방법원이 피고 경찰들에게 법률을 준수하라고 명령했을 때,[97] 금지명령청구에 대해서 인용판결이 내려진 사건과 마찬가지로, 동 판결이 내려졌을 때 원고가 원하던 구제가 이루어진 것이며 이런한 금지명령은 변호사비용을 보존을 가능하게 하는 것이 된다고 판단하였다.

여기서 대법원은 더 나가서, Lefemine은 법률에 규정된 승소한 당사자(a "prevailing party")가 되므로 변호사비용을 보전받는 것이 부당한 특수한 경우[98]가 아니라면 일반적으로는 변호사비용을 보전받을 수 있다고 판시하였다. 대법원은 지방법원과 연방고등법원이 본 사건이 변호사비용을 보전받는 것이 부당한 것이 되는 특수한 경우에 해당하는지 판단하지 않았고, 변호사비용보전에 대해서 경찰관들이 다른 이유로 부당하다고 주장할 수 있는지도 검토되지 못했다. 따라서 대법원은 제4연방고등법원의 결정을 파기하고 본 대법원의 결정에 따라서 심리를 진행하라고 제4고등법원에 사건을 환송하였다.

97) 672 F. 3d, at 303.
98) Hensley v. Eckerhart, 461 U. S. 424, 429 (1983).

5. 인위적인 강수위조정과 위헌적인 재산권침해 (Arkansas Game & Fish Comm'n v. United States[99])

1) 사건의 개요

원고인 알칸사스 수렵 및 낚시협회(Arkansas Game and Fish Commission: 이하 협회)는 대브 도날손 블랙 리버 야생동물관리지역(the Dave Donaldson Black River Wildlife Management Area; 이하 당해 관리지역)을 소유·관리하고 있었다. 그 관리지역은 블랙강유역을 따라 2만 3천 에이커에 이르며, 다양한 종류의 오크나무 숲으로 구성되어 있었고 다양한 야외활동과 수렵을 위한 지역으로 사용되고 있었다.

1948년 미국 공병대(the U. S. Army Corps of Engineers[100])는 당해 관리지역 상류에 클리어워터 댐(the Clearwater Dam)을 건설하였고, 유수관리지침(the Water Control Manual)이라고 알려진 관리지침을 채택하였는데 본 관리규정에는 계절별 댐에서 방류되는 수량에 대해서 정하고 있었다.

1993년과 2000년 사이에 본 댐의 관리청인 공병대는 지역 농민들의 요청[101]을 받아들여서 유수관리지침에서 벗어나서 방류 수량을 늘렸기에 목재가 성장하는 시기에 관리지역에 범람이 일어났다. 당 협회는 관리지침을 벗어나는 공병대의 방류행위에 대해서 반대를 하였고, 관리지침에 부정기적인 방류수량변경을 추가하려는 공병대의 제안에도 반대하였다.

---

99) 133 S. Ct. 511 (Dec. 4, 2012).

100) 미국 공병대는 국방부소속의 연방행정기관으로서 3만 6천여 명의 민간인과 군인으로 이루어진 조직으로 세계 최대의 공공건설관리 행정기관이다. 미국의 공병대는 미국 수력발전의 24% 해당하는 댐을 관리하고 있다. 미국 공병대가 수력발전 댐과 수로와 홍수관리를 담당하는 이유는 미국건국 초기 육군공병대가 신개척지를 강을 따라 개척하고 관리한 것에 기원하고 있다.

101) 특히, 긴 추수 기간을 늘리기 위해서 다른 시기보다 물이 방류되는 비율을 막기도 했다. 하지만, 그 때문에 공병대는 봄과 여름 등 강이 범람할 시기에 다른 때보다 더 많은 물을 방류해야 했다(물이 내려가야 할 시기에 그걸 막고 있어서 추후에 다른 때보다 더 많이 내보내야 한다는 것을 의미).

공병대는 변경되는 방류수량변경에 대한 영향을 검토한 후, 부정기적인 방류수량변경계획을 포기하고 임시적인 방류수량변경을 더 이상 하지 않았다.

하지만 동 협회는 공병대가 실시한 방류수량의 증대로 인하여, 수목이 성장하는 시기에 협회가 소유한 관리지역에 홍수를 유발하였고 해마다 반복된 방류수량의 증대는 그 지역에 식재된 수목의 성장을 방해하였으며, 그 지역의 토양의 특성과 지질을 상당히 변화시켰으며 이런 변화를 복구하는 데 많은 자금이 소유된다고 주장하였다. 그래서 동 협회는 공병대가 실시한 임시적 방류수량변경은 보상해야 할 재산권 침해(taking)에 해당하고 주장하면서 미국정부를 상대로 소송을 제기하였다.

2) 사건의 경과

연방국가쟁송법원(The Court of Federal Claims)은 원고 승소판결을 하였지만 연방고등쟁송법원은 지방법원의 판결을 뒤집고 원고패소판결을 하였다. 연방고등쟁송법원은 일시적인 정부의 행위라고 하더라도 공용수용(Taking)에 해당할 수 있다는 것은 인정하였지만, 일시적인 정부의 행위가 공용수용에 해당하기 위해서는 항구적인 유사한 정부의 행위가 공용수용에 해당하는 경우에만 보상받을 수 있다고 판단하였다. 연방고등쟁송법원은 국가가 개입한 홍수사태에 대해서는 공용수용으로 보상받을 수 있지만, 국가가 개입한 모든 홍수가 보상을 요하는 공용수용에 해당하는 것이 아니라 정부가 야기한 홍수가 항구적(permanent)이거나 필연적으로 반복되는 경우(inevitably recurring)에만 공용수용에 해당한다고 판단하였다. 연방고등쟁송법원은 이러한 결론을 연방대법원의 Sanguinetti v. United States사건[102]과 United States v. Cress사건[103]에서 도출하였다.

102) Sanguinetti v. United States, 264 U. S. 146, 150.
103) United States v. Cress, 243 U. S. 316, 328.

3) 대법원의 판결

본 판결문은 Ginsburg 대법관이 작성하였으며 표결에 참여하지 않은 Kagan 대법관을 제외하고는 모든 다른 대법관은 판결문에 동의하였다.

대법원은 정부가 야기한 일정기간 동안의 일시적인 홍수는 정당한 보상을 요하는 공용수용에 자동적으로 배제되는 것은 아니라고 판단하였다. 또한 재산권에 침해를 가져오는 정부의 조치가 공용수용에 해당하는지를 판단하는 마술과 같은 공식은 존재하지 않는다고 하면서, 대법원은 Penn Central사건에서 특정한 경우(규제적 수용) 적용될 수 있는 공식을 마련함으로써 명백한 기준을 마련하였다고 판시하였다.104) 일시적 홍수가 보상이 필요한 공용수용에 해당하는지의 쟁점에 대해서는 연방대법원은 정부가 야기한 홍수에 대해서는 Pumpelly v. Green Bay Co.사건105)에서 다루었으며, 계절별로 반복되는 홍수에 대해서는 Cress 사건106)에서 다루었으며, 연방대법원은 일정한 기간 동안 계속된 일시적 수용에 대해서도 보상이 필요한 경우가 있다고 판단하였다.107) 그러므로 연방대법원의 선례를 종합하면, 정부가 야기한 제한된 기간 내의 홍수도 보상이 필요할 수도 있다는 결론에 이른다고 하였다.

또한 연방대법원의 어떤 판결도 일시적 홍수를 전면적으로 공용수용에서 제외하고 있지는 않고 있으며 대법원은 본 사건에서 이러한 전면적인 예외를 허용할 생각도 없다고 판시하였다.

정부는 일시적인 홍수에 대해서는 공용수용의 예외가 된다는 이론을 주장하면서, 그 근거로서 Sanguinetti판결108)을 들고 있다. Sanguinetti판결은 정부가 개설한 수로가 범람하여 홍수가 발생하여 인근지역에 피해

104) 참조 Penn Central Transp. Co. v. New York City, 438 U. S. 104, 124.
105) Pumpelly v. Green Bay Co., 13 Wall. 166.
106) United States v. Cress 243 U. S., at 328.
107) 예) United States v. Causby, 328 U. S. 256, 266.
108) 264 U. S. 146.

가 발생한 사건이었다. 동 사건에서 연방대법원은 정부에 대해서 책임을 묻기 위해서는 적어도 먼저 그 범람이 수로의 구조에 의해 직접 야기되었고, 범람이 실재로 영속적인 토지에 대한 침해가 되어야 한다고 이전의 홍수사건들을 요약하였다.109) 정부측 변호인들은 Sanguinetti판결에서 인용된 문구로부터 홍수에 의해서는 보상이 필요한 일시적 수용이 성립되지 않는다고 주장하였다. 하지만 본 법원은 Sangguinetti판결에서 사용된 영속성(permanence)이 정부측에서 주장하는 것과 같은 중요한 작용을 하는 문구로 해석해서는 안된다고 판단하였다. 또한 Sangguinetti판결은 세계 2차대전시대의 판결들보다 훨씬 전인 1924년의 판결이고 연방대법원이 일시적인 수용에 대해서 최초로 판결한 1987년의 First English Evangelical Lutheran Church of Glendale v. County of Los Angeles사건110)보다 훨씬 전의 사건이라는 점도 지적하였다. 정부측은 홍수조절이 공용수용에서 제외되어야 한다는 설득력있는 다른 주장을 하지 못했고 다만 연방고등쟁송법원의 판결을 파기하는 것은 홍수조절을 위한 정부의 노력을 방해할 위험이 있다고 주장하였다. 하지만 연방대법원은 홍수조절과 관련된 공익은 중요한 것이지만, 다른 공용수용사건에서 중요시되는 공익과도 근본적으로 다른 것은 아니라고 판단하였고, 또한 다른 공용수용사건에서도 보상이 필요 없는 전면적 예외를 허용하고 있지 않다고 설시하였다. 예비적으로 정부측은 방류로 인한 하류의 피해는 예견가능하지만 부수적이거나 이차적인 피해라고 주장하였다. 따라서 방류는 특정한 토지소유자를 대상으로 하는 것이 아니라서, 연방헌법상의 수용조항에 의해서는 보상이 불가능하다고 주장하였다. 하지만 대법원은 위 주장에 대해서는 판단하지 않았다.

정부의 규제나 일시적인 물리적 침해가 개인의 재산을 침해하는 경우, 그 침해기간(time)은 보상이 필요한 공용수용인지 아닌지를 판단하

109) Id., at 149.
110) 482 U. S. 304 (1987).

는 한 요소가 되고[111] 판단기준이 되는 공용수용의 기준은 정부가 의도한 침해의 정도 혹은 의도된 정부의 행위로 인해서 예견가능한 결과인지여부이며[112] 또한 문제된 토지의 용도와 성질 그리고 토지사용에 관한 소유자의 합리적인 투자기대가능성도 판단요소가 되고[113] Penn Central사건에서 보듯이 침해의 심각성 또한 고려요소가 된다고 설시하였다.[114]

대법원은 일시적 수용에 대한 대법원의 입장을 정리한 후, 본 사건에서 홍수는 예견가능하였다고 결론내린 후, 연방국가쟁송법원이 결정하였듯이 당 협회는 공병대에게 계속되는 불규칙적인 방류로 인하여 중대한 악영향이 발생하고 있다고 문제를 계속 제기하였고 그런 불규칙적인 방류로 인하여 협회소유의 토지에 심각한 침해가 발생되었다고 결론내렸다. 정부측은 1심법원의 사실관계확정에 대해서 몇 가지 점에서 항소를 하였고 그 중에는 인과관계, 예측가능성, 손해발생량과 실재성 등이 포함되어 있었다. 그런데 연방고등법원에서 순전히 일시적 기간이라는 것에 초점을 맞추어 판결을 하여, 정부측에서 주장한 사실관계확정과 관련된 쟁점에 대해서는 판단하지 않았다. 그래서 당 사건에서 대법원은 연방고등쟁소법원의 판결을 파기하고 다시 심리하라고 고등법원에 사건을 환송시켰다.

4) 동판결의 영향

연방정부는 연방고등쟁송법원의 판결을 파기하는 것은 홍수조절과 수위조절이라는 공익에 큰 영향을 주는 것이라고 주장하였지만 연방대법원 판결의 영향은 제한적인 것이다. 동 판결의 핵심은 정부가 야기한 일시적 혹은 계절적인 수위조절로 인한 홍수는 자동적으로 보상이 필요

111) Loretto v. Teleprompter Manhattan CATV Corp., 458 U. S. 419, 435.
112) 예 John Horstmann Co. v. United States, 257 U. S. 138, 146.
113) Palazzolo v. Rhode Island, 533 U. S. 606, 618.
114) 참조 Penn Central, 438 U. S., at 130.131.

없는 조치에 해당하거나 공용수용의 예외적 사유가 되는 것은 아니라는 것이다. 정부측이 주장하는 다른 문제들은 다시 연방고등쟁송법원에서 심리되어질 것이고 사실관계확정을 통해서 바로 잡아지거나 그대로 인용될 것이다.

6. 혼합된 사건("Mixed Cases")에 대한 공무원소청심사위원회의 결정과 사법심사관할(Kloeckner v. Solis)

2012년 12월 10일 Kloeckner v. Solis사건[115]에서 행정기관의 행위가 공무원소청심사위원회에 소청가능하면서 또한 연방차별금지법을 위반하여 제소가능한 이른바 혼합사건("Mixed Cases")에 대한 공무원소청심사위원회(Merit Systems Protection Board: MSPB)의 결정에 대한 사법심사와 관련한 어려운 쟁점에 대해서 만장일치로 판결을 내렸다. Kagan 대법관이 혼합사건에 대한 공무원소청심사위원회의 결정에 불복한 사건관할에 대해서 판결문을 작성하였다. 대법원은 공무원소청심사위원회의 결정에 불복하는 경우 일반적으로 연방고등법원이 원심관할권을 갖지만 혼합사건 특히 절차적 이유에서 공무원소청심사위원회가 결정을 내린 경우는 적절한 연방지방법원이 관할권을 갖는다고 판단하였다.[116] 그러나, 1978년 공무원개혁법(the Civil Service Reform Act)은 명시적으로 민권법(the Civil Rights Act)위반 사건, 고용법상의 연령차별사건, 공정노동기준법(the Fair Labor Standards Act)위반 사건[117]에 대해서는 명시적인 예외를 인정하였고 그래서 연방대법원은 앞에서 언급된 법률들은 연방지방법원이 관할권을 갖는다고 판시하였다.[118] 결국 대법원은 연방민권관련법률과 공무원법이 교차하는 경우에는 복잡한 문제를 일으키지만, 직

115) 133 S. Ct. 596, 600-01 (Dec. 10, 2012).
116) Id. at 600 5 U.S.C. § 7703(b)(1).
117) 5 U.S.C. § 7703(b)(2).
118) Kloeckner사건, 133 S. Ct. at 601.

장내에서 발생하는 차별을 해소하기 위한 절차는 간단하다고 보았다. 본 사건과 같이 혼합된 사건은 연방공무개혁법의 규정 모두 Kloeckner 사건과 같이 공무원소청심사위원회의 결정에 불복하는 사건은 연방지방법원으로 가는 것으로 읽은 것이 자연스럽다고 결론을 내렸다.

7. 청구기간연장과 Chevron존중(Sebelius v. Auburn Regional Medical Center[119])

1) 사건의 배경

본 사건과 관련된 의료복지법(the relevant Medicare statute)에서, 의료복지혜택수혜자의 입원치료비용에 대한 최초의 상환여부결정에 대한 행정구제청구는 180일 이내에 제기되어야 한다고 규정되어 있다.[120] 이런 청구기간규제는 1974년에 시작되었지만, 당시의 의료교육복지부는 의료제공자상환위원회(Provider Reimbursement Review Board: PRRB 이하 상환위원회)로 하여금 정당한 이유가 있다면(for good cause) 3년까지 그 청구기간을 연장할 수 있도록 하였고, 현행 보건복지부(Department of Health and Human Services: HHS)도 이런 청구기간연장권한을 행정입법의 형태로 유지하고 있다.[121]

2) 사건의 논점

Sebelius v. Auburn Regional Medical Center사건의 논점은 크게 두 가지였다. 먼저 상환청구기간을 180일로 한정한 것이 소송불변요건(jurisdictional)의 문제인지, 둘째, 만약 상환청구기간이 소송불변요건의 문제가 아니라면, 보건복지부의 청구기간에 대한 해석이 자의적이고 변

119) 2013 WL 215485 (Jan. 22, 2013).
120) 42 U.S.C. § 1395oo(a)(3).
121) 42 C.F.R. § 405.1841(b).

덕스러운 것(arbitrary and capricious)으로써 재량권을 일탈·남용한 것이지 여부였다.

3) 대법원의 결정

Ginsburg 대법관이 판결문을 작성하고 모든 대법관들이 동조하였는데, 대법원은 180일기간제한은 소송불변요건(jurisdictional)이 아니며, 보건복지부의 행정입법을 통한 해석은 자의적이고 변덕스러운 것이 아니라고 판단하였다.[122)]

사법관할여부에 대한 쟁점에 대해서, 대법원은 무엇이 소송요건(jurisdictional)인지를 정하는 법칙을 마련하는 것에 대한 염증(disinclination)을 분명하게 밝히고 있다. 대법원은 영미대심제(adversarial system)에서 어떤 법칙을 마련하여 소송요건으로 하는 것은 독특한 것이고 재판의 관할과 요건에 대해서 이의를 제기하는 것은 언제든지 가능하며, 분쟁에 대한 사물관할(subject-matter jurisdiction)에 관하여 동의했던 당사자도 나중에 이의를 제기할 수 있으므로 늦게 제기된 사법관할과 소송요건에 대한 이의제기는 사법자원의 낭비가 될 수 있으며 소송참여자를 교란시켜 무장해제 시킬 수도 있다고 판시하였다.[123)] 당사자가 주장한 것만 판단하기에 처음에 소송요건을 심사하지 않고 본안쟁점을 심사하다가 뒤늦게 제기된 소송요건결여문제로 인해서 소가 각하되면 사법자원의 낭비가 생길 수 있기에 대법원은 청구기간제한(statutory limitation)이 불변소송요건(jurisdictional)인지를 구별하는 사전에 적용할 수 있는 분명한 기준(readily administrable bright line)을 채택하였다. 대법원은 먼전 법률에 규정된 청구기간이 불변소송요건인지를 의회가 분명히 밝히고 있는지를 우선 검토하며, 만약 명시적은 언급이 없다면, 법원은 불변소송요건이라고 분명한 언급이 없는 청구기간제한은 불변소송요

---

122) 2013 WL 215485 at *4.
123) Id. at *6.

건이 아닌 것으로 다루어야 한다고 대법원은 결정하였다. 그렇다고 동 판결은 입법자의 의도를 분명히 알기 위해서 법률에 반드시 특정의 표현이 들어가야 하는 것은 아니며, 입법자가 특정의 조항을 소송요건으로 규정할 의도가 있었다는 증거를 법원은 법률규정과 문맥, 그리고 유사한 규정에 대한 법원의 해석관행 등을 통해서 고려해야 한다고 판단하였다.[124] 대법원은 의료복지법에서 180일이라는 규정은 소송요건적으로 표현(jurisdictional terms)되지 않았다고 판단하였다.[125] 또한 대법원은 계속해서 청구기간만료일(filing deadlines)는 통상 소송요건이 아니라고 판단해오고 있다고 강조하면서 그런 청구기간만료일을 전형적인 소송과정원칙(quintessential claim－processing rules)으로 분류하고 있다고 판시하였다.[126]

대법원은 180일의 청구기간제한이 불변소송요건(jurisdictional)이 아니기 때문에, 청구기간을 연장할 수 있도록 한 보건복지부의 행정입법이 바로 위법한 것이 되는 것은 아니라고 판단하였다. 그리고 대법원 chevron존중을 적용하여 청구기간을 연장할 수 있도록 한 보건복지부의 행정입법의 위법성여부를 검토하였다. 대법원은 만약 행정부처가 제정한 행정입법이 자의적이거나 변덕스러운 것(arbitrary, capricious) 혹은 법률에 명백히 반하는 것이 아닌 한, 사법부는 행정부가 마련한 법체계(the regime)를 무력화(undermine)할 권한이 없다고 판시하였다.[127] 또한 대법원은 입법자는 의료복지프로그램을 시행하고 관리할 수 있도록 큰 폭의 행정입법권한을 보건복지부장관에게 부여했다고 판단하였다. 대법

---

124) Id. (quoting and citing Arbaugh v. Y & H Corp., 546 U.S. 500, 515－16 (2006); Reed Elsevier, Inc. v. Muchnick, 559 U.S. 154, 168 (2010); and John R. Sand & Gravel Co. v. United States, 552 U.S. 130, 133-34 (2008)).

125) 2013 WL 215485 at *7 (quoting Zipes v. Trans World Airlines, Inc., 455 U.S. 385, 394 (1982)).

126) Id.

127) Id. at *9 (citing Chevron USA. Inc. v. Natural Resources Def. Council, Inc., 467 U.S. 837, 844 (1984)).

원은 "상환심사위원회는 의료복지법과 모순되지 않거나 보건복지부령에 반하지 않는 한도에서 규칙과 절차를 채택할 수 있다"고 판시하면서 상환위원회가 180일의 청구기간을 연장할 수 있도록 한 행정입법은 Chevron심사기준을 통과하여 유효한 것으로 판단하였다.[128]

8. 청정수질법해석관련 사건(Los Angeles County Flood Control District v. Natural Resources Defense Council, Inc.[129]))

연방대법원은 Los Angeles County Flood Control District v. Natural Resources Defense Council, Inc.사건에서 청정수질법(the Clean Water Act: CWA)의[130] 해석문제를 또 다루었다.

1) 사건의 개요

LA카운티홍수통제당국(Los Angeles County Flood Control District: LACFCD 이하 조절당국)은 기존의 정수장으로 가는 하수도와 별도로 빗물관리시스템(storm sewer system (MS4))을 가동하고 있었다. 빗물관리시스템을 통해서 빗물을 모으고, 이동시켜서 결국에는 빗물을 배출하는 것이다. 청정수질법의 규정과 의무를 충족시키기 위해서는 10만 이상의 주민생활과 관련된 빗물관리시스템은 청정수질법상의 허가를 득할 필요가 있었다. 홍수통제당국은 빗물관리시스템인 MS4에 대해서 연방오염배출시스템(National Pollutant Discharge Elimination System: NPDES)상의 허가를 가지고 있었다. 하지만, 시민단체인 자연자원보호협회(National Resources Defense Council: NRDC 이하 보호협회)는 LA와 샌 가브리엘 강

128) Id. (quoting 42 U.S.C. § 1395oo(e)).
129) 133 S. Ct. 710 (Jan. 8, 2013).
130) 33 U.S.C. §§ 1251-1387.

(San Gabriel Rivers)에서 설치된 수질모니터링시스템상의 수치상의 수질 때문에 통제당국이 허가조건을 위반하고 있다고 주장하였다.

2) 사건의 쟁점

본 사건의 쟁점은 청정수질법상 오염물질의 배출은 언제 이루어지는 것인지, 즉 연방정부가 관리하는 항해가능한 수역인 강의 한 부분(one portion of a river)에서 시작한 오염수가 콘크리트화된 수로를 통해서 혹은 정비사업 등으로 마련된 인공적 구조물 등을 통해서 동일한 강의 하류부분(a lower portion of the same river)으로 흘러들어간다면 언제 오염물질의 배출이 이루어진 것인가이다.131)

3) 소송경과

연방지방법원은 약식판결을 통해서 통제당국승소판결을 하였다. 제9 연방고등법원(the Court of Appeals for the Ninth Circuit)에서는 1심판결을 번복하고 빗물이 하수도관을 통해서 강으로 유출되거나 하수도관을 벗어나 물길을 따라 흐를 때 법률이 규정한 '오염물질의 배출'("discharge of pollutants")이 이루어졌다고 판단하였다.

4) 대법원의 판단

본 사건은 8대1일의 사건으로서 판결문은 Ginsburg 대법관이 작성하였다. 대법원은 제9연방고등법원의 판결을 파기하였다. Alito 대법관은 판결결과에 동의하였지만 다수의견에는 동조하지도 자신의 별개의견을 표명하지도 않았다. 대법원은 간단히 쟁점분석을 실시한 후, 기존의 대법원선례를 볼 때 동일한 강줄기에 속해 있는 두 지류 사이의 오염수의 이전은 청정수질법상의 오염물질배출에 해당하지 않는다고 하였

131) Id. at 712-13 (quoting the petition for certiorari).

다.[132] 대법원은 강물을 채취한 후 다시 그 채취한 강물을 강에 다시 방류하는 것으로는 오염물질의 배출이 일어난 것으로 볼 수 없는 것과 같이 강수역의 한 부분에서 다른 부분으로 흐르는 것으로는 오염물질의 배출이 일어난 것이 아니라고 판단하였다.

그래서 대법원은 개선된 관리수역상의 강물이 개선되지 않은 동일한 관리수역상의 물이 흘러가는 것은 청정수질법상의 오염물질배출에 해당하지 않는다고 판단하였다. 환경단체는 당국이 설치예정이고 허가조건에 있는 수질모니터링시스템상의 수치는 다수의 경우 수질기준을 초과하고 있는 것이라고 주장하였다. 환경단체는 허가조건상, 수질검사스시템에서 발견되는 악화된 수질결과에 비추어 마땅히 통제당국이 수유지역에서 실시한 빗물방류에 대해서 청정수질법상의 책임을 지는 것이 타당하다고 주장하였지만, 대법원은 상고허가한 부분(the scope of the grant of certiorari)에 대한 판단만 하였지 이에 대한 판단을 하지는 않았다.

9. 정보기관의 첩보활동과 시민단체의 원고적격문제 (Clapper v. Amnesty International USA)

2013년 2월 26일 연방 대법원은 2008년 개정된 해외정보감시법(FISA)에 관한 Clapper v. Amnesty International USA사건에 대해 판결하였다.[133] 본 사건은 5대 4사건으로 판결문은 Alito 대법관이 작성하였다.

1) 관련 법률

해외정보감시법(the Foreign Intelligence Surveillance Act of 1978: FISA)

132) Id. at 713 (citations omitted).
133) 133 S. Ct. 1138 (Feb. 26, 2013).

제702조는 2008년 개정되었는데[134] 본 조항은 법무부장관과 정보국국장(the Director of National Intelligence)은 미국에 있지 않는 것으로 합리적으로 추정할 수 있는 자와 미국인이 아닌 자에 대해서 감시할 것을 공동 허가하여 해외정보를 수집할 수 있도록 개정되었다. 통상 법무부장관과 정보국국장이 해외감시활동을 시작하기 위해서는 연방해외정보법원(the Foreign Intelligence Surveillance Court: FISC)[135]의 승인을 받아야 한다. 물론 제1881a조하의 해외감시는 법률상 조건을 만족해야 하며, 법원의 허가를 받아야 하고, 의회의 통제하에 있으며 수정헌법 제4조를 충족해야 한다.

2) 사건개요

피상고인인 국제 앰네스티는 변호사, 노동운동가, 인권운동가, 의료봉사자들로 구성된 단체이며, 이들은 미국인이면서 그들은 문제가 되는 해외감시조항의 타깃이 되는 사람들과 빈번하게 접촉하고 통신한다고 주장하면서 1881a가 위헌이라고 주장하면서 1881a의 적용을 금지하는 금지청구를 하였다.

3) 사건의 전개

연방지방법원은 국제 앰네스티는 헌법상의 원고적격을 결하였다고 소를 각하하였다. 하지만 제2연방고등법원은 원고들의 통신이 언젠가는 방해받을 것 같다는 것은 합리적으로 발생 가능한 것이고 장래의 정부의 조치로 인해서 지금 현재 공포심을 갖고 있으며 이로 인하여 정신적

134) 50 U. S. C. §1881a.

135) 동 법원 1978년 해외정보감시법에 의해 설립된 연방법원이다. 동법원은 미국내에 활동하는 외국정보원에 대한 감청영장을 발부하는 역할을 수행할 목적으로 설립되었다. 현재는 11명의 판사로 구성되어 있으며 2012년에는 1,789건의 감청영장이 청구되었고 한 건도 거부되지 않았다. 동 법원이 설립된 이후 영장이 발부된 건 2012년기준 33,942건이지만 거부된 건수는 11건에 불과하다.

경제적인 손해를 갖기에 현재 실제손해(present injuries in fact)로 고통 받고 있기에 원고들은 원고적격을 충족한다고 보았다.[136]

4) 대법원 판단

(1) 다수의견

다수의견은 시민단체인 국제 앰네스티(Amnesty International: 이하 앰네스티)는 해외정보감시법의 위헌제청을 할 원고적격이 없다고 판시하였다. 다수의견은 전통적인 헌법상의 원고적격의 3가지 요소인 현실상의 손해(injury-in-fact), 인과관계(causation) 그리고 구제가능성(redressability)을 재언급하였다. 원고적격이 헌법상의 권력분립원칙을 존중하는 역할을 수행한다는 점을 다수의견은 강조하고 있다. 즉, 미국 연방헌법 제3조에서 도출하는 원고적격은 권력분립의 원칙에 기반하는 것이며 원고적격은 사법부가 정치적 기관의 힘을 빼앗는 것을 방지하는 역할을 수행한다고 다수의견은 보았다. 즉, 원고적격의 기준을 완화하는 것은 비록 사법부의 권한을 강화하는 것으로 연결된다는 것이다.[137] 그래서 다수의견의 핵심은 원고가 연방법률의 위헌을 구하는 경우에는 사법부는 원고적격의 기준을 엄격하게 해석·적용해야만 한다는 것이다. 원고적격에 대한 전통적인 대법원의 판단과 마찬가지로 본 사건에서도 대법원은 현실적 손해(injury-in-fact)의 존재여부에 초점을 맞추었다.

다수의견은 제2연방고등법원이 앰네스티의 원고적격을 판단함에 있어서 잘못된 기준을 적용했다고 판단했다. 즉 제2연방고등법원이 사용한 '객관적인 합리적 가능성기준'[138]은 대법원이 사용하는 '손해발생 위협은 반드시 현실적 손해를 구성할 만큼 확실히 급박한 것'이어야 한다는 요구조건[139]과 불일치한다고 보았다. 또한 다수의견은 앰네스티가

136) Clapper, 133 S. Ct.at 1146.
137) Id. at 1146-47.
138) 'objectively reasonable likelihood' standard
139) 'threatened injury must be certainly impending to constitute injury in fact.'

주장하는 손해는 매우 일어날 가능성이 낮은 것에 의존하는 매우 추측적인 손해라고 보았다. 즉 다수의견은 정부가 미래에 앰네스티와 외국인이 통화하는 것을 감시할 것이라는 것을 매우 일어날 가능성이 낮은 것으로 보았다. 또한 다수의견은 앰네스티가 장래에 일어날 수 있는 통신감청과 감시에 대비하여 고가의 장비를 마련하고 매우 불편한 작업과 절차를 통해서 외국인과 통신해야 한다는 주장에 근거하여서는 현실적 손해를 입증하지 못했다고 판단하였다. 또한 다수의견은 단순히 장래에 일어날 수 있는 급박하지 않은 가상적 사실을 바탕으로 한 두려움 때문에 원고적격을 만족시킬 수는 없다고 판단하였다.

(2) 소수의견

Breyer 대법관은 Ginsburg 대법관, Sotomayor 대법관, Kagan 대법관과 함께 반대의견을 게진하였다. 소수의견에 의하면, 앰네스티의 원고적격충적여부는 정부가 쟁점이 된 법조항[140]에 의해서 앰네스티의 사적인 통신, 해외통신, 전화, 이메일 등을 감시하여 손해를 끼칠 수 있는지에 달려 있다고 보았다. 소수의견은 손해가 발생할 것은 단순한 추측(speculative)에 지나지 않는 것은 아니라고 보았다. 소수의견은 인간본성과 일반적 상식에 비추어 봐서 앰네스티가 우려하는 것은 가까운 장래에 일어날 가능성 높다고 보았다.[141] 소수의견은 장래에 정부에 의해 정보감시로 인해서 앰네스티에 손해가 발생할 것이라고 본 4가지 이유를 제시하였다. 먼저, 이전 법에서는 규정하지 않았지만 2008년 개정법이 감시할 수 있도록 한 전자적 통신 수단을 앰네스티는 계속해서 이용하고 있다고 판단하였다. 둘째, 개정법조항이 적용될 수 있는 활동에 참가할 강한 동기를 앰네스티는 가지고 있으며, 또한 정부는 그들의 대화를 감시하고자 하는 강한 동기를 가지고 있다고 보았다. 셋째, 과거의 미국연방정부의 행태로 볼 때 테러리스트로 의심되는 자와 정치적 억류

140) 50 U.S.C. § 1881a (2006 ed., Supp. V).
141) Id. at 1155 (Breyer, J., dissenting).

자에 대한 정보를 전자적 통신검사를 포함하여 가능한 수단을 사용하여 계속해서 수집할 강한 가능성이 있다고 보았다.[142] 마지막으로 정부는 본 사건에서 쟁점이 된 전자적 감청·감시를 수행할 능력을 갖추고 있고, 개정전 법률과 비교해서 정보법원(the intelligence court)에 의한 심사범위는 매우 좁고 형식적이라서 정부는 예전에 비하여 제1881a에 근거하여 감시승인을 보다 간단히 신속히 얻어 낼 것으로 판단하였다.[143]

III. 마무리

2012/2013년 미국 연방대법원의 재판기 동안 결정된 79건의 사건 중 9건의 사건을 소개하였다. 한정된 지면에서 2012/2013년 회기의 미국 연방대법원판례 중 행정판례를 전부 자세히 소개하기는 불가능하므로 나름대로의 기준을 가지고 중요한 사건을 추려서 정리하였다. 앞의 장에서 정리하지 못한 사건 중에서 2013년 3월 27일 결정된 Millbrook v. United States[144]가 있다. 본 사건은 연방교도소에서 수감된 Millbrook이 교도관에 의해서 성폭행을 당했다고 주장하면서 연방배상법(The Federal Tort Claims Act: FTCA)에 근거하여 손해배상 소송을 제기한 사건이다. 연방배상법은 일반적으로 국가면책을 포기하지만 특정의 고의적인 불법행위에 대해서는 국가면책을 포기하지 않았다.[145] 본 사건에서 쟁점이 된 2680(h)조는 "증거수집 혹은 체포하도록 법률에 의해 권한이 부여된"[146] 연방공무원으로서 "조사관 혹은 법집행관"[147]의 "작위 혹은 부

142) Id. at 1158.
143) Id. at 1158-59.
144) 133 S.Ct. 1441 (March 27, 2013).
145) 28 U. S. C. §2680(h). Section §2680(h).
146) "who is empowered by law to execute searches, to seize evidence, or to make arrests."
147) "investigative or law enforcement officer"

작위"에 의한 폭행 및 구타를 포함해서 6가지 고의적 불법행위에 대해 국가면제포기를 확대하는 단서규정이 있었다. 본 사건에 대해서 연방지방법원은 약식판결을 요청한 정부의 청구를 받아들였고 법집행하는 공무원조항은 증거조사, 증거수집, 체포의 과정에서 일어난 불법행위에만 적용된다고 판단하였고, 제3연방고등법원도 동일한 판단을 하였다. Thomas 대법관이 판결문을 작성하고 모든 대법관이 동조한 사건이었다. 연방 대법원은 "법집행단서조항"은 법집행 공무원들의 작위 혹은 부작위의 개념을 조사 혹은 법집행행위에 관련되었거나 조사, 증거수집, 체포를 하는지 여부에 한정한 것이 아니라 그들의 직무상 범위 내에서 행한 작위 또는 부작위를 의미한다고 보았다. 또한 대법원은 연방배상법상에서 "조사, 증거수집, 체포"에 대한 표현은 §2680(h)의 "조사관, 법집행관"의 정의가 유일하며, 이는 행위에 대하여 제소가능한 자의 지위에 초점을 맞춘 것이지, 청구로 이어질 수 있는 행위들의 유형에 초점을 맞춘 것이 아니라고 판단하였다. 이는 의회가 의도한 국가면책의 여부가 권한에 의한 특정 활동이 아닌 연방공무원의 법적 권한에 달려있는 것으로 의도하고 있음을 보여준다고 판단하였다. 또한 "법집행단서"에는 해당공무원이 "조사 혹은 법집행 행위"와 연관되어야만 한다는 내용이 없으며 조문상에 그러한 단어는 전혀 존재하지 않는다고 보았으며 의회가 "법집행단서"의 적용범위를 더 좁게 해석하려 했다면, 의회는 이를 그러한 효과를 발하는 표현을 썼을 것[148]이라고 판시하였다. 본 사건이 흥미로운 것은 Millbrook은 그동안 교정시설과 교도관에 대해서 상습적으로 소송을 제기하였고, 각종 손해배상과 불법행위소송에서 모두 패소한 전력을 가지고 있었다. 그런데 대법원은 이런 전력이 있는

---

148) Ali v. Federal Bureau of Prisons 참조 (의회가 "법집행단서"의 적용범위를 더 좁게 해석하려 했다면, 의회는 이를 "법집행 혹은 조사를 할 역할에 따라 행하는 조사관 혹은 법집행관의 작위 혹은 부작위"로 인해 제기된 청구로 제한할 수 있었을 것이다. Ali v. Federal Bureau of Prisons)

Millbrook이 상고한 사건을 수만건[149]의 상고요청사례 중에서 상고를 받아들였다는 점이다. 대법원이 Millbrook의 상고요청을 받아들인 이유는 Millbrook의 주장이 근거가 있어서가 아니라, 쟁점이 된 조문의 해석에 대해서 연방고등법원간의 판례가 서로 상충하는 현상이 발생하였기에 연방대법원이 판례간의 모순을 정리할 필요가 있었으며 교도소 내의 인권문제에 대한 사회적 관심이 높아졌기 때문이라고 추측할 수 있다. 또한 본 사건에서도 연방대법원은 Millbrook이 주장하는 교도소내의 성폭행이 일어났는지를 판단한 것도 아니고 Milbrook이 배상받아야 한다고 판단한 것도 아니다. 다만, 연방배상법상의 조사관과 법집행관의 표현은 이런 임무를 수행하는 공무원의 지위에 근거한 국가면책포기를 의미한다는 법조문 해석을 분명히 한 것이다.

미국 내에서 가장 뜨거운 논란이 된 사건중 하나인 Hollingsworth v. Perry사건[150]은 동성결혼에 관한 사건이다. 본 사건은 캘리포니아 대법원이 결혼을 양성간의 결합으로 제한한 것이 캘리포니아 헌법에 위헌이라고 판결한 이후에, 캘리포니아 유권자들은 Proposition 8로 알려진 캘리포니아 헌법개정을 위한 주민발의안을 통과시켰고 그 헌법개정안은 주의 헌법상의 혼인을 양성간의 결합으로 정의하는 것이었다. 이에 대해서 동성결혼을 지지하는 사람들이 연방법원에 연방헌법위반으로 소를 제기한 사건이다. 본 사건에서 흥미로운 점은 캘리포니아 주지사[151]와 캘리포니아 혼인법을 집행하는 책임이 있는 공무원들을 피고로써 소를 제기하였지만 피고가 된 공무원들은 본 소송에서 방어하는 것을 포기하였고, 그래서 지방법원은 법안의 공식지지자인 청원자들에게 그 법안을 지키기 위해서 소송참가(intervene to defend)하도록 허락한 사건이다. 연

149) 2008년 회기에는 연방 대법원은 7,738건의 상고요청서를 받았다.

150) 133 S.Ct. 2652 (June 26, 2013).

151) 당시의 캘리포니아 주지사는 민주당소속의 영화배우 출신의 아놀드 슈왈제네거(Arnold Schwarzenegger)였으며 그와 민주당지지자들의 정치적 신념은 동성결혼을 허용하는 것이었다.

방지방법원은 주민발의안 8이 위헌이라고 판결하였고 피고로 명시된 공무원들이 법을 집행하지 못하도록 하였다. 그러자 피고인 공무원들은 항소를 포기하였으나 소송참가한 주민발의안 8의 찬성자들은 항소하였다. 그러자 제9연방 항소법원은 캘리포니아 대법원(California Supreme Court)에 주민발의안에 찬성한 주민들이 주의 공무원들이 법안을 지키는 것을 거부할 때 법안의 합헌성을 지키는 데에 주의 이익을 주장할 권한이 있는지 없는지 문의하였다. 캘리포니아 대법원은 주민발의안 지지자들은 연방법률하에서 주민발의안 8을 수호할 원고적격이 있다고 판단하였다. 그래서 제9연방고등법원은 지지자들의 소송을 각하하지는 않았지만 연방지방법원과 같이 주민발의안 8은 연방 헌법에 반한다고 판단하였다. 이에 주민발의안 지지자들이 항소하였고 대법원은 주민발의안의 지지자들은 연방지방법원의 판결과 명령에 대해서 항고할 원고적격이 없다고 판단하였다. 본 사건은 5대 4 사건이었고 다수의견은 Roberts 대법원장이 작성하였고 Scalia 대법관, Ginsburg 대법관, Breyer 대법관, Kagan 대법관이 동조를 하였다. 반대의견은 Kennedy 대법관이 작성하였고 Thomas 대법관, Alito 대법관, Sotomayor 대법관이 동조를 하였다. 다수의견은 헌법 제3조의 원고적격에 대해서 헌법 제3조는 실질적 "사건 또는 분쟁"에[152] 관해서 연방 법원에 사법권을 부여하고 있고, 사건 또는 분쟁이라는 요구조건을 만족시키기 위해서 원고는 반드시 원고적격이 있다는 것을 증명해야 한다고 설시하였다. 즉, 원고는 개인적·실존하는 손해(personal and tangible harm)에 대한 구제를 청구해야 한다고 보았다. 대부분의 원고적격이 문제되는 사건은 원고가 소송을 제기할 때 원고적격을 충족했는지를 심사하지만 연방헌법 제3조은 소송진행 중 모든 단계에서 실질적 분쟁(actual controversy)이 존재할 것을 요구하고 있다[153]고 다수의견은 보았다. 또한 다수의견은 대법원은 반복적으

152) "Cases" or "Controversies."

153) Arizonans for Official English v. Arizona, 520 U. S. 43, 64.

로 일반대중으로서 겪는 불만과 고통(generalized grievance)은 아무리 그 정도가 심각하다고 하더라도 원고적격을 부여하는 데 부족하다고 판단하여 왔다는 것을 강조하였다.154) 다수의견은 캘리포니아 헌법과 선거법은 법안 지지자들에게 특별하고, 특수하며, 구별되는 역할을 법안제안과 통과과정에서 부여하고 있다고 주장하는 지지자들의 주장에 대해서 그런 역할은 오직 법률 제정과정에서만 타당한 것으로 판단하였다. 그래서 주민발의안 8호가 승인되었기에 이로써 적법한 절차를 통해서 캘리포니아 헌법이 개정된 것이고, 개정된 이후에는 그 헌법의 집행에 있어서는 발의안 지지자로서 특별한 역할이 있는 것이 아니라고 판단하였다. Kennedy 대법관이 작성한 소수의견은 연방법원에서 연방법률에 관한 쟁점에 대해서 주민발의안(주법률)을 방어할 수 있는 원고적격을 충족하는지의 판단은 연방법률의 해석문제라는 점에는 동의하였다. 하지만 소수의견은 본 사건에서 소송요건을 충족여부를 판단하는 것은 캘리포니아주 법률해석문제를 먼저 해결해야 한다고 보았다. 본 사건에서 주법률해석문제는 유권자에 의해서 법률안이 채택된 후, 법률을 지키기 위해 소송참가한 법률지자자들의 권한과 지위를 주법률이 어떻게 규정했는지를 판단하는 것으로 보았다. 소수의견은 이런 주법률에 대한 해석문제는 캘리포니아주 대법원이 만장일치에 의해서 해결되었다고 보았다. 즉 캘리포니아주법에 의하면 캘리포니아주 대법원이 해석한 것처럼 법안의 지지자들은 공무원이 법률의 수호를 거부할 때는 소송에 참가하여 주의 이익을 주장할 수 있는 권한을 가진다고 소수의견은 보았다. 소수의견은 법안 지지자의 권한에 대한 캘리포니아주 대법원판단에 연방대법원도 종속되어야 한다고 보았다. 그리고 소수의견에 의하면 캘리포니아주 대법원이 판단한 법안지지자들의 권한은 연방 헌법 제3조의 원고적격을 충족시키기에 충분하다고 주장하였다.

---

154) 참조 Lujan v. Defenders of Wildlife, 504 U. S. 555, 573-574.

미국 행정법교과서는 물론이고 행정법학계에서도 연방헌법상의 원고적격을 행정법의 중요한 부분으로 다루고 있다. 미국 행정법학계에서 행정법의 영역으로 다루는 원고적격의 문제가 모두 우리의 행정법영역에 속한다고 보기는 힘들지만 연관된 사건도 종종 존재하고 있다. 앞에서 소개한 원고적격관련 사건은 우리 법체계에서도 행정사건으로 분류할 수 있을 것이다. 하지만 미국의 원고적격과 협의의 소의 이익에 관한 연방 대법원판례에서 바로 우리 법제에 시사점을 도출하기란 쉬운 작업은 아니다. 우리와 달리 미국은 연방 헌법에서 연방 법원에게 사건과 분쟁에 대해 권한부여 한 헌법조항에서 원고적격을 도출하고 있다. 그래서 연방 대법원은 원고적격을 해석함에 있어서도 그 기초가 권력분립의 원칙이라는 점을 강조하고 있다. 단순히 사법심사의 가능성을 넓히는 것이 국민의 권리를 보장한다는 것을 넘어서 국가의 성립이 기초가 된 헌법원리에 비추어 타당한지를 검토하는 것이다. 그래서 의회가 제정한 법률의 위헌여부가 문제되는 경우에는 최대한 원고적격을 엄격하게 심사해야 한다는 결론을 도출한 것이다.

미국 연방 대법원의 판결에서 일반적으로 도출할 수 있는 시사점은 헌법적인 관점을 가지고 일반 분쟁사건을 처리한다는 것과 가장 문제된 법률쟁점에 대해서만 판단하지 모든 분쟁에 대해서 세밀하게 판단하려고 하지 않고 세밀한 부분은 하급심의 판단에 맡긴다는 것이다. 물론 이런 현상은 미국 연방대법원이 우리나라의 헌법재판소의 기능과 매년 수만건의 상고청원중에서 80여 건만을 선별하여 집중적으로 검토하며 매우 심도 있는 검토를 하며 대법관마다 자신의 견해를 자유롭게 게진할 수 있는 법문화에 기반하는 현상이지만 우리 법원에도 시사하는 바가 있다고 본다. 2012년 미국 연방대법원 사건 중 우리나라에 시사점을 제시하는 판결은 행정청 자신이 재정한 행정입법에 대한 해석권한을 다룬 Decker사건이며, 다수의견이 아니라 Scalia 대법관이 제시한 소수의견이 시사점이 큰 것으로 판단된다. Scalia 대법관의 소수의견은 Chevron

존중과 그 합리성에 대한 상세한 설명을 제공하고 있으며, 권력분립의 원칙하에서 형식적 법률의 모호성을 제거할 권한을 사법부와 행정부가 어떻게 배분할 것인지에 대한 원칙인 Chevron원칙과 Auer존중을 비교하면서 Chevron존중은 남용될 우려가 없지만(의회가 원한다면 언제든지 형식적 법률을 통해서 행정부의 권한을 축소할 수 있으므로), Auer존중은 입법과 그 해석권한을 동일한 법주체에게 부여하는 것으로 남용될 수 있다면서 그 차이점을 간파하고 있다. 행정부가 구체적 사례에서 사법부보다 전문성을 가지고 있기에 행정입법을 제정할 권한이 있다는 것과 그 제정된 행정입법을 해석할 권한이 행정부에 있어야 한다는 것은 전혀 관계없다는 것을 논증하고 있다. 비록 Scalia 대법관의 주장이 소수견해였지만 조만간 미국 연방대법원은 Auer존중에 대해서 심도 있는 재검토를 할 것으로 보인다.

참고문헌

금태환, 최근(2010/2011) 미국 행정판례의 동향 및 분석 연구, 행정판례연구 XVI-2, 행정판례연구회, 2011.

김성배, 최근 미국 연방대법원의 이민관련판례에서 사법심사의 기준, 행정판례연구 XVII-2, 행정판례연구회, 2012.

몽테스키외(이명성 역), 법의 정신, 홍신문화사, 1988.

정하명, 최근(2009/2010) 미국 행정판례의 동향 및 분석 연구, 행정판례연구 XV-2, 행정판례연구회, 2010.

Anthony, The Supreme Court and the APA: Sometimes They Just Don't Get It, 10 Admin. L. J. Am. U. 1 (1996).

Manning, Constitutional Structure and Judicial Deference to Agency Interpretations of Agency Rules, 96 Colum. L. Rev. 612 (1996).

Montesquieu, Spirit of the Laws bk. XI, ch. 6, pp. 151-152 (O. Piest ed., T. Nugent transl. 1949).

Oliver Wendell Holmes, The Theory of Legal Interpretation, 12 Harv. L. Rev. 417 (1899)

Robin Kundis Craig, Supreme Court News, administrative and Regulatory Law News, Wniter 2013, Vol.38 Number 2.

Robin Kundis Craig, Supreme Court News, administrative and Regulatory Law News, Spring 2013, Vol.38 No.3.

Robin Kundis Craig, Supreme Court News, administrative and Regulatory Law News, Summer 2013, Vol.38 No.4

Stephenson & Pogoriler, Seminole Rock's Domain, 79 Geo. Wash. L. Rev. 1449 (2011).

1 W. Blackstone, Commentaries on the Laws of England 58 (1765).

The Federalist No. 81, pp. 543.544 (J. Cooke ed. 1961).

분석대상판례

Decker v. Northwest Environmental Defense Center, 133 S. Ct. 1326 (Mar. 20, 2013).

Wos v. E.M.A. ex rel. Johnson, 133 S. Ct. 1391, 1402 (Mar. 20, 2013).

United States v. Bormes, 2012 WL 5475774 (Nov.13, 2012).

Lefemine v. Wideman, 133 S.Ct. 9 (November 05, 2012).

Arkansas Game & Fish Comm'n v. United States, 133 S. Ct. 511 (Dec. 4, 2012).

Kloeckner v. Solis, 133 S. Ct. 596, 600－01 (Dec. 10, 2012).

Sebelius v. Auburn Regional Medical Center, 2013 WL 215485 (Jan. 22, 2013).

Los Angeles County Flood Control District v. Natural Resources Defense Council, Inc., 133 S. Ct. 710 (Jan. 8, 2013).

Clapper v. Amnesty International USA, 133 S. Ct. 1138 (Feb. 26, 2013).

Millbrook v. United States, 133 S.Ct. 1441 (March 27, 2013).

Hollingsworth v. Perry, 3 S.Ct. 2652 (June 26, 2013).

국문초록

미국 연방대법원의 2012년 재판기(the 2012 term)는 2012년 10월 1일 시작해서 2013년 10월 6일 종료되었다. 2012년 재판기에 대법원이 79건의 사건을 처리했기에 통상의 80건 내외를 처리하는 것과 유사한 경향을 보였다. 행정판례로 분류할 수 있는 사건은 2012년 11월 13일 결정된 국가면책(Federal Sovereign Immunity)에 관한 사건인 ① United States v. Bormes 사건과 2012년 11월 5일 결정된 변호사비용상환여부에 관한 사건인 ② Lefemine v. Wideman사건이 있고, 2012년 12월 4일 결정된 임시적 수용에 관한 사건을 다룬 ③ Arkansas Game & Fish Comm'n v. United States 사건, 2012년 12월 10일 결정된 행정심판(공무원소청심사) 후 소송에서의 재판관할을 다룬 ④ Kloeckner v. Solis사건, 2013년 1월 22일 결정된 행정심판청구기간에 대한 재량적 연장가능성과 Chevron존중을 다룬 ⑤ Sebelius v. Auburn Regional Medical Center사건, 2013년 1월 8일 결정된 청정수질법(Clean Water Act)의 법률조항 해석에 관한 사건인 ⑥ Los Angeles County Flood Control District v. Natural Resources Defense Council, Inc.사건, 2013년 3월 20일 결정된 행정청의 법해석과 행정입법에 관한 존중문제를 다룬 ⑦ Decker v. Northwest Environmental Defense Center사건, 2013년 3월 20일 결정된 주정부와 연방정부의 법률충돌문제를 다룬 ⑧ Wos v. E.M.A. ex rel. Johnson사건, 2013년 2월 26일 결정된 외국첩보감시법(the Foreign Intelligence Surveillance Act of 1978: FISA)관련 소송에서 연방 헌법상의 원고적격문제를 다룬 ⑨ Clapper v. Amnesty International USA사건, 2013년 3월 27일 결정된 교도관에 의한 성폭행과 국가배상을 다룬 ⑩ Millbrook v. United States사건, 주공무원이 주법률에 대한 방어를 포기한 경우 소송참가한 법안지지자가 항소할 수 있는지를 다룬 ⑪ Hollingsworth v. Perry사건 등이 있다. 미국 연방 대법원의 판결에서 일반적으로 도출할 수 있는 시사점은 헌법적인 관점을 가지고 일반 분쟁사건을 처리한다는 것과 가장 문제된 법률쟁점에 대해서만 판단하지 모든 분쟁에 대해서 세밀하게 판단하려고 하지 않고 세밀한 부분은 하급심의 판단에 맡긴다는 것이다. 물론 이런 현상은 미국 연방대법원이 우리나라의 헌법재판소의 기능과 매년 수만 건의 상고청원 중에서 80여 건만을 선별하여 집중적으로 검토하며 매우 심도 있는 검토를 하며 대법관마다 자신의 견해를 자유롭게 게진할 수 있는 법문화에 기반하는 현상이지만 우리 법원에도 시사하는 바가 있다고 본다. 2012년 미국 연방대법원 사건 중 우리나라에 시사점을 제시하는 판결은 행정청 자신이 재정한 행정입법에 대한 해석권한을 다룬 Decker사건이며, 다수의견이 아니라 Scalia 대법관이 제시한 소수의견이 시사점이 큰 것으로 판단된다. 비록 Scalia 대법관의 주장이 소수견해였지만 조만간 미국 연방대법원은 Auer존중에 대해서 심도있는 재검토를 할 것으로 보인다.

주제어: 미국 연방대법원, Chevron존중, Auer존중, 미국 행정판례, 행정청의 법해석권한, 대법관, 상고심, 쉐브론 판결

Abstract

Analyses of Important Administrative Law Cases in 2012 Term of the U.S Supreme Court

Sung-Bae Kim*

This article analyzes important administrative law cases in the 2012 term of the U.S. Supreme Court. The 2012 term of the Supreme Court of the United States began October 1, 2012 and concluded October 6, 2013. The Court has decided 79 cases in the 2012 term. Among of the cases, there are several cases that can be categorized as administrative law cases in the viewpoint of Korean administrative law. The issue of United States v. Bormes was whether the LTA waives sovereign immunity for damages actions brought for violations of the Fair Credit Reporting Act. In Lefemine v. Wideman, the Court deemed an abortion protestor a "prevailing party" entitled to attorney fees under the Civil Rights Attorney's Fee Awards Act. In Arkansas Game & Fish Comm'n v. United States, the Court agreed that such an unconstitutional taking had occurred. ④ In Kloeckner v. Solis, the Court decided that appeals from the MSPB in such cases, particularly where the MSPB has decided the case on procedural grounds, should go to the relevant federal district court, not the Court of Appeals for the Federal Circuit, which ordinarily has jurisdiction over MSPB appeals. In Sebelius v. Auburn Regional Medical Center, the Court held that the 180-day limitation

* Kookmin University College of Law.

was not jurisdictional and that the Department was not arbitrary and capricious. In Los Angeles County Flood Control District v. Natural Resources Defense Council, Inc. an 8-1 decision through an opinion authored by Justice Ginsburg, the Court reversed the decision that a "discharge of pollutants" triggering the Act occurred when storm water flowed out of the concrete-lined rivers and entered downstream, non-lined portions of those waterways. In Decker v. Northwest Environmental Defense Center,the Court concluded, the EPA's interpretation clearly warranted Auer deference; It is well established that an agency's interpretation need not be the only possible reading of a regulation—or even the best one—to prevail. In Wos v. E.M.A. ex rel. Johnson, the Supreme Court concluded that the Medicaid statute's anti-lien provision preempts a North Carolina statute that requires a Medicaid beneficiary to pay the state one-third of any damages. Among of US Administrative case, the Decker has important meaning to Korea administrative law jurist and also hinted that the future of Auer deference may be in question in US.

Keywords: Supreme Court decision, Chevron, Auer, Justice, Scalia, Administrative case, Agency, deference.

투 고 일: 2013. 12. 19
심 사 일: 2013. 12. 24
게재확정일: 2013. 12. 26

最近(2012) 日本 行政判例의 動向 및 分析 硏究

金致煥*

Ⅰ. 처음에

일본에서 2012년도에 제기된 행정분야의 소송은 최고법원 1,021건, 고등법원 3,706건, 지방법원이 4,783건으로 집계되어 있다.[1] 직전년도와 비교할 때 최고법원의 건수는 극히 미미하게 감소했지만 고등법원, 지방법원의 경우에는 소폭 증가했다. 따라서 전체적인 행정소송의 건수는 직전년도에 비하여 증가하였다.

2012년도 행정사건 판례의 특징은 사회적으로도 큰 화제가 된 사건에 관한 최고법원의 판결이 여러 건 등장한 점이다. 이곳에서 다루고 있는 것도 그들 판례에 국한하고 있다. 이들 판례에는 행정법적으로도 매우 흥미 있고 중요한 쟁점들이 다수 포함되어 있어 여러 건의 하급심을 살펴볼 것도 없이 이들 최고법원의 판례에서 설시된 법리들을 파악하는 것만으로 지면이 부족할 정도이다. 2002년도의 행정사건소송법의

---

* 영산대학교 법과대학 교수

1) http://www.courts.go.jp/sihotokei/nenpo/pdf/B24DMIN1－2.pdf

개정으로 도입된 의무이행소송과 중지소송 가운데 중지소송의 적법요건에 관하여 최고법원 차원에서 처음으로 상세한 판단이 내려진 점이나 주민소송청구권을 제약하는 효과를 가진 지방의회의 권리포기의결의 유효성에 대한 최고법원의 판단 등이 그러하다. 노령가산금 폐지사건과 국가제창강제사건의 경우에는 특히 고시와 통달이라고 하는 행정입법과 관련된 사건이라는 점에서 공통점이 있으며 행정입법이 행정현실에서 야기하는 문제에 대한 정치한 법논리에 의한 해법이 제시되고 있어 주목된다.

비록 다양한 종류의 많은 행정소송사건을 다루지는 못했지만 개별 판례만으로도 굵직한 쟁점들을 다수 담고 있는 소수 최고법원의 판례에 대한 고찰을 통해 일본 법원의 수준을 가늠하고 다소라도 우리 행정법리에 참고될 수 있는 사항이 존재하기를 기대한다.

Ⅱ. 주요 행정판례의 분석

1. 행정입법과 재량권의 일탈남용

[① 사건: 2012.2.28. 최고법원 제3소법정판결(平22(行ツ) 392号, 平22(行ヒ) 第416号, ② 사건: 2012.4.2. 최고법원 제2소법정판결(平22(行ヒ) 367号]

(1) 사실의 개요

2003년 7월에 후생노동성은 사회보장심의회 복지부회에 '생활보호제도의 개선에 관한 전문위원회'(이하 '전문위원회'라 한다)를 설치하였다. 동 위원회는 같은 해 12.16.에 중간보고서를 공표하였다. 이때 제시된 의견을 토대로 후생노동대신은 70세 이상의 고령자에게는 노령가산금

(동년도 1급지에서 17,930엔)에 부합하는 특별한 수요가 있다고는 인정되지 않는다고 하여 이를 폐지하기로 하고, 이에 따라 발생할 급격한 변화에 대한 완화조치로서 3년간에 걸쳐 단계적으로 감액 폐지하는 내용으로 보호기준[2]을 개정하였다(2004.3.25.의 감액개정 이후 3회에 걸쳐 이루어진 개정을 '본건 개정'이라 총칭한다). 도쿄도 또는 기따큐슈(北九州) 시내에 거주하며 생활보호를 지급받고 있던 X1들(① 사건 원고, 항소인, 상고인), X2들(② 사건 원고, 항소인, 피상고인)은 각각 본건 개정에 따라 생활부조의 지급액이 감액되는 보호변경결정을 받았고 이에 그 취소를 구하는 소송을 제기하여 본건 개정은 위헌,[3] 위법이라고 주장하였다.

① 사건 1심 도쿄지법 2008.6.26. 판결,[4] 동 항소심 도쿄고법 2010.5.27. 판결[5] 및 ② 사건 1심 후쿠오카(福岡)지법 2009.6.3. 판결[6]은 청구를 기각하였다. 반면에 ② 사건 항소심 후쿠오카고법 2010.6.14. 판결[7]은 1심판결을 취소하고 청구를 인용하였다.

(2) 판결요지 (① 사건: 상고기각, ② 사건: 파기환송)

<①사건>

(i) 생활보호법(이하 '법'이라 한다.) 제3조, 제8조 제2항[8]에서 규정하

---

2) 후생노동대신이 제정한 "생활보호법에 의한 보호의 기준"(1963년 후생성고시 제158호)을 말하며 이하 '보호기준'이라 한다.

3) 일본국헌법 제25조(건강하고 문화적인 최저한의 생활영위권) 위반이라거나 제13조(인간의 존엄과 행복추구권 조항) 위반이라 주장.

4) 平19(行ウ) 75号·平19(行ウ) 94号·平19(行ウ) 95号·平19(行ウ) 96号·平19(行ウ) 97号·平19(行ウ) 98号·平19(行ウ) 99号·平19(行ウ) 100号·平19(行ウ) 101号·平19(行ウ) 102号·平19(行ウ) 104号·平19(行ウ) 105号(判タ1293号86頁, 판례시보 2014호, 48頁)

5) 平20(行コ) 265号(判タ1348号110頁, 판례시보2085호, 43頁)

6) 平18(行ウ) 12号·平19(行ウ) 18号(임금과 사회보장1529·1530호 56頁)

7) 平21(行コ) 28号(판례시보2085호 76頁)

8) 생활보호법 제3조(최저생활) 이 법률에 의하여 보장되는 최저한도의 생활은 건강하고 문화적인 생활수준을 유지할 수 있는 것이어야 한다.
제8조(기준 및 정도의 원칙) ① 보호는 후생노동대신이 정하는 기준에 따라 측

는 "최저한도의 생활은 추상적이고 상대적인 개념으로서 그 구체적인 내용은 당시의 경제적, 사회적, 조건, 일반적인 국민생활의 상황 등과의 상관관계에서 판단 결정되어야 하는 것이며, 이를 보호기준에서 구체화함에 있어서는 고도의 전문기술적인 고찰과 그에 기초한 정책적인 판단을 필요로 하는 것이다.[9] 따라서 보호기준 중의 노령가산금에 관련된 부분을 개정할 때에 최저한도의 생활을 유지하면서 노령인 사실에 기인하는 특별한 수요가 존재한다고 할 수 있는지 여부 및 고령자에 관련된 개정 후의 생활부조기준의 내용이 건강하고 문화적인 생활수준을 유지할 수 있는 것인지 여부를 판단함에 있어서는 후생노동대신에게 위와 같은 전문기술적이고 정책적인 관점에서의 재량권이 인정된다."

(ii) "노령가산금의 전부에 대하여 그 지급근거가 되는 위의 특별한 수요가 인정되지 않는 경우라도 노령가산금의 폐지는 이것이 지급되는 것을 전제로 하여 실제로 생활설계를 수립하고 있던 피보호자에 관하여는 보호기준에 따라서 구체화되어 있는 그 기대적 이익의 상실을 초래하는 측면이 있는 점도 부인할 수 없는 바이다. 그렇다면 위와 같은 경우에 있어서도 후생노동대신은 노령가산금의 지급을 받지 아니하는 자와의 공평과 국가의 재정사정이라고 하는 관점에 기초한 가산금 폐지의 필요성을 고려하면서, 피보호자의 이러한 기대적 이익에 대하여도 될수록 배려하기 위하여 그 폐지의 구체적인 방법 등에 대하여 급격한 변화 완화조치의 요부 등을 포함하여 위와 같은 전문기술적이고 정책적인 관점에서의 재량권이 있다고 하여야 할 것이다."

(iii) "노령가산금의 폐지를 내용으로 하는 보호기준의 개정은 ① 당

정한 요보호자의 수요를 기본으로 하고, 그 중 그 자의 금전 또는 물품으로 충족할 수 없는 부족분을 보충하는 정도로 행하여야 한다.

② 전항의 기준은 요보호자의 연령별, 성별, 세대구성별, 소재지역별 그 밖에 보호의 종류에 따라 필요한 사정을 고려한 최저한도의 생활의 수요를 충족함에 충분한 것으로서 이를 초과하는 것이어서는 아니 된다.

9) 最高裁昭和51年(行ツ) 第30号同57年7月7日大法廷判決·民集36巻7号1235頁.

해 개정시점에서 70세 이상의 고령자에게는 노령가산금에 걸맞는 특별한 수요가 인정되지 아니하고, 고령자에 관한 당해 개정 후의 생활부조기준의 내용이 고령자의 건강하고 문화적인 생활수준을 유지함에 충분하다고 한 후생노동대신의 판단에 최저한도의 생활의 구체화에 관한 판단의 과정 및 절차에 있어서의 과오나 누락의 유무 등의 관점에서 보아 재량권의 범위의 일탈 또는 그 남용이 있다고 인정되는 경우, 또는 ② 노령가산금의 폐지시에 급격한 변화완화 등의 조치를 취할지 여부에 대한 방침 및 이를 취하는 경우에 실제로 선택한 조치가 상당하다고 한 동대신의 판단에 피보호자의 기대적 이익과 생활에의 영향 등의 관점에서 보아 재량권의 범위의 일탈 또는 그 남용이 있다고 인정되는 경우에 법 제3조, 제8조 제2항의 규정에 위반하여 위법하게 된다고 할 것이다."

(iv) 보호기준의 개정은 무직단신세대의 생활부조상당비 지출액을 비교할 때 모든 수입계층에서 70세 이상자의 수요가 60 내지 69세의 자의 그것보다 적었던 통계자료 등 객관적으로 조사된 다양한 통계자료 등에 기초하여 전문위원회가 중간보고에서 제시한 의견에 입각한 것이어서 "70세 이상의 고령자에게 노령가산금에 걸맞은 특별한 수요가 인정되지 않고, 고령자에 관한 본건 개정 후의 생활부조기준의 내용이 건강하고 문화적인 생활수준을 유지함에 충분하지 아니한 정도로까지 저하하는 것이 아니라고 한 후생노동대신의 판단은 전문위원회의 이러한 … 의견에 따라 행하여진 것이며, 그 판단의 과정 및 절차에 과오, 누락이 있다고 해석할 사정은 보이지 않는다."

<②사건>

① 사건 판시 (i)~(iii)과 거의 같은 취지의 판단을 제시한 후 다음과 같이 설시한다.

"원심은 후생노동대신이 전문위원회의 중간보고의 의견을 고려한 검토를 하고 있지 않다고 하지만, 무릇 전문위원회의 의견은 후생노동대신의 판단을 법적으로 구속하는 것이 아니고, 또한 사회보장심의회(복지부회)의 정식의 견해로서 집약된 것도 아니며, 그 의견은 보호기준의 개정에 있어서의 고려요소로서 위치지워야 할 것이다. 또한 2003.12.에 공표된 전문위원회의 중간보고는 … (가) 노령가산금에 부합하는 고령자의 특별한 수요는 인정되지 않는다고 하여 노령가산금의 폐지를 시인하면서, (나) 그 사회생활에 필요한 비용에의 배려문제에 대하여 계속하여 검토할 것 및 (다) 급격한 변화완화조치를 강구할 것을 서술한 것으로서, 전기 사실관계 등에 의하면 2004년도 이후에 본건 개정이 3년간에 걸친 단계적인 감액을 거쳐 가산을 폐지하는 형태로 실시된 점은 상기 (다)의 의견에 따른 것이며, 본건 개정 후에도 생활부조기준의 수준에 대하여 후생노동성에 의한 정기적인 검증이 계속적으로 이루어지고 있는 것도 위의 (나)의 의견을 고려한 것이고, 위의 (가)의 의견에 따라 노령가산금의 폐지를 행한 본건 개정은 중간보고의 의견을 고려한 검토를 하고 있지 않다고 말 할 수 없다."[10]

(3) 검토

가. 쟁송의 배경 – 일본의 생활부조기준과 가산제도

이곳에서는 두 건의 최고법원의 판례를 소개하는데 공히 노령가산금

---

10) 이 판례들에 대하여는 헤아릴 수 없을 정도의 많은 평석이 있다. ① 사건에 대하여 岡田幸人·曹時 65巻9号209頁, 岡田幸人·ジュリ 1449号94頁[最高裁時の判例], 前田雅子·ジュリ臨増 1453号38頁 (平24重判解), 葛西まゆこ·ジュリ臨増 1453号26頁(平24重判解), 片桐由喜·判評 646号2頁(判時2163号148頁), 藤田怜子·訟月 59巻8号2224頁, 新田秀樹·季刊社会保障研究 48巻3号349頁, 榎透·法セ 691号152頁, 石井昇·法セ 689号125頁, 尾形健·法セ増(新判例解説Watch) 11号35頁, 村上裕章·法政研究(九州大学) 80巻1号205頁, 등. ② 사건에 대하여는 岡田幸人·曹時 65巻10号207頁, 岡田幸人·ジュリ 1455号100頁[最高裁時の判例], 前田雅子·ジュリ臨増 1453号38頁(平24重判解), 石森久広·判評 650号2頁(判時2175号116頁), 常岡孝好·民商 148巻2号159頁, 飯田稔·法学新報(中央大学) 120巻3·4号393頁, 豊島明子·法時 85巻2号29頁, 豊島明子·法セ増(新判例解説Watch) 13号35頁 등.

의 폐지를 원인으로 하여 제기된 다툼이라는 점에서 함께 살펴보는 것이 적절하다. 우선 다툼의 원인이 된 노령가산금제도에 관하여 개관한다.

노령가산금은 1970년 4월, 70세 이상의 자를 대상으로 그 전년도에 개시된 노령복지연금을 수입으로 인정하는 것에 대응하여 그것과 동액을 생활부조에 가산하는 제도로서 창설되었다.[11] 이때 노령가산금은 고령자의 특별한 수요, 예를 들면 영화나 연극관람, 잡지구입, 통신비 등의 교양비, 피복이나 안경 등 비용, 난방비나 입욕료 등의 보건위생비와 차나 과자, 과일과 같은 기호품 비용에 충당하게 할 목적으로 기준생활비에 가산되는 형태로 지급되었다. 그 후에도 노령가산금액은 노령복지연금이 증액됨에 따라 함께 증액된다.

그런데 재무성의 심의회인 재정제도 등 심의회의 재정제도분과회는 2003.6.에 2004년도 예산편성에 관한 건의를 제출하고 그 중 노령가산금에 관하여 연금제도개혁논의와 일체적으로 검토할 것, 70세 미만 수급자와의 형평성, 고령자의 소비가 고령이 됨에 따라 감소하는 경향 등으로 보아 그 폐지를 향한 검토가 필요하다는 제언을 한다. 그러자 '경제재정운용과 구조개혁에 관한 기본방침 2003'이 각의결정되고 그 가운데 물가, 자금동향, 사회경제정세의 변화, 연금제도개선 등과의 관계를 고려하여 노령가산금 등의 재검토가 필요하다고 인정되었다.

이에 후생노동성은 2003.7. 후생노동대신의 자문기관으로 사회보장심의회를 설치하고 그 복지부회 내에 생활보호제도의 개선에 관한 전문위원회를 설치하여 검토를 행한다. 그리고 그 중간보고에서 제출된 의견을 토대로 후생노동대신은 "생활보호법에 의한 보호의 기준"을 개정하게 되고 개정된 보호기준에 따라 생활부조금의 지급액이 감액되자 그 수급자들이 각지에서 감액변경결정의 취소를 구하여 제소하면서 사회적 이슈가 된 사안이다.

11) 노령가산 외에도 임산부가산, 모자가산, 장애자가산 등이 있다.

나. 법적 쟁점과 ②사건 항소심의 태도

앞에서 판결요지를 비교적 판결문언대로 인용하려 하였는데 법적 쟁점의 면에서는 특히 주목할 만한 내용을 담고 있다고는 생각되지 않는다. 후생노동성대신이 자신의 자문기관인 사회보장심의회의 중간보고에서의 의견을 참고로 하여 가산금제도에 관한 보호기준을 개정하고, 개정된 기준에 따라 노령가산금의 단계적 폐지가 실시되면서 생활부조금을 감액당한 사람들이 해당 감액결정의 취소를 구하면서 감액처분의 기초가 된 보호기준개정과정의 문제점을 재량의 일탈남용론으로 풀어가려고 시도하고 있는 것이 전부이다. 그리고 이러한 재량의 일탈남용주장을 뒷받침하기 위하여 헌법상의 건강하고 문화적인 생활권이나 생활보호법상의 건강하고 문화적인 최저한도의 생활규정을 제시하고 있다. 장년에 걸쳐 노령가산금을 지급받음에 따라 해당 가산급여를 생활비의 일부로 삼아 생활설계를 수립해 온 피보호자들에게 있어서 그 기대적 이익의 상실을 초래한다는 주장도 역시 처분청의 재량의 일탈남용을 이끌어내기 위한 주요논거가 된다. 따라서 법적 쟁점으로서는 보호기준이라고 하는 행정입법의 개정과정에서의 재량권의 일탈남용 여부가 주된 것이라 생각된다.

이에 대하여 두 사건의 최고법원의 태도는 보호기준의 내용은 법이 규정하는 '건강하고 문화적인 최저한도의 생활'을 충족하는 것이어야 하는데 이 규정문언은 추상적이고 상대적인 개념이어서 그것을 구체적으로 판단하는 것은 매우 전문기술적이고 정책적인 성격의 것임을 강조한다. 왜냐하면 "당시의 경제적, 사회적 조건은 물론 일반적인 국민생활의 상황등과의 상관관계도 고려해야 하고, 노령가산금을 지급받지 않는 자와의 형평의 문제와 국가재정도 고려해야 하며, 피보호자의 기대이익의 상실문제를 배려해야 하는 점 등"에서 고도의 전문기술적인 검토와 그에 기초한 정책적인 판단을 필요로 하기 때문이다.

이어서 보호기준을 개정함에 있어서 전문가로 구성된 전문위원회를 구성하고, 해당 위원회의 제언을 수용하였는데, 동 위원회는 객관적인 통계 등의 수치자료에 입각하여 의견을 제시하고 있는 점, 동 수치자료에 의하면 노령가산금의 지급근거였던 70세 이상 고령자에게 가산급여를 인정할 만한 수요가 존재하지 않았던 점, 피보호자의 기대이익상실에 대한 충격을 완화하기 위하여 3년에 걸친 단계적 감액에 의한 폐지를 시행하고 있는 점 등을 종합적으로 고려하여 재량권의 행사과정에서의 일탈이나 남용은 없다고 결론짓고 있다.

주목할 것은 일본 각지의 유사한 사건에서 원고가 패소하고 있는 상황에서 ②사건의 항소심은 오히려 원고의 청구를 받아들인 점이다. 이때 쟁점이 된 것은 생활보호법 제56조의 불이익변경금지조항이다.[12] 항소심은 우선 단순히 보호기준이 개정되었다는 사실만으로는 생활보호법 제56조에서 규정하는 '정당한 이유'가 있다고는 할 수 없고, 보호기준의 불이익변경 그 자체에 정당한 이유가 없는 한 동조에 위반한다는 해석을 설시하였다. 이어서 보호기준의 불이익변경에 대한 후생노동대신의 판단에 관하여 그 판단요소의 선택과 판단과정에 합리성을 결하는 점이 없는지를 검토하여 그 판단이 중요한 사실적 기초를 결하거나 또는 사회통념에 비추어 현저하게 타당성을 결한다고 인정되는 경우에 한하여 재량권의 일탈 또는 남용으로서 정당한 이유가 없는 불이익변경에 해당한다고 보았다. 그리고 이 사안에서는 노령가산금의 폐지에 의한 지급액의 감소폭이 큰 점, 불이익변경의 판단은 후생노동성 내에 설치된 전문위원회에서의 중간보고의 기재사항을 전제로 하고 있는 점, 그 기재의 중요한 사항에 대하여 검토함이 없이 이루어진 판단이라는 점 등에서 보호기준의 불이익한 변경은 사회통념에 비추어 현저하게 타당성을 결한다고 판시하였다.

12) 생활보호법 제56조(불이익변경의 금지) 피보호자는 정당한 이유가 없으면 이미 결정된 보호를 불이익하게 변경당하지 아니한다.

요컨대 ② 사건 항소심의 태도는 불이익의 정도가 심대한 사안의 경우에는 재량권의 행사폭(범위)이 축소되어[13] 신중한 판단이 요구된다고 주장하고 있는 것으로 생각되고, 그러한 관점에서 단순히 전문위원회의 의견이라고 하여도 그 내용의 타당성에 대한 실질적인 검토 내지 검증 없이 수용한 사실에 대한 경계심을 피력한 부분으로 이해되며, 법리적으로는 최고법원이나 기타 법원의 입장보다 오히려 흥미롭다. 다만, 상고심은 위의 제56조가 "일단 생활보호의 결정이 내려진 후에 그와 다른 불이익한 변경으로부터 기존의 법적 지위를 보장하기 위한 취지"이지 보호기준 자체가 감액개정되어 보호의 내용이 감액결정된 이 사안에는 적용되지 않는다고 보았다.

① 사건 판결은 2004년도부터 실시된 노령가산금의 감액 및 폐지에 대하여 유사한 소송이 일본 각지에서 이어지고 있는 중에 최고법원 차원에서 최초로 합헌과 합법의 판단을 내렸다는 의의가 인정되고 있다.

2. 사용폐지통지의 처분성

[2012.2.3. 최고법원 제2소법정판결(平23(行ヒ) 18号]

(1) 사실의 개요

소외A는 X(원고, 항소인, 피상고인)로부터 임차한 토지(이하 '본건 토지'라 한다.)상에 토양오염대책법(이하 '법'이라 한다.) 제3조 제1항[14] 소정의

13) 또는 재량권 행사시에 고려해야 할 심사사항(심사범위)이 보다 확대되어 고려해야 할 사항임에도 불구하고 이를 하지 아니한 때에는 재량권을 충분히 행사하지 아니한 것이 되어 위법하다는 주장으로도 설명될 수 있다.

14) 토양오염대책법 제3조(사용이 폐지된 유해물질사용특정시설에 관한 공장 또는 사업장의 부지였던 토지의 조사) ① 사용이 폐지된 유해물질사용특정시설(수질오염방지법 제2조제2항에서 규정하는 특정시설<다음 항에서 단순히 '특정시설'이라 한다>로서 동조 제2항 제1호에서 규정하는 물질<특정유해물질인 것에 한한다>을 그 시설에서 제조, 사용 또는 처리하는 것을 말한다. 이하 같다)에 관

유해물질사용 특정시설(이하 '특정시설'이라 한다)[15]을 설치·사용해왔는데, Y시(피고, 피항소인, 상고인)의 시장은 2008.4.17. 본건 시설의 폐지를 확인하였기 때문에 같은 해 8.21.자로 본건 토지의 소유자인 X에게 법 제3조 제2항에 기초한 통지(이하 '본건 통지'라 하고 '동 조항에 기초한 통지 일반을 가리키는 경우에는 '2항 통지'라 한다)를 하였다. 그러자 X는 본건 통지는 행정처분에 해당한다는 전제에서 ① 본건 통지시에 행정절차법 소정의 변명의 기회가 부여되지 않은 점, ② 본건 통지는 법의 해석을 그르쳤다는 점, ③ 본건 통지의 근거가 된 법 제3조는 헌법 제29조(재산권 보장과 손실보상에 관한 규정)에 위반한다는 점 등을 이유로 하여 본건 통지의 취소를 구하였다.

이에 대하여 제1심[16]은 본건 통지는 관념의 통지에 불과하고, 2항

한 공장 또는 사업장의 부지였던 토지의 소유자, 관리자 또는 점유자(이하 '소유자 등'이라 한다)로서 당해 유해물질사용특정시설을 설치한 자 또는 다음 항의 규정에 따라 도도부현지사로부터 통지를 받은 자는 환경성령으로 정하는 바에 따라 당해 토지의 토양의 특정유해물질에 의한 오염상황에 대하여 환경대신이 지정하는 자에게 환경성령으로 정하는 방법에 따라 조사하게 하고, 그 결과를 도도부현지사에게 보고하여야 한다. 다만 환경성령으로 정하는 바에 따라 당해 토지에 대하여 예정되어 있는 이용방법에서 보아 토양의 특정유해물질에 의한 오염에 의하여 사람의 건강에 관한 피해가 발생할 우려가 없다는 취지의 도도부현지사의 확인을 받은 때에는 그러하지 아니한다.

② 도도부현지사는 수질오염방지법 제10조의 규정에 의한 특정시설(유해물질사용특정시설인 경우에 한한다)의 사용폐지의 신고를 받은 경우 그 밖에 유해물질사용특정시설의 사용폐지된 사실을 안 경우에 당해 유해물질사용특정시설을 설치하고 있는 자 이외에 당해 토지의 소유자 등이 있는 때에는 환경성령이 정하는 바에 따라 당해 토지의 소유자 등에 대하여 당해 유해물질사용특정시설의 사용이 폐지된 사실 그 밖에 환경성령으로 정하는 사항을 통지하여야 한다.

③ 도도부현지사는 제1항에서 규정하는 자가 동항의 규정에 의한 보고를 하지 아니하거나 또는 허위의 보고를 한 때에는 정령으로 정하는 바에 따라 그 자에 대하여 그 보고를 명하거나 그 보고의 내용을 시정할 것을 명할 수 있다.

④ 이하 생략

15) 테트라쿠로로에틸렌이라는 유해물질을 사용한 세탁업용의 세정시설.

16) 平成21年 9月 8日 旭川地裁 判決 平20(行ウ) 9号.

통지의 취지 및 법적 효과와 동법의 제 규정에 비추어보면 토지소유자 등에 대한 법적 효력이 확정적으로 발생하고 법 제3조 제1항 소정의 조사보고의무의 실질적 요건을 충족하고 있는지 여부가 최종적으로 판단되는 것은 동조 제3항의 명령발령시라고 한 다음, 동조 제2항의 명령일 발해지기를 기다려 항고소송을 제기하여 구제될 수 있다는 점을 들어 본건 통지의 처분성을 부정하여 소를 각하하였다.

그러나 제2심[17]은 본건 통지는 직접 국민의 권리의무를 형성하거나 그 범위를 확정하는 것이라고 하여 처분성을 인정하였고 이에 Y가 상고하였다.[18]

(2) 판결요지(상고기각)

(i) "(2항) 통지를 받은 당해 토지의 소유자 등은 … 당해 통지를 받은 날부터 기산하여 원칙적으로 120일 이내에 당해 토지의 토양의 법 제2조 제1항 소정의 특정유해물질에 의한 오염상황에 대하여 환경대신이 지정하는 자에게 소정의 방법에 의하여 조사하게 하고, 도도부현지사에게 소정의 양식에 의한 보고서를 제출하여 그 결과를 보고하지 않으면 아니 된다 …. 이들 법령의 규정에 의하면 법 제3조 제2항에 의한 통지는 통지를 받은 당해 토지의 소유자 등에게 상기 조사 및 보고의 의무를 발생시켜, 그 법적 지위에 직접적인 영향을 미친다고 하여야 한다."

(ii) "보고의 의무 자체는 상기 통지에 의하여 이미 발생해 있는 것이고, 그 통지를 받은 당해 토지의 소유자 등은 이에 따르지 아니하고

17) 平成22年10月12日 札幌高裁 判決 平21(行コ) 14号.

18) 이 판결에 대한 평석으로 桑原勇進·ジュリ臨增 1453号43頁(平24重判解), 興津征雄·民商 147巻6号538頁, 江原勲=北原昌文·判例地方自治 359号4頁, 岩本浩史·法教別册 390号6頁(付録·判例セレクト2012 Ⅱ), 大橋真由美·法セ 692号127頁, 三好規正·法セ增(新判例解説Watch) 11号297頁, 岡本博志·法政論集(北九州市立大学) 40巻1·3号67頁가 있다.

상기 보고를 하지 않는 경우에도 신속하게 법 제3조 제3항에 의한 명령이 발해지는 것은 아니므로 조기에 그 명령을 대상으로 하는 취소소송을 제기할 수 있는 것이 아니다. 그렇다면 실효적인 권리구제를 도모한다고 하는 관점에서 보아도 동조 제2항에 의한 통지가 이루어진 단계에서 이를 대상으로 하는 취소소송의 제기가 제한되어야 할 이유는 없다."

(3) 검토

가. 토양오염대책법의 목적과 동법 제3조의 규율구조

기업의 공장터 등의 재개발 등에 따라 중금속, 휘발성유기화합물질 등에 의한 토양오염이 증대하자, 유해물질에 의한 토양오염의 방치가 국민의 건강에 미칠 위해를 예방하기 위하여 토양오염대책법이 제정되었다.[19] 법 제3조는 그러한 입법목적을 실현하기 위한 규율체계의 출발점으로서 유해물질에 의한 오염이 예상되는 토지에 대하여 오염상황을 조사하여 보고할 의무를 부과하는 조항이다. 그에 의하면 조사보고의무를 부담하는 자는 ① 공장 또는 사업장의 부지였던 토지의 소유자, 관리자 또는 점유자(이하 '소유자 등'이라 한다)로서 당해 유해물질사용특정시설을 설치한 자와 ② 유해물질사용특정시설의 사용이 폐지된 사실 그 밖에 환경성령으로 정하는 사항을 소관청으로부터 통지받은 당해 토지의 소유자 등의 두 경우가 있다. 간결하게 표현하면, ①은 (유해물질사용특정시설의) 설치자이고, ②는 (설치자가 아닌 해당 토지의) 소유자 등이다. 그리고 조사보고의무를 부과하는 시점은 '공장, 또는 사업장으로서 관리되지 않게 된 시점'으로 구상함으로써 '시설에 대한 사용폐지가 있게 된 때'로 하고 있다.[20] 문제는 ①을 설치하여 가동하고 있는 자는 해당 시설의 사용폐지사실을 인지하는 데 별 어려움이 없는 데 반하여 단지 시

19) 2003.2.4. 환경성 환경관리국 수환경부장 '토지오염대책법의 시행에 대하여'(環水土 제20호) 제1 참조.
20) 위의 통달 제3 참조.

설설치에 토지를 제공한 데 불과한 소유자 등의 경우에는 사용폐지가 된 사실을 알기에 어려움이 있다. 법이 조사보고의무자로서 별도로 제2항을 두어 "당해 유해물질사용특정시설을 설치하고 있는 자 이외에 당해 토지의 소유자 등이 있는 때에는 환경성령이 정하는 바에 따라 당해 토지의 소유자 등에 대하여 당해 유해물질사용특정시설의 사용이 폐지된 사실 그 밖에 환경성령으로 정하는 사항을 통지"하도록 하고, 그 "통지 받은 자"(동조 제1항)를 조사보고의무자로 규정하고 있는 이유이다.[21]

조사보고의무를 이행하지 않거나 보고내용에 허위가 있는 경우에는 보고명령과 시정명령을 발할 수 있고 그 위반에 대하여는 벌칙이 있다(법 제65조 제1호).

나. 처분성 부정의 논리와 본판결의 논리

본 사안은 본건 통지의 처분성을 부정한 제1심과 이를 긍정한 항소심 및 본판결의 논리가 대립한다. 제1심이 처분성을 부정한 주요논리는 다음과 같다. ① 조사보고의무는 법 제3조 제1항에 따라 발생하고 있고, 2항 통지는 당해 의무의 발생을 알리는 데(그 시기 및 기한을 규정) 불과하다. ② 2항 통지를 받은 것만으로는 조사보고의무의 이행이 강제되지 않고 임의로 이행할 것이 기대되는 데 그친다. ③ 3항 명령을 받은 때에 다투는 것으로 권리구제로서는 충분하다. 그러므로 법은 제3항의 명령을 받은 때에 그것을 다투도록 하고 있고, 2항 통지를 행정소송의 대상에서 제외하고 있다고 해석한다.

이 가운데 우선 ①은 법의 문언에 부합하지 않는다고 지적된다.[22] 법 제3조 제1항에서 규정하고 있는 조사보고의무자 두 경우 중 두 번째

---

21) 특정시설의 설치자는 그 사용폐지시에 당해 토지를 점유하고 있을 것인데, 위의 통달에 의하면 법 제3조 제1항에서 말하는 소유자 등에는 해당하지 아니한다고 보는 것이 통상적이다.

22) 제1심 판결의 논리에 대한 반박은 桑原勇進, Jurist No.1453, 43頁 이하가 자세하며 이하 그것에 다수 의존한다.

의 경우는 동조 제2항에 따라 통지를 받은 후에야 비로소 조사보고의무를 부담하는 주체가 될 수 있기 때문이다. 따라서 조사보고의무가 일률적으로 법 제3조 제1항에 의해 발생한다고 보기 어렵고 통지를 받은 후에 비로소 발생하는 경우도 있다.

다음으로 2항 통지를 받은 자가 조사보고의무를 이행하지 않았다고 하여도 그에 대하여 법상 벌칙이 예정되어 있지 않고 벌칙은 동조 제3항에 의한 보고명령이나 시정명령에 반한 경우에 마련되어 있으므로 2항 통지를 받은 것만으로는 아직 의무의 이행에 강제성이 없다는 ②의 주장은 일응 수긍될 수 있다. 그러나 이에 대하여는 형벌의 유무와 의무발생의 유무는 직접적으로 관계가 없으므로 제1항에 의한 조사보고의무가 법적으로 강제되고 있는 것이 아니라고 하여 법적의무가 발생해 있지 않다고 할 수 없다는 지적이 있다.

③의 논리에 대하여는 그러한 인식 자체가 적절한지 여부가 문제될 수 있는데, 본판결은 권리구제의 신속성이라는 관점에서 이를 부정한다. 판결요지 (ii)에서 설시하고 있는 것처럼, 법 제3조의 규율체계상 2항 통지가 행하여진 후 조사보고를 하지 않는다고 하여 곧바로 3항 명령이 발해지는 것은 아니기 때문이다. 그렇다면 3항 명령이 있기 전까지는 다툴 수 있는 방법이 없게 되어 권리구제의 관점에서 취약하므로 2항 통지가 발해진 단계에서 다투도록 하는 것이 적절하다는 생각이다. 만일 3항 명령이 발해질 때까지 조사보고의무의 존재에 대하여 다툴 수 없다고 하면 언제까지라도 불안정한 상태가 계속되어 토지의 처분에 지장을 초래할 우려가 있다.[23)]

다. 본판결에 대한 평가와 일본판례상 처분성의 확대경향

제1심은 제2항의 통지 외에 별도로 제3항의 명령규정을 두고 제3

23) 다만 현실적으로는 토지의 매매 등에 있어서 토양오염의 유무의 조사가 이루어지는 것이 통상적이어서 이러한 불편한 사정이 어느 정도 의미가 있는지에 대하여는 의문도 제기된다. 桑原勇進, 위의 글, 44頁.

항의 명령위반에 대하여는 벌칙까지도 규정하여 강제하고 있는 점에 비추어 2항 통지를 처분으로 보지 않고 3항 명령만을 처분으로 보아 항소소송으로 다투게 하는 것이 입법자의 의도라고 이해하였다. 제3항의 명령규정을 따로 설치하고 있는 점을 중시하면 제1심의 견해도 이해 안 되는 바는 아니고, 또 굳이 당해 통지를 처분으로 이론구성하지 않더라도 조사보고의무부존재확인의 소의 형태로 구제할 수 있는 방법이 고려될 수 있는 점에서 본판결의 결론에 대하여 의문이 제기되기도 한다.

그러나 처분이라는 개념이해에 충실한다면, 본 사안에서 소관청의 통지를 받아야 비로소 조사보고의무를 부담하는 주체가 되는 규율구조를 부인할 수 없다.[24] 다시 말하면 적어도 이 사안에서는 통지가 되어야 의무가 발생하는 구조로 되어 있고, 행정청의 통지행위를 개재함이 없이 법정 사유인 특정시설에 대한 사용폐지 사실만으로 소유자 등의 조사보고의무가 발생하는 것은 아니므로 본판결의 논리가 보다 우세하다고 할 것이다. 본판결이 권리구제의 신속성이라는 관점에서 명령이전의 통지 단계에서도 다툴 수 있게 하는 것이 적절하다는 점도 제시하고 있지만 그러한 사유는 부수적인 것이고 본건 통지의 처분성을 긍정함에 있어서 주된 논거라고 생각되지는 않는다.

참고로 일본판례가 권리구제의 실효성이라는 관점에서 처분성을 인정하기 위한 기존의 요건들을 관대하게 해석하며 처분성을 확대하는 경향에 있음이 지적되고 있다. 본판결에서 권리구제의 신속성 논리를 제시한 점도 이와 무관하지 않다고 할 것이다.[25]

---

24) 그 의무가 현실로 벌칙 등에 의하여 강제되고 있는가는 별개이다.

25) 한편 본건 통지에 처분성을 인정할 때에 다음과 같은 부수적인 쟁점이 행정법적으로 제기될 수 있는데 의미가 있어 소개해 둔다. ① 2항 통지(불이익처분)시에 행정절차법의 여러 관련규정이 적용될 수 있는지 여부, ② 3항 명령이 처분인 사실은 아마도 문제없이 인정되리라 생각하므로 3항 명령시에도 마찬가지의 절차를 취할 (이중으로 동일한 절차를 취할) 필요가 있는지 여부, ③ 2항 통지가 처분이라고 하면 출소기간의 제한에 따라 3항 명령에의 위법성의 승계가 인정되게 되는지 여부, ④ 2항 통지만으로 3항 명령을 할 것까지도 없이 행정대집행이

3. 행정처분중지소송 및 의무부존재확인소송의 적법성 [2012.2.9. 최고법원 제1소법정판결(平23(行ツ) 第177号, 平23(行ツ) 第178号, 平23(行ヒ) 第182号]

(1) 사실의 개요

Y1(도쿄도 교육위원회 - 피고, 항소인, 피상고인)의 교육장은 도립학교의 각 교장 앞으로 ① 입학식, 졸업식 등에서 교직원은 국기를 향하여 기립하여 국가를 제창하고, 그 제창은 피아노반주 등에 의하여 할 것, ② ①에 따른 교장의 직무명령에 복종하지 않는 경우 복무상의 책임을 추궁당할 수 있음을 교직원에게 주지시킬 것 등을 내용으로 하는 통달(이하 '본건 통달'이라 한다)을 발하였다.[26] 식전행사 때마다 각 교장은 위의 통달에 따른 직무명령(이하 장래 발령될 것을 포함하여 모두 '본건 직무명령'이라 한다)을 발하고 그때마다 Y1은 직무명령을 위반한 교직원들을 징계처분하였다.[27] 비위행위를 반복한 경우에는 처분이 가중되어 대체로 1회째는 계고,[28] 2~3회째는 감봉, 4회째 이후는 정직이지만 면직처분은 내려지지 않는다.

도립학교 교직원, 전직한 직원[29] X들(원고, 피항소인, 상고인)은 국기

가능한지 등이 그러하다. 桑原勇進, 앞의 글, 44頁.

26) 학교교육법과 동법 시행규칙에 따라 공표된 고등학교 학습지도요령(문부성 고시)에는 '교육과목'과 함께 교육과정을 구성하는 '특별활동'의 '학교행사' 가운데 '의식적(儀式的) 행사'의 내용에 대하여 "학교생활에 유의미한 변화나 전기를 마련하고, 엄숙하고 청신한 기분을 맛보고, 새로운 생활의 전개에의 동기부여가 되는 활동을 할 것"이라고 규정하고, '특별활동'의 '지도계획의 작성과 내용의 취급'에 대하여 "입학식이나 졸업식 등에서는 그 의의를 고려하여 국기를 게양하고, 국가를 제창하도록 지도한다"고 규정하고 있다.

27) 지방공무원법 제32조(법령 등 상관의 직무상의 명령에 복종할 의무) 등 위반.

28) 일본의 징계처분 중에는 가장 경한 것이라는 점에서는 우리의 견책에 가깝다고 할 수 있다.

29) 학교를 퇴직하고 시교육위원회로 이동한 자 등.

를 향해 기립하고 국가제창을 강제하는 행위가 사상·양심의 자유, 신교의 자유, 표현의 자유, 교육의 자유 등을 침해하는 것이라 주장하며 그들 가운데 재직자들인 X들이 Y1을 상대로 ① 국기를 향하여 기립하여 국가를 제창할 의무, 그때 피아노반주를 할 의무가 없다는 사실의 확인(이하 '본건 확인의 소'라 한다), ② 이들 의무위반을 이유로 하는 징계처분의 중지를 구하고(이하 '본건 중지의 소[30]'라 한다), 동시에 X들 전원이 Y2(도쿄도 - 피고, 항소인, 피상고인)를 상대로 위자료 등의 손해배상을 구하여 4차에 걸쳐 제소하였다.[31]

제1심[32]은 Y1에 대한 본건 확인의 소와 본건 중지의 소를 무명항고소송으로, Y2에 대한 상기 중지의 소를 법정항고소송으로 취급하되 모두 적법한 소라고 받아들인 후에 ①②의 청구를 일부인용하고, 손해배상청구는 전부인용하였다.

이에 대하여 원심[33]은 상대방 당사자의 여하를 묻지 않고, 본건 확인의 소를 무명항고소송, 본건 중지의 소를 법정항고소송으로 규정한 다음, 본건 통달의 행정처분성을 인정한다. 그 논거는 본건 통달이 본건 직무명령과 불가분일체의 관계에 있고 본건 직무명령을 받은 교직원에게 조건부로 징계처분을 받는다는 법적 효과를 발생시킨다고 보기 때문이다. 따라서 본건 통달에 대하여는 취소소송이나 무효확인소송(이하 '취소소송 등'이라 한다)을 제기하고 집행정지를 신청하는 구제방법을 취할 수 있으므로 본건 확인의 소 및 본건 중지의 소(예방적 금지소송)는 처분

30) 일본용어상 중지의 소는 우리의 경우 '예방적 부작위소송' 또는 '예방적 금지소송'에 해당하는데 일본역에 충실하여 '중지의 소'로 변역하되 전후 문맥상 특히 예방적 금지의 측면을 강조해야 할 경우에는 ( )안에 병기하는 형태로 인용하기로 한다.

31) 2004년 개정 행정사건소송법의 시행 후에는 상기 ①②에 대하여도 피고는 공히 Y2(도쿄도)가 된다. 손해배상을 구한 원고의 수는 401명에 이르렀다.

32) 도쿄지법 2004.9.21.판결 平16(行ウ) 50号·平16(行ウ) 223号·平16(行ウ) 496号·平17(行ウ) 235号, 판례시보1952호 44혈, 判タ1228号88頁.

33) 도쿄고법 2011.1.28.판결 平18(行コ) 第245号, 판례시보2113호 30혈, 判タ1364号94頁.

의 작위 또는 부작위에 의한 손해를 피하기 위하여 달리 적당한 쟁송방법이 없다고 하는 보충성의 요건을 결하여 부적법하다고 하여 이를 각하하였다. 또한 본건 통달 및 본건 직무명령은 위헌, 위법한 것은 아니라고 하여 본건 배상청구를 기각하였다. 이에 X들이 상고 및 상고수리 신청을 하였다.

(2) 판결요지(상고기각)

위의 각 소는 "당해 각 청구의 내용 등에 비추어보면 각각 본건 통달에 따라 발해진 본건 직무명령에 따르지 아니함에 의한 징계처분 등의 불이익의 예방을 목적으로 하는 것이며, 이를 목적으로 하여 본건 확인의 소는 본건 직무명령에 기초한 공적의무의 부존재의 확인을 구하고, 본건 중지의 소는 본건 직무명령의 위반을 이유로 하는 징계처분의 중지를 구하는 것을 해석되는 바, 이러한 목적에 따른 쟁송방법으로서 어떠한 소송유형이 적절한지를 검토하는 전제로서 우선 본건 통달의 행정처분성의 유무가 검토"되어야 한다.

(i) 본건 통달, 본건 직무명령의 처분성

본건 통달은 "상급 행정기관인 Y1이 관계하급행정기관인 도립학교의 각 교장을 수범자로 하여 그의 직무권한의 행사를 지휘하기 위하여 발한 것으로서 개개의 교직원을 수범자로 하는 것이 아니고, 본건 직무명령의 발령을 기다리지 않고 당해 통달 자체에 의하여 개별 교직원에게 구체적인 의무를 부과하는 것이 아니다."

본건 통달에는 교직원이 직무명령에 따르지 않을 경우 "복무상의 책임을 추궁당할 수 있다는 사실의 주지를 명하는 취지의 문언"이 있는데 이는 "국가제창시의 기립제창과 피아노반주의 실시가 필요에 따라 직무명령에 의하여 확보될 것을 전제로 하는 취지로 해석되지만 본건 직무명령의 발령을 명하는 취지 및 그 범위 등을 시사하는 문언은 포함되어 있지 않고, 구체적으로 어느 범위의 교직원에 대하여 본건 직무명령을 발할 것인지 등에 대하여는 개별 식전행사 및 교직원별 개별적인 사정에 따라 각 교장의 재량에 맡겨져 있는 것으로 해석된다."

"본건 직무명령의 위반에 대하여 교직원의 책임을 묻는 방법도 징계처분에 한정되어 있지 않고, 훈시(訓告)나 주의 등도 포함할 수 있는 표현이 채택되어 있고, 구체적으로 어떠한 문책방법을 취할 것인지는 개별 교직원별로 개별적인 사정에 따라 Y1의 재량에 의할 것이 전제로 되어 있다고 해석된다. … 따라서 본건 통달로써 본건 직무명령과 불가분일체로 동시할 수는 없으며, 본건 직무명령을 받는 교직원에게 조건부로 징계처분을 받는다고 하는 법적효과를 발생시킨다고 볼 수도 없다."

그렇다면 본건 통달은 "행정조직의 내부에 있어서 상급행정기관인 Y1으로부터 관계하급행정기관인 도립학교의 각 교장에 대한 시달 내지 명령에 그치며, 그 자체로써 교직원 개인의 권리의무를 직접 형성하거나 그 범위를 확정하는 것이 법률상 인정되어 있다고는 볼 수 없으므로 항고소송의 대상이 되는 행정처분에는 해당하지 않는다."

또한 본건 직무명령도 교과목과 함께 교육과정을 구성하는 특별활동인 도립학교의 의식적(儀式的) 행사에 있어서 "교육공무원으로서의 직무수행의 방법에 관한 교장의 상관으로서의 직무상의 지시를 내용으로 하는 것으로 교직원 개인의 신분이나 근무조건에 관한 권리의무에 직접 영향을 미치는 것이 아니므로 항고소송의 대상이 되는 행정처분에는 해당하지 않는다."

(ii) 중지소송의 소송요건(일정한 처분이 내려질 개연성)

"본건 중지의 소 가운데 면직처분의 중지를 구하는 소는 당해 처분이 행하여질 개연성을 결하여 부적법"하다.[34)]

---

34) 본건 중지의 소는 면직, 정직, 감봉, 견책의 4종의 처분에 대하여 제기되었는데

(iii) 중지소송의 소송요건(중대한 손해가 발생할 우려)

"행정청이 처분을 하기 전에 법원이 사전에 그 적법성을 판단하여 중지를 명하는 것은 국민의 권리이익의 실효적인 구제 및 사법과 행정의 권능의 적절한 균형이라는 견지에서 그와 같은 판단과 조치를 사전에 하지 않으면 아니될 만큼의 구제의 필요성이 있는 경우이다."

"'중대한 손해가 발생할 우려'가 있다고 인정되기 위해서는 처분이 행하여짐으로써 발생할 우려가 있는 손해가 처분이 행하여진 후에 취소소송 등을 제기하여 집행정지의 결정을 받게 되는 등에 의하여 용이하게 구제를 받을 수 있는 것이 아니고, 처분이 행하여질 때에 중지를 명하는 방법에 의하지 아니하면 구제를 받는 것이 곤란할 것을 요한다."

"본건 통달을 고려하여 징계처분이 반복계속적이고 누적가중적으로 행하여질 위험이 현실로 존재하는 상황하에서는 사안의 성질 등으로 인하여 취소소송 등의 판결확정에 이르기까지에 상응하는 기간을 요하고 있는 사이에 매년도 2회 이상, 도립학교의 졸업식이나 입학식 등의 식전행사시에 다수의 교직원에 대하여 본건 직무명령이 반복하여 발령되어 … 징계처분이 반복계속적이고 누적가중적으로 발해지면 사후적인 손해의 회복이 현저하게 곤란하게 될 것"이어서 "일련의 누차의 징계처분이 발해짐으로써 발생할 손해는 처분이 행하여진 후에 취소소송 등을 제기하여 집행정지결정을 받는 등으로 용이하게 구제를 받을 수 있다고는 할 수 없고, 처분이 발해지기 전에 중지를 명하는 방법에 의하지 아니하면 구제를 받는 것이 곤란"하여 면직 처분 이외의 징계처분에 대한 "본건 중지의 소에 대하여는 상기 '중대한 손해가 발생할 우려'가 있다."

(iv) 중지소송의 소송요건(보충성)

본건 통달 및 본건 직무명령은 처분에 해당하지 않으므로 "취소소송 등 및 집행정지의 대상이 되지 않는 것이며, 또한 … 본건에서는 징

그 중 면직처분에 관한 한 그것이 발해질 개연성을 부정한 것이다.

계처분의 취소소송 등 및 집행정지와의 관계에서도 보충성의 요건을 결하는 것은 아니다."

(v) 따라서 피상고인들에 대한 본건 중지의 소 가운데 면직처분의 중지를 구하는 소를 각하한 원심의 판단은 결론에 있어서 시인할 수 있으며, 면직처분 이외의 징계처분의 중지를 구하는 소를 부적법 각하한 원판결에는 이 점에서 법령의 해석적용을 그르친 위법이 있고, 논지는 그 한도에서 이유가 있으나, 당해 중지청구는 이유가 없어 기각을 면할 수 없는 것인 이상 불이익변경금지(행소법 제7조, 민소법 제313조, 304조 참조)의 원칙에 따라 위의 소에 대하여도 상고를 기각하는 것에 그칠 수밖에 없고 원판결의 상기 위법은 결론에 영향을 미치지 않는다.

(vi) 공적의무 부존재확인소송(무명항고소송)의 적법성

직무명령의 위반을 이유로 한 불이익처분의 예방을 목적으로 하는 무명항고소송으로서의 당해 직무명령에 기초한 공적 의무의 부존재의 확인의 소에 있어서도 보충성의 원칙이 요구된다고 전제하고, 본건에 있어서는 "법정항고소송으로서 본건 직무명령의 위반을 이유로 하여 행하여진 개연성이 있는 징계처분의 중지의 소를 적법하게 제기할 수 있으며, 그 본안에서 본건 직무명령에 기초한 공적 의무의 존부가 판단의 대상이 되는 이상, 본건 직무명령에 기초한 공적 의무의 부존재의 확인을 구하는 본건 확인의 소는 상기 징계처분의 예방을 목적으로 하는 무명항고소송으로서는 법정항고소송인 중지의 소와의 관계에서 사전구제의 쟁송방법으로서의 보충성의 요건을 결하고, 달리 적당한 쟁송방법이 있어 부적법"하다.

(vii) 공적의무 부존재확인소송(당사자소송)의 적법성

본건 확인의 소는 행정처분에 관한 불복소송으로서 구성하는 경우에는 장래의 불이익처분인 징계처분의 예방을 목적으로 하는 무명항고

소송이 되지만 “본건 통달을 고려한 본건 직무명령에 기초한 공적의무의 존재는 그 위반이 징계처분의 처분사유라는 평가를 받음에 따라 근무성적의 평가를 통한 승진 등에 관련된 불이익이라고 하는 행정처분 이외의 처우상의 불이익이 발생할 위험의 관점에서도 도립학교의 교직원의 법적 지위에 현실적인 위험을 발생시킬 수 있다고 할 수 있으므로 이러한 행정처분 이외의 처우상의 불이익의 예방을 목적으로 하는 소송으로서 구성하는 경우에는 공법상의 당사자소송의 한 유형인 공법상의 법률관계에 관한 확인의 소로 해석된다.”

“처우상의 불이익이 반복계속적이고 누적가중적으로 발생하여 확대될 위험이 현실로 존재하는 상황하에서는 매년도 2회 이상의 각 식전행사를 계기로 하여 위와 같은 처우상의 불이익이 반복계속적이고 누적가중적으로 발생하여 확대되면 사후적인 손해의 회복이 현저하게 곤란하게 될 것을 고려하면 본건 직무명령에 기초한 공적 의무의 부존재의 확인을 구하는 본건 확인의 소는 행정처분 이외의 처우상의 불이익의 예방을 목적으로 하는 공법상의 법률관계에 관한 확인의 소로서는 그 목적에 입각한 유효적절한 쟁송방법이라고 할 수 있고, 확인의 이익”이 긍정된다.

(3) 검토

가. 이 사건의 특징과 소송의 종류

이 사건에 대하여는 몇 가지의 특징을 지적할 수 있다. 우선 다툼의 직접적인 원인을 제공한 것이 통달이라는 점이고, 다음으로 그 통달의 취지에 따른 직무명령이 있는 점, 해당 직무명령에 따르지 아니하는 교직원에 대한 징계처분의 범위가 내부방침상 위반 횟수에 따라 계고, 감봉, 정직으로 가중되지만 면직은 포함되지 아니한 점, 통달에서 하달한 식전행사에서의 국가제창이나 피아노반주를 명하는 교장의 직무명령은 입학식과 졸업식이 있으므로 매년 최소 2차례는 발령된다는 점, 앞으로도 입학식과 졸업식은 계속 있을 것이므로 직무명령은 한 해로 그치지 않고 장래의 여러 해에 걸쳐 계속 발령될 것이 예상되는 점, 따라서 또한 당해 직무명령에 위반하는 사례도 계속 발생할 것이라는 점 등이라고 할 수 있다. 판결의 표현을 빌리면 이른바 장래에 향하여 반복계속적이고 누적가중적인 피해가 예상되고 있는 것이다.

이러한 사안의 특수성 하에서 앞으로도 계속될 직무명령위반에 따른 징계처분의 불이익을 해소하기 위해서는 크게 두 가지의 방법이 고안될 수 있다. ① 하나는 문제의 발단이 된 원인인 통달 또는 그 통달에 따라 이루어진 직무명령을 무력화시키는 것이고, ② 다른 하나는 그것이 불가능할 경우 장차 내려질 직무명령 위반에 따른 징계처분을 저지하는 것이다. 만일 통달 그 자체의 취소 내지 무효를 이끌어낼 수 있다면 상고인들로서는 원천적인 권리구제가 가능할 것이다. 그러나 그렇지 못하다면 장래 지속적으로 발생할 것이 거의 확실한 불이익에 대하여 사전에 저지할 수 있는 방법을 고안하지 않으면 아니 될 것이다.35)

여기서 상고인들이 택한 방법은 (i) 국가제창과 피아노반주를 할 의무가 없다는 확인을 구하는 방법과 (ii) 이들 의무위반을 이유로 한 징계처분의 발령을 중지하는 방법의 두 가지였다. 전자가 이른바 '공적의무 부존재 확인의 소송'이고, 후자가 '중지의 소(예방적 금지소송)'이다. 상고인들이 택한 (i)과 (ii)의 방법은 위의 ①과 ② 중 ②에 가까운 대응이라고 할 수 있다. 통달이나 직무명령 그 자체의 취소나 무효를 구하지 아니하고, 그로 인하여 발생한 공적 의무가 존재하지 않는다는 확인을 통하여 장래의 직무명령에의 복종에서 벗어나고 이미 발생한 징계처분에 대하여도 그 기초를 무너뜨려 구제받고자 하는 것이기 때문이다.36)

35) 이미 내려진 징계처분에 대하여 개별적으로 다투는 방법도 있지만 매년 발령될 것이 당연히 예상되는 징계처분들에 대하여 그러한 처분이 현재화된 후에만 권리구제가 가능하다는 것은 권리구제의 실효성 측면에서 수긍하기 어려운 점이 있다.

36) 물론 공적의무의 부존재의 확인과정에서 통달이나 직무명령의 위법을 다투는 것

무릇 통달이나 직무명령이 처분이 아니라는 전제에서는 통달이나 직무명령 그 자체의 취소소송이나 무효소송은 근본적으로 불가능하다고 판단한 때문일 수도 있다.37)

주의할 것은 상고인들이 제기한 '공적의무 부존재 확인의 소'는 두 가지의 종류가 있는 점이다. 판결요지에서 검토되고 있는 것처럼 '무명항고소송의 성질을 가지는 것'과 '당사자소송의 성질을 가지는 것'이 그러하다.38) 따라서 본 사건과 관련하여 심리되고 있는 소송의 종류는 '중지의 소'와 함께 '무명항고소송으로서의 공적의무 부존재 확인의 소'와 '당사자소송으로서의 공적의무 부존재 확인의 소'의 3가지이다.

나. 이 사건에서의 중지의 소의 가능성

일본의 행정사건소송법은 2004년도의 개정에서 중지의 소(예방적 금지소송)를 도입하고 있다. 행정사건소송법 제37조의4는 그 요건을 법정하고 있는데, ① 일정한 처분이 내려질 개연성이 있을 것, ② 처분을 중지시키지 않으면 중대한 손해가 발생할 우려가 있을 것, ③ 중대한 손해를 피하기 위하여 달리 적당한 방법이 없을 것(보충성)의 세 가지가 핵심이다.39) 본판결은 이에 대하여 상세한 판단을 내리고 있어 중지의 소의 요건을 이해함에 있어 참고가 된다.

이 사건의 경우 판결요지에서 소개한 바와 같이 징계처분 중 내부방침상 발령되지 않을 면직처분의 경우를 제외하고는 계고, 감봉, 정직처분이 내려질 개연성이 인정되었고, 그러한 처분이 추후 반복계속적이

은 간접적이기는 하지만 ①의 방법인 통달이나 직무명령을 무력화시키는 측면도 있다.

37) 원심은 본건 통달을 행정처분으로 보았다.

38) 상고인들은 부존재 확인의 소에 관하여 1차적으로는 '무명항고소송'이라 주장하면서도 무명항고소송으로서는 부적법하다면 '공법상의 당사자소송'으로 취급하여 심리해 줄 것을 요구하였다.

39) 그 외에도 처분의 중지를 구할 법률상의 이익이 존재해야 하는 것(행정사건소송법 제37조의4 제3항) 등의 요건이 있다.

고 누적가중적으로 행하여질 위험은 회복하기 어려운 중대한 손해에 해당한다고 보았다. 보충성의 요건과 관련하여서도 통달이나 직무명령이 처분이 아니어서 그에 대한 취소소송 등으로 구제받을 길이 없고 징계처분을 기다린 후에 다투게 하여서는 회복이 곤란한 중대한 손해가 인정된다는 점에서 보충성의 원칙도 충족한다고 보았다. 따라서 중지청구의 본안에 대한 심리에 들어갔으나 본건 직무명령이 위헌무효가 아니어서 공적의무가 부존재한다고 볼 수 없고, 징계처분을 함에 있어서 재량권의 일탈남용이 있다고도 볼 수 없어 결론에 있어서는 중지의 청구는 배척하고 있다.

다. 무명항고소송으로서의 공적의무 부존재 확인의 소의 가능성

무명항고소송은 행정처분에 관한 불복을 내용으로 하는 소송이되 행정사건소송법이 규정하고 있지 아니한 소송유형이다. 상고인들은 공적의무 부존재확인의 소로도 대응하였는데 그것이 무명항고소송의 성질을 가지는 것이라면 공적의무를 발생시킨 원인인 본건 통달 및 본건 직무명령에 대한 불복이 될 것이므로 본건 통달 및 본건 직무명령이 처분일 것이 전제되어야 한다. 그러나 본판결은 그 처분성을 부정하므로 무명항고소송으로서의 공적의무부존재 확인의 소는 부적법하다고 보았다. 대신에 판결은 직무명령의 위반을 이유로 하는 불이익처분의 예방목적 무명항고소송의 가능성도 검토하였으나, 예방목적의 항고소송이라면 달리 구제의 방법이 없는 보충성의 원칙이 준수되어야 하고, 법정항고소송으로서 중지의 소(예방적 금지소송)가 이미 마련되어 있으므로 그것에 의할 것이 요구되어 무명항고소송으로서의 의무부존재확인의 소는 적법하지 않다고 판시하였다. 이러한 판례의 논리는 수긍할 수 있으며 매우 정치하다고 생각된다.

라. 공법상 당사자소송으로서의 공적의무 부존재확인의 소의 가능성

본판결은 똑같은 의무부존재확인의 소라도 이 사건에서 당사자소송으로서의 공적의무 부존재확인의 소는 확인의 이익도 존재하고 적법하다고 보았다. 이 경우에는 징계처분에 불복한다는 항고의 색채를 벗고, 징계처분으로 인하여 현실적으로 발생하는 승진 등의 장해와 같은 불이익한 처우를 면하기 위한 목적으로 구성할 수 있어 공법상의 법률관계에 관한 확인의 소의 가능성을 긍정하였다. 외형상으로는 모두 의무부존재확인의 소임에도 불구하고 그 성질여하에 따라 가능성이 갈리는 결과로 나타나는 점이 흥미롭다.

마. 본판결의 의의

본판결은 2004년의 행정사건소송법 개정에 의하여 법정항고소송으로서 창설된 중지의 소의 소송요건인 "중대한 손해가 발생할 우려"에 대하여 최고법원으로서 처음으로 판단기준을 제시하고, 그 요건해당성을 긍정한 사례이다. 2004년 개정 후에 무명항고소송의 법정항고소송과의 관계에 있어서 보충성의 요건과, 공법상의 당사자소송 중 공법상의 법률관계에 관한 확인의 소로서의 예방적 확인소송상의 확인의 이익 등에 대하여도 법적 판단을 제시하고 그 확인의 이익을 긍정한 것으로 이론의 면에서는 물론 실무상으로도 중요한 의의가 인정된다.[40]

방론이기는 하지만 통달과 직무명령의 처분성과 관련하여 원심이 제시한 통달과 직무명령의 불가분일체론이라는 논리도 비록 본판결에서는 배척되었지만 논리자체로서는 주목할 만하다. 직무명령에 따르지 아니하면 징계를 하겠다는 내용의 통달이라면 통달 그 자체가 직무명령과 일체가 되어 교직원이 직무명령위반 조건으로 징계처분을 받게 되는 법적 효과를 발생시킨다는 구조로 이해된다. 그러나 본판결이 적절히 지

---

40) 判例タイムズ1371号 99頁.

적하고 있는 것처럼 본건 통달은 특정 징계처분을 명하고 있지 않으며 국가제창 등을 하지 아니하면 징계될 수 있음을 교직원들에게 주지시키라는 교장에 대한 지시이므로 개별 교직원의 법적 지위에 직접 영향을 주는 바가 없다.

4. 주민소송판결과 지방의회의 포기의결

[① 사건: 2012.4.20. 최고법원 제2소법정판결(平22(行ヒ) 102号, ② 사건: 2012.4.23. 최고법원 제2소법정판결(平22(行ヒ) 136号]

(1) 사실의 개요

[①사건] 고베시(神戸市, 이하 '시'라 한다)는 '공익법인 등에의 일반직 지방공무원의 파견 등에 관한 법률'(2004년 개정전. 이하 '파견법'이라 한다)에 기초하여 시의 직원(퇴직자 포함)을 의료기관인 재단법인 등의 외곽단체에 파견하고 있으며, 그들 외곽단체에 대하여 파견직원의 급여상당액을 포함하는 보조금 등을 지급하고 있었다.

이에 대하여 시의 주민 X(원고, 피항소인, 피상고인)는 이러한 보조금 등의 지출이 파견법 제6조제2항[41]의 절차에 의하지 아니하는 위법한 급여의 지급에 해당한다고 생각하여 지방자치법 제242조의2 제1항 제4호에 기초하여 시의 집행기관인 시장Y(피고, 항소인, 상고인)를 상대로 2005

---

41) 제6조(파견직원의 급여) ① 파견직원에 대하여는 그 파견의 기간 중 급여를 지급하지 아니한다.
② 파견직원이 파견처 단체에서 종사하는 업무가 지방자치단체의 위탁을 받아 행하는 업무, 지방자치단체와 공동으로 행하는 업무 또는 지방자치단체의 사무 혹은 사업을 보완하거나 지원한다고 인정되는 업무로서 그 실시에 의하여 지방자치단체의 업무 혹은 사업의 효율적 또는 효과적인 실시가 도모된다고 인정되는 경우 또는 이들 업무가 파견처 단체의 주된 업무인 경우에는 지방자치단체는 전항의 규정에도 불구하고 파견직원에 대하여 그 파견의 기간 중 조례로 정하는 바에 따라 급여를 지급할 수 있다.

년도 및 2006년도의 보조금 등의 지출당시의 시장이었던 A에 대하여 상기 보조금 등 가운데 파견직원의 급여상당액에 대하여 손해배상청구를 할 것, 상기 외곽단체에 대하여 마찬가지로 부당이득반환청구를 할 것 등을 구하는 소를 제기하였다. 제1심[42]은 X의 청구를 일부인용하는 판결을 내렸다.

이러한 보조금 등의 교부에 대하여는 지출년도 등에 따라 복수의 주민소송이 제기되고 있으며 항소심의 구두변론 종결 후에 유사한 보조금에 관한 별건소송에 대하여 원고의 청구를 일부인용하는 판결[43]이 내려졌다. 그러자 시의회는 본건에 관련된 시의 손해배상청구권 등을 포기하는 내용을 포함하는 조례를 의결하였다. 원심[44]은 재차 구두변론을 행한 후에 상기의결이 의결권의 남용에 해당한다고 하여 그 효력을 부정하고, X의 청구를 일부인용하는 판결을 내렸다. 이에 Y가 상고하였다.

[②사건] 토치기현의 구 우지이에마을(氏家町, 이하 '마을'이라 한다.)[45]이 정수장용지의 취득을 검토하고 있었던바, B는 후보지에 인접하는 토지건물을 약 4,500만엔에 경락하고, 마을에 그 매각을 신청했다. 그 후 B는 마을이 의뢰한 부동산감정사 C에 의한 본건 토지의 감정결과(감정평가액 2억 7,390만엔)를 알고, 당시의 마을의 장으로서 마을을 대표한 A와의 사이에 매매계약(매각가격 2억 5,000만엔)을 체결하였다.

마을의 합병 후의 사꾸라시(이하 '시'라 한다)의 주민 X(원고, 피항소인, 피상고인)는 정수장용지로서 당해 토지를 구입할 필요성은 없고 그 대금액도 적정가격에 비하여 현저하게 고액이어서 당해 토지에 대한 매매계약의 체결은 위법하다고 하여 지방자치법 제242조의2 제1항 제4호

42) 고베지법 2008.4.24. 판결 平18(行ウ) 第43号.
43) 오사까고법 2009.1.20. 판결
44) 오사까고법 2009.11.27. 판결 大阪高裁平20(行コ) 第88号, 平20(行コ) 第140号.
45) 町은 市, 村과 함께 일본의 기초자치단체 중의 하나이다.

에 기초하여 시장 Y(피고, 항소인, 상고인)를 상대로 A에 대하여 손해배상청구 등을 할 것을 구하는 소를 제기하였다.

제1심[46]은 X의 청구를 일부인용하였다. 항소심의 구두변론종결 후 판결언도까지의 사이에 시의회는 정수장용지로서의 필요성 등을 이유로 하여 A에 대한 손해배상청구권을 포기하는 내용의 의결을 행하고, Y로부터 A에게 통지하였다. 원심[47]은 시의회의 의결은 위법 무효라고 하여 항소를 기각하였다. 이에 Y가 상고하였다.

(2) 판결의 요지(①사건 : 파기자판, ②사건: 파기환송)

두 판결에 공통되는 판시내용은 다음과 같다.

"보통지방자치단체의 의회의 의결을 거친 후에 그의 장이 채권의 포기를 하는 경우에 그 포기의 실체적 요건에 대하여는 지방자치법 그 밖의 법령에서 이를 제한하는 규정은 존재하지 않는다. 따라서 지방자치법에서는 보통지방자치단체가 그 채권의 포기를 함에 있어서 그 의회의 의결 및 장의 집행행위(조례에 의한 경우에는 그의 공표)라고 하는 절차적 요건을 충족하고 있는 한 그 적부의 실체적 판단에 대하여는 주민에 의한 직접적인 선거를 통하여 선출된 의원에 의하여 구성되는 보통지방자치단체의 의결기관인 의회의 재량권에 기본적으로 맡겨져 있다고 할 것이다. 하지만 동법에서 보통지방자치단체의 집행기관 또는 직원에 의한 공금의 지출 등의 재무회계행위 또는 해태사실에 관한 위법사유의 유무 및 그 시정의 요부 등에 대하여 주민이 관여하는 재판절차에 의한 심사 등을 목적으로 하여 주민소송제도가 설치되어 있는 바, 주민소송의 대상으로 되어 있는 손해배상청구권 또는 부당이득반환청구권을 포기하는 내용의 의결이 내려진 경우에 대하여 보면, 이러한 청구권이 인정되는 경우는 다양하며, 개별사안별로 당해 청구권의 발생원인인 재무

46) 우쓰노미야지법 2008.12.24. 판결, 平17(行ウ) 第15号, 判例地方自治 335号20頁.
47) 도쿄고법 2009.12.24. 판결, 平21(行コ) 第27号, 判例地方自治 336号10頁.

회계행위 등의 성질, 내용, 원인, 경위 및 영향, 당해 청구권의 포기 또는 행사의 영향, 주민소송의 계속유무 및 경위, 사후의 상황 그 밖의 제반사정을 종합적으로 고려하여 이를 포기함이 보통지방자치단체의 민주적이고 실효적인 행정운영의 확보를 목적으로 하는 동법의 취지 등에 비추어 불합리하고 상기 재량권의 범위의 일탈 또는 그 남용에 해당한다고 인정되는 때에는 그 의결은 위법하게 되며, 당해 포기는 무효가 된다고 해석하는 것이 상당하다. 그리고 당해 공금의 지출 등의 재무회계행위 등의 성질, 내용 등에 대하여는 그 위법사유의 성격과 당해 직원 또는 당해 지출 등을 받은 자의 귀책성 등이 고려대상이 되어야 한다."

(3) 검토

가. 논점과 배경

지방자치단체가 위법한 재무회계행위를 한 직원 등에 대하여 가지는 손해배상청구권 또는 부당이득반환청구권의 행사를 구하는 주민소송(이른바 4호청구)이 제기된 경우에 당해 지방자치단체의 의회는 당해 지방자치단체가 가지는 권리를 포기하는 내용의 의결을 함으로써 당해 직원 등의 손해배상책임이나 부당이득반환책임을 면제할 수가 있는지가 이들 사건에서 문제가 된 주된 논점이다.[48][49]

이곳에서는 두 건의 최고법원 판례만을 인용하였으나 일본에서는

48) 지방자치법상 지방의회의 의결에 의한 감면제도는 ① 제96조 제1항 제10호에 의한 감면(배상청구권의 포괄적인 포기)과 ② 제243조의2 제8항에 의한 감면(출납회계직원에 대한 감면)의 두 경우가 있는데 이 사건 판례를 포함하여 현재 다투어지고 있는 것은 ① 제96조 제1항 제10호에 의한 감면의 경우이다.

49) ① 사건 판결에 대한 평석으로 木村琢磨·ジュリ臨増 1453号55頁(平24重判解), 飯島淳子·論究ジュリ 3号128頁, 橋本博之·判評 654号7頁(判時2187号153頁), 岡田正則·ジュリ別冊 215号188頁(地方自治判例百選 第4版), 曽和俊文·民商 147巻4·5号367頁 등이, ② 사건 판결에 대한 평석으로 吉村浩一郎·ジュリ 1444号8頁, 木村琢磨·ジュリ臨増 1453号55頁(平24重判解), 橋本博之·判評 654号7頁(判時2187号153頁), 斎藤誠·法教別冊 390号11頁(付録·判例セレクト2012 Ⅱ) 등이 있다.

최근에 주민소송이 제기된 후에 의회가 지방자치단체의 장이나 공무원 개인에 대한 손해배상청구권 내지 부당이득반환청구권 등의 채권포기를 의결하는 사례가 증가하고 있어 학계 및 실무계에서 큰 논의를 불러일으키고 있다. 이러한 문제는 2002년의 지방지차법의 개정으로 종래의 4호 주민소송의 구조가 변화된 것에 기인하는 점이 지적된다.

종래에는 원고 주민이 지방자치단체를 대위하여 지방자치단체에 피해를 주거나 지방자치단체로부터 부당이득을 얻은 자를 상대로 하여 손해배상청구, 부당이득반환청구 그 밖의 소를 제기하는 구조의 주민소송이었다(구 4호소송). 그러나 지방자치법의 개정 후에는 주민이 지방자치단체의 집행기관 등을 피고로 하여 배상청구·부당이득반환청구등을 할 것을 구하는 소송(신 4호소송)과 그 판결에 기초한 배상 또는 부당이득반환의 청구 등과 이를 위한 소송이라고 하는 2단계의 구성으로 바뀌었다.[50] <주민 대 가해자(지방자치단체의 재정손실을 발생케 한 자)>의 직접적인 구조가 <주민 대 지방자치단체의 집행기관>, <집행기관 대 가해자>의 2단계의 구조(간접적)로 변화된 것이다. 이에 따라 가해자에 대하여 손해배상 등을 구하는 청구권은 직접 주민에게 있는 것이 아니고 집행기관의 지배범위 내에 있게 된다. 여기서 구 4호 소송의 경우 지방자치단체를 대위하여 배상 등을 청구하는 권리는 주민의 지배범위 내에 있어 그에 대한 포기의 관념을 생각하지 못하다가 2단계의 구조로 바뀐 신 4호소송하에서는 청구권이 지방자치단체 자신의 지배범위에 있다고 생각되어 아예 그 권리를 포기해버리는 방법이 시도된 것으로 이해된다.[51][52] 다만, 지방자치단체가 자신의 권리를 왜 포기하려 하는지

50) 安本典夫, "住民訴訟新四号訴訟の構造と解釈", 立命館法学2003年6月号(292号), 383頁.

51) 이러한 측면을 엿볼 수 있는 문헌으로서 小川正, "住民訴訟判決と地方議会の放棄議決(上)", 自治総研通巻413号, 2013年3月号, 73頁以下.

52) 손해배상청구권의 포기가 유효하게 되면 신 4호청구의 전제가 소멸하게 되어 법원은 문제가 된 재무회계행위의 위법성 판단을 할 필요가 없게 된다. 그 결과 그 판단이 없는 채로 주민측의 청구는 기각된다. 다른 한편, 포기결의는 손해배

가 의문이 되는데, 그 이유는 그간 4호 소송을 통한 손해배상 등의 금액이 매우 거액이었다는 사정이 있다. 거액의 손해배상액 등을 인정하는 판결이 빈번하여 지방자치단체의 장이나 직원 등에게 과도한 부담이 지워졌기 때문에 그에 대한 대항책으로서 권리자체의 포기에 착안하게 되었다는 것이다.

그러나 이러한 권리의 포기는 실질적으로 주민들의 주민소송청구권을 무의미하게 만들어 주민소송을 인정한 제도취지에 반하는 점이 있으므로 뜨거운 논란이 되었다.

나. 학설

지방의회의 권리포기의결의 효력에 대하여 학설은 긍정설과 부정설이 대립한다.

부정설로서는 주민소송의 제도취지에 반한다고 하는 것,[53] 의회의 판단을 법원의 판단에 우선시키는 것이 되어 3권분립의 취지에 반한다는 것, 의회 내지 장의 선관주의의무(민법 제644조) 내지 성실집행의무(지방자치법 제138조의2)에 반한다고 하는 것,[54] 공익원칙에 반한다고 하는 것, 비송사건절차법 제88조의 유추적용을 이유로 하는 것 등이 있다. 이에 대하여 긍정설로서는 지방자치법 제96조 제1항 제10호의 문언을 중시하는 것, 민주적으로 선거된 지방의회의 결정은 최대한 존중되어야 한다는 것,[55] 직원의 배상책임의 과중부담 등에 의한 실제적인 불합리를 고려하는 것, 메이지21년의 시제·정촌제 이래의 연혁에 기초한 것, 재정통제의 기본원리에 기초한 것 등이 있다. 다만 어느 입장에 의하든 의회의 재량권의 일탈·남용이 인정되는 경우에 의결이 위법하게 된다는

상청구권의 존재를 전제로 하기 때문에 의회는 당해 재무회계행위가 위법함을 인정한 것이 된다. 그러나 법원의 판단이 내려지지 않으므로 동일한 재무회계행위가 반복될 가능성이 있다. 小川正, 위의 논문, 각주(4).

53) 斎藤誠·法教353号2頁.

54) 阿部泰隆·判時1955号3頁 외 다수.

55) 木村琢麿·自研86巻5号54頁.

점에서는 대개 일치하고 있다고 한다.[56] 다수설은 원칙적으로 위법설의 입장이라는 견해가 있다.[57]

다. 판례의 태도

주민소송의 제기를 무력하게 하는 의회의 권리포기의결의 효력에 대하여 그동안 판례도 유효하다는 입장과 무효라는 입장이 대립되어 있었는데[58] 이 사건 판결들은 이를 원칙적으로 유효하다고 보아 그동안의 하급심판례의 혼란에 종지부를 찍는 중요한 의미를 가진다. 이 사건 판결들은 ① 민주적으로 선거된 지방의회의 정통성에 따라 그의 결정을 존중해야 한다는 법리적인 측면과 ② 그동안에 주민소송제도를 통하여 인용된 직원에 대한 배상책임이 실로 과중했다는 현실에 대한 반성이라고 하는 사실적 내지 정책적인 측면에서 원칙적으로 주민소송에 의한 배상책임 등을 추궁하는 기회를 차단하는 의회의 권리포기의결의 효력을 긍정한다. 다만, 그에 의하면 궁극적으로 주민소송의 4호청구의 존재가치가 상실될 우려가 있고 그것은 동 청구의 도입취지와 상반되어 주민소송제도 그 자체도 위협할 수 있는 문제와의 조화를 꾀하기 위하여 재량권의 일탈·남용이론을 통하여 원칙 유효의 범위를 일정한도에서 제한한다.

이어서 재량권의 일탈·남용의 판단에 있어서는 당해 공금의 지출 등의 재무회계행위 등의 성질, 내용 그 밖의 제반 사정을 종합적으로 고려하여야 한다고 하고 있으며 주민소송의 계속(繫屬)의 유무나 경위는 어디까지나 고려사유의 하나에 그친다고 본다. 따라서 “주로 주민소송제도에서의 당해 재무회계행위 등의 심사를 회피하여 제도의 기능을 부정할 목적으로 이루어지는 등, 주민소송제도의 취지를 몰각하는 남용적

56) 木村琢麿, Jurist No. 1453, 56頁.
57) 判例タイムズ1383号 121頁.
58) 해당 긍정 또는 부정의 판례들에 관하여는 宇都宮純一, 金沢法学55巻2号(2013), 259頁 이하 참조.

인 것에 해당하는지 여부"가 평가되게 된다.

두 판결에서 千葉勝美판사는 보충의견으로 주민소송제도의 취지를 몰각하여 당연히 위법하게 되는 의결례로서 ① 장의 손해배상책임을 인정하는 법원의 판단 자체가 법적으로 오류임을 의회로서 선언하는 것을 의결의 이유로 하거나, ② 일부의 주민이 선거에서 선출된 장의 개인책임을 추급하는 것 자체가 부당하다고 하여 의결을 한 것과 같은 경우를 들고 있는데 이들은 극히 예외적인 상황으로 이해된다.[59]

라. 본판결의 의의

① 사건 판결에 경우에는 의회가 주민소송의 대상이 되는 부당이득반환청구권을 포기하는 의결을 한 경우에 ② 사건 판결의 경우에는 주민소송의 대상이 되는 손해배상청구권을 포기하는 의결을 한 경우에 최고법원이 각각 그 의결의 적법성에 관하여 처음으로 그 판단의 틀을 제시하였다는 점에서 중요하게 평가되고 있다.

Ⅲ. 맺으며

이상에서 소개한 판례들은 이미 본문에서도 지적한 대로 그 각각에 대하여 수많은 평석이 배출되어 있을 정도로 학계의 주목을 받은 판례이고 또한 문제의 사안들은 사회적으로 화제가 되기도 한 사건들이다. 따라서 될수록 일본에서 논의되고 있는 많은 내용을 전달하고자 하였지만 논의 범위의 양적 방대함과 법리적 깊이에 개인의 능력부족이 가해져서 충분히 전달할 수 없었던 것은 유감이다.

그럼에도 불구하고 국기를 향하여 기립하여 하는 국가제창과 피아노반주를 강제하는 직무명령의 사례는 작금의 일본의 우익화경향과 관

59) 木村琢麿, Jurist No. 1453, 56頁.

련하여 일본의 사회상을 엿볼 수 있는 기회를 주는 동시에 2004년 일본의 행정사건소송법이 개정되면서 새로이 도입된 중지의 소의 요건에 관하여 최고법원 차원에서 최초의 해석이 내려진 것이라는 점에서 의무이행소송과 예방적 부작위소송의 도입을 고려한 우리의 행정소송법의 개정논의를 돌아보는데 있어서 유익할 것으로 사료된다(제3사례). 또한 주민소송에 관한 사례는 주민소송으로서의 손해배상청구 등에 대하여 아예 지방자치단체의 권리를 포기하는 의결로 대항하는 것 자체가 표현이 적절할지 염려되지만 익살스러우면서도 매우 기발하다는 생각이 들며 우리의 경우에는 그러한 문제가 발생할 여지가 없을지 돌아보게 한다(제4사례). 통지에 대하여 처분성을 인정한 판례는 통지의 처분성이 간간히 다투어지고 있는 우리에게도 의미가 있다고 생각되고(제2사례) 노령가산금의 폐지에 관한 사례는 오랜 기간에 걸쳐 지급되어 온 관계로 이미 개인의 생활설계에 반영되어 지출되어 온 이익에 대한 고려가 필요하다는 주장 등은 부수적인 논점이기는 하지만 수익적 처분의 철회와 관련하여 생각하게 하는 부분이 있다(제1사례).[60] 노령가산금 폐지사건은 고도의 전문기술적재량의 문제로 풀고 있는데 이른바 판단여지를 긍정하는 견해에 의하면 판단여지론으로 논하게 될 문제라 생각된다.

60) 須藤正彦판사는 보충의견에서 40년 이상의 장년에 걸쳐 보호기준이 제정되어 운영되어 왔고 그 적법성이 다투어짐이 없이 존속되어 온 경우에는 피보호자가 계속적으로 생활부조의 일부로서 지급받을 수 있다고 관계자도 포함하여 강하게 신뢰하고, 그 위에 제반 생활관계를 설계하고 있다고 할 수 있으므로 특히 그 신뢰를 보호할 필요가 있다는 점을 지적하고 있다.

참고문헌

葛西まゆこ, ジュリ臨増 1453号, 26頁(平24重判解).
岡本博志, 法政論集(北九州市立大学) 40巻1·3号, 67頁.
江原勲＝北原昌文, 判例地方自治 359号, 4頁.
岡田正則, ジュリ別冊 215号, 188頁(地方自治判例百選 第4版).
岡田幸人, ジュリ 1449号, 94頁[最高裁時の判例]
岡田幸人, ジュリ 1455号, 100頁[最高裁時の判例]
橋本博之, 判評 654号7頁(判時2187号153頁).
吉村浩一郎, ジュリ 1444号, 8頁.
大橋真由美, 法セ 692号, 127頁.
藤田怜子, 訟月 59巻8号, 2224頁.
木村琢磨, ジュリ臨増 1453号, 55頁(平24重判解).
飯島淳子, 論究ジュリ 3号, 128頁.
飯田稔, 法学新報(中央大学) 120巻3·4号, 393頁.
三好規正, 法セ増(新判例解説Watch) 11号, 297頁.
常岡孝好, 民商 148巻2号, 159頁.
桑原勇進, ジュリ臨増 1453号, 43頁(平24重判解).
石森久広, 判評 650号, 2頁(判時2175号116頁).
石井昇, 法セ 689号, 125頁.
小川正, 自治総研通巻413号(2013年3月号), 73頁.
新田秀樹, 季刊社会保障研究 48巻3号, 349頁.
安本典夫, 立命館法学2003年6月号(292号), 383頁.
岩本浩史, 法教別册 390号, 6頁(付録·判例セレクト2012 Ⅱ).
宇都宮純一, 金沢法学55巻2号(2013), 259頁.
前田雅子, ジュリ臨増 1453号, 38頁(平24重判解).
村上裕章, 法政研究(九州大学) 80巻1号, 205頁.

片桐由喜, 判評 646号, 2頁.
豊島明子, 法時 85巻2号, 29頁.
興津征雄, 民商 147巻6号, 538頁.
斎藤誠, 法教 353号, 2頁.
斎藤誠, 法教別冊 390号, 11頁(付録・判例セレクト2012 II).
曽和俊文, 民商 147巻4·5号, 367頁.

국문초록

2012년도에 일본에서 주목받은 판례들은 다수인에게 영향을 준 행정작용의 효력이 다투어진 것이 두드러진다. 노령가산금의 폐지사건은 70세 이상의 고령자에게 지급되어 온 노령가산금을 감액·폐지함으로써 해당 급부를 받아오던 수많은 고령자의 불복으로 인한 소송이 전국적으로 제기되어 주목받았고, 국가제창사건의 경우는 입학식과 기념식 등에서 매년 국가제창 등을 강제당할 다수의 교직원들에 의한 소송이었다. 주민소송의 청구에 대항하는 지방의회의 권리포기의결의 사건은 위의 두 가지와 성질이 조금 다르기는 하지만 유사한 사건이 전국 각 지방자치단체에서 발생하여 사회적 파장이 만만치 않았던 경우이다.

이곳에서는 4건의 판례만을 다룰 뿐이었지만 그 속에는 법리적으로 상당히 비중 있는 쟁점들이 존재하였다. 제1사례에서는 노령가산금의 폐지가 '생활보호법에 의한 보호의 기준'이라고 하는 고시에 의하여 이루어진 상황에서 재량권의 일탈남용론이 검토되었고, 제2사례에서는 통지는 대개 처분성을 지니지 못함에 반하여 일본의 토양오염방지법 제3조에서 규정하는 통지는 처분으로서 취소소송의 대상이 됨이 확인되었다. 제3사례에서는 2004년도에 행정사건소송법이 개정되면서 도입된 중지소송(예방적 금지소송)의 요건에 관하여 처음으로 최고법원 차원에서 판단이 내려졌고, 제4사례는 지방의회의 권리포기의 의결이 과연 주민소송을 저지하는 결과를 초래하더라도 유효할 것인지가 법리적으로 치밀하게 검토되었다.

이들 가운데 특히 중지소송의 요건에 관한 최고법원의 해석은 동일한 취지의 항고소송의 도입이 논의되고 있는 우리의 행정소송법의 개정에도 참고될 수 있다고 생각되고, 사용폐지통지의 취소사건도 통지의 처분성이 간간히 다투어지는 우리의 실정과 비교하여 의미 있는 사례라 생각된다.

사회적으로 주목받은 판례 속에는 대개의 경우 그 사회의 모습도 반영되어 있다는 점에서 중요한 법리에 관한 수확에 더하여 2012년 한 해의 일본의 이슈들을 접해보는 기회가 될 것을 기대한다.

주제어: 행정입법의 적법성, 통지의 처분성, 예방적 금지소송, 무명항고소송, 지방의회의 의결에 의한 채권의 포기

Abstract

A study on the recent trend of the administrative law casees (2012) in Japan

Kim, Chi Hwan*

There are many Japanese precedents on the validity of administrative operations that affect many persons in 2012. For examples, case on the abolition of additional allowance for the elderly people over 70 years of age, case on the cancellation of disciplinary actions in regard to chorus of Japan's national anthem, case on the validity of the Local Assembly decision to disclaim and so on.

There are only four cases dealt with in this paper, but they include many important legal issues. The 1st case is on the abuse of discretion in administrative legislation, and the 2nd case on the possibility to revoke notification in administrative litigation. The 3rd case is on the action for preliminary injunction, and the last on the relation between the residents suit and Local Assembly's waiver decision. Particularly we need to note the 3rd among the above cases because the type of preliminary injunction action is considered in our country. The case on the cancellation of notification is also worthy of notice. Because there are sometimes similar disputes to demand notification revocation in our country.

Upon the premises that the figure of the society would be

* Youngsan University

reflected in the precedents generally, the paper anticipates people can get the chance to look into the Japanese society of 2012 through judicial precedents.

Key words: Legality of administrative legislation, Possibility of appeal litigation against notification, Preliminary injunction action, Unnamed appeal litigation, Local assembly's decision on the waiver of a right

투 고 일: 2013. 12. 19
심 사 일: 2013. 12. 24
게재확정일: 2013. 12. 26

最近(2012) 獨逸 行政判例의 動向과 分析

桂仁國*

Ⅰ. 연구의 목적과 방법

법학은 전세계 보편적으로 타당한 기준을 정하기 쉽지 않으며 현실세계의 급속한 변화에 대해 다른 학문분과보다 더욱 민감하게 반응하여야 한다. 이런 의미에서 각국의 다양한 법질서와 해석방법론에서 차이점과 공통점을 도출하는 비교법적 연구는 조금이라도 더 보편성에 근접할 수 있는 법적 기준을 정하기 위한 필수적 연구방법이라 할 것이다. 이 비교법적 연구에서 간과해서는 안 될 부분은 바로 연구대상이 되는 국가의 사법부가 내리는 판례를 분석하는 것이다.

외국판례의 분석은 기본적으로 미시적인 비교법 연구에 속하는바, 이를 통해 각국의 법제와 사건 현황을 포착함으로써 향후 국내에서 참고할 수 있는 제도의 운영이나 사건의 예측적 검토에 기여할 수 있다. 다른 한편으로는 보다 거시적으로 해외 각국의 사법부가 판례를 통해

* 법학박사, 고려대학교 강사.

보여주는 법해석방법을 검토하므로 전반적인 판례의 동향은 물론, 해당 국가의 이론적 기반을 검토하여 다시 국내의 법학발전에 이바지할 수도 있다.

본 연구는 독일 연방행정법원(Bundesverwaltungsgericht)의 2012년도 선고 판례를 통해 위와 같은 비교법적 판례분석을 행하여 국내 판례법의 발전은 물론 행정법이론의 발전에도 기여할 수 있는 바를 모색하는 데에 목적을 두고 있다. 한국행정판례연구회는 이미 다년간의 해외 행정판례 동향과 분석 성과를 축적해두고 있다. 이전의 연구 성과와 계속성을 유지하기 위하여 본 연구에서도 기존의 연구와 동일한 순서를 취하도록 하였다. 먼저 독일연방행정법원의 2013년도 연례 언론 회견 자료(Jahrespressegespräch 2013)[1]에 소개된 독일연방행정법원의 2012년도 업무수행 현황을 검토하도록 한다. 이어서 2012년도 주요 판례를 선정하여 소개하기로 한다. 판례의 분석은 각각의 대상판결이 다루고 있는 사안에서 실체법, 절차법 및 쟁송법상의 개념이나 법원칙들이 어떻게 적용되고 있는지와 이 개념의 근거법규의 해석방법을 주된 관점으로 삼고자 한다. 그 외에 주목할 만한 사건은 영역별로 다루도록 할 것이다.

각각의 판례연구는 먼저 사실관계와 그 경과를 간단히 소개한 후 주요 판결요지를 따로 언급한 뒤, 판례의 분석내용은 연방행정법원의 판결문을 직접 텍스트로 하여 발췌정리하는 방식으로 진행될 것이다.

1) 전년도 연구성과에서 이미 소개된 바와 같이 독일연방행정법원은 연례언론회견 자료를 홈페이지를 통해 제공하고 있다. 비교법적 판례연구의 계속성을 위해 각종 개념정의나 표현의 번역 역시 가급적 전년도 연구에서 사용된 번역례에 일치하도록 하였음을 밝혀둔다.

II. 독일연방행정법원의 업무수행 현황

1. 개 관

2012년도 독일연방행정법원의 접수사건은 총 1,502건으로 전년도인 2011년의 1,655건에 비하여 9.2%가량 감소하였다. 그 중 1,461건이 처리되어 연말까지 계류 중인 사건은 786건으로 2011년 1,672건이 처리되어 745건이 계류 중이었던 것보다 다소 증가하였다. 최근 5년간의 현황을 볼 때, 연방행정법원에 접수되는 사건 수는 2011년을 제외하고는 계속 감소하고 있다. 다만 당해 법원이 시심이자 종심으로 관할하고 있는 인프라시설 프로젝트(Infrastrukturvorhaben)에 대한 사건이 큰 폭으로 증가하였음이 특이사항으로 보여진다.

2. 상고절차와 재항고절차에서의 처리기간

상고절차의 기간은 전년도에 비해 다소 증가되었다. 판결을 통한 종국절차는 2011년도 12개월 22일 소요된 반면 2012년은 평균 13개월 18일 소요되었다. 전체 상고절차기간은 2011년 평균 11개월 14일에서 2012년도는 12개월 12일 소요되었다. 최근 5년간 통계자료에서 볼 때, 판결을 통한 종국절차기간은 2012년도에 최장기간이 소요된 것으로 나타났다.

한편, 재항고절차기간은 전년도 평균 4개월 1일에서 2012년 평균 3개월 26일로 단축되었다. 재항고절차의 50. 1%는 접수 후 3개월 이내에, 77. 5 %는 6개월 안에 종결되었다.

3. 인프라시설 프로젝트에 대한 시심절차

앞서 언급한 바와 같이 인프라시설 프로젝트에 대한 법적 분쟁은 연방행정법원이 시심이자 종심으로서 관할하고 있다. 전년도 51건에서 66건으로 약 29.4% 가량 큰 폭으로 증가하였으며 임시적 권리구제절차의 접수 9건에서 22건으로 증가하였다.

영역별로 보면 국도법에서 26건이 접수되고 10건의 임시적 권리구제가 신청되었으며, 철도법에서 12건과 7건의 임시적 권리구제신청이, 수로법에서 13건과 1건의 임시적 권리구제신청, 에너지설비구축법에서 8건과 4건의 임시적 권리구제신청, 그리고 항공교통법에서 7건으로 각각 나눠진다.

시설계획법(Fachplanungsgesetzen)에서 연방행정법원의 시심관할에 놓여진 총 110개의 인프라계획을 각각 열거하면, 2012년에 12건의 프로젝트가 행정사건절차의 대상이 되었으며 그 중 4건이 국도프로젝트, 4건이 철도프로텍트, 1건의 수로프로젝트와 3건의 에너지시설프로젝트이다. 인프라시설 프로젝트에 대한 소송절차기간은 2011년 11개월 7일에서 11개월로 다소 단축되었다.

4. 업무현황

2012년 업무현황은 상고부의 경우 업무연도의 개시 당시 계류 중인 사건이 646건이며 접수된 사건은 1,353건, 종국사건은 1,304건이며 업무연도 종료 당시 계류 중인 사건은 695건이다. 군사부의 경우 2012년 업무연도 개시 당시 계류 중인 사건은 97건이며 접수된 사건은 148건, 종국사건은 156건이며 업무연도 종료 당시 계류 중인 사건은 89건이다.

III. 주요 행정판례의 분석

1. 행정행위의 개념요소로서 “규율(Regelung)”: 사법시험불합격처분(BVerwG 6 C 8.11 – Urteil vom 23. 5. 2012)

가. 사실관계 및 경과

원고는 2001년 사법시험 제1차시험에 탈락하였고 재시험으로 1개의 과제와 4과목의 감독시험을 마쳤으나 이들 역시 합격점수에 달하지 못한다는 평가를 받게 되었다. 2005년 5월 3일 사법시험관리청은 원고에게 불합격을 통지하였고 이에 대하여 원고는 과제뿐만 아니라 4과목의 감독시험 평가에 대해 행정심판을 청구하였다. 원고는 2006년 4월 24일 재결을 받아 다시 새로운 과제를 작성하도록 허가받았으나 기존 평가점수와 재시험 응시에 대한 청구는 기각되었다. 원고는 다시 새로 지정받은 과제를 작성하여 제출하였으나 이전의 평가점수로 인해 재차 합격점수에 이르지 못하게 되었고 시험관리청은 2007년 1월 24일 재시험불합격을 통지하였다. 원고는 새로운 과제의 평가뿐만 아니라 이전에 완료된 감독시험의 평가에 대해 취소소송을 제기하였다. 원심은 이 평가에 불가쟁력이 있으므로 다툴 수 없다는 이유로 청구를 각하하였다.

나. 주요 판결요지

[1] 법원은 공권력의 행사가 당사자의 권리를 침해하는지 여부에 대해서는 법적, 사실적 근거를 전체적으로 고려하여 판단할 수 있는 것인바, 수험생은 시험결과에 대해서도 이를 주장할 수 있다.

[2] 개별시험성적의 부과는 불가쟁력을 가지는 규율이 아니라, 단지 시험의 합격과 불합격의 결정에 대한 법적으로 비독립적인 기초를 형성하는 것일 뿐으로 사법심사절차에서 그 적법성을 심사받을 수 있다.

다. 판례의 분석

연방행정법원은 먼저 원고가 시험결과에 대해 소송을 통해 다툴 수 있는지에 대하여, 법원은 공권력의 행사가 당사자의 권리를 침해하는지 여부에 대해서는 법적, 사실적 근거를 전체적으로 고려하여 판단할 수 있는 것인바, 수험생은 시험결과에 대해서도 이를 주장할 수 있는 것이라고 하였다. 다만 소송유형에 있어서 수험생의 권리보호이익은 취소소송의 제기보다 재결정명령소송(지령소송: Bescheidungsklage)의 형식에 의한 의무이행소송의 제기에 의하는 것이 최선일 것이라고 간접적으로 확인하고 있다.

시험성적에 대한 사법심사의 문제는 행정작용에 있어 불가쟁력(존속력)이 발생하는 경우에 문제된다. 존속력의 제도상 취지는 법적 안정성의 목적에 의해 정당화되고, 행정소송법상 제소기간 등의 규정으로 형성되며, 헌법상 재판청구권에 반하지 않는다.[2] 본 사안에서 쟁점은 개별 시험성적이 독립적으로 다투어질 수 있는 것인지, 다시 말해 시험의 합격 또는 불합격의 결정이라는 전체 행정행위의 비독립적 전제조건인지, 아니면 각각 규율로서 성격(Regelungscharakter)이 인정되는 부분적 행정행위(Teilverwaltungsakt)이며 불가쟁력이 발생하면 다툴 수 없게 되는 것인지이다. 이 문제는 연방행정절차법 제35조 1문 소정의 규율(Regelung)인지와 그에 따른 존속력을 갖게 되는지 여부이다.[3]

본래 시험의 개별점수는 그 자체로 독립적인 법적 의미를 가지지 못하고 단지 행정청이 합격과 불합격을 결정하는 기초자료를 형성하는 것이다. 재판부는 본 판결에서, 개별 시험성적의 점수부과는 존속력을 가지게 되는 규율이 아니라고 보았으며, 독립적으로 법적 의미를 가지는 것이 아니라, 단지 시험의 합격과 불합격의 결정에 대한 법적으로 비

2) BVerfGE 60, 253 (269).

3) 이에 대하여는 U. Stelkens, in: Stelkens/Bonk/Sachs(Hrsg.), VwVfG, 7. Aufl. "2008," § 35, Rn. 204 f.

독립적인 기초를 형성하는 것일 뿐으로 그 결과 사법심사절차에서 그 적법성을 심사받을 수 있다고 하였다. 다시 말해 본 사안에서 개별감독 시험의 성적평가는 행정절차법 제35조 1문에서의 의미의 규율이 아니며 이에 따라 존속력이 인정되지 않는다고 보았다.

라. 평가

연방행정법원의 이 판례를 통해 원고와 같은 시험응시자가 그의 전체점수에 대하여 소송을 제기하는 경우 개별 시험성적에 대해서도 포괄적으로 새로 평가되도록 할 수 있게 되었다. 또한 전체점수를 얻은 후에 이에 대해 제소한다는 시점 역시 제시되었다는 데에도 의미가 있다.

2. 각 행정작용의 실체법적 개념과 법적 근거의 해석

(1) 허가규정의 체계적, 역사적 해석: 화장터 건축허가와 공공필요 및 보장책임(BVerwG 4 C 14. 10 – Urteil vom 2. 2. 2012)

가. 사실관계 및 경과

피고 행정청은 참가인의 토지에 장례식장을 포함한 화장터(이하 '이 사건 화장장'이라고 한다)를 건축할 수 있도록 건축허가를 발령하였다. 원고는 참가인의 토지와 동일 지구상세계획(Bebauungsplan)의 효력범위에 토지를 소유하고 있는 자이다. 이 지역은 영업용지로 확정되어 있으며 참가인의 토지는 영업용지 북쪽에 자리하고 있으며 다른 한편으로는 녹지용지와 경계하고 있다. 이 화장터는 장례식장과 빈소를 녹지용지쪽으로 두고 화장터의 기술적인 영역을 영업용지쪽으로 향하게 하고 있다. 원고는 영업용지로 확정된 지역에 허용되지 않는 건물로 영업용지 내 인접인보호에 기한 권리를 침해하게 되므로 이 사건 화장장에 대한 건축허가가 위법하다며 취소소송을 제기하였다.

원심은 해당 사업계획이 용지의 목적에 반하므로 건축부지 이용에 관한 시행령(이하 '이 사건 시행령이라고 한다)[4] 제8조 2항에 따라 일반적으로 허용되는 것은 아니지만, 이 사건 화장장은 이 사건 시행령 제 8조 3항 2호의 문화목적을 위한 시설이라고 보았다. 화장장 부속 장례식장은 소규모 예배실이나 기도실과 유사한 것으로 이 사건 화장장이 영업용지의 형상과 다르다는 것 때문에 이 사건 시행령 제 8조 3항 2호의 적용가능성이 배제되지는 않으며 예외적인 영업용지 내 건축허용대상이 된다는 것이다. 뿐만 아니라 이 사건 화장장의 교통로가 영업지역을 향하고 있다는 이유로 인해 이 사건 시행령 제15조 1항에 의한 예외적 건축허용이 배제되는 것도 아니라고 하였다.

이에 대하여 원고는 원심에 의한 "문화목적을 위한 시설"의 개념해석이 이 사건 시행령 제8조 2항의 표현에 상응하지 않으며 동시행령의 체계나 입법자의 의도에도 부합하지 않는다고 주장하며 상고하였다.

나. 주요 판결요지

[1] 건축부지 이용에 관한 시행령 제8조 3항 2호의 "문화목적을 위한 시설"은 넓은 의미의 문화적 관련성을 나타내며 다만 연방건축법[5]상 공공필요시설에 한정된다.

[2] 구체적인 법적 형성에 따라 국가의 보장책임 및 감시책임(Gewährleistungs-und Überwachungsverantwortlichkeit)은 급부제공이 사경제적 원칙에 따라 실현되는 동시에 공동선목표에 지향되는 시설의 전제된 공동선관련성을 형성하는 데 적합할 수 있다.

[3] 건축부지 이용에 관한 시행령의 건축용지 내에서 특정 건축계획의 허용성은 각각의 건축용지의 목적규정을 지향해야 하므로 화장장은 평일 영업성으로 특징지어지는 영업용지의 일반목적규정에 맞지 않는다.

---

4) Verordnung über die bauliche Nutzung der Grundstücke (BauNVO).

5) Baugesetzbuch (BauGB).

다. 판례의 분석

연방행정법원은 원심과 달리 이 사건 건축허가가 위법하므로 취소한다는 판결을 내렸다. 먼저, 재판부는 공공필요시설의 전제를 충족시키는 이 사건 화장장이 이 사건 시행령 제8조 3항 2호 소정의 문화목적을 위한 시설로 볼 수 있다는 데에는 원심의 판단을 거의 그대로 유지하고 있다. 이 사건 시행령상의 “문화목적을 위한 시설”은 예술, 학문, 교육의 전래적인 목적에 제한되지는 않는 것으로 이 목적은 넓은 의미의 문화적 관련성을 나타내는 시설을 말한다. 교회 장례시설이 교회의 목적에 기여하는 것과 마찬가지로 현세의 장례제도로서 화장은 사회적으로 승인된 장례구조이며 문화목적에 기여한다는 것이다. 다음으로 “문화목적을 위한 시설”의 개념은 이 사건 시행령뿐만 아니라 수많은 다른 건축이용관련 시행규정에서도 찾아볼 수 있는데, 이 사건 시행령 제8조 3항 2호에서나 다른 건축이용시행령의 규정에서 언급된 종교적, 사회적, 보건 및 스포츠 목적을 위한 시설과 마찬가지로 그 개념들은 개방적이다. 이러한 개념군은 시간의 변화에 대한 적응성을 가지는 해석으로 열려있게 하려는 것으로,[6] 개념이해가 시간이 흐름에 따라 변할 수 있으며 각각의 용지에서 허용될 수 있는 시설물의 종류 역시 변할 수 있음을 시행령의 제정자가 의욕한 것이다. 다만 해당 규범의 적용범위가 제한 없이 확장되지 않도록 체계적 및 역사적 해석관점에서 살펴보면, 종교적, 문화적, 사회적, 보건 및 스포츠 목적을 위한 시설은 연방건축법 제 5조 2항 2호에서 정의된 공공필요시설임이 명백해진다. 이 사건 시행령은 본래부터 그 개념군을 공공필요건물로 제한하는 것이다.

이 사건 화장장이 공공필요시설인지의 문제는 공공필요 개념의 문제이고 이는 연방건축법 5조 2항 2호에서 정하고 있는바, 이에 따르면 공공필요시설은 학교나 교회, 또는 그 외 사회, 보건, 문화목적 등 공공

6) BVerwGE 108, 190 (197).

에 기여하는 시설이나 건물, 그리고 인프라시설로 그 시설물운영자는 사법상의 자연인과 법인이 될 수 있다. 또한 구체적인 법적 형성에 따라 국가의 보장책임 및 감시책임은 급부제공이 사경제적 원칙에 따라 실현되는 동시에 공동선목표에 지향되는, 그러한 시설의 전제된 공동선관련성을 형성하는 데 적합할 수 있다.

원심은 이 사건 화장장은 이 사건 시행령 제8조 2항 1호에 따라 일반적으로 허용되지는 않는다고 하였으며 연방행정법원도 이와 같은 견해를 취하였다. 다만 연방행정법원은, 원심이 용지적합성에 대해 기술되지 않은 구성요건표지의 적용요청을 오인하였고 따라서 이 사건 화장장이 연방건축법 제31조 1항과 이 사건 시행령 제8조 3항 2호에 의거한 예외를 통해 영업용지 내에 허용되는 것은 아니라고 하였다. 연방행정법원은 이 사건 화장장이 영업용지의 목적규정에 맞지 않는다는 점을 지적하며, 이 사건 시행령의 건축용지 내에서 특정 건축계획을 허용할 것인지의 여부는 각각의 건축용지의 목적규정 역시 지향해야 하므로 이 사건 화장장은 평일 영업성으로 특징지어지는 영업용지의 일반목적규정에 맞지 않는다고 판시하였다. 이러한 용지위법성으로 인해 원고가 주장하는 건축계획법상 인접인보호에 기한 권리가 침해되었다고 본 것이다.

라. 평가

본 판례는 이른바 문화목적시설의 규정을 해석함에 있어 체계적 및 역사적 해석방법론을 특히 고려하였으며 화장장의 운영에 있어 국가의 공동선임무가 참가인(사인)에게 민영화된 이후 전환되는 보장책임을 확인하고 이에 따라 공공필요 개념을 설명하고 있다. 나아가 건축계획 및 이용에서 발생하는 분쟁에 있어 건축이용유형이 단지 법령상의 건축용지확정만이 아니라 공공필요를 위한 영역으로도 확정될 수 있다는 이전의 판례를 재확인하고 있다.

(2) 금지행위의 해석 – 금지된 행위로 인한 결과의 제거 포함 여부: 유전자조작 변형식물(BVerwG 7 C 8. 11 – Urteil vom 29. 2. 2012)

가. 사실관계 및 경과

원고는 농업인으로 2007년 유채 종자를 매입하여 헤센주 소재 밭에 이를 파종하였다. 종자생산자는 판매 이전에 무작위 추출로 유전자기술로 변형된 유기체(이하 '유전자변형유기체'라 한다)의 검사를 마쳤고 오염이 발견되지 않았다. 원고가 그의 농지에 유채 종자를 파종하고 난 이후 정부기관의 새로운 조사에 의해 해당 농작물이 유전자기술에 의해 변형되었다는 조사결과가 발표되었다. 유전자변형 식물이 통제 없이 유출 및 확산되는 것을 막기 위하여 행정청은 유전자기술법[7] 제26조 1항 1문과 동조 4항 1문 및 동조 5항 1문에 의거한 발령권한을 통해, 유전자변형유기체의 유출을 금지하고 해당 농지에 이미 파종된 종자와 생육중인 농작물을 교토기나 쟁기 등으로 경간(耕墾)하여 제거할 것을 명하였다. 원고는 유전자법상의 금지는 단지 장래행위에 대한 것이기 때문에 이 사건 명령이 위법함을 확인하는 계속확인소송를 제기하였고 제1심에서 각하되었으나 항소심은 청구를 인용하였다.

나. 주요 판결요지

유전자법 제26조 4항 1문의 규정이 규율하고 있는 금지가 비록 문언상 어떤 행위를 금지하고 있는 것이긴 해도 이에 한정되는 것이 아니라 위법적 상태의 결과인 행위에도 관련된다.

다. 판례의 분석

연방행정법원은 유전자기술로 인한 오염 여부의 연구결과를 파종 이전에 알지 못한 채 파종하고 이후 그 사실을 비로소 알게 되는 경우

7) Gesetz zur Regelung der Gentechnik (GenTG).

에도 유전자법에 따른 해당 농지 경간 명령은 적법하다고 판시하였다.

유전자법 제26조 4항 1문의 규정은 유전자변형유기체의 파종이라는 의미에서의 '유출'에 대한 인위적 금지를 규정하고 있는 반면, 파종된 종자의 제거를 명시적으로 규정하고 있지는 않다. 그러나 동법이 규율하고 있는 금지가 비록 문언상 어떤 행위를 금지하고 있는 것이긴 해도 이에 한정되는 것은 아니고, 규정관련상 더 넓은 의미로 사용된다는 것이다. 유전자변형유기체가 통제 없이 확산되고 파종되는 것을 막기 위해 유전자법상의 금지개념은 위법적 상태의 결과인 행위에도 관련된다고 이해해야 한다.

먼저 재판부는, 동법 제26조 3항이 행정청의 행위가능성으로서 중지와 제거를 명시적으로 두고 있다고 하더라도, 금지된 행위의 결과 제거를 포함하는 위와 같은 개념이해는 그 규정간 대상영역에의 차이가 있으므로 동법의 체계적 해석에 반하는 것이 아니라고 하였다.

한편, 유전자법 제3조 5항에서의 '유출'이라는 표현으로는 유전자변형유기체의 존재를 인식함을 전제로 하고 있는지에 대해서 명확하게 답할 수 없다. 유전자변형 유기체가 외부 세계에 이르는 경우 '유출'의 개념요소가 충족되는 것이 아니라, "의도된"이라는 수식어가 조건적 요소로 표현된다. 유전자변형유기체가 외부세계에 존재한다는 것은 이에 따르면 어떤 의도에 지향된 행위의 결과가 되어야만 한다. 이는 유전자변형유기체의 방출에 있어서 목적성이 존재해야만 하는 것으로 이해할 수도 있을 것이다.

그러나 이 규정의 의미와 목적은 유출의 구성요건을 종자 오염에 대한 인식에 구속하지 않으려는 것이다. 이와 관련한 유럽연합의 준칙[8)]

---

8) Richtlinie über die Anwendung genetisch veränderter Mikroorgamismen in geschlossenen Systemen (Richtlinie 2009/41/EG): "Systemrichtlinie", Richtlinie über die absichtliche Freisetzung genetisch veränderter Organismen in die Welt (Richtlinie 2001/18/EG): "Freisetzungsrichtlinie"

과 그에 따른 입법은 통제되지 않은 방출을 막기 위하여 포괄적인 규율 시스템을 두어 유전자 기술의 사용을 포섭하고 있다. 유럽연합의 준칙은 “의도적”의 개념을 통해 유출규정의 적용범위가 제한될 것으로 보아 “사고(Unfall)”를 포함시키거나 “고의적(absichtlich)” 유출의 개념을 따로 사용하고 있다. 사전배려원칙으로 특징지어지는 유전자법은 입법자의 평가고권에 의한 “기본위험”을 근거로 하여 유전자변형유기체로부터 발생하는 위험을 극복함이 문제되는 사례군들을 가능한 많이 적용범위에 속하게 하는 것을 목표로 하며 따라서 그 잔존영역을 최대한 작게 유지해야 하는 것이다. 그러므로 이 법에 의해 지시된 금지는 사전에 인식여부를 전제로 하지 않으며 파종으로 야기된 위법상태의 제거 역시 포함한다.

3. 행정절차법상 청문절차와 하자의 치유: 감염위험으로 인한 등교금지(BVerwG 3 C 16. 11 – Urteil vom 22. 3. 2012)

가. 사실관계

학생인 원고가 다니는 학교에서 수백미터 떨어져 있는 초등학교에서 홍역환자가 발생함에 따라 피고인 보건청은 홍역확산을 방지하기 위하여, 원고의 학교와 환자가 발생한 초등학교에서 이전에 홍역예방접종을 하지 않았고 이로 인해 홍역에 대한 면역이 없는 학생들에 대해 등교금지조치를 내렸다. 원고는 이 등교금지명령이 위법하다고 주장하고 있다.

나. 주요 판결요지

[1] 청문절차는 필요적으로 수범자의 개별화와 행정청이 의도하는 처분의 구체화를 내용으로 하여야 하며 청문절차를 거치지 않는 즉시적 결정이 객관적으로 필요한지 또는 행정청이 즉시적 결정을 최소한 필수

적이라고 보아야 하는 지는 법원에 의해 사전적 (ex-ante) 관점에 따라 판단되어야 한다.

[2] 보건청이 내린 등교금지처분이 전염병보호법 제28조 1항 1문에서의 필수적 보호조치에 해당하지 않는다.

[3] 하자의 치유는 사후적으로 청문절차가 제대로 시행되고 행정청의 결정절차를 위한 청문의 기능이 제한없이 달성될 것을 전제로 하는 것이나 진술 및 의견제출이 사법절차에 의해 달성되는 경우 이 전제조건은 충족되지 않는다.

다. 판례의 분석

(a) 청문절차흠결의 하자 여부

연방행정법원은 이 사건 등교금지조치는 먼저 원고, 다시 말해 원고의 학부모에게 필요적인 청문이 명해진 바 없으므로 절차상의 하자가 있다고 보았다. 연방행정절차법 제28조 1항 및 니더작센주 행정절차법 제1조 1항에 의거하여 당사자의 권리를 침해하는 행정행위의 발령 이전에는 이 결정에 대한 청문의 기회가 주어져야 하나 이 사건에서는 그러한 기회가 없었다는 것이다.

사안에서는 피고 행정청의 회신서를 통해, 학교에서 확인된 홍역사례와 보건청이 생각하는 방안에 대한 일반적인 정보와 지침만이 이른바 청문절차로 이뤄졌다는 것인데, 재판부는 이러한 절차는 행정절차법 제28조 1항이 말하는 의미의 청문이 될 수 없는 것으로 보았다. 왜냐하면, 청문절차는 필요적으로 수범자의 개별화와 행정청이 의도하는 처분의 구체화를 내용으로 하여야 하기 때문이다.

물론 행정절차법에 의하면 개별 사안별로 지연의 위험으로 인해 즉시적인 결정이 필요하기 때문에 청문절차가 불필요적인 경우도 있다. 이는 최단기간의 사전적 청문절차에 의하더라도 행정청의 처분이 본래 목적에 이르기에는 지나치게 지체될 높은 개연성이 있는 경우라 할 것이다. 즉시적 결정이 객관적으로 필요한지 또는 행정청이 즉시적 결정을 최소한 필수적이라고 보아야 하는지는 법원에 의해 사전적 (ex-ante) 관점에 따라 판단되어야 한다.[9] 법치국가적 절차의 기본적 원리라는 청문권의 의미 때문에 여기에는 엄격한 기준이 적용되어야 한다.[10]

일단 홍역의 감염확산을 막기 위하여 보건청의 신속한 개입이 요구되는 것은 정당한바, 더 나아가 관계당사자의 사전 청문 절차 없이 보호조치를 명하는 것 이외의 조치로는 감염확산을 저지하기 위한 목적을 달성할 수 없을 것이라면 정당화될 수도 있다. 그러나 보건청은 전염병보호법[11]에 의해 청문절차를 생략할 전제조건이 존재하는지에 대해 구체적 개별 정황을 고려하여 판단하여야 한다. 또한 청문절차는 관계당사자만이 아니라 처분청에 대하여도 위험업무의 영역을 구체적으로 확정하기 위한 정보원을 제공하게 되는 것이다.

(b) **하자의 치유 여부**

이 사안의 경우 이와 같은 청문절차결여의 하자가 연방행정절차법 제45조 1항 3호과 동조 2항 및 니더작센주 행정절차법 제1조 1항에 의거하여 치유될 수 있는가에 대해 재판부는 이를 인정하지 않았다. 하자의 치유는 사후적으로 청문절차가 제대로 시행되고 행정청의 결정절차를 위한 청문의 기능이 제한 없이 달성될 것을 전제로 하는 것이다. 그러나 진술 및 의견제출이 사법절차에 의해 달성되는 경우 이 전제조건이 충족되는 것은 아니라는 것이다.

라. 평가

이 판례는 행정절차법에서도 중심적인 절차를 이루고 있는 청문절차에 대해, 특히 이 청문절차의 지연 및 생략에 대해 엄격한 해석을 적용하고 있다. 청문절차는 법치국가적 절차의 기본원리로서 시민에 대한

9) BVerwGE 3 C 27. 82.
10) *Kopp/Ramsauer*, VwVfG, 12. Aufl. 2011, § 28 Rn. 3, Rn. 46.
11) Infektionsschutzgesetz (IfSG).

본질적인 권리로서 의미를 가질 뿐만 아니라 행정청에 대한 정보원으로서도 기능함을 명시하고 있다. 이와 같은 절차적 위법성뿐만 아니라 연방행정법원은 당해 사건에서 보건청이 내린 등교금지처분이 전염병보호법 제28조 1항 1문에서의 필수적 보호조치에도 해당하지 않는다고 판시하였음을 밝혀둔다.

4. 근거법규에 대한 해석

(1) 법률유보의 원칙과 포괄위임금지의 원칙: 의료보험 미가입공무원에 대한 보조금 제외규정(BVerwG 5 C 1. 12 – Urteil vom 19. 7. 2012)

가. 사실관계

공무원인 원고는 관계법령에 따라 원고 자신과 부양가족에게 보조금수급권이 인정되나 의료보험에 가입하지 않고 있다. 원고는 자신과 원고의 부인 및 원고의 자녀가 의사와 치과의사의 진료비 및 처방받은 의약품에 대해 보조금의 지급을 신청하였으나 피고 행정청은 원고와 그 가족들이 의료보험에 가입되어 있지 않다는 이유로 각각의 신청을 반려하였다. 원고는 반려처분에 대해 행정심판을 거쳐 행정소송을 제기하였다.

나. 주요 판결요지

[1] 의회입법자는 보조금체계의 기본적 구조원리와 본질적 제한을 확정해야만 한다.

[2] 주 시행령을 통해 보조금 제외를 규율한다는 것을 입법자가 고려할 수는 있으나 이를 위해서는 주법이 기본법에 의한 위임을 담고 있어야 한다.

다. 판례의 분석

원심은 피고에게 원고의 신청을 수리하여야 할 의무가 있다고 판시하였다. 연방보조금시행령[12]과 관련하여, 의료보험가입자와 그 부양가족에게만 보조금 청구권을 인정하고 있는 해당 주의 법령은 무효라는 것이다. 보조금규정은 헌법적 부양수준을 보호하는 중요한 의미를 갖게 되므로 형식적 법률에 의한 기반을 필요로 하게 된다. 의료보험에 가입하지 않은 경우 보조금 대상에서 완전히 제외하는 주 공무원법은 각 주의 법규명령 발령권자에게 명시적인 권한의 위임이 있어야 하는 것이다.

피고는 이에 대해 비약상고하였고 연방행정법원은 원심을 지지하여 이를 기각하였다. 의료보험 미가입 공무원의 보조금지급 제외규정은 법률유보의 원칙과 포괄적 위임금지의 원칙(위임의 명확성 명령)의 적용을 받는다. 법률유보의 원칙은 법치국가적, 민주주의적 헌법체계로부터 나타나는 것으로 주의 입법 역시 구속하는 것이다. 입법자는 모든 본질적인 결정을 직접 내려야 하며 다른 규범제정자에게 이를 넘겨서는 안된다.

이 법률유보의 원칙은 보조금관련법제에도 마찬가지로 적용되므로 의회입법자는 보조금체계의 기본적 구조원리와 본질적 제한을 확정해야만 한다. 보조금법의 기본적 구조원리에는 특히 공무원과 그 가족들에게 지급되는 급여체계의 규정과 방지되는 위험, 급여를 신청할 수 있는 인적범위, 급여가 제공되고 책정되거나 제외되는 원칙들의 확정, 그리고 어떤 급여와 수급권한이 우위를 가지는 지에 대한 정렬이 속한다. 이러한 법원칙의 적용에 있어 의회입법자는 또한 공무원과 그 부양가족이 의료보험가입자인 경우에만 보조금 수급청구권을 가지는 것인지에 대해서도 결정해야 한다. 왜냐하면 이러한 규율은 자기책임대책(Eigenvorsorge)

12) Verordnung über Beihilfe in Krankheits-, Pflege- und Geburtsfällen (BBhV).

을 보충하는 급여로 기획된 현행 보조금 체계를 동요시키기 때문이다.

또한 주 시행령을 통해 보조금 제외를 규율한다는 것을 입법자가 고려할 수는 있으나 이를 위해서는 주법이 기본법에 의한 위임을 담고 있어야 한다. 그러나 본 사안에서 주법상 위임은 헌법상 명확성의 원칙을 충족하고 있지 못하고 있다.

라. 평가

본 판결은 법률유보의 원칙과 포괄위임금지 등 법치행정의 원리에 대한 기존의 판례의 태도를 확인하고 있으며 보조금관련법과 관련하여 관계법령, 특히 법률의 차원에서 정해야 할 내용들을 제시하고 있다.

(2) 주 경찰법상 위험사전대비와 범죄수사 사전대비의 입법권한: Reeperbahn 지역 비디오감시(BVerwG 6 C 9.11 – Urteil vom 25. 1. 2012)

가. 사실관계

함부르크 경찰은 유명한 홍등가이자 우범지역인 Reeperbahn에 12대의 회전식 감시카메라를 설치하였고 매일 24시간 이를 통해 감시를 실시하였다. 이 카메라 중 1대는 이 지역에 살고 있는 원고의 집 맞은편에 설치되어 있다. 원고는 먼저 피고에게 이 카메라에 의한 비디오 녹화가 창문을 통해 집을 볼 수 없도록 차단장치와 같은 기술적인 조치를 해 줄 것을 요청하였다. 또한 원고는 주법에 의하여 본래 공중의 출입에 제공되는 지역만을 카메라를 통해 감시할 수 있다는 점에서 집의 출입문에 대해서 카메라 감시를 하지 말것을 요청하였다. 피고는 그러나 이미 사적 영역의 보호를 위해 별도의 소프트웨어에 의해 주거지역 내부의 영상 등은 음영처리가 되고 있음을 이유로 이를 거부하였다. 이에 피고는 차단장치의 미설치와 출입문의 감시가 헌법상 주거의 불가침성을 침해하고 있다는 이유로 소송을 제기하였다. 원심은 비디오감시 자체는 원고의 정보에 대한 자기결정권을 제한하게 되나 함부르크 주 경찰법상 합헌적인 위임근거를 가지고 있으며 입법의 목적은 물론 시간적, 공간적 적용영역의 관점에 있어서 명확성의 원칙에 상응한다고 보았으며 이러한 입법에 대한 주입법자의 권한을 인정하였다.

나. 주요 판결요지

[1] 비디오감시는 공중의 출입에 제공되는 지역에서 반복되는 형사사건이 발생하고 이러한 사건이 장래 발생할 것이라는 예측이 정당화되는 한 이러한 형사사건을 저지하고 방어할 뿐만 아니라 사전적으로 예방하기 위해 인정될 수 있다.

[2] 위험사전대비활동 이외에 동시에 범죄수사 사전대비활동이 이뤄지는 경우 연방의 전속적인 입법사항인 것은 아니며 주입법자는 비록 연방입법자가 범죄수사 사전대비활동을 위해 위험사전대비활동에 대한 규정을 동시에 정하고 있더라도 이를 정할 권한이 있다.

다. 판례의 분석

원고의 부작위청구는 단순행정작용, 즉, 사실행위를 통해서도 위법한 침해가 되는 경우 당사자의 기본권이 보호되어야 함에서 출발한다. 원고의 경우 정보의 자기결정권이 경찰의 카메라를 통한 관찰행위를 통해 침해될 소지가 있다는 것이다.[13] 정보의 자기결정권은 사적 영역이나 소위 내밀영역(Intimspäre)의 보호를 위한 것뿐만 아니라 공공성에서 일어나는 정보의 보호이익도 염두에 두어야 하기 때문에 이러한 침해는 도로에서의 녹화나 촬영뿐만 아니라 공공영역에서의 비디오감시에 대해서도 동일하게 적용된다. 그러나 이 정보의 자기결정권도 제한 없이 보장되는 것은 아니며 합헌적인 법률을 기초로 하여 비례의 원칙에 따라 제한될 수 있다.

비디오감시는 공중의 출입에 제공되는 지역에서 반복되는 형사사

13) BVerfGE 115, 320 (342).

건이 발생하고 이러한 사건이 장래 발생할 것이라는 예측이 정당화되는 한 이러한 형사사건을 저지하고 방어할 뿐만 아니라 사전적으로 예방하기 위해 인정될 수 있다. 연방과 주의 입법권한과 관련하여 연방행정법원은 함부르크의 Reeperbahn 지역에서의 비디오감시를 내용으로 하는 주 법령에 대해, 독일연방기본법 제74조 1항 1호에 따라 원칙적으로 형사소송은 연방에, 위험예방에 대해 주 입법자에게 권한이 있음을 확인하였다. 다만 위험사전대비활동과 동시에 범죄수사 사전대비활동이 이뤄지는 경우 범죄수사 사전대비활동이 연방의 전속적인 입법사항은 아니라고 하여 주 입법자의 비디오감시에 대한 입법을 정당한 권한에 의한 것으로 보았다.

라. 평가

비디오감시는 여전히 논란의 여지가 많은 경찰행위의 한 형식이며 그 개별적 형태 또한 매우 다양하기 때문에 일률적으로 판단하기 어렵다.[14] 비디오감시를 통한 영상의 저장에 대하여는 헌법상 정보의 자기결정권의 침해가 인정되나 녹화행위 없는 비디오감시의 경우에도 같은 결론이 인정될 것인지는 여전히 다투어지고 있다. 본 판례에서는 이러한 문제를 정면으로 다루지는 않고 다만 예방적 위험예방으로서 경찰행위와 강제적(repressiv)인 범죄수사 사전활동(Strafverfolgungsvorsorge)의 측면에서 각각 다루고 있음에 중점이 있다.

그러나 이 연방행정법원의 판례에 대해서는 비록 우범지역이라고 하여도 공공도로 이외에 개인의 각 거주지의 출입구까지 비디오감시가 가능하다는 결론이 되어 개인의 권리에 대한 침해가 될 수 있다는 비판이 제기될 수 있다. 이때까지 연방행정법원은 물론 연방헌법재판소 역시 비디오감시에 대한 다양한 사건에 대해 여러 전제조건들과 정당성을

14) 이에 대하여는, F.Schoch, in: Schmidt-Aßmann/ders. (Hrsg.), Besonders Verwaltungsrecht, 14. Aufl., 2008, Rn. 249.

심사한 바 있다. 개인의 자유냐 공공의 안전이냐에 대해 상당히 민감한 독일의 논의에 비하여 우리나라에서는 아직까지는 공공의 안전이라는 측면에 더 많은 무게를 두고 있는 듯하다. 향후 전망을 더욱 주목할 필요가 있다고 판단된다.

(3) 행정규칙에 의한 보호기준: 지하철 건축현장소음(BVerwG 7 A 11. 11, 12. 11 – Urteil vom 10. 7. 2012)

가. 사실관계

지하공사현장 인근 호텔 등을 소유 및 영업하고 있는 원고는 베를린 지하철 5호선 계획확정결정을 대상으로 건축소음 등을 이유로 소를 제기하였다. 계획확정결정은 인근 주민들에 대한 건축소음, 분진, 진동 등으로 인한 방해를 제거하기 위한 보호 및 보상대책을 포함하고 있으나 원고는 이와 같은 대책을 불충분하다고 여기고 추가적인 적극적 및 소극적 소음보호대책을 요구하고 있으며 공사기간 동안의 수입상실 등의 보상을 요구하였다.

나. 판례의 분석

원칙적으로 계획확정결정은 공사로 인한 소음이나 진동, 분진 등을 처리할 수 있어야 하며, 연방행정법원은 이 사건 계획확정결정은 광범위한 보호 및 보상대책을 통해 충분히 이를 시행하고 있다고 보았다. 건축소음에 대한 전문계획상의 적정성은 연방공해방지(임미시온)법[15]에 따라 발령된 소음에 대한 일반행정지침[16]을 통해 구체화되고 있으며 이에 따라 각각의 보호수준이 지역특성과 주간 및 야간시간에 따라 특정한 보호표준치를 확정하게 되는 것이다. 비록 건축소음에 대한 행정규칙이 발령된 지 오랜 시간이 지난 것이라고는 하여도 (1970년 8월 19일자) 이

15) Gesetz zum Schutz vor schädlichen Umwelteinwirkungen durch Luftverun–reinigungen, Geräusche, Erschütterungen und ähnliche Vorgänge(BImSchG).

16) Allgemeine Verwaltungsvorschrift zum Schutz gegen Baulärm (AVV–Baulärm).

를 곧바로 효력이 없다고 볼 것은 아니라고 하였다.

5. 상고심판결의 구속력: 재산법(VermG)상 부동산 반환신청(BVerwG 8 C 21. 11, Urteil vom 28. 11. 2012)

가. 사실관계 및 경과

원고는 제2차 세계대전 당시 소비에트 연방군에 의해 점령지역에서 행하여진 몰수조치로 상실한 구 동독지역의 부동산에 대해, 미해결 재산문제에 관한 법률(Gesetz zur Regelung offener Vermögensfragen: VermG)에 의거하여 반환(원상회복: Rückübertragung)을 신청하였다. 이 신청에 대해 피고는 해당 부동산은 소비에트 연방군 점령고권에 의해 수용된 것이므로 이 경우는 동법의 적용범위에 해당하지 않는다는 이유로 원고의 신청을 반려하였다. 원고가 신청한 행정심판청구에서 기각재결을 받자 원고는 소송을 제기하였고 2008년 연방행정법원은 원고가 미해결재산문제에 관한 법률상 정당한 권리자라고 보았으며 본 사안에 대해 원심에서의 사실관계 확정의 미진을 이유로 원심을 파기환송하였다. 이에 대해 파기환송심에서는 새로운 사실관계를 들어 2010년 다시 원고의 소를 기각하였다.

나. 주요 판결요지

[1] 연방행정법원법 제144조 4항의 기판력은 원심이 확정한 사실관계를 토대로 하는 것으로 이 사실관계는 후소에서 새로운 사실조사나 증거를 통해 이는 변경될 수 있는 것이다.

[2] 연방행정법원법 제144조 6항의 표현에 의하면 상고심의 법적 판단에만 기판력이 생길 뿐 원인으로 삼은 사실관계에 기판력은 발생하지 않는다.

[3] 일부판결은 사전에 판결을 내린 소송대상과 잔존하는 소송대상이 상호교환적으로 법적으로나 사실적으로 독립적인 경우에 내려지는 것이다.

다. 판례의 분석

연방행정법원은 2008년 선고된 판결이 형식적 확정력(formelle Rechtskraft)을 가져오는 본안에 관한 판결이 아니므로 행정소송법 제121조의 실질적 확정력(materielle Rechtsklaft), 즉, 기판력의 문제도 존재하지 않는다고 하였다.

또한, 재산법 제2조 1항에 따라 원고가 가지는 권리자로서의 지위에 대해 독립적으로 판단하는, 행정소송법 제110조 소정의 기판력을 가지는 일부판결도 문제되지 않는다. 일부판결은 사전에 판결을 내린 소송대상과 잔존하는 소송대상이 상호교환적으로 법적으로나 사실적으로 독립적인 경우에 내려지는 것인데 재판부는 이 전제조건이 본 사안에서 충족되지 않았다고 보았다. 재산법 제2조 1항의 반환청구와 관련하여 권리자 지위는 소송대상에 대한 여러 (누적적) 청구권 근거 중 단지 하나에 관련되고, 권리자의 권한과 원상회복청구의 여러 근거들은 상호 독립적이지 않은 것이다. 그러므로 해당 부동산의 반환청구에 대한 법적 분쟁은 원심이나 연방행정법원에 의해서나 원고의 재산법상 권리의 문제에 대해 사전적으로 일부판결로서 결정될 수 없고 그래서도 안 된다는 것이다. 따라서 해당 판결은 기판력을 가지지 않는 중간판결이다. 결국 행정소송법 제144조 4항의 구속력은 전소의 사실심에서 확정된 사안에만 미치는 것이며 후소에서의 새로운 사실조사나 증거조사에 의해 달라질 수 있는 것이다.

6. 행정법 각 영역별 판례의 분석

(1) 공무원 승진상의 최저연령규정 (BVerwG 2 C 74. 10 – Urteil vom 26. 9. 2012)

가. 사실관계

원고는 1972년생으로, 주 재무행정국의 조세담당서기관이다. 원고는 직군 내 상급승진허가를 받기 위해 지원하였다. 그러나 원고의 나이가 상급직 최저연령규정인 40세에 이르지 않았다는 이유로 지원이 인정되지 않자 연령규정으로 지원을 거부함은 위법하다는 주장을 하여 계속적 확인소송을 제기하였다.

나. 주요 판결요지

[1] 독일연방기본법 제33조 2항의 규정은 공직부여의 사전단계, 즉, 공직에 임하는 경우뿐만 아니라 보다 적극적인 변경인 승진이나 직군변경 등에도 해당된다.

[2] 최소연령규정은 기본법 제33조 2항에 의한 능력관련적 관점에 해당하지 않는다.

다. 판례의 분석

연방행정법원은 연령제한에 이르지 못했다는 이유로 지원을 인정하지 않은 것을 위법하다고 판단하였다. 독일연방기본법 제33조 2항에 따라 모든 독일인은 자신의 적성, 능력, 전문지식에 따라 평등하게 공직에 임할 권리가 있다. 이 규정은 공직부여의 사전단계, 즉, 공직에 임하는 경우뿐만 아니라 보다 적극적인 변경인 승진이나 직군변경 등에도 해당된다. 또한 적성, 능력, 전문지식 이외의 다른 관점의 경우, 이러한 관점이 헌법적 지위를 가지고 있는 경우, 또는 직접적인 능력관련적 관점에 의해서는 지원자들 사이에 우위를 찾지 못하는 경우에만 측정된다는 것이다.

그러나 해당 주법과 하위법령에 의하여 최소연령을 40세로 둔 규정은 기본법 제33조 2항에 의한 능력관련적 관점에 해당하지 않는다. 이 조건은 적성에 대한 추론이 될 수 없을 뿐만 아니라 내용의 일반적 경험칙 상으로도 인정되지 않는다는 것이다. 즉 연령 자체가 "업무에 정통한 자"의 의미가 아니라는 것이다.

라. 평가

본 판결과 관련하여 참고할 것은 유럽연합 차별금지지침(Anti-diskriminierungsRL)과 이에 의한 일반적 동등대우법(AGG)으로, 동법 제24조는 공직수행과 판사직 수행에 있어 연령을 이유로 불이익을 주어서는 안 된다는 것을 명시적으로 규정하고 있다.

(2) 과학기술행정과 위험사전예방: 방사능물질 임시저장소 (BVerwG 7 C 1. 11 – Urteil vom 22. 3. 2012)

가. 사실관계 및 경과

연방방사능보호청의 원자력법상 허가에 의하여 방사능물질의 보관 및 수송탱크인 CASTOR(Cask for Storage and Transport Of Radioactive material)에 방사능폐기물을 보관하기 위한 방사능 물질이 저장되어 방사능 폐기물 임시저장소에 보관되었다. 원고는 저장소 인근지역에서 축산업에 종사하는 자로서 이 폐기물 임시저장소가 인근지역에 존재함으로 인하여 제3자에 의한 자신의 신체적 불가침성은 물론 재산권의 침해가 가능함을 주장하였다.

원심은 행정청의 위험조사 및 평가가 충분한 정보기반과 자의적이지 않은 의견에 기초하고 있다고 판단하여 원고의 청구를 기각하였다. 원고가 제기하는 문제들, 즉, 테러리스트들의 공격이나 비행기추락공격, 대전차포와 같은 철갑탄공격 등은 일반적인 위험분석의 해석을 넘어서는, 다시 말해 원자력발전소의 안전상황에 있어 매우 드문 사건들로 평가된다는 것이다.

나. 주요 판결요지

[1] 원자력법 제6조 2항 4호는 제3자에 의한 영향력으로부터 개인의 권리를 보호하는 데에도 적용되고 테러리스트의 공격과 같은 예는 충분한 잔여위험의 영역이 아니라 손해예방의 영역에 속한다.

[2] 위험방지와 위험사전예방의 최대실현이라는 원칙에서, 행정은 그의 예측적 평가의 영역에서 모든 학문적 및 기술적으로 인정될 수 있는 지식을 동원해야 한다.

다. 판례의 분석

연방행정법원은, 원자력법 제6조 2항 4호는 제3자에 의한 영향력으로부터 개인의 권리를 보호하는 데에도 적용되고 테러리스트의 공격과 같은 예는 충분한 잔여위험의 영역이 아니라 손해예방의 영역에 속한다고 판시하였다.

행정청이 위험에 대한 조사와 평가를 시행하면 법원은 행정청의 판단에 기초가 되는 위험조사와 평가가 충분한 정보기반에 기초하였는지와 현 시점의 학문이나 기술의 상황을 충분히 고려하였는지를 심사한다. 국가의 정책적 기능을 공무원, 나아가 행정청이 행사한다는 이른바 기능유보의 범위와 한계는 실체법으로부터, 다시 말해 실체법의 의미와 목적에서 나타난다. 행정청의 기능유보를 정당화하기 위해서는 먼저 동적인 기본권보호에 기여한다는 점과, 현재 과학과 기술수준에서 측정할 수 있는 기준에서 원자력법의 보호목적을 최대로 달성할 수 있는 필수적인 손해예방이 미래의 가능한 상황에 대해서도 개방되어 있음이 인정되어야 한다. 그러므로 원자력법상의 평가는 테러나 사보타지 행위 등에 대한 특수한 보호필요성과 같이 장래의 발전과 사건경과에 대한 예측적인 평가가 되어야 한다. 허가관청의 기능유보는 예방관련적 위험시나리오의 동일화로 끝나는 것이 아니라 위험예방영역에서 필수적인 보호의 구체적인 형성 역시 포함한다.

위험방지와 위험사전예방의 최대실현이라는 원칙에서, 행정은 그의 예측적 평가의 영역에서 모든 학문적 및 기술적으로 인정될 수 있는 지식을 동원해야 한다. 또한 사전예방은 손해개연성의 판단에 있어 현존하는 기술적합적 경험지식만 이용되어서는 안 되고, 여전히 존재하는 불안정성이나 지식의 결함을 고려하여 위기를 확실히 배제하기 위하여 "단순히 이론적" 고려에 의한 보호조치도 역시 염두에 두어야만 한다. 연방행정법원은 이러한 관점에서 원심이 각종 위험시나리오에 대해서 현재 기술의 현황만이 아니라 반복타격 등의 관점 – 즉, 현재 무기기술로 파괴되지 않음이 아니라 이 무기로 반복적 공격이 이뤄지는 등 – 에서 보다 상세하게 다뤄야 한다고 판시하였다.

라. 평가

원자력발전소의 안전성에 대해서는 국내에서도 최근에 계속 문제가 제기되고 있으며 해외사례에서도 지진해일과 같은 자연재해가 기존의 예측수준을 넘어서는 경우도 이미 전지구적인 문제로 이어진 바 있다. 나아가, 한반도의 특수한 정세를 감안할 때 여러 파괴공작이나 전시위험 등을 고려함에는 위험방지와 사전예방에 대한 최대실현가능성의 원칙이 큰 의의를 가질 것으로 생각된다.

(3) 계획행정영역: 프랑크푸르트 공항의 야간비행소음 (BVerwG 4 C 8.09 und 9. 09, 1. 10 – 6. 10 – Urteil vom 4. 4. 2012)

가. 사실관계

본 사안은 프랑크푸르트 마인 공항의 확장을 위한 계획확정결정으로, 이 계획확정결정은 현 공항부지 북서쪽에 새로운 활주로를 건설하고 남동쪽 부지에 신 터미널을 건설하는 등의 공항확장을 주변 고속도로와 고속도로 인터체인지 및 그외 도로의 확충과 함께 고려한 것이다. 본 계획확정결정에서는 야간시간(22시-6시) 전체 동안 평균 150건의 비행이 허용된다. 심야시간(23시-5시)에는 평균 17건의 비행이 허용된다. 이 계획확정결정에 대해 31개 지방자치단체와 환경보호단체, 14개 회사와 그 밖에 자영업자 및 200명 이상의 개인은 이 사건 계획확정결정을 변경할 의무이행을 구하는 소를 제기하였다.

원심은 이 사건 계획확정결정이 항공교통법 제29a조 1항 2문의 야간소음방지에 대한 특별한 요청을 충족시키지 못하고 형량명령을 위반하고 있다고 보아, 심야시간인 23시에서 5시 사이의 비행운항허가와 매일 밤 평균 150건의 비행운항의 허가에 대한 시간대에 대해 새로이 결정하도록 하였고, 이러한 의무에 반하는 한에서 계획확정결정을 취소하였다.

나. 주요 판결요지

소음방지의 구상은 심야시간이 아닌 야간시간대에도 준수되어야 하고 야간시간 항공운항이 주간시간과 유사하게 되는 것을 막기 위해 비례의 원칙상 적절한 예방책을 통해 효과적이고 구체적으로 제한되어야 한다.

다. 판례의 분석

연방행정법원은 원심의 결정을 원칙적으로 재확인하면서, 심야시간대의 비행은 항공교통법상의 야간소음방지에 대한 특별한 요청을 충족시키지 못한다고 판시하였다. 여기에 더하여 재판부는 심야시간인 23시에서 5시 이외의 야간시간인 22시에서 23시와 5시에서 6시에 대해서도 보호가치가 있다고 보았다. 야간 평균 150건에서 심야시간 17건을 제외한 133건의 항공운항이 할당된다면 심야시간이 아닌 야간시간은 주간시간의 단순한 연장이 될 뿐이므로, 심야시간에 이를수록 조용해지고 그 이후에 다시 항공운항증가로 커진다는 소음방지의 구상은 심야시간이 아닌 야간시간대에도 준수되어야 하고 야간시간 항공운항이 주간시간과 유사하게 되는 것을 막기 위해 비례의 원칙상 적절한 예방책을 통해 효과적이고 구체적으로 제한되어야 한다는 것이다.

라. 평가

본 판결문은 약 190페이지에 달하는 방대한 내용을 담고 있다. 이전의 다른 공항의 계획확정 또는 보충결정으로 인해 제기된 소음공해에 대한 소송의 내용은 물론, 해당 계획확정결정의 형식적 하자의 문제에서부터 소송법상 문제와 헌법상 기본권과 비례성원칙, 공익론은 물론 지역의 경제상황이나 공간계획, 소음단계, 소음영향평가 등에 대한 분석과 평가를 두루 내용으로 하고 있다. 본 고에서는 일단 연방행정법원이 제시한 심야시간과 심야시간이 아닌 야간시간에 대한 보호필요성을 중심으로 다루었으나 향후 이 판례는 보다 면밀히 분석될 필요가 있으리라 생각된다.

(4) 지방자치단체 구역상의 특수성: 베를린 도시고속도로 A 100 건설 (BVerwG 9 A 10. 11, 18. 11 – 20. 11 – Urteile vom 10. 10. 2012)

가. 사실관계

원고인 프리드릭스하인-크로이츠베르크 구청은 도시고속도로 A 100의 건설을 위한 베를린 도시주의 계획확정결정에 대해 소를 제기하였다. 원고는 그가 이 건설기본계획(Bauleitplan)의 수행자이며 이 계획을 통해 그의 권리를 침해당하였다고 주장하였다. 이 계획을 통해 해당 자치구의 거주지역이 보호조치 없이 방해를 받을 것이라는 것이다.

나. 판결요지

[1] 지방자치단체의 구역에서 건설기본계획의 수립을 통한 토지이용이 자기책임하에 규율된다는 임무는 헌법상 지방자치권에 속한다.

[2] 지방자치단체의 계획고권은, 다른 전문계획에 대한 법적인 방어지위를 고유의 지방자치단체구역에 주는 것이나, 프리드릭스하인-크로이츠베르크 구는 이러한 방어권을 주장할 수 있는 지방자치단체에 해당하지 않는다.

다. 판례의 분석

연방행정법원은 본 사안에서 프리드릭스하인-크로이츠베르크 구청에게 원고적격이 없다고 보았다. 이 계획확정결정에 의해 원고에게 어떤 권리의 침해가 있는 것이 아니라고 본 것이다. 해당 자치구는 주헌법에 의하면 지방자치고권의 본래적 수행자가 아니고 그렇기 때문에 원고적격이 없다. 연방기본법 제28조 2항 1문이 정하는 바와 같이 지방자치단체가 법률의 범위에서 지방자치단체의 사무를 자기책임하에 규율할 권리를 보장한다고 한다는 이른바 헌법상 지방자치권에는, 연방건축기본법(BauGB) 제2조 1항에 따라 지방자치단체의 구역에서 건설기본계획의 수립을 통한 토지이용이 자기책임 하에 규율된다는 임무도 속하는 것이다. 이러한 지방자치단체의 계획고권은, 다른 전문계획에 대한 법적인 방어지위를 고유의 지방자치단체구역에 주는 것이나, 해당 사건의 경우 주법상 프리드릭스하인-크로이츠베르크 구가 아니라 피고만이 연방기본법과 연방건축기본법상의 "지방자치단체(게마인데)"이므로, 이러한 방어권을 주장할 수 없는 것이다. 이는 특히 주와 지방자치단체의 구별이 없는 베를린 도시주의 특성에 기인하는 것이다. 이에 따라 연방기본법상 지방자치권의 수행자는 단일지방자치단체로서 베를린이며 해당 구에 있어서는 이 단일지자체의 하부행정의 독립적인 부분만이 문제될 뿐이다.

(5) 약국의무적 의약품과 셀프서비스(BVerwG 3 C 25. 11 – Urteil vom 18. 10. 2012)

가. 사실관계

원고는 그의 약국에서 처방전의무 없는 약국의무(약국의무판매) 의약품이 셀프서비스로 판매제공되는 것을 금지하는 처분에 대해, 헌법상 직업수행의 자유를 침해하는 금지명령이라고 주장하였다.

나. 판례의 분석

연방행정법원은 충분한 공동선(Gemeinwohl) 근거를 통해 이러한 금지명령이 헌법상 직업의 자유에 부합하며 약사의 직업수행을 과도하게 제한하지 않는다고 하였다. 의약품법[17] 제52조 1항 2호와 동조 3항에 의해 이러한 금지명령이 나타난다. 동조 1항은 의약품이 자동판매기를 통해서나 다른 형식의 셀프서비스로 유통되어서는 안 된다고 규정한다. 이러한 금지명령은 의약품의 구매고객으로 하여금 구매결정에 앞서 먼저 약사 등에게 문의하도록 하며 통제되지 않은 의약품의 반출을 저지하게 된다. 또한 이는 의약품 전송판매의 방법과 차별적 대우에 해당하지 않는다. 왜냐하면 약국의무적 의약품의 반출은 전송판매에 있어서는 유사한 규제에 놓여져 있기 때문이다.

IV. 결 어

이상으로 2012년도에 선고된 독일연방행정법원의 주요 판례를 소개하고 간략히 분석해보았다. 본 연구는 실체법상의 각 개념과 독일연방행정법원의 법해석방법에 초점을 두어 판례를 선정하여 소개하였으며

---

17) Arzneimittelgesetz (AMG).

대부분의 분석 내용은 독일연방행정법원의 판결문 자체를 인용, 정리한 것임을 재차 확인하여 두고자 한다.

방법론상 다수의 판례를 요약 및 정리하는 것과 선정된 판례를 소개하는 방법은 각각 장단점을 가지고 있다. 본 고가 채택한 후자의 방법은, 일정한 관점에 따라 판례를 선정하기 때문에 주요 판례임에도 불구하고 소개되지 않는 문제가 발생할 수 있다. 본 연구에서 간략하게만 소개되었거나 미처 선정되지 못한 2012년도 선고 주요 판례들에 대해서는 구체적인 개별 연구를 통해 보다 자세히 분석될 필요가 있으리라 생각된다.

참고문헌

독일연방행정법원 사이트: http://www.bverwg.de

독일연방헌법재판소 사이트: http://www.bundesverfassungsgericht.de

독일현행법령 사이트: http://bundesrecht.juris.de

Kersten, Jens, Rechtsprechungsanalyse – Das Verwaltungsverfahrensgesetz im Spiegel der Rechtsprechung der Jahre 2004–2012, Die Verwaltung, 2013, Heft I, S. 87 ff.

Bumke, Christian, Rechtsprechungsanalyse – Verfassungsrecht in der Rechtsprechung des Bundesverwaltungsgerichts in den Jahren 2003

국문초록

법학에서 보편적으로 타당한 기준을 정하기 쉽지 않으며 다른 학문분과보다 빠른 현실적 변화에 놓여져 있으므로 비교법 연구는 필수적인 분야라고 하겠다. 비교법연구의 핵심적인 임무는 여러 나라의 다양한 법질서들을 법해석의 방법론이나 실체법 및 절차법을 통해 이해하는 것이며 이는 법질서간의 공통점과 차이점을 발견하고 나아가 보다 보편적인 기준들을 정하기 위한 것이다.

본 연구는 2012년도 독일연방행정법원의 업무현황과 주요 판례를 소개하여 한국과 독일 행정법의 비교법적 연구에 기여하는 것을 목적으로 한다. 연구의 주된 대상은 독일연방행정법원의 2012년도 판례와 2013년도 연례 언론회견 자료이다. 각 판례들은 행정작용의 형식과 행정절차법 및 행정소송법의 관점에 따라 분류되었고 그 외 영역별 판례들을 소개하였다. 특히 행정행위의 개념요소인 규율, 법규정의 역사적 및 체계적 해석, 금지행위의 해석, 공공필요성, 행정절차법상 청문절차와 하자의 치유, 상소심의 기판력, 공직진출, 위험사전예방, 계획확정결정과 소음방지대책, 주 경찰법과 형사소송법에서의 범죄수사 사전활동 등이 논의되었다.

주제어: 독일연방행정법원, 독일행정절차법, 독일행정소송법, 청문절차, 법률유보, 기판력

Zusammenfassung

Rechtsprechungsübersicht des deutschen Bundesverwaltungsgerichts im Jahr 2012

Kay, Inkook*

In der Rechtswissenschaft ist es kaum möglich, ein universell gültiges Kriterium zu setzen. Auch untersteht Recht schnellem Wandel der Wirklichkeit. Die Rechtsvergleichung stellt daher eine notwendige Disziplin der Rechtswissenschaften dar. Die zentrale Aufgabe der Rechtsvergleichung ist der Vergleich verschiedener Rechtsordnungen hinsichtlich des materiellen Rechts, des Verfahrens und der Auslegungsmethoden, um Unterschiede und Gemeinsamkeiten zu ergreifen und widerzuspiegeln.

Die vorliegende Arbeit widmet sich die Übersicht der wichtigen Entscheidungen und der Geschäftslage des deutschen Bundesverwaltungsgerichts im Jahr 2012. Der Gegenstand dieser Arbeit sind die Entscheidungen des Bundesverwaltungsgerichts und das Jahrespressegespräch 2012. Hier wurden folgenden Entscheidungen aufgenommen und kurz analysiert.

BVerwG 6 C 8. 11 – Urteil vom 23. 5. 2012

BVerwG 4 C 14. 10 – Urteil vom 2. 2. 2012

BVerwG 7 C 8. 11 – Urteil vom 29. 2. 2012

BVerwG 3 C 16. 11 – Urteil vom 22. 3. 2012

* Universität Korea

BVerwG 5 C 1. 12 – Urteil vom 19. 7. 2012
BVerwG 6 C 9. 11 – Urteil vom 25. 1. 2012
BVerwG 7 A 11. 11, 12. 11 – Urteil vom 10. 7. 2012
BVerwG 8 C 21. 11 – Urteil vom 28. 11. 2012
BVerwG 2 C 74. 10 – Urteil vom 26. 9. 2012
BVerwG 7 C 1. 11 – Urteil vom 22. 3. 2012
BVerwG 4 C 8. 09 und 9. 09, 1. 10 – 6. 10 – Urteil vom 4. 4. 2012
BVerwG 9 A 10. 11, 18. 11 – 20. 11 – Urteile vom 10. 10. 2012
BVerwG 3 C 25. 11 – Urteil vom 18. 10. 2012

Schlüsselwörter: Bundesverwaltungsgerichts, Rechtsprechungsanalyse, Verwaltungsverfahrensrecht, Verwaltungsprozessrecht, Baurecht, Gentechnikrecht, Anhörungsverfahren, Vorbehalt des Gesetzes, Videoüberwachung, materielle Rechtsklaft, Lärmschutzrecht

투 고 일: 2013. 12. 19
심 사 일: 2013. 12. 24
게재확정일: 2013. 12. 26

最近(2012) 프랑스 行政判例의 動向 分析 硏究

吳丞奎*

Ⅰ. 머리말

프랑스 행정법원의 조직은 상고심을 담당하는 최고행정법원인 꽁세이데따(Conseil d'État, 이하 "CE"라 한다)를 정점으로 하여, 항소심을 담당하는 8개의 행정항소법원(cour administrative d'appel, 이하 "CAA"라 한다)과 제1심법원격인 42개의 지방행정법원(tribunal administratif, 이하 "TA"라 한다)으로 구성되어 있다. 이 글에서는 2012년도 프랑스 행정판례의 동향을 알아보고, 우리에게 유용한 시사점을 도출해 보고자 한다.

1. 행정사건의 동향에 관한 기본통계

2012년에 지방행정법원은 190320건, 행정항소법원은 29169건, 꽁세이데따는 9131건의 소송사건을 처리하였다.[1]) 최근 프랑스 행정법원

* 법학박사, 중원대학교 법학과 조교수.

1) Conseil d'État, Le Conseil d'État et la juridiction administrative en 2012, 2013, p. 7.

은 행정사건 처리의 효율성 제고를 위한 노력을 경주한 끝에 1심에서 신속하면서도 충실한 판결을 통해 96% 사건을 종결하였다.[2] 그 결과 사건처리에 소요되는 기간도 8개월 26일로 단축되었다.[3]

[그림1] 2008년부터 2012년 사이의 CE 사건 처리의 추이를 나타낸 도표

출처: Conseil d'État, Dossier de presse bilan d'activité 2012

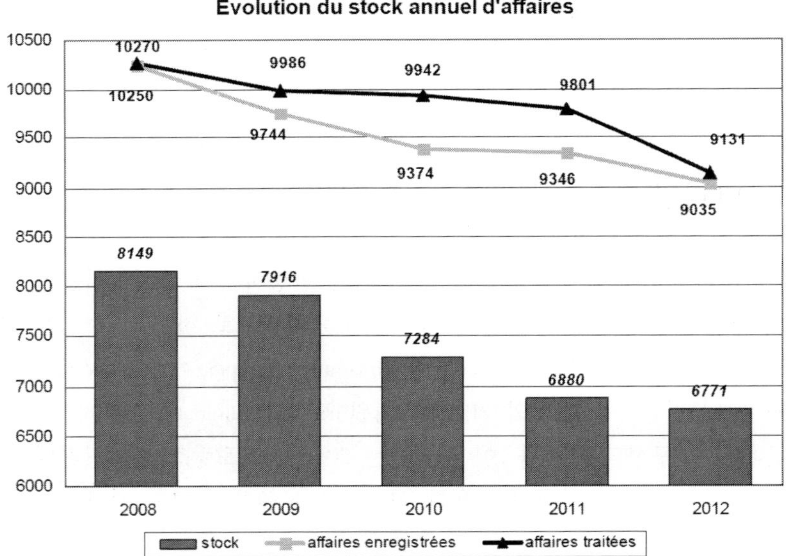

* stock: 현재 계류중인 사건 수
affaires enregistrées: 그 해에 접수된 사건 수
affaires traitées: 그 해에 종결된 사건 수

2) *Ibid.*, p. 4.
3) *Ibid.*, p. 26.

2. 2012년 행정사건의 특징

(1) 2012년 프랑스 행정판례의 특징 중 하나는 합헌성 선결심사(question prioritaire de constitutionalité, 이하 "QPC"라 한다)의 청구건수가 최적의 상태(rythme de croisière)에 도달하였다는 것이다.

프랑스헌법 제61-1조에 근거, 모든 당사자는 재판절차에서 "법률규정이 헌법상 보장되는 기본권을 침해하였음"을 주장할 수 있다. 이것은 2010년 3월 1일부터 시행되었는데, 2012년 들어 QPC 청구건수가 감소하여 최적상태에 도달하였다. 지방행정법원(TA)에 374건(통산 1323건), 행정항소법원(CAA)에 105건(통산 481건), 꽁세이데따(CE)에 187건(통산 655건)이 접수되었다.

QPC가 많이 제기되는 중요한 2개 영역은 조세소송(contentieux fiscal)으로 1심에서 제기된 QPC의 62.5%, 항소심에서 제기된 QPC의 23.8%를 차지하고 있다. 그 뒤를 지방자치단체소송(contentieux des collectivités territoriales)이 잇고 있으며, 다른 분야에서의 QPC는 각기 5% 미만이다.

2010년 3월 이래, CE는 TA와 CAA로부터 넘겨받은 1537건과 해당 심급에서 청구된 207건의 QPC 중 616건을 자체 처리하고, 150건을 헌법재판소(Conseil constitutionnel)에 이송하였다. 헌법재판소에서는 평균 70% 가량 합헌결정(décison de conformité à la Constitution)을 내렸다.

(2) 또 하나의 특징으로는 전자소송의 일반화(généralisation de Telecours)를 향한 실험(expérimentation)을 들 수 있다. 2012년 12월 21일자 데크레(2012-1437호)는 모든 행정소송에서 전자적 수단(voie électronique)으로 서류를 전달할 수 있도록 하는 내용으로 행정소송법을 개정하였다. 이 방법을 사용할 수 있는 주체는 변호사, 행정기관, 공법인, 공공서비스 담당 사법인이고, 아직 개인에게는 열려있지 않은 상태이다. 이미 2005년 CE에서 변호사들에 한해 조세소송에서 사용하도록 시범적으로 실시하였

다. 2013년부터는 이것의 일반화를 위한 프로그램이 실시되고 있다. 낭트(Nante)와 낭시(Nancy) 행정항소법원과 그 관할 지방법원들에서 새 프로그램이 시범적으로 실시되고 있다. 2013년에는 법관 및 법원직원들에 대한 교육과 행정기관들에 대한 홍보 및 적용기술에 대한 점검 등이 실시되고 있다.

Ⅱ. 주요 판례 분석

2012년도에 CE는 사회복지, 공공서비스, 가스와 전기에 관한 공공요금결정, 공권력과 경제부문과의 관계 등에 관한 의미 있는 판결들을 내놓았다. 또한 환경보호와 위생안전 역시 주요영역을 구축해가는 중이다.

1. 경제력 집중(Concentrations) 관련

경쟁법(droit de la concurrence) 분야에서 Canal Plus에 대해 취해진 규제당국의 제재를 승인하였다.[4]

(1) 사건 개요

1) 2006년 8월 30일, 거대방송기업집단인 Canal Plus 그룹은 경제재정산업부장관으로부터 Canal Plus France의 설립허가를 취득하였다. Vivendi Universal사(社)의 지배하에 Canal Plus 그룹의 유료방송사업

4) CE, Ass., 21 décembre 2012, *Sociétés groupe Canal Plus et Vivendi Universal*, n° 353856; CE, Ass., 21 décembre 2012, *Sociétés group Canal Plus et Vivendi Universal*, n° 362347, *Société Parabole Réunion, n° 363542, Société Numericable*, n° 363703.

들[5]을 통합하는 것을 목적으로 하는 이 회사의 설립허가는 불공정행위 방지를 위한 59개의 약정(engagement) 이행을 조건으로 한 부관부행정 행위였다. 그 내용은 사실상 Canal Plus 그룹의 TPS와 CanalSat에 대한 지배권 보유의 허가였다.

그런데 2011년에 경쟁청(Autorité de la concurrence)은 약정위반[6]을 이유로 허가철회(retrait d'autorisation)와 30만 유로의 제재금부과(sanction pécuniaire)의 처분[7]을 내렸다.

이에 Canal Plus 그룹의 회사들과 Vivendi Universal사(社)는 이 처분의 취소를 구하는 소송을 제기하였다.

2) 2012년 7월 23일, 경쟁청은 33개의 명령(injonction) 이행을 조건으로 TPS와 CanalSat에 대한 Canal Plus 그룹과 Vivendi Universal사(社)의 지배권행사를 허가하였다. 이에 대하여 피허가자인 Canal Plus 그룹과 Vivendi Universal사(社)는 명령의 부당함을 들어 취소를 청구하였고, Parabole Réunion사(社)와 Numéricable사(社)는 허가를 내준 것 자체를 취소하라는 소송을 제기하였다.

(2) 판결요지

1) 허가를 요하는 경제력집중행위(opération de concentration)에 대해서는 경쟁청이 이 행위가 시장에 미치는 영향 및 경쟁유지를 위해 필요한 정도에 상응한 금지(interdiction)나 시정명령(injonction)을 내리거나 또는 조건부로 허가를 할 수 있는 권한을 행사한다. 그리고 이 권한의 행사는 건전한 경제질서를 유지하기 위한 경찰권(pouvoir de police) 행사이다.

---

5) 특히 패키지 가입채널인 Canalsat와 종합위성방송 TPS가 주 대상이었다.

6) 위 59개의 약정 중 3, 14, 20, 21, 22, 34, 41, 42, 44, 56번째 약정.

7) décision n° 11-D-12 du 20 septembre 2011.

2) 경제력집중행위의 시정을 위한 규제당국의 조치에 대한 월권소송이 제기되면 법원은 조치들을 개별적으로 혹은 조합별로 그 근거를 살펴보고 시장에 미치는 반경쟁적 효과(effet anticoncurrentiel)와 비례하여 적합한지(adapté), 필요한지(nécessaire) 그리고 상당한지(proportionné) 여부를 검토한다.

3) 규제당국의 조치가 반경쟁적 행위의 방지에 불충분하다는 소송이 제기된 경우에는 법원은 그 조치의 타당성(pertinence)과 효율성(efficacité)이 전반적으로(globalement) 규제라는 정책목표를 달성하기에 충분한지도 심사한다.

4) CE는 약정위반에 대한 규제당국의 판단이 옳았으며, 이에 따른 허가철회는 정당하였다고 판시하면서 다만 제재금은 27만 유로로 감액하였다. 그리고 시정명령(injonction)을 수반한 새로운 조치에 대해서도 그것이 상당성(proportinalité)을 갖추었다고 판단하였다.

(3) 판결의 분석

1) 약정 위반 여부에 관한 판단

① 약정 제3호 위반 여부

Canal Plus 그룹의 회사들과 Vivendi Universal사(社)는 독점계약의 만기가 도래할 기존의 비디오 배급 사업자들과 지체 없이 독점을 배제한 갱신계약의 협상에 착수해야 함에도 불구하고 2008년 New Line/Metropole사와 체결한 계약은 이를 준수하지 아니하였다.

② 약정 제14호 위반 여부

연간 정기적인 스포츠 행사의 중계에 관한 계약은 3년을 초과하지 않는 범위에서, 당사자에게 일체의 위약벌 없이 자유로운 해지권을 보장하는 것을 내용으로 해야 함에도 불구하고, 2008년에 EHF Marketing GmbH사와 맺은 핸드볼 챔피언스리그 중계권 계약은 3년에 1회의 연장조항을 둠으로써 상대방의 자유로운 해지권 행사를 방해하였다.

③ 약정 제20호 위반 여부

사용기술의 채택에 있어서 기존의 사업자들이 제공하는 기술과 새로 설립되는 TPS Star와의 사이에 차별이 없어야 한다는 약정과 관련하여, 법원은 위반사실이 없다고 판단하였다.

④ 약정 제21호와 제56호 위반 여부

제21호에 열거된 채널들을 인터넷 포털 사업자가 운용할 수 있게 하기 위해서 Canal Plus 그룹과 Vivendi Universal사(社)는 경제력집중 행위 실행 후 90일 이내에 필요한 준비를 마쳐야 하는 것을 내용으로 하는 약정은 서비스공급계약 체결과 포털 사업자들의 원활한 서비스 제공을 목적으로 하는 것인데, 여기서 정한 날짜인 2007년 4월 2일까지 문제의 채널들을 준비하지 못하였으므로 약정을 준수하지 않은 것으로 보았다.

⑤ 약정 제21호와 제22호 위반 여부

방송의 질적 보장에 관한 약정으로, 영화 채널의 경우 재방송이 아닌 일정 비율 이상의 신작을 내보낼 것, 스포츠 채널도 일정 이상의 생중계를 할 것 등을 의무로 하면서 그 보장을 위해 연간 편성시간을 확보하고 특히 같은 기업집단 내의 채널에서 이른바 돌려막기 식으로 같은 방송을 재송신하는 것을 제한하도록 하는 약정이었는데, 원고 그룹은 이미 관객 수나 시청률이 검증된 영화 또는 경기를 다시 방송하는데 치중함으로써 이 약정을 지키지 못했다고 보았다.

⑥ 약정 제34호 위반 여부

영화채널을 종료할 예정인 TPS와 인도양 지역 프랑스 언어권에 영화를 방송하는 위성방송채널인 Parabole Réunion사와의 관계에서, 기존 계약이 2009년 12월 31일 종료하더라도 새로이 매력적인 채널(chaine d'attractivité)을 대안으로 제안할 것을 내용으로 하는 약정인데, 실제 종료된 영화채널인 TPS Cinéstar의 대안으로 제시된 CinéCinéma Star는 신설회사가 보유한 채널이 아니므로 대안이 될 수 없고 따라서 약정을 위반하였다고 판단하였다.

⑦ 약정 제41호, 42호, 44호 위반 여부

신설회사 Canal Plus France에 콘텐츠를 제공하는 제작사나 배급사와의 관계에서 Canal Plus 계열사에 비해 차별 없는 공정한 계약과 처우를 할 것을 내용으로 하는 약정들인데, 보수의 지급이나 매입의 형태 등에서 이것을 지키지 않았다고 판단하였다.

2) 제재(sanction)에 관한 판단

위 약정위반 사항들 중에서, 제20호와 44호를 제외한 나머지 위반에 대해서 경쟁청이 행정제재(sanction administrative)를 할 수 있다고 보았다. 그리고 이에 대한 행정소송은 완전심리소송[8](plein contentieux)이고 법원은 제재의 원인과 그 효과에 대하여 검토해야 한다고 보았다. 이 제제의 목적은 경쟁을 저해하는 행위를 억제하여 자유경쟁적 시장질서를 유지하는 데 있고, 제재의 수준과 제재금의 액수는 위반행위의 중대성과 경쟁수준의 유지회복요구의 정도에 비례해야 한다고 보았다.

애초의 허가조건인 약정을 준수하지 않은 과오의 중대성에 비추어 볼 때 허가를 철회하는 것은 비례의 원칙에 반하지 않으며, 장차 새로운 조건부허가를 얻어야 사업을 계속할 수 있을 것이라고 판단하였다.

위 약정위반 사항들에 관하여 살펴본 결과, 법원은 이 위반행위들이 다른 콘텐츠 공급업자, 방송사업자들에게 회복하기 어려운 손해(préjudice difficilement réversible)를 끼쳤고, 약정을 이행하지 않음으로써 다른 사업자들의 경쟁력을 약화시킴으로써 결과적으로 자신의 시장지배적 지위(position dominante sur les marchés)를 강화시키고 말았다고 판단한 것이다. 따라서 제재금의 부과는 정당하다고 보았으나, 다만 당초 경

8) 행정제재에 대한 불복은 완전심리소송의 대상으로서 법원은 행정행위의 적법성을 심사하여 그 결과에 따라 처분의 변경권까지 행사할 수 있다. 이에 관한 최근의 국내연구로는 강지은, "제재적 행정처분에 대한 소송 – 프랑스의 최근 판례를 중심으로 –", 공법학연구 제14권 제2호, 2013, p. 545 이하 참조.

쟁청의 처분에서 2개의 항목위반을 제외하였으므로 액수를 27만 유로로 감액하였다.

3) 새로운 조건부허가에 대한 판단

2012년 7월 23일, 경쟁청은 Canal Plus 그룹에 대하여 종전 약정의 이행을 명하는 33개의 이행명령 준수를 조건으로 하는 새로운 허가처분[9]을 내렸다. 이에 대해 불복하는 소송에서 법원은, 이런 형태의 허가라는 형식을 취하는 것은 경쟁청으로서는 불가피한 조치였음을 인정하였다. 종전 허가의 결과 Canal Plus 그룹의 시장지배력[10]이 강화됨으로써 콘텐츠 구매에 있어서도 우월적 지위에서의 협상력을 행사하여 경쟁사들보다 싼 가격에 구매할 수 있었고, 통상적으로 우선 협상의 주체가 됨으로 인해 다른 방송사업자들에게 일종의 진입장벽(barrières à l'entrée)을 구축하는 결과를 가져왔다. 따라서 새로운 허가처분은 정당하다고 판단하였다.

2. 사회부조에 관한 법원의 판단권(Pouvoirs du juge en matière d'aide sociale) 관련 판결[11]

(1) 사건 개요

2006년 10월 10일, Val-d'Oise 도(département)는 2004년 11월 1일부터 2006년 10월 31일까지 Mme Labachiche에게 지급된 사회편입최저소득(revenu minimum d'insertion, RMI)이 부당한 것이고 2006년 11월 1일부터는 지급을 중단한다고 결정하였다. 그 이유는 이 기간 동안 그녀가 남편과 결별한 것이 아니므로 남편의 소득을 신고했어야 했는데 그러지 않았다는 것이다. 이에 대해 그녀는 행정심판을 청구했는데, 2008년 5월

9) n° 12-DCC-100 du juillet 2012.

10) 79% 정도로 추정하였다.

11) CE, Section, 27 juillet 2012, *Mme L. épouse B.*, n° 347114.

28일, Val－d'Oise 도 사회부조위원회(commission départementale d'aide sociale)는 당사자의 권리관계에 대해서는 판단하지 않은 채 그녀의 곤궁함을 이유로 부분적으로 지급할 것을 결정함에 그쳤다. 이에 Mme Labachiche는 이 문제에 관한 법적 판단을 구하기 위하여 소송을 제기하였다.

(2) 판결요지

1) 개인의 사회편입최저소득(revenu minimum d'insertion, RMI)과 능동연대소득(revenu de solidarité active, RSA)에 대한 행정청의 결정과 관련하여 행정소송이 제기된 경우, 행정법원은 당사자의 모든 상황을 고려하여 처분의 당부를 판단할 수 있다.

2) 이미 지급한 금액의 환수 없이 당사자의 권리에 대한 결정만 있는 경우라면 법관은 완전심리소송[12](plein contentieux)의 재판관 자격으로 해당 처분을 변경할 수 있다. 그러나 권리를 산정할 수 없는 상황이라면 처분을 취소하고 재처분을 명할 수 있다.

3) 이미 지급한 급부에 대해 행정청이 문제를 삼거나 환수를 요구하는 처분을 한 경우, 법원은 그 처분의 적법성(légalité)을 심사한다. 처분에 고유한 흠(vices propres)이 있는 경우 처분을 취소한다. 이 경우 행정청은 적법한 처분을 다시 내릴 수 있다. 처분에 고유한 흠이 없는 경우 법관은 당사자의 권리를 직접 심사하여 결정을 취소하거나 변경할 수 있다.

---

12) 주관적 소송으로서 이 때 법관은 당사자의 권리 확인의 결과 대상 처분을 변경하여 새로운 처분으로 대체할 수 있다. 프랑스 행정소송의 유형에 관한 최근의 국내 연구로는 전훈, "항고소송의 대상에 관한 비교법적 검토 – 프랑스 행정소송을 중심으로 –", 공법학연구 제13권 제2호, 2012, p. 319 이하 참조. 월권소송과 구별되는 완전심리소송에 대한 최근의 국내 연구로는 강지은, "프랑스의 객관적 완전심판소송에 관한 소고 – 소송의 종류와 법원의 권한을 중심으로 –", 공법학연구 제14권 제1호, 2013, p. 627 이하 참조.

4) 처분을 내릴 당시 행정청의 정당한 위임이 없었기 때문에, 권한 없는 자에 의한 처분이므로 Val−d'Oise 도의 결정은 위법하여 취소한다.

5) Val−d'Oise도 사회부조위원회의 처분은 판단의 근거가 없기 때문에 취소한다.

6) Mme Labachiche는 2006년 11월 1일 이후 완전한 권리를 회복하였으므로 구체적인 지급액을 Val−d'Oise 도가 산정해야 한다.

(3) 판결의 분석

1) 2004년 11월 1일부터 2006년 10월 31일까지의 RMI 수급권에 관한 판단

① 처분의 고유한 흠(vices propres) 유무

이 기간 동안 당사자에게 정당한 수급권이 없었으므로, 이미 지급된 급부는 부당한 것이었다는 결정을 내린 2006년 10월 10일자 문서에는 자치단체장인 도의회의장(Président du conseil général)이 아닌 사회편입 담당 부서(service insertion)의 장이 서명하였는데, 당시 어떤 내부위임도 받지 않은 상태였다. 비록 2006년 11월 15일에 동종의 사항에 대한 전결권을 부여하는 조치를 하였지만, 이것은 사후 위임에 불과하기 때문에 원처분의 흠을 치유할 수 없으므로, 문제의 처분은 무권한의 행정청(autorité incompétente)에 의한 것이 되어 위법하므로 취소되어야 한다.

② 2006년 11월 1일 이후의 RMI 수급권에 대한 판단

RMI 수급권은 세대구성에 따라 달라지며,[13] 구체적인 결정은 세대구성원 전부의 소득합산을 기초로 하여 이루어진다.[14] 원고의 전 남편 M. Beldjerrou는 이혼 (2004년 7월 14일) 후에도 전부인의 집에서 거주하는 것처럼 자주 나타났으며, 종전의 사회보장수급권과 관련하여 한동안

13) art. L. 262−2 du Code de l'action sociale et des famille.
14) art. R. 263 du Code de l'action sociale et des famille.

주소지를 유지하였다. 원고가 RMI를 지급받았던 기간 동안에는 전남편이 반복적으로 머물렀으므로 그의 세대구성원 여부가 문제될 수 있다. 그러나 2006년 11월 1일 이후 두 사람 사이에 공동생활이 있었다고 보기 어려우므로 전남편을 세대 구성원으로 보아야 할 이유가 없다. 따라서 이후 원고는 자신의 소득만을 기초로 사회보장수급권을 행사할 수 있고 RMI도 그에 따라 결정된다.

원고는 2006년 11월 1일 이후의 RMI 수급권을 회복하였으나, 구체적인 지급액 산정에 관해서는 법원이 판단할 수 없고, 일단 Val-d'Oise 도의회에서 결정하여야 한다.

그리고 다시 RMI 지급이 재개되기 전까지 받지 못한 금액에 대해서는 새로이 산정된 액수를 기초로 법정이자를 계산하여 지급하여야 한다.

3. 공공서비스 위임(Délégations de service public)과 국가지원금(Aides d'État) 관련 판결[15)]

2012년에 CE는 공공서비스(service public)의 위임 분야에서 지급되는, 국가지원금(aides d'État)과 보조금(subvention)을 구별하는 판결을 내놓았다.

(1) 사건 개요

2010년 12월 29일, Notre-Dames-des-Landes 공항의 건설 및 운영 위탁을 내용으로 하는 국가(État)와 Aéroports du Grand Ouest사(社) 간 협약(convention)이 체결되었는데, 이 협약에서 국가가 위 회사에

15) CE, 13 juillet 2012, *Communauté de communes de Endre et Gesvres, Les Verts des Pays de la Loire et autres, association Acipa et autres, nos 347073 et 350925.*

게 지급하기로 한 보조금(subvention)의 성격이 문제되었다. 협약의 명세서(cahier des charges) 제67조 3항에서는 특허사업자(concessionnaire)가 국가로부터 공항건설 및 기타 계약에서 정한 임무를 수행하기 위하여 보조금을 받기로 명시되어 있다. 부속서에는 보조금 총액이 1억 6,500만 유로이며, 국가가 9천만 유로, 지방자치단체가 75만 유로를 부담하기로 되어 있었다. 그런데 유럽연합의 운영에 관한 조약(Traité sur le fonctionnement de l'Union européenne) 제107조에서는 원칙적으로 특정 기업에 대한 국가지원금을 금지하고 있다. 다만 공공서비스를 제공하는 기업에 보상적 목적(objet de compenser)에서 지급하는 보조금은 여기에 해당하지 않는 것으로 보고 있다.[16)]

(2) 판결요지

1) 국가나 지방자치단체에 의해 부과된 공항건설 임무를 수행하기 위한 비용을 보상하는 차원에서 지급되어지는 보조금은 유럽연합의 규범에서 금지하고 있는 지원금이 아니다.

2) 공항의 수탁운영자에게 지급되는 보조금의 액수는 공공서비스 위임의 결정 과정의 통상절차에서 요구되는 공정하고 투명한 절차를 거쳐 결정되어야 하며, 공공서비스를 담당하고 있는 기업의 수지균형을 맞추는 수준을 초과할 수 없다.

(3) 판결의 분석

CE는 Notre-Dames-des-Landes의 비행장 건설을 맡은 Aéro-ports du Grand Ouest사(社)에 지급된 공사비보전 목적의 보조금은 국가지원금이 아니라고 판시하였다. 이는 공익사업의 수행을 위한 비용을 사업자만 전담하는 것은 허용되지 않는다는 선례[17)]에도 부합한다.

---

16) CJCE, 24 juillet 2003, Altmark Trans GmbH (C-280/00).

17) CE, 31 juillet 2009, nos 314955, 314956, 315022 et 315170; CE, 27 janvier 2010,

특히, 이 보조금의 액수는 공공서비스 위임계약 체결을 위한 공개적이고 투명한 절차를 거쳐 결정된 것으로 판단하였고, 보조금은 공공서비스 담당 기업이 수지균형(rentabilité)을 맞출 수 있을 정도로 지급되어야 한다고 보았다. 이 협약에서 예정한 적정수익률은 교통량 및 이용객 수의 예측이 맞을 경우를 가정하면 13.42%였고, 이것을 공공사업의 수탁경영 사례에서의 평균적 수익률로 판단하였다.

다른 사건[18])에서 CE는 마르세유(Marseille)항과 코르시카(Corse)의 5개 항구를 잇는 해상교통(desserte maritime) 공공서비스 위임계약에 포함된 보호조항(clause de sauvegarde)은 국가지원금이 아니라고 보았다. 이 조항에 따르면, 계약당사자들은 필요한 범위 내에서 원래의 재정적 균형을 맞추기 위한 조치를 취할 수 있다. 반면 이 조항을 적용한 코르시카 자치단체의 처분들은 국가지원금에 해당할 수도 있다고 보았다.

4. 에너지(Énergie) 관련 판결

2011년도 가스요금결정의 취소를 구하는 소송에서 CE는 가정용과 산업용으로 공급되는 천연가스의 소비자가격을 결정한 2011년 9월 29일의 행정명령(arrêté)을 취소하였다.[19])

(1) 사건 개요

관련 법률[20])에 의하면, 천연가스의 통제가격(tarifs réglementés)은 공급에 내재하는 특성(caractéristiques intrinsèques)과 공급에 관련된 비용

nos 319241, 319244.

18) CE, 13 juillet 2012, *Companie méridionale de navigation et Société nationale Corse Méditerrannée*, nos 355616, 355622 et 358396.

19) CE, 10 juillet 2012, SA GDF Suez et Anode, *Les Verts des Pays de la Loire et autres, association Acipa et autres*, nos 347073 et 350925.

20) art. L. 445-3 du Code de l'énergie.

(coût)에 따라 결정된다. 고객에게 제공되는 보조금을 전제하지 않은 상태에서 가격이 결정되며, 모든 고객은 천연가스의 공급자를 자유로이 선택할 권리가 있다.

가격의 산출방식은 원료시장에서 천연가스를 구매하기 위해 공급자(fournisseur)인 GDF Suez가 지불하는 평균비용(coût moyen)을 기초로 하여 고객에게 연결되는 교통수단에 따라 결정하도록 2009년 12월 18일자 데크레(décret)에서 규정한 바 있다. 이에 따르면, 가격 공식(formule tarifaire)은 경제와 에너지를 담당하는 장관들(ministres chargés de l'économie et de l'énergie)의 행정명령(arrêté)에 의해 결정된다. 2010년 12월 9일자 행정명령(arrêté)은 위 규정에 근거하여 가격공식을 규정하였다. 이렇게 결정된 가격산정방식에 대하여 GDF Suez사와 전국에너지소매업협회(ANODE)가 그 취소를 구하는 소송을 제기하였다.

(2) 판결요지

1) 천연가스 통제가격에 관한 2011년 9월 29일자 행정명령을 취소한다.

2) 경제와 에너지 담당 장관들에게 1월 이내에 시장가격의 변동을 반영한 새 행정명령을 발할 것을 명한다.

(3) 판결의 분석

행정명령에 의해 결정된 가격산정공식이 시장거래가격을 반영하지 못하고 있다면, 위 데크레의 제4조의 규정에 따라 경제와 에너지 담당 장관들이 그것을 수정해야 했고, 가격공식의 수정 시에는 연중 가격변동과 차년도 가격변동 예상치를 고려하여야 했음에도 불구하고, 행정명령에 의해 결정된 가격은 공식에서 도출된 가격을 밑돌았고, 이러한 차이(8.8%에서 10%까지)에 대한 해명도 이루어지지 않았으며 연초에 시행된 가격을 그대로 고수하였다. 이러한 점에서 본 사건의 행정명령은 위법하게 되었고 취소의 대상이 되었다. 이 행정명령의 취소 후 발생하는 기준가격의 공백을 최소화하기 위하여 2011년 10월 1일부터 201년 1월 1일까지 적용될 가격산정에 관한 새 행정명령이 필요하였다. 2012년도의 기준 가격산정방식은 이미 2011년 12월 22일에 공표되었다.

(4) CE는 송전용 전선망(réseaux publics de distribution d'électricité)에 대한 2009년도 이용요금 결정도 취소하였다.[21] 이 가격은 ERDF(Electiricite réseau distribution France: 프랑스 전력보급회사)가 지는 부담을 특히 고려하여 전체 평균 비용으로부터 산출하였다. 이 가격 측정 과정에서 에너지규제위원회와 소관부처 어느 곳도, 중요할 수도 있는, 부채항목(postes du passif)의 존재를 고려하지 않았다. ERDF의 채무분석은 불충분하였고, 이것이 문제의 가격산정방식의 적법성에 영향을 주었다. 이러한 영향을 고려하여, 필요한 정정이 이루어질 수 있게 하기 위해서 이 가격의 취소는 2013년 6월 1일로 연기되었다.[22]

5. 종교(Cultes) 관련 판결

종교활동을 하는 사회단체에 대한 국가나 공법인의 보조금(subvention)이 허용될 수 있는지 여부에 관해 CE는 판단기준을 제시하였다.[23]

(1) 사건 개요

본래 수도회(communauté de moine)로 설립된 Portes 지역 샤르트르 협회가 나무로 가동되는 보일러 설치를 위한 보조금을 환경에너지제어기구(Agence de l'environnement et de la maîtrise de l'énergie, 이하 "ADEME"

21) CE 28 septembre 2012, *Société Direct Énergie et autre*, n° 330548 et autres.
22) *Ibid.*
23) CE, 26 novembre 2012, *Ademe*, n° 344379.

이라 한다)에 신청하였는데, 이 기구의 Rhône-Alpes 지역 대표가 이를 거부하자, 동 협회는 Lyon 지방행정법원(TA)에 제소하였고 승소하였다. ADEME의 항소를 Lyon 행정항소법원(CAA)이 기각하자, 마침내 CE에 상고하기에 이르렀다.

(2) 판결 요지

1) ADEME은 원래 종교단체인 Portes 지역 샤르트르협회에 대해 정교분리원칙을 위배하지 않으면서도 보조금을 지급할 수 있다.

2) 종교단체에 의해 수행되는 활동이라 할지라도, 종교적 색채를 전혀 띠지 않는 한, 공법인의 보조금 지급대상에서 일률적으로 제외되는 것은 아니다.

3) 공법인이 추구하는 공익목적에 부합하는 활동을 조성할 목적으로 종교단체의 활동에 재정지원을 하는 것은 그 목적 달성에 충실하고 종교적 활동에 사용되지 않는다면, 정교분리의 원칙에 어긋나지 않는다.

(3) 판결의 분석

CE는 종교단체가 아닌, Portes 지역 샤르트르협회가 나무로 가동되는 보일러 설치를 위한 보조금을 환경에너지제어기구(ADEME)에 신청할 수 있다고 판시하였다.

정교분리(séparation des Églises et de l'État)에 관한 1905년 12월 9일자 법률에 의하면, 공법인은 문화적 건조물(édifice culturel)의 보수를 제외하고는 종교단체에게 보조금을 지급할 수 없다. ADEME은 환경법전에 명시된 공법인이므로 원칙적으로 종교단체에게 보조금을 지급할 수 없다.

그러나 종교단체라 할지라도 종교적 성격이 아닌 활동을 하기 위한 보조금은 받을 수 있다. 이 사례처럼 에너지절약을 위한 목적의 지원을 하는 데 정교분리 원칙은 아무런 장애가 되지 않는다.

두 가지 요건이 충족되어야 한다. 첫째, 보조금은 입법자에 의해 정해진 공익적 임무의 범주에 들어있어야 한다. 둘째, 보조금은 단체의 종교활동에 사용되어서는 안 된다.

ADEME이 추구하는 목적 중에 "재사용 가능한 에너지 개발(développement des énergies renouvables)"이 있다. 그리고 설립 목적을 달성하기 위해 "보조금을 지급할 수 있다." 그렇다면 Portes 지역 샤르트르협회가 나무로 가동되는 보일러 설치를 하고 사용하는 것이 이 목적에 해당한다면 보조금을 지급할 수 있게 된다. 법원은 샤르트르협회의 활동이 ADEME이 추구하는 목적에 부합하므로 이 한도 내에서 보조금의 신청과 지급이 이루어질 수 있다고 판단하였다.

6. 이동전화 안테나(Antennes de téléphonie mobile) 설치 허가 관련 판결[24)]

(1) 사건 개요

2009년 3월 20일, Orange France사는 이동전화 중계안테나(antennes relais de téléphonie mobile)의 설치를 위해 Nîmes 시장에게 사전신고(déclaration préalable)만을 행하였는데, 이 공사를 위해서는 18미터의 무선전화송수신탑(pylône de radiotéléphonique)을 9평방미터 넓이의 포석 위에 설치해야 하는 것이었다. 기초자치단체장이 신고에 대해 별다른 반대의 의사표시를 하지 않고 그대로 수리하자, 일부 시민들이 공동 원고가 되어 공사를 금지할 것을 Nîmes 지방행정법원에 제소하였으나 기각 당하였고, CE에 그 판결의 파기와 공사금지명령을 청구하였다.

24) CE, 20 juin 2012, *R. et autres*, n° 344646.

(2) 판결 요지

1) 이동전화 중계안테나(antennes relais de téléphonie mobile)의 설치와 그 작동에 필요한 기술설비가 12m 이상의 높이와 2㎡ 이상의 면적을 차지하는 경우에는 건축허가(permis de construire)를 요하고, 다른 경우에는 신고(déclaration préalable)만으로도 충분하다.

2) 이 사건에서의 안테나 설치를 위해 차지하는 공간은 허가를 요하는 사항임에도 신고사항으로 판단한 원심은 파기되어야 한다.

(3) 판결의 분석

도시계획법전(Code de l'Urbanisme) L. 421－1조에서는 모든 건축공사에 일반적으로 건축허가를 요한다는 원칙을 천명하고, L. 421－4조에서는 CE의 데크레에서 예외적으로 신고만으로 충분한 건축 등 설치공사의 리스트를 정하도록 하였다. 동법전 R. 412－2에서는 높이 12m 미만, 면적 2㎡ 이하의 공사를 신고사항으로 규정하였다. 이 사건에서 안테나 자체의 높이는 그리 대단하지 않을지라도 그에 수반한 설비가 차지하는 공간이 위 기준을 초과하기 때문에 허가사항으로 보아야 한다. 따라서 지방행정법원의 판단은 법리를 오해한 것이므로 파기되어야 한다는 것이 CE의 입장이다.

이러한 경우 기초자치단체장은 허가여부를 심사함에 있어서 환경에 영향을 미치는 행위에 적용되는 환경헌장(Charte de l'environnement) 제5조상 사전배려의 원칙(principe de précaution)을 충분히 고려하여야 한다. 여기에는 주민(population)의 건강을 해칠 가능성이 있는 조건들도 포함된다.[25) 허가를 거부하기 위해서는 기초자치단체장은 현재의 과학 지식에서, 비록 실현 여부가 불확실할지라도, 주민에게 다가올 수 있는 위험

---

25) CE, 8 octobre 2012, *Commune de Lunel*, n° 342423. CE, 30 janvier 2012.

(risques)을 나타내는 상세한 정보에 근거를 두어야 한다. 그러나 감수할 위험(risques encourus)에 관해서는 단순한 불확실성(simple incertitude)의 존재에 만족하여서는 안 된다.26)

7. 기타 판례

(1) 공무원노조 전임자의 경력(La carrière des représentants syndicaux)

공무원노조 전임자가 조합에서의 직에 전념하기 위해 원래의 직책과 직무를 면하는 기간에도, 같은 직급의 동료들과 같은 보수27)와 경력28)을 인정받아야 한다고 판시하였다.

(2) 조세(Fiscalité) 관련 판결

원천징수(précompte)에 관한 소송에서는 자본의 자유로운 설립과 이동에 관한 유럽연합법의 원칙을 적용하였다.29) 이것은 이익배당(dividende)에 대한 이중과세를 방지하기 위한 과세재산(avoir fiscal) 관련 메커니즘이다.

자회사(filiale)로부터 모회사(société mère)로의 이익배당에 관련하여 주주들에게 배당금을 재분배할 때 모회사가 납세의무자인 원천징수액에서 공제할 수 있었다. 그럼에도 불구하고 이것은 배당이익이 프랑스 소재 자회사로부터 나온 경우에만 인정되었다. CE는 이러한 차별이 자본

---

26) CE, 30 janvier 2012, *Société Orange France*, n° 344992.

27) CE, Section, 27 juillet 2012, B, n° 344801.

28) CE, 29 octobre 2012, Commune d'Aix-en-Provence, n° 347259; CE 26 novembre 2012, ministre de l'Écologie, du Développement durable et de l'Énergie c/M. D., n° 350953.

29) CE, 10 décembre 2012, *Ministre du budget, des comptes publics et de la fonction publique c/société Rhodia*, n° 17074, et c/*société Accor*, n° 353856.

의 설립과 이동의 자유에 반하는 것이라고 판단하였다. 그 결과 이러한 혜택을 누리지 못했던 기업들은 일정 요건하에 이미 납부한 원천징수액을 환급받을 수 있게 되었다.

(3) 환경(Environnement)과 도시계획(urbanisme)에 관한 지방행정법원 판결들

풍력발전소(éoliennes) 건설계획에 대한 다수의 소송에서 지방행정법원들은 환경과 도시계획에 관한 원칙들의 준수 여부를 검토하였다.

이러한 건설계획이 역사·경관유산(patrimoine historique et paysager)의 상징적 요소[30](élément emblématique) 또는 문화유적(monument historique)의 전망[31](perspective)을 훼손할 경우 허용될 수 없다. 음향효과연구(étude acoustique)가 충분했는지,[32] 식물군상(faune)과 조류군상(avifaune)에 미치는 영향의 저감조치(mesures de réduction)가 충분히 이루어졌는지[33] 혹은 레이다(radar)와 같은 인근 시설의 성능이 손상되었는지[34]도 심사하였다. 반면, 특수한 보호 대상 구역 밖에서의 건설,[35] 그다지 중요하지 않은 경관에서의 건설[36] 또는 구역의 본질적 성격이 훼손되지 않는 건설[37]은 가능하다고 보았다.

---

30) TA de Dijon, 20 septembre 2012, *n°s 1100873 et 1100874.*
31) TA de Caen, 24 juillet 2012, n° 1100123.
32) TA de *Clermont–Ferrand*, 27 mars 2012, n° 1100425.
33) TA de Melun, 19 janvier 2012, n° 0901088.
34) TA d'Orléans, 17 avril 2012, n°s 1001550 et 1001551.
35) TA de Toulouse, 12 juillet 2012, n°s 0802365 et 0802366.
36) TA de Lille, 12 avril 2012, n° 0906715.
37) TA de Rennes, 4 octobre 2012, n°s 0903394 et 0903550.

Ⅲ. 맺음말

2012년도 프랑스 행정판례의 특징은 사건처리의 신속화, 전자소송의 시범운영 확대실시, 합헌성 선결심사청구의 적정화로 요약할 수 있다. 우리나라 법원도 마찬가지이지만, 시대의 변화와 국민의 여망에 부응하기 위한 법원의 노력이 가시적 성과를 보이고 있다고 할 수 있다. 특히 1심 사건에서 세밀한 검토와 공정한 재판을 위한 노력을 기울인 결과가 전체 항소사건과 상고사건의 감소로 이어지고 있다는 것은 깊이 새겨보아야 할 대목이다. 그리고 CE 역시 사건의 신속한 처리를 위해 노력을 경주한 끝에 처리기간의 단축이라는 효과가 나타나고 있다. 행정부의 관료주의에 젖을 수도 있는 행정법원의 위상을 감안할 때 획기적인 혁신 사례로 볼 수 있을 것이다. 그것이 국민의 신뢰를 얻을 수 있는 기본적이고 당연한 길임은 새삼 말할 필요가 없다. 다만 우리나라보다는 확실히 전자소송의 도입에서는 더딘 모습을 보이고 있다. 재판의 역사가 긴 만큼 변화에 시간을 필요로 하는 것이라고 생각한다.

주요 판례로 꼽히는 분야는 경쟁법, 사회보장, 조세, 공공서비스, 환경, 도시계획 등의 분야이다. 행정행위에 관한 심사기준은 우리와 크게 다르지 않으나, 유럽연합법이 가지는 법원(法源)으로서의 위상 때문에 특히 조세분야나 경쟁법 분야에서 다소 복잡한 판단기준을 가질 수밖에 없다. 공공서비스 담당자에 대한 국가의 보조금을 유럽연합이 금지한 지원금과 잘 구별하여 운영의 묘를 살리고 있는 해석이 돋보이며, 개발사업이나 공공시설의 설치와 관련한 환경권과의 충돌문제를 해결하기 위해 고려하는 기준들이 우리나라 판례에 비해 상당히 깊고 다양하다. 가장 눈여겨볼 만한 판례는 사회부조에 관한 행정처분에 대한 법원의 심사 범위를 판시한 사례이다. 처분의 내용과 그 흠의 종류에 따라 법관의 심사권 및 결정권의 범위를 구체화하여 명료하게 판시한 점이 그것이다. 우리도 장차 사회복지 관련 행정소송의 건수가 늘어날 뿐만 아니라 청구내용도 상당히 복잡해질 것으로 예상되는데, 이러한 점에서 위 사례는 깊이 참조할 만하다.

마지막으로 행정사건의 처리절차에 관한 법이, 우리나라는 행정소송법 등 법률에 치우쳐 있어 능동적인 변화를 하기 어려운 점이 있다. 행정소송법 개정작업의 완료가 되지 않고 있는 상태에서 획기적인 제도 개선이 있기는 어렵다. 앞으로는 절차규범의 다양화로 사법부의 재량으로 많은 혁신을 이룰 수 있도록 길을 열어주는 방향으로 가는 것도 좋지 않을까 생각한다.

참고문헌

강지은, "제재적 행정처분에 대한 소송 – 프랑스의 최근 판례를 중심으로 –", 공법학연구 제14권 제2호, 2013.

강지은, "프랑스의 객관적 완전심판소송에 관한 소고 – 소송의 종류와 법원의 권한을 중심으로 –", 공법학연구 제14권 제1호, 2013.

전훈, "항고소송의 대상에 관한 비교법적 검토 – 프랑스 행정소송을 중심으로 –", 공법학연구 제13권 제2호, 2013.

Conseil d'Etat, Le Conseil d'État et la justice administrative en 2012.

Conseil d'Etat, Dossier de presse bilan d'activité 2012.

LexisNexis, La semaine juridique administration et collectivités territoriales n° 43, 2013.

http://www.conseil-etat.fr/fr/base-de-jurisprudence (판례 검색)

http://legifrance.gouv.fr/initRechCodeArticle.do (법령 검색)

국문초록

2012년에 프랑스의 행정법원은 총 228,680개의 판결을 선고하였다. 소송 당사자들에게 구체적이고도 신속한 답을 주기 위해 노력한 결과, 사건처리기간은 단축되었고, 대부분 1심에서 종결되어 불복건수가 줄어들고 있다. 우선적 합헌성 심사의 청구건수는 이제 안정기에 들어섰고, 행정사건에도 전자소송이 시범적으로 실시되고 있다. 2012년 프랑스 행정소송에서의 상징적인 사건들은 주로 사회부조수당의 지급, 공공서비스 담당 기업에 대한 지원, 가스와 전기 요금의 결정, 공권력과 민간경제 부문과의 관련이라 할 수 있고, 환경과 위생상의 보호문제는 여전히 핵심 사항이다. 특히 사회부조 관련 사건에서의 법원의 판단권을 설시한 판례가 우리에게 많은 시사점을 주고 있다. 그리고 우리 행정소송에서는 절차규범의 다양화로 새로운 변화를 모색할 수 있지 않을까 기대한다.

주제어: 선결적 합헌성 심사, 행정소송, 경제력 집중, 사회부조, 공공서비스, 보조금

Résumé

Le bilan et l'analyse des jurisprudences administratives françaises en 2012

Seung-Gyu OH*

La juridiction administrative française dans son ensemble – Conseil d'État, 8 cours administrative d'appel et 46 tribunaux administratifs – a rendu 228680 décisions contentieuses en 2012. Elle apporte des réponses concrètes et rapides aux demandes des justiciables. Les délais de jugement sont se réduisent et la solution définitive du litige correspond à celle retenue par le juge de première instance dans 96% des cas.

Le dispositif de question prioritaire de constitutionalité entré en vigueur le 1er mars 2010, a atteint son "rythme de croisière" en 2012.

L'expérimentation de "Telerecours" se généralise en 2013 dans la juridiction administrative.

Plus que jamais au coeur de la vie quotidienne des citoyens, la justice administrative s'est prononcée en 2012 sur des litiges symboliques de leurs occupations; allocation des prestations sociales, aides aux sociétés remplaçant des missions de service public,

* Professeur à l'Université Jungwon.

fixation des tarifs du gaz et de l'électricité: les relations entre pouvoirs publics et sphère économique ont également marqué l'actualité contentieuse. Enfin, comme les années précédentes, la protection de l'environnement et la sécurité sanitaire continuent de structurer l'activité des juridictions. une des jurisprudences notamment sur le pouvoir du juge en matière d'aide sociale serait utile à nous. Il est souhaitable de diversifier des normes de procédure pour l'innovation.

Mots clés: question prioritaire de constitutionalité, contentieux administratif, concentration, aide sociale, service public, subvention

투 고 일: 2013. 12. 19
심 사 일: 2013. 12. 29
게재확정일: 2013. 12. 30

附 錄

研究倫理委員會 規程

研究論集 刊行 및 編輯規則

「行政判例研究」 原稿作成要領

歷代 任員 名單

月例 集會 記錄

研究倫理委員會 規程

제1장 총　　칙

제 1 조 (목적)

이 규정은 사단법인 한국행정판례연구회(이하 "학회"라 한다) 정관 제26조에 의하여 연구의 진실성을 확보하기 위하여 설치하는 연구윤리위원회(이하 "위원회"라 한다)의 구성 및 운영에 관한 기본적인 사항을 정함을 목적으로 한다.

제 2 조 (적용대상)

이 규정은 학회의 정회원 · 준회원 및 특별회원(이하 "회원"이라 한다)에 대하여 적용한다.

제 3 조 (적용범위)

연구윤리의 확립 및 연구진실성의 검증과 관련하여 다른 특별한 규정이 없는 한 이 규정에 따른다.

제 4 조 (용어의 정의)

이 규정에서 사용하는 용어의 정의는 다음과 같다.

1. "연구부정행위"는 연구를 제안, 수행, 발표하는 과정에서 연구목적과 무관하게 고의 또는 중대한 과실로 행하여진 위조 · 변조 · 표절 · 부당한 저자표시 등 연구의 진실성을 심각하게 해치는 행위를 말한다.
2. "위조"는 존재하지 않는 자료나 연구결과를 허위로 만들고 이를 기록하거나 보고하는 행위를 말한다.
3. "변조"는 연구와 관련된 자료, 과정, 결과를 사실과 다르게

변경하거나 누락시켜 연구가 진실에 부합하지 않도록 하는 행위를 말한다.

4. "표절"은 타인의 아이디어, 연구 과정 및 연구결과 등을 정당한 승인 또는 적절한 인용표시 없이 연구에 사용하는 행위를 말한다.
5. "부당한 저자 표시"는 연구내용 또는 결과에 대하여 학술적 공헌 또는 기여를 한 자에게 정당한 이유 없이 저자 자격을 부여하지 않거나, 학술적 공헌 또는 기여를 하지 않은 자에게 감사의 표시 또는 예우 등을 이유로 저자 자격을 부여하는 행위를 말한다.

제 2 장 연구윤리위원회의 구성 및 운영

제 5 조 (기능)

위원회는 학회 회원의 연구윤리와 관련된 다음 각 호의 사항을 심의 · 의결한다.

1. 연구윤리 · 진실성 관련 제도의 수립 및 운영 등 연구윤리확립에 관한 사항
2. 연구윤리 · 진실성 관련 규정의 제·개정에 관한 사항
3. 연구부정행위의 예방 · 조사에 관한 사항
4. 제보자 및 피조사자 보호에 관한 사항
5. 연구진실성의 검증·결과처리 및 후속조치에 관한 사항
6. 기타 위원장이 부의하는 사항

제 6 조 (구성)

① 위원회는 위원장과 부위원장 각 1인을 포함하여 7인 이내의 위원으로 구성한다.

② 위원장은 부회장 중에서, 부위원장은 위원 중에서 회장이 지명

한다.

③ 부위원장은 위원장을 보좌하고 위원장의 유고시에 위원장의 직무를 대행한다.

④ 위원은 정회원 중에서 회장이 위촉한다.

⑤ 위원장과 부위원장 및 위원의 임기는 1년으로 하되 연임할 수 있다.

⑥ 위원회의 제반업무를 처리하기 위해 위원장이 위원 중에서 지명하는 간사 1인을 둘 수 있다.

⑦ 위원장은 위원회의 의견을 들어 전문위원을 위촉할 수 있다.

제 7 조 (회의)

① 위원장은 필요한 경우 위원회의 회의를 소집하고 그 의장이 된다.

② 회의는 재적위원 과반수 출석과 출석위원 과반수 찬성으로 의결한다. 단 위임장은 위원회의 성립에 있어 출석으로 인정하되 의결권은 부여하지 않는다.

③ 회의는 비공개를 원칙으로 하되, 필요한 경우에는 위원이 아닌 자를 참석시켜 의견을 진술하게 할 수 있다.

제 3 장 연구진실성의 검증

제 8 조 (연구부정행위의 조사)

① 위원회는 구체적인 제보가 있거나 상당한 의혹이 있는 경우에는 연구부정행위의 존재 여부를 조사하여야 한다.

② 위원회는 조사과정에서 제보자·피조사자·증인 및 참고인에 대하여 진술을 위한 출석과 자료의 제출을 요구할 수 있다.

③ 위원회는 연구기록이나 증거의 멸실, 파손, 은닉 또는 변조 등을 방지하기 위하여 상당한 조치를 취할 수 있다.

제 9 조 (제보자와 피조사자의 권리 보호)

① 위원회는 어떠한 경우에도 제보자의 신원을 직·간접적으로 노출시켜서는 안 된다. 다만, 제보 내용이 허위인 줄 알았거나 알 수 있었음에도 불구하고 이를 신고한 경우에는 보호 대상에 포함되지 않는다.

② 위원회는 연구부정행위 여부에 대한 검증과정이 종료될 때까지 피조사자의 명예나 권리가 침해되지 않도록 노력하여야 한다.

제10조 (비밀엄수)

① 위원회의 위원은 연구부정행위의 조사, 판정 및 제재조치의 건의 등과 관련한 일체의 사항을 비밀로 하며, 검증과정에 직·간접적으로 참여한 자는 검증과정에서 취득한 정보를 누설하여서는 아니 된다.

② 위원장은 제 1 항에 규정된 사항으로서 합당한 공개의 필요성이 있는 때에는 위원회의 의결을 거쳐 공개할 수 있다. 다만, 제보자 · 조사위원·증인·참고인·자문에 참여한 자의 명단 등 신원과 관련된 정보가 당사자에게 부당한 불이익을 줄 가능성이 있는 때에는 공개하지 아니한다.

제11조 (제척 ·기피·회피)

① 위원은 검증사건과 직접적인 이해관계가 있는 때에는 당해 사건의 조사·심의 및 의결에 관여하지 못한다. ② 제보자 또는 피조사자는 위원에게 공정성을 기대하기 어려운 사정이 있는 때에는 그 이유를 밝혀 당해 위원의 기피를 신청할 수 있다. 위원회에서 기피신청이 인용된 때에는 기피 신청된 위원은 당해 사건의 조사·심의 및 의결에 관여하지 못한다.

③ 위원은 제 1 항 또는 제 2 항의 사유가 있다고 판단하는 때에는 회피하여야 한다.

④ 위원장은 위원이 검증사건과 직접적인 이해관계가 있다고 인정하는 때에는 당해 검증사건과 관련하여 위원의 자격을 정지할 수 있다.

제12조 (의견진술, 이의제기 및 변론기회의 보장)

위원회는 제보자와 피조사자에게 관련 절차를 사전에 알려주어야 하며, 의견진술, 이의제기 및 변론의 기회를 동등하게 보장하여야 한다.

제13조 (판정)

① 위원회는 위원들의 조사와 심의 결과, 제보자와 피조사자의 의견진술, 이의제기 및 변론의 내용을 토대로 검증대상행위의 연구부정행위 해당 여부를 판정한다.

② 위원회가 검증대상행위의 연구부정행위 해당을 확인하는 판정을 하는 경우에는 재적위원 과반수 출석과 출석위원 3분의 2 이상의 찬성으로 한다.

제4장 검증에 따른 조치

제14조 (판정에 따른 조치)

① 위원장은 제13조 제1항의 규정에 의한 판정결과를 회장에게 통보하고, 검증대상행위가 연구부정행위에 해당한다고 판정된 경우에는 위원회의 심의를 거쳐 그 판정결과에 따라 필요한 조치를 건의할 수 있다.

② 회장은 제 1 항의 건의가 있는 경우에는 다음 각 호 중 어느 하나의 제재조치를 하거나 이를 병과할 수 있다.

1. 연구부정논문의 게재취소
2. 연구부정논문의 게재취소사실의 공지
3. 회원의 제명절차에의 회부

4. 관계 기관에의 통보

5. 기타 적절한 조치

③ 전항 제2호의 공지는 저자명, 논문명, 논문의 수록 권·호수, 취소일자, 취소이유 등이 포함되어야 한다.

④ 회장은 학회의 연구윤리와 관련하여 고의 또는 중대한 과실로 진실과 다른 제보를 하거나 허위의 사실을 유포한 자가 회원인 경우 이를 제명절차에 회부할 수 있다.

제15조 (조사결과 및 제재조치의 통지)

회장은 위원회의 조사결과 및 제재조치에 대하여 제보자 및 피조사자 등에게 지체없이 서면으로 통지한다.

제16조 (재심의)

피조사자 또는 제보자가 판정결과 및 제재조치에 대해 불복할 경우 제15조의 통지를 받은 날부터 20일 이내에 이유를 기재한 서면으로 재심의를 요청할 수 있다.

제17조 (명예회복 등 후속조치)

검증대상행위가 연구부정행위에 해당하지 아니한다고 판정된 경우에는 학회 및 위원회는 피조사자의 명예회복을 위해 노력하여야 하며 적절한 후속조치를 취하여야한다.

제18조 (기록의 보관) ① 학회는 조사와 관련된 기록은 조사 종료 시점을 기준으로 5년간 보관하여야 한다.

부 칙

제 1 조 (시행일) 이 규정은 2007년 11월 29일부터 시행한다.

研究論集 刊行 및 編輯規則

제정: 1999. 08. 20.
제1차 개정: 2003. 08. 22.
제2차 개정: 2004. 04. 16.
제3차 개정: 2005. 03. 18.
전문개정: 2008. 05. 26.
제5차 개정: 2009. 12. 18.

제1장 총 칙

제1조 (目的)

이 규칙은 사단법인 한국행정판례연구회(이하 "학회"라 한다)의 정관 제27조의 규정에 따라 연구논집(이하 '논집'이라 한다)을 간행 및 편집함에 있어서 필요한 사항을 정함을 목적으로 한다.

제2조 (題號)

논집의 제호는 '行政判例硏究'(Studies on Public Administration Cases)라 한다.

제3조 (刊行週期)

① 논집은 연 2회 정기적으로 매년 6월 30일, 12월 31일에 간행함을 원칙으로 한다.

② 전항의 정기간행 이외에 필요한 경우는 특별호를 간행할 수 있다.

제 4 조 (刊行形式)

논집의 간행형식은 다음 각 호의 어느 하나에 의한다.

1. 등록된 출판사와의 출판권 설정의 형식
2. 자비출판의 형식

제 5 조 (收錄對象)

① 논집에 수록할 논문은 다음과 같다.

1. 발표논문: 학회의 연구발표회에서 발표하고 제출한 논문으로서 편집위원회의 심사절차를 거쳐 게재확정된 논문
2. 제출논문: 회원 또는 비회원이 논집게재를 위하여 따로 제출한 논문으로서 편집위원회의 심사절차를 거쳐 게재확정된 논문
3. 그 밖에 편집위원회의 심사절차와 간행위원회의 의결을 거쳐 수록하기로 한 논문 등

② 논집에는 부록으로서 다음의 문건을 수록할 수 있다.

1. 학회의 정관, 회칙 및 각종 규칙
2. 학회의 역사 또는 활동상황
3. 학회의 각종 통계

③ 논집에는 간행비용의 조달을 위하여 광고를 게재할 수 있다.

제 6 조 (收錄論文要件)

논집에 수록할 논문은 다음 각호의 요건을 갖춘 것이어야 한다.

1. 행정판례의 평석 또는 연구에 관한 논문일 것
2. 다른 학술지 등에 발표한 일이 없는 논문일 것
3. 이 규정 또는 별도의 공고에 의한 원고작성요령 및 심사기준에 부합하는 학술연구로서의 형식과 품격을 갖춘 논문일 것

제7조 (著作權)

① 논집의 편자는 학회의 명의로 하고, 논집의 개별 논문에는 집필자(저작자)를 명기한다.

② 학회는 논집의 편집저작권을 보유한다.

제2장 刊行委員會와 編輯委員會

제8조 (刊行 및 編輯主管)

① 논집의 간행 및 편집에 관한 업무를 관장하기 위하여 학회에 간 행위원회와 편집위원회를 둔다.

② 간행위원회는 논집의 간행에 관한 중요한 사항을 심의·의결한다.

③ 편집위원회는 간행위원회의 결정에 따라 논집의 편집에 관한 업무를 행한다.

제9조 (刊行委員會의 構成과 職務 등)

① 간행위원회는 편집위원을 포함하여 회장이 위촉하는 적정한 수의 위원으로 구성하고 임기는 1년으로 하되 연임할 수 있다.

② 간행위원회는 위원장, 부위원장 및 간사 각 1인을 둔다.

③ 간행위원장은 위원 중에서 호선하고, 부위원장은 학회의 출판담당 상임이사로 하고, 간사는 위원 중에서 위원장이 위촉한다.

④ 간행위원회는 다음의 사항을 심의·의결한다.

1. 논집의 간행계획에 관한 사항
2. 논집의 특별호의 기획 등에 관한 사항
3. 이 규칙의 개정에 관한 사항
4. 출판권을 설정할 출판사의 선정에 관한 사항
5. 그 밖에 논집의 간행과 관련된 중요한 사항

⑤ 간행위원회는 다음 각 호의 경우에 위원장이 소집하고, 간행위원회는 위원 과반수의 출석과 출석위원 과반수의 찬성으로 의결

한다.

1. 회장 또는 위원장이 필요하다고 판단하는 경우
2. 위원 과반수의 요구가 있는 경우

제10조 (編輯委員會의 構成과 職務 등)

① 편집위원회는 학회의 출판담당 상임이사를 포함하여 회장이 이사회의 승인을 얻어 선임하는 10인 내외의 위원으로 구성하고 임기는 3년으로 한다.

② 편집위원회는 위원장, 부위원장 및 간사 각 1인을 둔다.

③ 편집위원장은 위원 중에서 호선하고, 부위원장은 학회의 출판담당 상임이사로 하고, 간사는 위원 중에서 위원장이 위촉한다.

④ 편집위원회는 다음의 사항을 행한다.

1. 이 규칙에 의하는 외에 논집에 수록할 논문의 원고작성요령 및 심사기준에 관한 세칙의 제정 및 개정
2. 논문심사위원의 위촉
3. 논문심사의 의뢰 및 취합, 종합판정, 수정요청 및 수정후재심사, 논집에의 게재확정 또는 거부 등 논문심사절차의 진행
4. 논집의 편집 및 교정
5. 그 밖에 논집의 편집과 관련된 사항

⑤ 편집위원회는 다음 각 호의 경우에 위원장이 소집하고, 위원 과반수의 출석과 출석위원 과반수의 찬성으로 의결한다.

1. 회장 또는 위원장이 필요하다고 판단하는 경우
2. 위원 과반수의 요구가 있는 경우

제3장 論文의 提出과 審査節次 등

제11조 (論文提出의 基準)

① 논문원고의 분량은 A4용지 20매(200자 원고지 150매) 내외로 한다.

② 논문의 원고는 (주)한글과 컴퓨터의 "문서파일(HWP)"로 작성하고 한글사용을 원칙으로 하되, 필요한 경우 국한문혼용 또는 외국어를 사용할 수 있다.

③ 논문원고의 구성은 다음 각 호의 순서에 의한다.

1. 제목
2. 목차
3. 본문
4. 한글초록·주제어
5. 외국어초록·주제어
6. 참고문헌
7. 부록(필요한 경우)

④ 논문은 제1항 내지 제3항 이외에 편집위원회가 따로 정하는 원고작성요령 또는 심사기준에 관한 세칙을 준수하고, 원고는 편집위원회가 정하여 공고하는 기한 내에 출판간사를 통하여 출판담당 상임이사에게 제출하여야 한다.

제12조 (論文審査節次의 開始)

① 논문접수가 완료되면 출판담당 상임이사는 심사절차에 필요한 서류를 작성하여 편집위원장에게 보고하여야 한다.

② 편집위원장은 전항의 보고를 받으면 편집위원회를 소집하여 논문심사절차를 진행하여야 한다.

제13조 (論文審査委員의 委囑과 審査 依賴 등)

① 편집위원회는 간행위원, 편집위원 기타 해당 분야의 전문가 중에서 심사대상 논문 한 편당 3인의 논문심사위원을 위촉하여 심사를 의뢰한다.

② 제 1 항의 규정에 의하여 위촉되어 심사를 의뢰받는 논문심사위원이 심사대상 논문 또는 그 제출자와 특별한 관계가 명백하게 있어 논문심사의 공정성을 해할 우려가 있는 사람이어서는 안 된다.

제14조 (秘密維持) ① 편집위원장은 논문심사위원의 선정 및 심사의 진행에 관한 사항이 외부로 누설되지 않도록 필요한 조치를 취하여야 한다.

② 편집위원 및 논문심사위원은 논문심사에 관한 사항을 외부로 누설해서는 안 된다.

제15조 (論文審査의 基準) 논문심사위원이 논집에 수록할 논문을 심사함에 있어서는 다음 각 호의 기준을 종합적으로 고려하여 심사의견을 제출하여야 한다.

1. 제 6 조에 정한 수록요건
2. 제11조에 정한 논문제출기준
3. 연구내용의 전문성과 창의성 및 논리적 체계성
4. 연구내용의 근거제시의 적절성 및 객관성

제16조 (論文審査委員別 論文審査의 判定) ① 논문심사위원은 제15조의 논문심사기준에 따라 [별표 1]의 [논문심사서](서식)에 심사의견을 기술하여 제출하여야 한다.

② 논문심사위원은 심사대상 논문에 대하여 다음 각호에 따라 '판정의견'을 제출한다.

1. '게재적합': 논집에의 게재가 적합하다고 판단하는 경우
2. '게재부적합': 논집에의 게재가 부적합하다고 판단하는 경우

3. '수정후게재': 논문내용의 수정·보완 후 논집에의 게재가 적합하다고 판단하는 경우

③ 전항 제 1 호에 의한 '게재적합' 판정의 경우에도 논문심사위원은 수정·보완이 필요한 경미한 사항을 기술할 수 있다.

④ 제 2 항 제 2 호에 의한 '게재부적합' 판정 및 제 3 호에 의한 '수정후게재' 판정의 경우에는 각각 부적합사유와 논문내용의 수정·보완할 점을 구체적으로 명기하여야 한다.

제17조 (編輯委員會의 綜合判定 및 再審査) ① 편집위원회는 논문심사위원 3인의 논문심사서가 접수되면 [별표 2]의 종합판정기준에 의하여 '게재확정', '수정후게재', '수정후재심사' 또는 '불게재'로 종합판정을 하고, 그 결과 및 논문심사위원의 심사의견을 논문제출자에게 통보한다.

② 편집위원회의 종합판정 결과, '수정후재심사'로 판정된 논문에 대하여는 재심사절차를 진행한다. 이때 최초심사에서 '게재적합' 또는 '수정후게재' 판정을 한 심사위원은 교체하지 아니하고, '게재부적합' 판정을 한 논문심사위원은 다른 사람으로 교체하여 심사를 의뢰한다.

③ 전항의 논문을 재심사하는 논문심사위원은 '게재적합' 또는 '게재부적합'으로만 판정하며, 편집위원회는 재심사의 결과 '게재적합'이 둘 이상이면 '게재확정'으로 최종 판정한다.

제18조 (修正要請 등)

① 편집위원장은 제17조의 규정에 의해 '수정후게재/ 또는 '수정후재심사' 판정을 받은 논문에 대하여 수정을 요청하여야 한다.

② 편집위원장은 제17조의 규정에 의해 '게재확정'으로 판정된 논문에 대하여도 편집위원회의 판단에 따라 수정이 필요하다고 인정하는 때에는 내용상 수정을 요청할 수 있다.

③ 편집위원회는 집필자가 전항의 수정요청에 따르지 않거나 재심

사를 위해 고지된 기한 내에 수정된 논문을 제출하지 않을 때에는 처음 제출된 논문을 '불게재'로 최종 판정한다.

제4장 기 타

제19조 (審査謝禮費의 支給) 논문심사위원에게 논집의 간행·편집을 위한 예산의 범위 안에서 심사사례비를 지급할 수 있다.

제20조(輔助要員) 학회는 논집의 간행·편집을 위하여 필요하다고 인정하는 때에는 원고의 편집, 인쇄본의 교정, 부록의 작성 등에 관한 보조요원을 고용할 수 있다.

제21조 (刊行·編輯財源) ① 논집의 간행·편집에 필요한 재원은 다음 각호에 의한다.

1. 출판수입
2. 광고수입
3. 판매수입
4. 논문게재료
5. 외부 지원금
6. 기타 학회의 재원

② 논문 집필자에 대한 원고료는 따로 지급하지 아니한다.

제22조 (論集의 配布) ① 간행된 논집은 회원에게 배포한다.
② 논문의 집필자에게는 전항의 배포본 외에 일정한 부수의 증정본을 교부할 수 있다.

附 則 (1999. 8. 20. 제정)

이 규칙은 1999년 8 월 20일부터 시행한다.

附　　則

이 규칙은 2003년 8 월 22일부터 시행한다
.

附　　則

이 규칙은 2004년 4 월 17일부터 시행한다.

附　　則

이 규칙은 2005년 3 월 19일부터 시행한다.

附　　則

이 규칙은 2008년 5 월 26일부터 시행한다.

附　　則

이 규칙은 2009년 12월 18일부터 시행한다.

[별표 1 : 논문심사서(서식)]

「行政判例硏究」 게재신청논문 심사서

社團法人 韓國行政判例硏究會

<table>
<tr><td>게재논집</td><td colspan="2">行政判例硏究 제15-2집</td><td>심사일</td><td>2010. . .</td></tr>
<tr><td rowspan="2">심사위원</td><td rowspan="2">소속</td><td rowspan="2"></td><td>직위</td><td></td></tr>
<tr><td>성명</td><td>(인)</td></tr>
<tr><td>게재신청논문
[심사대상논문]</td><td colspan="4"></td></tr>
<tr><td>판정의견</td><td colspan="4">1. 게재적합 ( ): 논집의 게재가 가능하다고 판단하는 경우
2. 게재부적합 ( ): 논집의 게재가 불가능하다고 판단하는 경우
3. 수정후게재 ( ): 논문내용의 수정·보완 후 논집의 게재가 가능하다고 판단하는 경우</td></tr>
<tr><td>심사의견</td><td colspan="4"></td></tr>
<tr><td>심사기준</td><td colspan="4">• 행정판례의 평석 또는 연구에 관한 논문일 것
• 다른 학술지 등에 발표한 일이 없는 논문일 것
• 연구내용의 전문성과 창의성 및 논리적 체계성이 인정되는 논문일 것
• 연구내용의 근거제시가 적절성과 객관성을 갖춘 논문일 것</td></tr>
</table>

※ 심사의견 작성시 유의사항 ※

▷ '게재적합' 판정의 경우에도 수정·보완이 필요한 사항을 기술할 수 있습니다.

▷ '게재부적합' 및 '수정후 게재' 판정의 경우에는 각각 부적합사유와 논문내용의 수정·보완할 점을 구체적으로 명기하여 주십시오.

▷ 표 안의 공간이 부족하면 별지를 이용해 주십시오.

[별표 2: 종합판정기준]

	심사위원의 판정	편집위원회 종합판정
1	○ ○ ○	게재확정
2	○ ○ △	
3	○ △ △	수정후게재
4	△ △ △	
5	○ ○ ×	
6	○ △ ×	수정후재심사
7	△ △ ×	
8	○ × ×	
9	△ × ×	불게재
10	× × ×	

○ = "게재적합" △ = "수정후게재" × = "게재부적합"

「行政判例研究」 原稿作成要領

I. 원고작성기준

1. 원고는 워드프로세서 프로그램인 [한글]로 작성하여 전자우편을 통해 출판간사에게 제출한다.
2. 원고분량은 도표, 사진, 참고문헌 포함하여 200자 원고지 150매 내외로 한다.
3. 원고는 「원고표지 – 제목 - 저자 - 목차(로마자표시와 아라비아숫자까지) – 본문 – 참고문헌 – 국문 초록 – 국문 주제어(5개 내외) – 외국문 초록 – 외국문 주제어(5개 내외)」의 순으로 작성한다.
4. 원고의 표지에는 논문제목, 저자명, 소속기관과 직책, 주소, 전화번호(사무실, 핸드폰)와 e-mail주소를 기재하여야 한다.
5. 외국문 초록(논문제목, 저자명, 소속 및 직위 포함)은 영어를 사용하는 것이 원칙이지만, 논문의 내용에 따라서 독일어, 프랑스어, 중국어, 일본어를 사용할 수도 있다.
6. 논문의 저자가 2인 이상인 경우 주저자(First Author)와 공동저자(Corresponding Author)를 구분하고, 주저자·공동저자의 순서로 표기하여야 한다. 특별한 표시가 없는 경우에는 제일 앞에 기재된 자를 주저자로 본다.
7. 목차는 로마숫자(보기 : Ⅰ, Ⅱ), 아라비아숫자(보기 : 1, 2), 괄호숫자(보기: (1), (2)), 반괄호숫자(보기 : 1), 2), 원숫자(보기 : ①, ②)의 순으로 한다. 그 이후의 목차번호는 논문제출자가 임의로 정하여 사용할 수 있다.

II. 각주작성기준

1. 기본원칙

(1) 본문과 관련한 저술을 소개하거나 부연이 필요한 경우 각주로 처리한다. 각주는 일련번호를 사용하여 작성한다.

(2) 각주의 인명, 서명, 논문명 등은 원어대로 씀을 원칙으로 한다.

(3) 외국 잡지의 경우 처음 인용시 잡지명을 전부 기재하고 그 이후 각 주에서는 약어로 표시한다.

2. 처음 인용할 경우의 각주 표기 방법

(1) 저서: 저자명, 서명, 출판사, 출판년도, 면수.

번역서의 경우 저자명은 본래의 이름으로 표기하고, 저자명과 서명 사이에 옮긴이의 이름을 쓰고 "옮김"을 덧붙인다.

엮은 책의 경우 저자명과 서명 사이에 엮은이의 이름을 쓰고 "엮음"을 덧붙인다. 저자와 엮은이가 같은 경우 엮은이를 생략할 수 있다.

(2) 정기간행물: 저자명, "논문제목", 「잡지명」, 제00권 제00호, 출판연도, 면수.

번역문헌의 경우 저자명과 논문제목 사이에 역자명을 쓰고 "옮김"을 덧붙인다.

(3) 기념논문집: 저자명, "논문제목", 기념논문집명(000선생00기념논문집), 출판사, 출판년도, 면수.

(4) 판결 인용: 다음과 같이 대법원과 헌법재판소의 양식에 준하여 작성한다.

판결 : 대법원 2000. 00. 00. 선고 00두0000 판결.

결정 : 대법원 2000. 00. 00.자 00아0000 결정.

헌법재판소 결정 : 헌법재판소 2000. 00. 00. 선고 00헌가00

결정.

(5) 외국문헌 : 그 나라의 표준표기방식에 의한다.

(6) 외국판결 : 그 나라의 표준표기방식에 의한다.

(7) 신문기사는 기사면수를 따로 밝히지 않는다(신문명 0000. 00. 00.자). 다만, 필요한 경우 글쓴이와 글제목을 밝힐 수 있다.

(8) 인터넷에서의 자료인용은 원칙적으로 다음과 같이 표기한다.
저자 혹은 서버관리주체, 자료명, 해당 URL(검색일자)

(9) 국문 또는 한자로 표기되는 저서나 논문을 인용할 때는 면으로(120면, 120면-122면), 로마자로 표기되는 저서나 논문을 인용할 때는 p.(p. 120, pp. 121-135) 또는 S.(S. 120, S. 121 ff.)로 인용면수를 표기한다.

3. 앞의 각주 혹은 각주에서 제시된 문헌을 다시 인용할 경우 다음과 같이 표기한다. 국내문헌, 외국문헌 모두 같다. 다만, 저자나 문헌 혹은 양자 모두가 여럿인 경우 이에 따르지 않고 각각 필요한 저자명, 문헌명 등을 덧붙여 표기함으로써 구별한다.

(1) 바로 위의 각주가 아닌 앞의 각주의 문헌을 다시 인용할 경우
1) 저서인용: 저자명, 앞의 책, 면수
2) 논문인용: 저자명, 앞의 글, 면수
3) 논문 이외의 글 인용: 저자명, 앞의 글, 면수

(2) 바로 위의 각주에 인용된 문헌을 다시 인용할 경우에는 "위의 책, 면수", "위의 글, 면수"로 표시한다.

(3) 하나의 각주에서 앞서 인용한 문헌을 다시 인용할 경우에는 "같은 책, 면수", "같은 글, 면수"로 표시한다.

4. 기타

(1) 3인 공저까지는 저자명을 모두 표기하되, 저자간의 표시는 "/"

로 구분하고 “/” 이후에는 한 칸을 띄어 쓴다. 4인 이상의 경우 성을 온전히 표기하되, 중간이름은 첫글자만을 표기한다.

(2) 부제의 표기가 필요한 경우 원래 문헌의 표기양식과 관계없이 원칙적으로 콜론으로 연결한다.

(3) 글의 성격상 전거만을 밝히는 각주가 너무 많을 경우 약자를 사용하여 본문에서 그 전거를 밝힐 수 있다.

(4) 여러 문헌의 소개는 세미콜론(;)으로 하고, 재인용의 경우 원전과 재인용출처 사이를 콜론(:)으로 연결한다.

III. 참고문헌작성기준

1. 순서

국문, 외국문헌 순으로 정리하되, 단행본, 논문, 자료의 순으로 정리한다.

2. 국내문헌

(1) 단행본: 저자, 서명, 출판사, 출판연도.

(2) 논문: 저자명, “논문제목”, 잡지명 제00권 제00호, 출판연도.

3. 외국문헌

그 나라의 표준적인 인용방법과 순서에 따라 정리한다.

歷代 任員 名單

■ 초대(1984. 10. 29.)

회　　장　金道昶
부 회 장　徐元宇·崔光律(1987. 11. 27.부터)

■ 제 2 대(1988. 12. 9.)

회　　장　金道昶
부 회 장　徐元宇·崔光律
감　　사　李尙圭
상임이사　李鴻薰(총무), 金南辰(연구), 朴鈗炘(출판), 梁承斗(섭외)
이　　사　金東熙, 金斗千, 金英勳, 金元主, 金伊烈, 金鐵容, 石琮顯, 芮鍾德, 李康爀, 李升煥, 趙慶根, 崔松和, 韓昌奎, 黃祐呂

■ 제 3 대(1990. 2. 23.)

회　　장　金道昶
부 회 장　徐元宇·崔光律
감　　사　金鐵容
상임이사　李鴻薰(총무), 黃祐呂(총무), 金南辰(연구), 朴鈗炘(출판), 梁承斗(섭외)
이　　사　金東熙, 金斗千, 金英勳, 金元主, 金伊烈, 石琮顯, 芮鍾德, 李康爀, 李升煥, 李鴻薰
(1991. 1. 25.부터) 趙慶根, 崔松和, 韓昌奎, 黃祐呂

■ 제 4 대(1993. 2. 23.)

회　　장　金道昶
부 회 장　徐元宇·崔光律
감　　사　金鐵容
상임이사　李鴻薰(총무), 金南辰(연구), 朴鈗炘(출판), 梁承斗(섭외)
이　　사　金東熙, 金英勳, 金元主, 朴松圭, 卞在玉, 石琮顯, 孫智烈, 芮鍾德, 李康國, 李康爀, 李京運, 李淳容, 李重光, 李鴻薰, 趙慶根, 趙憲銖, 千柄泰, 崔松和, 韓昌奎, 黃祐呂

■ 제 5 대(1996. 2. 23.)

명예회장　金道昶
고　　문　徐元宇·金鐵容
회　　장　崔光律
부 회 장　金南辰·徐廷友
감　　사　韓昌奎
상임이사　金東熙(총무), 金元主(연구), 李康國(출판), 梁承斗(섭외)
이　　사　金英勳, 朴松圭, 朴鈗炘, 卞在玉, 石琮顯, 李康爀, 李京運, 李淳容, 李升煥, 李重光, 李鴻薰, 趙慶根, 趙憲銖, 千柄泰, 崔松和, 黃祐呂

■ 제 6 대(1999. 2. 19.)

명예회장　金道昶
고　　문　徐元宇, 金鐵容, 金南辰, 徐廷友, 韓昌奎
회　　장　崔光律
부 회 장　梁承斗, 李康國
감　　사　金元主
상임이사　李鴻薰(총무), 金東熙(연구), 崔松和(출판), 金善旭(섭외)

이　　사　金東建, 金英勳, 南勝吉, 朴松圭, 朴鈗炘, 白潤基, 卞海喆, 石琮顯, 李京運, 李光潤, 李升煥, 李重光, 鄭然彧, 趙憲銖, 洪準亨, 黃祐呂

■ 제 7 대(2002. 2. 15.)

명예회장　金道昶
고　　문　金南辰, 金元主, 徐元宇, 徐廷友, 梁承斗, 李康國, 崔光律, 韓昌奎
회　　장　金鐵容
부 회 장　金東建, 崔松和
감　　사　金東熙
상임이사　金善旭(총무), 朴正勳(연구), 李光潤(출판), 李京運(섭외)
이　　사　金英勳, 金海龍, 南勝吉, 朴均省, 朴鈗炘, 白潤基, 卞海喆, 石琮顯, 李東洽, 李範柱, 李重光, 李鴻薰, 鄭夏重, 趙憲銖, 洪準亨, 黃祐呂

■ 제 8 대(2005. 2. 21. / 2008. 2. 20.) *

명예회장　金道昶(2005. 7. 17. 별세)
고　　문　金南辰, 金元主, 徐元宇(2005. 10. 16. 별세), 徐廷友, 梁承斗, 李康國, 崔光律, 韓昌奎, 金鐵容, 金英勳, 朴鈗炘, 金東熙
회　　장　崔松和
부 회 장　李鴻薰, 鄭夏重
감　　사　金東建, 李京運,
상임이사　李光潤(총무), 安哲相(기획), 洪準亨/吳峻根(연구), 金性洙(출판), 徐基錫(섭외)
이　　사　金善旭, 金海龍, 南勝吉, 朴均省, 朴秀赫, 朴正勳, 白潤基, 卞海喆, 石琮顯, 石鎬哲, 蘇淳茂, 柳至泰, 尹炯漢, 李東洽, 李範柱, 李殷祈, 李重光, 趙龍鎬, 趙憲銖, 崔正一, 黃祐呂,

金香基, 裵柄皓, 劉南碩
간　　사 李元雨 / 金鐘甫(총무), 李賢修(연구), 金重權(재무),
宣正源 / 李熙貞(출판), 권은민(섭외)

* 위 '회장', '부회장', '상임이사', '이사'는 2007. 4. 20. 제정된 사단법인 한국행정판례연구회 정관 제13조, 제14조, 제15조의 '이사장 겸 회장', '이사 겸 부회장', '이사 겸 상임이사', '운영이사'임.

■제 9 대(2008. 2. 15. / 2011. 2. 14.)

고　　문 金南辰, 金東熙, 金英勳, 金元主, 金鐵容, 朴鈗炘, 徐廷友, 梁承斗, 李康國, 李鴻薰, 鄭夏重, 崔光律, 韓昌奎
회　　장 崔松和
부 회 장 李京運, 徐基錫
감　　사 金東建, 金善旭
이사 겸 상임이사 慶　健(총무), 安哲相(기획), 朴均省(연구), 韓堅愚(출판), 權純一(섭외/연구)
운영이사 具旭書, 권은민, 金光洙, 金性洙, 金連泰, 金容燮, 金容贊, 金裕煥, 金義煥, 金重權, 金敞祚, 金海龍, 金香基, 金鉉峻, 朴正勳, 朴海植, 裵柄皓, 白潤基, 卞海喆, 石琮顯, 石鎬哲, 成百玹, 蘇淳茂, 申東昇, 辛奉起, 吳峻根, 劉南碩, 俞珍式, 尹炯漢, 李光潤, 李承寧, 李元雨, 李殷祈, 李重光, 鄭鍾錧, 鄭準鉉, 趙龍鎬, 曺海鉉, 趙憲銖, 崔正一, 洪準亨
간　　사 張暻源·李殷相·安東寅(총무), 鄭亨植·장상균(기획), 金泰昊(기획/연구), 金聖泰·崔善雄·鄭南哲(연구), 李熙貞·河明鎬·崔桂暎(출판), 林聖勳(섭외), 박재윤(총무)

■제 10 대(2011. 2. 15./ 2014. 2. 14)

명예회장 金鐵容, 崔光律

月例 集會 記錄

〈2013. 12. 현재〉

순번	연월일	발표자	발 표 제 목
1-1	84.12.11.	金南辰	聽問을 결한 行政處分의 違法性
-2		李鴻薰	都市計劃과 行政拒否處分
2-1	85.2.22.	崔世英	行政規則의 法規性 認定 與否
-2		崔光律	實地讓渡價額을 넘는 讓渡差益의 인정여부
3-1	3.29.	石琮顯	都市計劃決定의 法的 性質
-2		金東建	違法한 旅館建物의 건축과 營業許可의 취소
4-1	4.26.	徐元宇	當然無效의 行政訴訟과 事情判決
-2		黃祐呂	아파트地區내의 土地와 空閑地稅
5-1	5.31.	朴鈗炘	林産物團束에관한法律 제7조에 대한 違法性 認定의 與否
-2		姜求哲	行政訴訟에 있어서의 立證責任의 문제
6-1	6.28.	金鐵容	酒類販賣業 免許處分 撤回의 근거와 撤回權 留保의 한계
-2		盧瑩保	國稅基本法 제42조 소정의 讓渡擔保財産의 의미
7-1	9.27.	金道昶	信賴保護에 관한 行政判例의 최근 동향
-2		金東熙	自動車運輸事業法 제31조 등에 관한 處分要

순번	연월일	발표자	발 표 제 목
			領의 성질
8-1	10.25.	李尚圭	入札參加資格 制限行爲의 법적 성질
-2		李相敦	公有水面埋立에 따른 不動産所有權 國家歸屬의 무효확인
9-1	11.22.	梁承斗	抗告訴訟의 提起要件
-2		韓昌奎	地目變更 拒否의 성질
10	86.1.31.	李相赫	行政訴訟에 있어서의 訴의 利益의 문제
11	2.28	崔松和	運轉免許 缺格者에 대한 면허의 효력
12	3.28	金道昶	憲法上의 違憲審査權의 所在
13	4.25.	趙慶根	美聯邦情報公開法에 대한 약간의 고찰
14	5.30.	張台柱	西獨에 있어서 隣人保護에 관한 判例의 최근 동향
15	6.27.	金斗千	僞裝事業者와 買入稅額 控除
外1	9.30.	藤田宙靖	日本의 最近行政判例 동향
16	10.31.	金英勳	注油所 許可와 瑕疵의 承繼
17	11.28.	芮鍾德	漁業免許의 취소와 裁量權의 濫用
外2	87.3.21.	鹽野宏	日本 行政法學界의 現況
		園部逸夫	새 行政訴訟法 시행 1년을 보고
18	4.25.	金道昶	知的財産權의 문제들
19-1	4.22.	李升煥	商標法에 관한 최근판례의 동향
-2			工場登錄 拒否處分과 소의 이익
20	5.29.	金南辰	執行停止의 요건과 本案理由와의 관계
21	9.25.	崔光律	日本公法學會 總會參觀 등에 관한 보고
22-1	10.30.	金道昶	地方自治權의 강화와 行政權限의 위임에 관한 문제
-2			
23	11.27.	金鐵容	不作爲를 구하는 訴의 가부

순번	연월일	발표자	발 표 제 목
24	88.2.26.	金時秀	租稅賦課處分에 있어서의 當初處分과 更正拒否處分의 법률관계
25-1	3.25.	徐元宇	최근 日本公法學界의 동향
-2		朴鈗炘	平澤港 漁業補償 문제
外3	4.29.	成田賴明	日本 行政法學과 行政判例의 최근 동향
26	5.27.	李尙圭	防衛稅 過誤衲 還給拒否處分의 취소
27	6.24.	徐元宇	運輸事業計劃 변경인가처분의 취소
28	8.26.	金完燮	처분후의 事情變更과 소의 이익
29	10.7.	石琮顯	行政處分(訓令)의 법적 성질
30	10.28.	李鴻薰	土地收用裁決處分의 취소
31	11.17.	朴鈗炘	行政計劃의 법적 성질
32	89.1.27.	金東熙	載量行爲에 대한 司法的統制의 한계
33	2.24.	李碩祐	國稅還給申請權의 인정 여부
34	3.24.	朴松圭	國産新技術製品 保護決定處分의 일부취소
35-1	4.28.	金鐵容	독일 行政法學界의 최근동향
-2		千柄泰	제 3 자의 行政審判前置節次 이행 여부
36	5.26.	金善旭	公務員의 團體行動의 違法性
37	6.30.	金元主	租稅行政과 信義誠實의 원칙
38	8.25.	趙憲銖	國稅還給拒否處分의 법적 성질
39	9.29.	鄭準鉉	刑事訴追와 行政處分의 효력
40	10.27.	韓堅愚	行政規則(訓令)의 성질
41	11.24.	金斗千	相續稅法 제32조의2의 違憲 여부
外4	12.27.	小早川光朗	日本 行政法學界의 최근 동향
42	90.1.19.	金鐵容	豫防的 不作爲訴訟의 許容 여부
43	2.23.	李光潤	營造物行爲의 법적 성질
44	3.30.	南勝吉	行政刑罰의 범위

순번	연월일	발표자	발 표 제 목
45	4.27.	黃祐呂	法律의 遡及效
46	5.25.	朴均省	行政訴訟과 訴의 이익
47	6.29.	卞在玉	軍檢察官의 公訴權行使에 관한 憲法訴願
48	8.31.	成樂寅	結社의 自由의 事前制限
49	9.28.	辛奉起	憲法訴願과 辯護士 强制主義
50	10.26.	朴圭河	行政官廳의 權限의 委任·再委任
51	11.30.	朴國洙	行政行爲의 公定力과 國家賠償責任
52	91.1.25.	梁承斗	土地去來許可의 법적 성질
53	2.22.	徐元宇	建築許可 保留의 위법성 문제
外5-1	3.29.	南博方	處分取消訴訟과 裁決取消訴訟
-2		藤田宙靖	日本 土地法制의 현황과 課題
54	4.26.	吳峻根	遺傳子工學的 施設 設置許可와 法律留保
55	5.31.	金南辰	拒否行爲의 行政處分性과 "법률상 이익 있는 자"의 의미
56	6.28.	鄭然彧	無效確認訴訟과 訴의 이익
57	8.30.	金性洙	主觀的公權과 基本權
58	9.27.	金英勳	運轉免許 取消處分의 취소
59	10.25.	石琮顯	基準地價告示地域 내의 收用補償額 算定基準에 관한 판례동향
60	11.29.	朴銳炘	工事中止處分의 취소
61	92.1.31.	卞海喆	公物에 대한 强制執行
62	2.28.	李康國	違憲法律의 효력-그 遡及效의 범위와 관련하여
63	3.27	金善旭	公勤務에 관한 女性支援指針과 憲法上의 平等原則
64	4.24.	全光錫	不合致決定의 허용 여부
65	5.29.	崔正一	行政規則의 법적성질 및 효력

순번	연월일	발표자	발 표 제 목
66	6.26.	李琦雨	獨逸 Műnster 高等行政裁判所 1964.1.8. 판결
67	8.28.	朴鈗炘	地方自治團體의 자주적인 條例制定權과 規律문제
68	9.18.	金元主	讓渡所得稅 등 賦課處分의 취소
69	10.16.	洪準亨	結果除去請求權과 行政介入請求權
70	11.20.	金時秀	土地收用裁決處分의 취소
71	93.1.15.	金海龍	環境技術관계 行政決定에 대한 司法的 統制의 범위
72	2.19.	李重光	租稅法上 不當利得 返還請求權
73	3.19.	高永訓	行政規則에 의한 行政府의 立法行爲外
外6	4.16.	J.Anouil	EC法의 現在와 將來
74	5.21.	柳至泰	行政訴訟에서의 行政行爲 根據變更에 관한 판례분석
75	6.18.	徐元宇	原處分主義와 被告適格
76	8.20.	朴均省	國家의 公務員에 대한 求償權
77	9.17.	金東熙	教員任用義務不履行 違法確認訴訟
78	10.15.	盧永錄	建設業免許 取消處分의 취소
79	94.1.21.	徐廷友	無效確認을 구하는 의미의 租稅取消訴訟과 租稅還給金 消滅時效의 起算點
80	2.18.	洪準亨	判斷餘地의 한계
81	3.18.	裵輔允	憲法訴願 審判請求 却下決定에 대한 헌법소원
82	4.15.	金善旭	舊東獨判事의 獨逸判事任用에 관한 決定과 그 不服에 대한 管轄權
83	5.20.	李京運	學則의 법적 성질
84	6.17.	朴松圭	任用行爲取消處分의 취소
85	8.19.	金鐵容	公務員 個人의 不法行爲責任

순번	연월일	발표자	발 표 제 목
86	9.30.	卞在玉	日本 家永敎科書檢定 第一次訴訟 上告審 判決의 評釋
87	10.21.	金香基	無名抗告訴訟의 可否
88	11.18.	李康國	行政行爲의 瑕疵의 治癒
89	95.1.20.	趙憲銖	取消判決의 遡及效
90	2.17.	朴秀赫	獨逸 統一條約과 補償法上의 原狀回復 排除規定의 合憲 여부
外7	3.17.	小高剛	損失補償에 관한 日本 最高裁判所 判決의 분석
91	4.21.	崔松和	行政處分의 理由明示義務에 관한 판례
92	5.19.	崔正一	石油販賣業의 양도와 歸責事由의 승계
93	6.16.	鄭夏重	國家賠償法 제5조에 의한 배상책임의 성격
94	8.18.	吳振煥	無效인 條例에 근거한 行政處分의 효력
95	9.15.	金敞祚	日本 長良川 安八水害 賠償判決
96	10.20.	黃祐呂	非常高等軍法會議 判決의 破棄와 還送法院
97	11.17.	白潤基	地方自治法 제98조 및 제159조에 의한 訴訟
98	96.1.19.	徐元宇	營業停止期間徒過後의 取消訴訟과 訴의 이익
99	2.23.	金海龍	計劃變更 내지 保障請求權의 성립요건
外8	3.19.	鹽野宏	日本 行政法 判例의 近年動向 - 行政訴訟을 중심으로
100	4.19.	金東熙	國家賠償과 公務員에 대한 求償
101	5.17.	梁承斗	敎員懲戒와 그 救濟制度
102	6.28.	金容燮	運轉免許取消·停止處分의 法的 性質 및 그 한계
103	8.16.	李京運	轉補發令의 處分性
104	9.20.	盧永錄	申告納稅方式의 租稅와 그 瑕疵의 판단기준
105	10.18.	金敞祚	道路公害와 道路設置·管理者의 賠償責任

순번	연월일	발표자	발 표 제 목
106	11.15.	金裕煥	形式的 拒否處分에 대한 取消訴訟의 審理범위
107	97.1.17.	裵柄皓	北韓國籍住民에 대한 强制退去命令의 적법성
108	2.21.	趙龍鎬	公衆保健醫師 採用契約解止에 대한 爭訟
109	3.21.	金鐵容	行政節次法의 내용
110	4.18.	趙憲銖	建築物臺帳 職權訂正行爲의 처분성
111	5.16.	鄭夏重	交通標識板의 법적성격
112	6.20.	裵輔允	違憲決定과 行政處分의 효력
113	8.22.	吳峻根	聽聞의 실시요건
114	9.19.	金善旭	옴부즈만條例案 再議決 無效確認判決의 문제점
115	10.17.	李光潤	機關訴訟의 성질
116	11.21.	朴正勳	敎授再任用拒否의 처분성
117	98.1.16.	白潤基	當事者訴訟의 대상
118	2.20.	辛奉起	機關訴訟 주문의 형식
119	3.20.	洪準亨	行政法院 出帆의 意義와 행정법원의 課題
120	4.17.	宣正源	오스트리아와 독일의 不作爲訴訟에 관한 고찰
121	5.16.	李東洽	刑事記錄 열람·등사 거부처분
122	6.19.	金東建	環境行政訴訟과 地域住民의 原告適格
123	98.8.21.	金南辰	法規命令과 行政規則의 구별
124	9.18.	金敞祚	河川 管理 責任
125	10.16.	金容燮	行政審判의 裁決에 대한 取消訴訟
126	11.20.	徐廷友	垈地造成事業計劃 승인처분의 재량행위
127	99.1.15.	南勝吉	處分의 기준을 규정한 施行規則(部令)의 성격
128	2.19.	金裕煥	違憲法律에 根據한 行政處分의 效力
129	3.19.	鄭夏重	多段階行政節次에 있어서 事前決定과 部分許可의 意味

순번	연월일	발표자	발 표 제 목
130	4.16.	裵輔允	南北交流協力 등 統一에 관한 법적 문제
131	5.21.	康鉉浩	計劃承認과 司法的 統制
132	6.18.	俞珍式	行政指導와 違法性阻却事由
133	8.20.	朴正勳	侵益的 行政行爲의 公定力과 刑事裁判
134	9.17.	金東熙	建築許可신청서 返戾처분취소
		金南澈	行政審判法 제37조 제2항에 의한 自治權侵害의 가능성
135	10.15.	金炳圻	條例에 대한 再議要求事由와 大法院提訴
		權殷玫	公賣決定·通知의 처분성 및 소송상 문제점
136	11.19.	石鎬哲	羈束力의 범위로서의 처분사유의 동일
		金珉昊	직무와 관련된 不法行爲에 있어 공무원 개인의 책임
137	00.1.21.	尹炯漢	任用缺格과 退職給與
		裵柄皓	還買權소송의 管轄문제
138	2.18.	趙憲銖	個人事業의 法人轉換과 租稅減免
		金連泰	조세행정에 있어서 경정처분의 효력
139	3.17.	俞珍式	自動車運輸事業 면허처분에 있어서 競業, 競願의 범위
		慶 健	情報公開請求權의 憲法的 根據와 그 制限
140	4.21.	朴正勳	拒否處分 取消訴訟에 있어 違法判斷의 基準時와 訴의 利益
		金柄圻	行政訴訟上 執行停止의 要件으로서의 '回復하기 어려운 損害'와 그 立證責任
141	5.19.	洪準亨	不可變力, 信賴保護, 그리고 行政上 二重危險의 禁止
		康鉉浩	建築變更許可와 附款

순번	연월일	발표자	발 표 제 목
142	6.16.	趙龍鎬	寄附金品募集許可의 法的性質
		金容燮	行政上 公表
143	8.18.	朴松圭	盜難당한 自動車에 대한 自動車稅와 免許稅
		權殷玟	廢棄物處理業 許可權者가 한 '不適正通報' 의 法的性質
144	9.22.	石鎬哲	公法的 側面에서 본 日照權 保護
145	10.20.	蘇淳茂	後發的 事由에 의한 更正請求權을 條理上 인정할 수 있는지 與否
		金光洙	土地形質變更許可와 信賴保護原則
146	11.17.	朴鈗炘	慣行漁業權
		宣正源	複合民願과 認·許可擬制
147	01.1.19.	崔松和	판례에 있어서 공익
		李光潤	도로가 행정재산이 되기 위한 요건 및 잡종재산에 대한 시효취득
148	2.16.	金鐵容	개발제한 구역의 시정과 손실 보상
		鄭夏重	부관에 대한 행정소송
149	3. 8.	金性洙	독일연방헌재의 폐기물법에 대한 결정과 환경법상 협력의 원칙
		李東植	중소기업에 대한 조세 특례와 종업원의 전출. 파견
150	4.20.	李京運	주택건설사업계획 사전결정의 구속력
		裵輔允	2000년 미국대통령 선거 소송 사건
151	5. 9.	李東洽	위헌법률에 근거한 처분에 대한 집행력 허용여부
		金珉昊	상속세 및 증여세법상 증여의 의미
152	6.15.	李元雨	정부투자기관의 부정당업자 제재조치의 법적

순번	연월일	발표자	발 표 제 목
			성질
		朴榮萬	군사시설보호법상의 협의와 항고소송
153	8.17.	崔正一	법규명령형식의 재량준칙의 법적성질 및 효력
		趙憲銖	유적발굴허가와 행정청의 재량
154	9.21.	金東熙	국가배상법 제5조상의 영조물의 설치·관리상 하자의 관념
		金東建	대법원 판례상의 재량행위
155	10.10.	吳峻根	행정절차법 시행이후의 행정절차 관련 주요 행정판례 동향분석
		柳至泰	공물법의 체계에 관한 판례 검토
156	11. 7.	白潤基	행정소송에 있어서 건축주와 인근주민의 이익의 충돌과 그 조화
		徐廷範	국가배상에 있어서 위법성과 과실의 일원화에 관하여
157	02.1.18.	金善旭	독일헌법상의 직업공무원제도와 시간제공무원
		朴正勳	처분사유의 추가·변경－제재철회와 공익상 철회
158	2.15.	辛奉起	일본의 기관소송 법제와 판례
		權殷玟	원천징수행위의 처분성과 원천징수의무자의 불복방법
159	3.15.	朴均省	환경영향평가의 하자와 사업계획승인처분의 효력
		金鐘甫	관리처분계획의 처분성과 그 공정력의 범위
160	4.19.	崔光律	농지전용에 관한 위임명령의 한계
		俞珍式	건축법상 일조보호규정의 私法上의 의미
161	5.17.	朴鈗炘	국가배상법 제2조 제1항 단서에 대한 헌법재

순번	연월일	발표자	발 표 제 목
			판소의 한정위헌결정 및 관련 대법원판례에 대한 평석
		宣正源	행정의 공증에 대한 사법적 통제의 의미와 기능의 명확화
162	6.21.	金元主	도로배연에 의한 대기오염과 인과관계
		康鉉浩	재량준칙의 법적 성격
163	7.19.	裵柄皓	회의록과 정보공개법상 비공개대상정보
		慶 健	공문서관리의 잘못과 국가배상책임
164	8.16.	金容燮	거부처분취소판결의 기속력
		金炳圻	보완요구의 '부작위'성과 재결의 기속력
165	9.13.	尹炯漢	기납부 택지초과소유부담금 환급청구권의 성질과 환급가산금의 이자율
		鄭夏明	미국연방대법원의 이른바 임시규제적 수용에 관한 새로운 판결례
166	10.18.	李鴻薰	공용지하사용과 간접손실보상
		金光洙	국가배상소송과 헌법소원심판의 관계
167	11.15.	徐元宇	행정법규위반행위의 사법적 효력
		李康國	조세채무의 성립과 확정
168	12.20.	蘇淳茂	인텔리전트빌딩에 대한 재산세중과시행규칙의 유효성 여부
169	03.1.17.	金敞祚	정보공개제도상의 비공개사유와 본인개시청구
		金聖泰	운전면허수시적성검사와 개인 정보보호
170	2.21.	金東熙	기속재량행위와 관련된 몇 가지 논점 또는 의문점
		曺海鉉	행정처분의 근거 및 이유제시의 정도
171	3.21.	白潤基	불합격처분에 대한 효력정지결정에 대한 고찰

순번	연월일	발표자	발 표 제 목
		宣正源	행정입법에 대한 부수적 통제
172	5.16.	李元雨	한국증권업협회의 협회등록최소결정의 법적 성질
		金容贊	정보공개청구사건에서의 몇 가지 쟁점
173	6.20.	金重權	이른바 "수리를 요하는 신고"의 문제점에 관한 소고
		洪準亨	평생교육시설 설치자 지위승계와 설치자 변경 신청서 반려처분의 적법 여부
174	7.18.	金鐵容	학교법인임원취임승인취소처분과 행정절차법
		金秀珍	성별에 따른 상이한 창업지원금신청기간설정과 국가의 평등보장의무
175	8.22.	鄭夏重	법관의 재판작용에 대한 국가배상책임
		金鐘甫	정비조합(재건축, 재개발조합) 인가의 법적 성격
176	9.19.	金炳圻	수익적 행정행위의 철회의 법적 성질과 철회사유
		朴榮萬	군사시설보호구역설정행위의 법적 성격
177	10. 9	朴正勳	취소판결의 기판력과 기속력
		李東植	구 소득세법 제101조 제2항에 따른 양도소득세부과와 이중과세 문제
178	11.21.	李東洽	최근 행정소송의 주요사례
		慶　健	하천구역으로 편입된 토지에 대한 손실보상
179	12.19.	朴均省	거부처분취소판결의 기속력과 간접강제
180	04.1.16.	李光潤	광역지방자치단체와 기초지방자치단체의 성격
		朴海植	행정소송법상 간접강제결정에 기한 배상금의 성질
181	2.20.	金海龍	행정계획에 대한 사법심사에 있어서 법원의

순번	연월일	발표자	발 표 제 목
			석명권행사 한계와 입증책임
		李賢修	영업양도와 공법상 지위의 승계
182	3.19.	俞珍式	기부채납부관을 둘러싼 법률문제
		鄭泰學	매입세액의 공제와 세금계산서의 작성·교부시기
183	4.16.	柳至泰	행정행위의 취소의 취소
		金致煥	통지의 법적 성질
184	5.21.	鄭準鉉	단순하자 있는 행정명령을 위반한 행위의 가벌성
		權殷玟	압류처분취소소송에서 부과처분의 근거법률이 위헌이라는 주장이 허용되는지 여부
185	6.18.	趙憲銖	사업양도와 제2차 납세의무
		金連泰	과징금 부과처분에 대한 집행정지결정의 효력
186	7.16.	金容燮	보조금 교부결정을 둘러싼 법적 문제
		林聖勳	영내 구타·가혹 행위로 인한 자살에 대한 배상과 보상
187	8.20.	李京運	교수재임용거부처분취소
		曺媛卿	국가공무원법 제69조 위헌제청
188	9.17.	鄭成太	법규명령의 처분성
		金敞祚	원자로 설치허가 무효확인소송
189	04.10.15.	崔正一	법령보충적행정규칙의 법적 성질 및 효력
		李湖暎	독점규제법상 특수관계인에 대한 부당지원행위의 규제
190	11.19.	金香基	재결에 대한 취소소송
		劉南碩	집행정지의 요건으로서 "회복하기 어려운 손해를 예방하기 위한 긴급한 필요"와 그 고려

순번	연월일	발표자	발 표 제 목
			사항으로서의 '승소가능성'
191	12.17.	尹炯漢	사전통지의 대상과 흠결의 효과
192	05.1.31.	鄭鎬慶	행정소송의 협의의 소의 이익과 헌법소원의 보충성
		金重權	국토이용계획변경신청권의 예외적 인정의 문제점에 관한 소고
193	2.18.	宣正源	하자승계론에 몇 가지 쟁점에 관한 검토
		李熙貞	공법상 계약의 해지와 의견청취절차
194	3.18.	安哲相	취소소송 사이의 소의 변경과 새로운 소의 제소기간
		康鉉浩	민간투자법제에 따른 우선협상대상자지정의 법적 제문제
195	4.15.	吳峻根	재량행위의 판단기준과 재량행위 투명화를 위한 법제정비
		李根壽	대집행의 법적 성격
196	5.20.	河宗大	금산법에 기한 계약이전결정 등의 처분과 주주의 원고적격
		金鐘甫	토지형질변경의 법적 성격
197	6.17.	朴海植	제재적 행정처분의 효력기간 경과와 법률상 이익
		李桂洙	공무원의 정치적 자유와 정치운동금지의무
198	8.19.	金容燮	재결의 기속력의 주관적 범위를 둘러싼 논의
		徐正旭	공시지가와 하자의 승계
199	9.16.	金鉉峻	용도지역 지정 · 변경행위의 법적 성질과 그에 대한 사법심사
		趙成奎	직접민주주의와 조례제정권의 한계

순번	연월일	발표자	발 표 제 목
200	10.21.	金光洙	공직선거법과 행정형벌
		崔桂暎	용도폐지된 공공시설에 대한 무상양도신청거부의 처분성
201	11.12.	鄭夏重	행정판례의 발전과 전망
		朴正勳	행정판례의 발전과 전망
		尹炯漢	행정재판제도의 발전과 행정판례
		朴海植	행정재판제도의 발전과 행정판례
202	12.16.	鄭泰容	행정심판청구인적격에 관한 몇 가지 사례
203	06. 1.20	朴均省	행정상 즉시강제의 통제 — 비례원칙, 영장주의, 적법절차의 원칙과 관련하여 —
		權殷玟	기본행위인 영업권 양도계약이 무효라고 주장하는 경우에 행정청이 한 변경신고수리처분에 대한 불복방법 등
204	2.17.	曺海鉉	민주화운동관련자명예회복및보상등에관한법률에 기한 행정소송의 형태
		金重權	사권형성적 행정행위와 그 폐지의 문제점에 관한 소고
205	06.3.17.	朴正勳	불확정개념과 재량 — 법규의 적용에 관한 행정의 우선권
		李相悳	한국지역난방공사 공급규정 변경신고를 산업자원부장관이 수리한 행위의 법적 성질
206	4.21.	俞珍式	공유수면매립법상 사정변경에 의한 매립면허의 취소신청
		林永浩	채석허가기간의 만료와 채석허가취소처분에 대한 소의 이익
207	5.19	嚴基燮	공정거래법상 사업자단체의 부당제한행위의

순번	연월일	발표자	발 표 제 목
			성립요건
		李賢修	납입고지에 의한 변상금부과처분의 취소와 소멸시효의 중단
208	6.16.	金鐘甫	재건축 창립총회의 이중기능
		鄭夏明	미국 연방대법원의 행정입법재량통제
209	8.17.	裵柄皓	개정 하천법 부칙 제2조의 손실보상과 당사자 소송
		金裕煥	공공갈등의 사법적 해결 — 의미와 한계
210	9.15.	金容燮	텔레비전 수신료와 관련된 행정법적 쟁점
		崔桂暎	행정처분과 형벌
211	10.20.	金海龍	처분기간이 경과된 행정처분을 다툴 법률상 이익(행정소송법 제12조 후문 관련)과 제재적
		石鎬哲	처분기준을 정한 부령의 법규성 인정 문제
212	11.17.	宣正源	입헌주의적 지방자치와 조직고권
		李熙貞	주민투표권 침해에 대한 사법심사
213	06.12.8.-		법제처 · 한국행정판례연구회 공동주관 관학협동워크샵
	9.	朴 仁	법령보충적 성격의 행정규칙의 현황과 문제점
		林永浩	법령보충적 성격의 행정규칙에 대한 판례분석
		鄭南哲	법령보충적 성격의 행정규칙의 정비방향과 위임사항의 한계
		金重權	민주적 법치국가에서 의회와 행정의 공관적 법정립에 따른 법제처의 역할에 관한 소고
		金海龍	국토계획 관련법제의 문제점과 개선방안
214	07.1.19.	張暻源	독일 맥주순수령 판결을 통해 본 유럽과 독일의 경제행정법

순번	연월일	발표자	발 표 제 목
		權純一	재정경제부령에 의한 덤핑방지관세부과조치의 처분성 재론－기능적 관점에서－
215	2.23.	鄭準鉉	소위 '공익사업법'상 협의취득의 법적 성질
		裵輔允	구 농어촌정비법 제93조 제1항의 국공유지양증여의 창설환지 등의 문제점
216	3.16.	朴榮萬	법령의 개정과 신뢰보호의 원칙
		金重權	행정입법적 고시의 처분성인정과 관련한 문제점에 관한 소고
217	4.20.	金容贊	국가지정문화재현상변경허가처분의 재량행위성
		李湖暎	합의추정된 가격담합의 과징금산정
218	5.18	金敞祚	공인중개사시험불합격처분 취소소송
		李宣憙	행정청의 고시와 원고적격
219	6.15.	李光潤	제재적 처분기준의 성격과 제재기간 경과후의 소익
		金暎賢	행정소송의 피고적격
220	07.8.17.	金義煥	정보공개법상의 공공기관 및 정보공개청구와 권리남용
		金秀珍	행정서류의 외국으로의 송달
221	9.21.	蘇淳茂	명의신탁 주식에 대한 증여의제에 있어서 조세회피목적의 해석
		慶 健	관계기관과의 협의를 거치지 아니한 조례의 효력
222	10.19.	成百玹	공특법상 '이주대책'과 공급규칙상 '특별공급'과의 관계
		金南澈	건축허가의 법적 성질에 대한 판례의 검토
223	11.16.	金性洙	민간투자사업의 성격과 사업자 선정의 법적

순번	연월일	발표자	발 표 제 목
			과제
224	12.21.	趙憲銖	병역의무 이행과 불이익 처우 금지의 관계
225	08.1.18.	金南辰	국가의 경찰법, 질서법상의 책임
		李殷祈	폐기물관리법제와 폐기물처리조치명령취소처분
		鄭成太	대형국책사업에 대한 사법심사(일명 새만금사건을 중심으로)
226	2.15.	辛奉起	한국 행정판례에 있어서 형량하자론의 도입과 평가
		鄭鍾錧	하천법상의 손실보상
227	3.21.	鄭夏重	사립학교법상의 임시이사의 이사선임권한
		林聖勳	행정입법 부작위에 관한 몇가지 문제점
228	4.18.	金光洙	자치사무에 대한 국가감독의 한계
		金熙喆	토지수용으로 인한 손실보상금 산정
229	5.16.	申東昇	행정행위 하자승계와 선결문제
		趙成奎	과징금의 법적 성질과 부과기준
230	6.20.	姜錫勳	위임입법의 방식 및 해석론에 관한 고찰
		鄭南哲	명확성원칙의 판단기준과 사법심사의 한계
231	8.22.	鄭泰學	조세통칙과 신의성실의 원칙
		李京運	부관으로서의 기한
232	9.19.	朴尙勳	시간강사의 근로자성
		金善旭	지방자치단체장의 소속공무원에 대한 징계권과 직무유기
233	10.17.	趙允熙	정보통신부 장관의 위성망국제등록신청과 항고소송의 대상
		金鉉峻	환경사법 액세스권 보장을 위한 "법률상 이익"의 해석

순번	연월일	발표자	발 표 제 목
234	11.21.	裵輔允	권한쟁의심판의 제3자 소송담당
		李賢修	공물의 성립요건
235	12.19.	金鐵容	행정청의 처분근거 · 이유제시의무와 처분근거 · 이유제시의 정도
236	09.1.16.	金炳圻	행정법상 신뢰보호원칙
		劉慶才	원인자부담금
237	2.20.	金聖泰	도로교통법 제58조 위헌확인
		林永浩	공매 통지의 법적 성격
238	3.20.	崔桂暎	위헌결정의 효력과 취소소송의 제소기간
		金尙煥	법규명령에 대한 헌법소원의 적법요건
239	4.17.	朴均省	직무상 의무위반으로 인한 국가배상책임
		金國鉉	사망자의 법규위반으로 인한 제재사유의 승계
240	5.15.	金容燮	택지개발업무처리지침 위반과 영업소 폐쇄
		金炅蘭	개발제한구역의 해제와 원고적격
241	6.19.	朴正勳	무효확인소송의 보충성
		曺海鉉	민주화운동관련자 명예회복 및 보상 등에 관한 법률에 의한 보상금의 지급을 구하는 소송의 형태
242	8.21.	鄭泰容	행정심판 재결 확정력의 의미
		安哲相	지방계약직 공무원의 징계
243	9.18.	金鐘甫	「도시 및 주거환경정비법」상 정비기반시설의 귀속 관계
		徐基錫	국회의 입법행위 또는 입법부작위로 인한 국가배상책임
244	10.16.	河明鎬	법인에 대한 양벌규정의 위헌여부
		趙龍鎬	표준지공시지가 하자의 승계

순번	연월일	발표자	발 표 제 목
245	11.20.	金連泰	한국마사회의 조교사 및 기수의 면허부여 또는 취소의 처분성
		金義煥	행정상 법률관계에 있어서의 소멸시효의 원용과 신의성실의 원칙
246	12.18.	朴鈗炘	주거이전비 보상의 법적 절차, 성격 및 소송법적 쟁점
247	10.1.15	林宰洪	출입국관리법상 난민인정행위의 법적 성격과 난민인정요건
		金泰昊	하자있는 수익적 행정처분의 직권취소
248	2.19	金南澈	국가기관의 지방자치단체에 대한 감독·감사권한
		權殷玟	미국산 쇠고기 수입 고시의 법적 문제
249	3.19	金聲培	수용재결과 헌법상 정교분리원칙
		姜相旭	건축물대장 용도변경신청 거부의 처분성
250	4.16	李宣憙	공정거래법상 시정조치로서 정보교환 금지명령
		金鍾泌	이주대책대상자제외처분 취소소송의 쟁점
251	5.14	鄭夏重	공법상 부당이득반환청구권의 독자성
		魯坰泌	관리처분계획안에 대한 총회결의 무효확인을 다투는 소송방법
252	6.18	金秀珍	합의제 행정기관의 설치에 관한 조례 제정의 허용 여부
		白濟欽	과세처분에 대한 증액경정처분과 행정소송
253	8.20	崔正一	경원자 소송에서의 원고적격과 사정판결제도의 위헌 여부
		蔣尙均	승진임용신청에 대한 부작위위법확인소송
254	9.17	金敞祚	강의전담교원제와 해직처분
		河宗大	행정처분으로서의 통보 및 신고의 수리

순번	연월일	발표자	발 표 제 목
255	10.15	최진수	징발매수재산의 환매권
		朴海植	주민등록전입신고 수리 여부에 대한 심사범위와 대상
256	11.12	金容燮	부당결부금지원칙과 부관
		朴尙勳	공무원에 대한 불이익한 전보인사 조치와 손해배상
257	12.10	金東熙	제재적 재량처분의 기준을 정한 부령
258	11.1.14	成智鏞	위임입법의 한계와 행정입법에 대한 사법심사
		安東寅	법령의 개정과 신뢰보호원칙 — 신뢰보호원칙의 적극적 활용에 대한 관견 —
259	2.18	崔桂暎	민간기업에 의한 수용
		金泰昊	사전환경성검토와 사법심사
260	3.18	金鉉峻	규제권한 불행사에 의한 국가배상책임의 구조와 위법성 판단기준
		朴在胤	지방자치단체 자치감사의 범위와 한계
261	4.15	金重權	민간투자사업의 법적 절차와 처분하자
		徐輔國	행정입법의 부작위에 대한 헌법소원과 행정소송
262	5.20	李熙貞	귀화허가의 법적 성질
		尹仁聖	독점규제 및 공정거래에 관한 법률 제3조의2 제1항 제5호 후단에 규정된 "부당하게 소비자의 이익을 현저히 저해할 우려가 있는 행위"에 관한 소고
263	6.17	朴均省	납골당설치신고 수리거부의 법적 성질 및 적법성 판단
		姜錫勳	재조사결정의 법적 성격과 제소기간의 기산점
264	8.19	金光洙	임시이사의법적 지원

순번	연월일	발표자	발 표 제 목
265	9.16	趙允熙	불복절차 도중의 과세처분 취소와 재처분금지
		鄭準鉉	개인택시사업면허 양도시 하자의 승계
266	10.21	김용하	잔여지 수용청구권의 행사방법 및 불복수단
		崔峰碩	과징금 부과처분의 재량권 일탈·남용
267	11.11	朴榮萬	군인공무원관계와 기본권 보장
		俞珍式	정보공개법상 비공개사유
268	12.16	주한길	행정소송법상 집행정지의 요건
		琴泰煥	최근 외국 행정판례의 동향 및 분석
		金致煥	미국, 일본, 프랑스, 독일
		田勳	
		李殷相	
269	12.1.27	李鴻薰	사회발전과 행정판결
		裵炳皓	재개발조합설립인가 등에 관한 소송의 방법
270	2.17	河明鎬	사회보장행정에서 권리의 체계와 구제
		朴玄廷	건축법 위반과 이행강제금
271	3.16	金善娥	출퇴근 재해의 인정범위
		金重權	국가배상법상 중과실의 의미
272	4.20	徐泰煥	행정소송법상 직권심리주의의 의미와 범위
		李湖暎	시장지배적사업자의 기술적 보호조치와 공정거래법
273	5.18	李玩憙	공정거래법상 신고자 감면제도
		李東植	세무조사 결정통지의 처분성
274	6.15	鄭基相	조세소송에서 실의성실원칙
		許康茂	생활대책대상자선정거부의 처분성과 신청권의 존부
275	8.17	朴貞杹	기대권의 법리와 교원재임용거부 및 부당한 근로계약 갱신 거절의 효력
		金敞祚	정보공개법상 비공개사유로서 법인 등의 경

순번	연월일	발표자	발 표 제 목
			영 · 영업상 비밀에 관한 사항
		成承桓	경찰권 발동의 한계와 기본권
276	9.21	金宣希	도시정비법상 조합설립인가처분과 변경인가처분
		李相悳	국가와 지방자치단체의 보조금 지원과 지원거부의 처분성
277	10.19	康鉉浩	건축법상 인허가의제의 효과를 수반하는 신고
		尹景雅	결손처분과 그 취소 및 공매통지의 처분성
278	11.16	金容燮	원격평생교육시설 신고 및 그 수리거부
		李義俊	사업시행자의 생활기본시설 설치 의무
279	12.21	琴泰煥	미국, 일본, 프랑스, 독일의 최근 행정판례동향
		金致煥	
		田 勳	
		李殷相	
		崔松和	행정판례의 회고와 전망
280	13.1.18	崔桂暎	행정처분의 위법성과 국가배상책임
		金泰昊	정보공개법상 비공개사유로서 '진행 중인 재판에 관련된 정보'
281	2.15	金致煥	주민소송의 대상
		朴在胤	체육시설을 위한 수용
282	3.15	金聲培	국가유공자요건비해당결정처분
		金東國	해임처분무효
283	4.19	徐輔國	압류등처분무효확인
		崔柄律	자동차운전면허취소처분취소
284	5.24	裵柄皓	국가배상청구권의 소멸시효
		朴海植	감면불인정처분등취소
285	6.21	朴均省	국방·군사시설사업실시계획승인처분무효확인등

순번	연월일	발표자	발 표 제 목
		金慧眞	형의 집행 및 수용자의 처우에 관한 법률 제45조 제1항 위헌확인
286	8.16	俞珍式	여객자동차운수사업법 제14조 등 위헌확인 등
		김필용	증여세부과처분취소
287	9.27	慶建	정보공개청구거부처분취소
		이산해	과징금부과처분취소·부당이득환수처분취소
288	10.18	金裕煥	직권면직취소
		許盛旭	관리처분계획무효확인
289	11.15	金炳圻	완충녹지지정의 해제신청거부처분의 취소
		成重卓	조합설립인가처분무효확인
290	12.20	金聲培	미국, 일본, 프랑스, 독일의 최근 행정판례 동향
		金致煥	
		吳丞奎	
		桂仁國	
		鄭夏重	행정판례에 있어서 몇 가지 쟁점에 관한 소고

行政判例研究 I~ XVIII-2 總目次

行政判例研究 Ⅰ ~ XⅧ-2 總目次

[第 Ⅰ 卷]

Ⅵ. 行政計劃

Ⅶ. 行政訴訟의 對象

Ⅷ. 行政訴訟에 있어서의 訴의 利益

Ⅸ. 行政訴訟의 執行停止

Ⅹ. 行政權限의 委任

Ⅺ. 公務員法

Ⅻ. 營造物法

XIII. 知的所有權·遺傳工學

XIV. 租 稅

XV. 違憲審査

[第 II 卷]

Ⅰ. 個人的 公權

Ⅱ. 行政上立法

Ⅲ. 行政行爲

Ⅳ. 行政計劃

Ⅴ. 行政上爭訟 一般

Ⅵ. 行政訴訟에 있어서의 訴의 利益

Ⅶ. 行政訴訟의 類型

Ⅷ. 損害塡補

Ⅸ. 公 務 員

Ⅵ. 行政上爭訟 一般

Ⅶ. 行政訴訟의 類型

Ⅷ. 損害塡補

Ⅸ. 地方自治

Ⅹ. 違憲審査

[第 Ⅳ 卷]

Ⅰ. 行政行爲

Ⅱ. 行政計劃

Ⅲ. 行政節次

Ⅳ. 行政爭訟 一般

Ⅴ. 行政訴訟의 對象과 權利保護 必要性

[第 V 卷]

Ⅱ. 行政行爲

Ⅲ. 行政計劃

Ⅳ. 行政節次

Ⅴ. 行政訴訟

Ⅵ. 損害塡補

Ⅲ. 行政訴訟

Ⅳ. 給付行政 · 環境行政

Ⅴ. 租 稅

Ⅵ. 外國判例研究

[第 Ⅶ 卷]

Ⅰ. 行政行爲

Ⅱ. 行政行爲

Ⅲ. 行政節次

Ⅳ. 行政上 損害塡補

Ⅴ. 行政訴訟

Ⅵ. 建築行政法

Ⅶ. 環境行政法

Ⅷ. 文化行政法

Ⅸ. 外國行政法判例研究

[第 Ⅷ 卷]

Ⅰ. 行政立法

Ⅱ. 行政行爲

Ⅲ. 情報公開

Ⅳ. 行政의 實效性確保手段

Ⅴ. 行政上 損害塡補

Ⅵ. 行政訴訟

Ⅶ. 土地行政法

Ⅷ. 租稅行政法

Ⅸ. 外國行政判例研究

Ⅹ. 韓·日行政訴訟法制의 改正과 向後方向(國際學術會議)

[第 IX 卷]

Ⅰ. 行政行爲

Ⅱ. 行政節次

Ⅲ. 行政訴訟

Ⅳ. 地方自治法

Ⅴ. 租稅行政法

Ⅵ. 최근 行政訴訟判決의 主要動向

[第 X 卷]

Ⅰ. 行政立法

Ⅱ. 行政行爲

Ⅲ. 行政節次

Ⅳ. 行政上 損害塡補

Ⅴ. 行政訴訟

Ⅵ. 租稅行政法

[第XI卷]

Ⅰ. 韓國行政判例硏究會 200회 特輯 紀念論文

Ⅱ. 行政行爲

Ⅲ. 行政의 實效性確保手段

Ⅳ. 行政訴訟

Ⅴ. 地方自治法

Ⅵ. 建築行政法

[第XII卷]

Ⅰ. 韓法令補充的 性格의 行政規則의 整備方案
— 法制處·韓國行政判例研究會 官學協同 Workshop —

Ⅱ. 行政立法

Ⅲ. 行政訴訟法

[第 XIII 卷]

[第 XIV 卷]

Ⅱ. 行政行爲의 槪念과 種類

Ⅲ. 行政行爲의 職權取消·撤回

Ⅳ. 取消訴訟의 對象

Ⅴ. 行政上 損害塡補

Ⅵ. 公務員法

Ⅶ. 地方自治法

Ⅷ. 經濟行政法

Ⅸ. 建築行政法

[第XV-2卷]

Ⅰ. 認·許可 擬制 制度의 效果와 立法의 方向

(2010. 6. 4. 韓國行政判例研究會·法制處 공동세미나)

Ⅱ. 行政立法

Ⅲ. 行政行爲

Ⅳ. 行政訴訟

Ⅴ. 地方自治法

Ⅵ. 外國判例 및 外國法制 研究

[第ⅩⅥ-1卷]

[第 XVII -1卷]

Ⅰ. 行政行爲의 附款

Ⅱ. 行政計劃

Ⅲ. 行政의 實效性 確保手段

Ⅳ. 取消訴訟의 對象

Ⅴ. 行政訴訟의 類型

Ⅵ. 地方自治法

Ⅶ. 經濟行政法

[第 XVIII －1 卷]

[第 XVIII -2卷]

主題別 總目次(行政判例研究 Ⅰ~ⅩⅧ-2)

行政法의 基本原理

個人的 公權

行政立法

行政行爲의 槪念과 種類

行政行爲의 附款

行政行爲의 效力

行政行爲의 瑕疵

行政行爲의 職權取消·撤回

行政計劃

行政節次 및 情報公開

行政의 實效性確保手段

行政爭訟一般

取消訴訟의 對象

行政訴訟에 있어서의 訴의 利益

行政訴訟의 審理

行政訴訟과 假救濟

行政訴訟의 類型

損害塡補

行政組織法

公務員法

地方自治法

秩序行政法

公物·營造物法

環境行政法

助成行政法

經濟行政法

租稅行政法

建築行政法

土地行政法

敎育行政法

文化行政法

勞動行政法

憲法裁判

外國判例 및 外國法制 硏究

行政訴訟判決의 主要動向

紀念論文

研究判例 總目次
(行政判例研究 Ⅰ~ⅩⅧ-2)

〔대 법 원〕

〔서울고등법원〕

〔광주고등법원〕

〔수원지방법원〕

〔서울행정법원〕

〔헌법재판소〕

〔EU판례〕

〔독일판례〕

연방행정법원 2012.1.25. 판결(BVerwG 6 C 9.11) XVIII-2-455
연방행정법원 2012.2.2. 판결(BVerwG 4 C 14. 10) XVIII-2-444
연방행정법원 2012.2.29. 판결(BVerwG 7 C 8. 11) XVIII-2-448
연방행정법원 2012.3.22. 판결(BVerwG 3 C 16. 11) XVIII-2-450
연방행정법원 2012.3.22. 판결(BVerwG 7 C 1. 11) XVIII-2-462
연방행정법원 2012.4.4. 판결(BVerwG 4 C 8.09 und 9. 09, 1. 10 – 6. 10) XVIII-2-464
연방행정법원 2012.5.23. 판결(BVerwG 6 C 8.11) XVIII-2-442
연방행정법원 2012.7.19. 판결(BVerwG 5 C 1. 12) XVIII-2-453
연방행정법원 2012.7.10. 판결(BVerwG 7 A 11. 11, 12. 11) XVIII-2-458
연방행정법원 2012.9.26. 판결(BVerwG 2 C 74. 10) XVIII-2-461
연방행정법원 2012.10.10. 판결(BVerwG 9 A 10. 11, 18. 11 – 20. 11) XVIII-2-466
연방행정법원 2012.10.18. 판결(BVerwG 3 C 25. 11) XVIII-2-468
연방행정법원 2012.11.28. 판결(BVerwG 8 C 21. 11) XVIII-2-45
만하임 고등행정법원 1987. 1.20. 결정(VBIBW 1987, 423=NVwZ 1987, 1101) II-23
카쎌 고등행정법원 1989.11. 6. 결정(NJW 1990, 336) I-265

〔프랑스판례〕

국참사원(Conseil d'État) 1951. 7.28. 판결(Laruelle et Delville, Rec. 464) II-243
국참사원 1957. 3.22. 판결(Jeannier, Rec. 196) II-243
국참사원 1954. 1.29. 판결(노트르담 뒤 크레스커 학교 사건)(Institution Norte Dame du Kreisker, Rec. 64) I-23
헌법위원회(Conseil constitutionnel) 1971. 7.16. 결정(J. O., 1971. 7. 18., p. 7114; Recueil des decisions du Conseil constitutionnel 1971, p. 29) I-305
관할재판소(Tribunal de conflits) 1984.11.12. 판결(Interfrost회사 對 F.I.O.M 사건) I-239
파훼원(Cour de cassation) 1987.12.21. 판결(지질 및 광물연구소 對 로이드콘티넨탈회사 사건)(Bureau des Recherches Geologiques et Minie res(B.R.G.M.)C/S.A. Lloyd

〔미국판례〕

〔일본판례〕

行政判例硏究 XVIII-2

2013년 12월 25일 초판인쇄
2013년 12월 31일 초판발행

편저자 사단법인 한국행정판례연구회
대 표 이 홍 훈

발행인 안 종 만

발행처 (주) 박영사
서울특별시 종로구 평동 13-31번지
전화 (733) 6771 FAX (736) 4818
등록 1959. 3. 11. 제300-1959-1호(倫)

www.pybook.co.kr e-mail: pys@pybook.co.kr

정 가 40,000원

ISBN 979-11-303-2564-4
ISBN 978-89-6454-600-0(세트)
ISSN 1599-7413 22